"十一五"国家重点图书出版规划项目

北京市社会科学理论著作出版基金重点资助项目

# 启 功 全 集

## （修 订 版）

### 第 八 卷

启功讲学录

北京师范大学出版集团
BEIJING NORMAL UNIVERSITY PUBLISHING GROUP
北京师范大学出版社

图书在版编目（CIP）数据

启功全集（修订版）. 第8卷，启功讲学录 / 启功著. —北京：北京师范大学出版社，2012.9

ISBN 978-7-303-14712-0

Ⅰ. ①启… Ⅱ. ①启… Ⅲ. ①启功（1912—2005）—文集 Ⅳ. ①C53

中国版本图书馆CIP数据核字（2012）第 180983 号

营销中心电话 010-58802181 58805532
北师大出版社高等教育分社网 http://gaojiao.bnup.com.cn
电 子 信 箱 beishida168@126.com

QIGONG QUANJI

出版发行：北京师范大学出版社 www.bnup.com.cn
　　　　　北京新街口外大街 19 号
　　　　　邮政编码：100875
印　　刷：北京盛通印刷股份有限公司
经　　销：全国新华书店
开　　本：170 mm × 260 mm
印　　张：372.5
字　　数：5021千字
版　　次：2012 年 9 月第 1 版
印　　次：2012 年 9 月第 1 次印刷
总 定 价：2680.00 元（全二十卷）

策划编辑：李　强　　责任编辑：李　强　齐　琳　曾忆梦
美术编辑：毛　佳　　装帧设计：李　强
责任校对：李　菡　　责任印制：李　啸

启功先生像

# 目 录

论唐代文学 / 1

一、唐代文学第一讲 / 2

二、唐代文学第二讲 / 7

三、唐代文学第三讲 / 13

四、唐代文学第四讲 / 18

五、唐代文学第五讲 / 24

六、唐代文学第六讲 / 30

七、唐代文学 / 35

八、杜甫诗讲解 / 44

九、古诗词作法 / 55

论明清诗文 / 57

一、明清诗文第一讲 / 58

二、明清诗文第二讲 / 61

三、明清诗文第三讲 / 63

四、明清诗文第四讲 / 66

五、八股文 / 70

书目答问 / 75

一、《书目答问》第一讲 / 76

二、《书目答问》第二讲 / 79

三、《书目答问》第三讲 / 83

论学术思想 / 89

一、先秦学术 / 90

二、汉代经学 / 103

三、宋明理学 / 106

四、清代今古文经学 / 111

**论古籍整理 / 119**

引子 / 120

一、目录、版本校勘及制度 / 122

二、文字与音韵 / 130

三、标点与注释 / 139

**其他 / 151**

一、清代学术问题私见 / 152

二、汉语诗歌构成的条件 / 158

三、沈约四声及其与印度文化的关系 / 167

四、清代时政及扬州文化 / 172

五、少数民族与中华民族文化的关系 / 177

六、《壬寅消夏录》与尉迟乙僧画 / 190

七、书法二讲 / 195

八、破除迷信——和学习书法的青年朋友谈心 / 213

九、秦书八体与书法 / 250

十、四声和文言文 / 263

十一、碑帖研究 / 268

十二、文化与美术史 / 281

十三、宋儒学术 / 284

十四、常识及练习 / 286

十五、南北朝文学概况 / 291

十六、用典 / 294

# 论唐代文学

# 一、唐代文学第一讲

怎样去研究唐代文学？谈谈自己不成熟的想法。

一是文学史为照顾全面，考虑不同程度的人阅读，故颇受局限。我认为文学史不可不读，亦不可太读。全面地阅读和研究作家的作品，是非常必要的。如《唐诗三百首》，所选李白诗都是精华。但如读《李太白全集》，却发现有许多糟糕的诗。所以，了解一个作家、一个流派、一个时代，除文学史外，其余大有可为。

二是要居高临下，不能被作品吓住，更不能为当代人的议论吓住。要看一个作家与前者有何关系，在当时有何作用，对后世有何影响。"有比较才有鉴别。"研究唐诗，不研究六朝诗、宋元诗，则无法比较。如"初唐四杰"，有人认为不如盛唐，但对比六朝，则可知何以在当时有如此大的影响。

三是背景与文学艺术成就关联极大，但关系究竟怎样？有些背景是当时生效，有些是经酝酿以后生效的，应该予以注意。现今有些文学史将作品和背景的关系处理得不好。背景对文学，有直接和间接的作用。

四是背景与题材。题材是当时的，它借助一定的艺术手法表现自己。但题材的酝酿非一夕而成。杜甫写"安史之乱"的诗，可称作"诗史"，但他所以能如此，亦非一夕之功。这当中不仅有他自己的努力，也得之于汉魏六朝、初唐、盛唐文学之力。正如长期施肥，一朝沐浴阳光雨露，新芽便可破土。故杜甫的成就，除"安史之乱"的背景，还有另一方面的条件。

五是一个时期有一个时期的风格、面目，但其间不能一刀切断。如唐分四期，明、清便有人议论，问一个作家历经两个时期，该如何分？唐分初、盛、中、晚，指的是统治阶级的盛衰没落，虽然与文学有关，但并不绝对。如盛唐文学则并非唐文学的高峰。

所以，关系是错综复杂的。一个动乱的社会，作品易于及时反映现实，升平时期则不一样，故有"诗穷而后工"之说。"蜀道难"好写，"大平原"则不好写。李杜写"安史之乱"，以已有的写作才能，如鱼得水，故有成就。初唐人的文化教养是隋统一的功劳。唐建国以后，这些人的创作才能已经成熟。其实隋文学已较成熟，初唐是隋酝酿而来的。中唐韩愈、白居易等，颇得盛唐之力。白居易的诗如糖水经过沉淀，毫无渣滓。韩愈诗并不在李杜之下。人一说韩愈，似乎只有古文运动。其实在"安史之乱"后，他的诗极有价值，如《石鼓歌》。可以说，韩诗中某些篇章长于他的文。此是个人看法。

韩愈气魄大，飞扬跋扈；白居易则婆婆妈妈。白作诗并未征求过老妪的意见，这是后人的误解。元白诗相比，元是一锅粥，白诗如过滤沉淀后的糖水。北方曲艺行话有"皮儿厚皮儿薄"之说。"皮儿薄"者，一听就懂；反之则"皮儿厚"。元白诗正有"皮儿厚皮儿薄"之分。

繁荣昌盛的局面短期难以反映入文艺作品。杜诗中表达快乐的欢娱之辞仅有《闻官军收河南河北》，余皆愁苦之辞。故唐的分期，文学与政治难以平衡。

传统的文学批评卑视唐代中期、晚期，我认为不妥。晚唐诗风细腻，如赵嘏、许浑、司空图，诗的精密度很高，这正是"安史之乱"再度统一后施肥浇水开出的花。正如二茬茶较第一茬长势弱一点儿，但其味并不弱于前者。

我曾有笔记一条："唐以前的诗是长出来的；唐人诗是嚷出来的；宋人诗是想出来的；宋以后诗是仿出来的。"唐人"嚷"诗，出于无心，实大声宏，肆无忌惮。宋人诗多抽象说理，经过了熟虑深思，富于启发力。当然，以上几句不可理解得太绝对。

唐代四期，诗风也有以上四句话的特点。

赵嘏诗："残星几点雁横塞，长笛一声人倚楼。"两句最后三字平仄为：

| — |　　　　— | —

唐人擅长律句。到了晚唐，诗人腻于此道，故赵嘏于诗中常熟练地运用拗句。

许浑诗："溪云初起日沉阁，山雨欲来风满楼。"后三字平仄为：

| — |　　　　— | —

他们的律诗里几乎都有这种拗句，这说明晚唐诗人作诗都经过一番熟虑深思。从中也可看出他们作诗，是何等细腻。

司空图的《诗品》虽曰文艺批评，其实是借此创作二十四首四言诗。

说宋人逻辑思维多，其实晚唐已有萌芽。

宋以后诗以模拟为主，闹了不少的笑话。汉乐府有《鼓吹铙歌》，其中"衣乌鲁支邪"，本是衬字。但明人"前后七子"模拟《铙歌》，连这几个字也要模仿，难怪要被钱谦益臭骂一通。

关于唐代文学，讲四个问题。

其一，骈体文在汉魏六朝即很盛行，但不定型。

汉赋如汪洋大海，语言规格（指格调）仍过分堆砌、大块。后来的抒情小调更澄澈灵巧。唐人的骈体文更成熟，从场面声势到阐发道理，都运用自如。四六体及律赋都定型成熟。《文苑英华》收有大量的唐赋，主题、题材及手法都很丰富。

皇帝为什么喜欢《文苑英华》？他们不一定都能读懂。骈体文何以在唐代很盛行，穷工竭力，争妍斗胜？这个问题值得研究。

六朝以来，散体文曰"笔"，骈体文曰"文"。文者，图案也。推衍之，文当有规整，有装饰。实用品加装饰，是人类文化发展的结果。文章亦如此。实用之外，应有装饰。但"踵事增华"，最后越堆砌越多，便走向极端。骈体文何以发展成四六文？今人有标点，古人则无。汉人之句逗用"乚"。汉墓文书无句逗，极少用"乚"。骈体文令人一读，可自然找出停顿。骈体文抒情、写景、咏物有其优越性，除表达意思外，还极具美感，也便于阅读。所以骈体文皇帝也喜欢。

宋代官僚用品字笺（亦称"品字封"），十分累赘。见陆游《老学庵笔记》卷三："宣和间，虽风俗已尚诡谀，然尤趣简便。久之，乃有以骈俪笺启与手书俱行者，主于笺启，故谓手书为小简，然犹各为一缄。已而，或厄于书吏不能俱达，于是骈缄之，谓之双书。绍兴初，赵相元镇贵重，时方多故，人恐其不暇尽观双书，乃以爵里，或更作一单纸，直叙所请而并上之，谓之品字封。"即宋代上呈文时，以骈俪体为正文，另附手书小简，叫双书，后又附单纸直述所请内容，三者合成一封，叫"品字封"。

"笔"，散体文；"文"，骈体文。"文"堆砌愈多，生气愈少。韩愈"文起八代之衰"，是以"笔"救"文"，故"笔"兴盛起来。"五四"以来，一般人用"笔"写文章，用"语体"写书简。"语体"打磨得很光洁，足见当时人们所爱。

"笔"的兴起，发展为韩柳的古文运动。最初的"笔"有些艰涩，经韩柳的努力，方才规整起来。明代茅坤选"唐宋八大家"，即以韩柳为骨干。清代的桐城派和《文选》，被称为"桐城谬种，选学妖孽"，此是"笔"发展到一定程度，历经数代，又逐渐僵化。

唐代还有一类文章，文学史不大谈，我认为对后世也有影响，值得一谈。刘知幾《史通》是骈散之折中体，有骈文之规整，而无骈文之堆砌。孙过庭《书谱》讲书法，文体与《史通》一样，有上句必有下句，但又不同于四六文。语言透彻，富于概括力，技巧纯熟。此类文体不纯粹同于骈体，然又有对偶句。唐后期陆贽有《陆宣公奏议》，全为政治论文，文体同《史通》，但句法更灵活，更浅易，亦有上下句的对称。这类文章，应承认它的作用，在明清有影响。明代的八股文就很受它的影响。

此是骈散之间的一种文体，不仅是文学形式的问题。过去一谈形式，便是形式主义，应摆脱这种现象。一种形式的产生，必定有它的道理。

其二，古文运动与前后均有关系。

唐前期陈子昂、元结等人为文已带有复古的意图。他们为何要复古？有人说是以复古来革新。我认为他们当中有些人固然是有意识地以复古来革新，有的却出于不自觉。他们读《尚书》《左传》，觉得比骈体文好，便事模拟。又北朝苏绰奉旨拟《尚书》作《大诰》，读之令人不解。唐人樊宗师被韩愈吹捧为"惟古于词必己出"，其实语言是交流思想的工具，樊宗师文章的弊病正在于此。他的文章一百卷，于今仅存两篇半。有《樊绍述集》，后人作注，也读不懂。近来出土有其本家樊沇的墓志铭，其文并不艰涩，可以理解。也许这类文章为他所不屑，所以未收入集中。

故复古有真复古者，如苏绰、樊宗师即是真复古。韩柳不过是摹古，客观上否定了骈体文。韩愈推崇樊宗师，说明他未尝不作此想。不同的是樊宗师是安心不给人看，韩愈却想让人看。有人称他为"谀墓精"（韩愈好作墓志铭），为收稿费，故不敢真复古。这说明韩愈写文章还考虑到读者，所以能读懂。

苏樊等人想复古，然而又驾驭不了古文，故失败了。韩愈亦未必自觉地想要"文起八代之衰"，故韩愈可以说是想复古而胜利了的樊宗师。这正是他的幸运处，否则，没有一篇文章会流传下来。

其三，传奇。

近人陈寅恪先生在新中国成立前有文章谈唐传奇。鲁迅先生有《唐宋传奇集》。陈先生说唐传奇所以很盛，是因为进士须"温卷"，即考试前将自己的文章请宗师看。第一次谓之"行卷"，第二次再送同样一篇，谓之"温卷"。如再未看，便用传奇送上去。一般都不用自己最好的文章。但我认为这并非是唐传奇兴盛的根本原因，仅仅是其中的一个方面。

唐传奇何以这样流行？

我认为：唐人的正规文章，是碑、传、墓志等，即官样的文章。而真正反映生活，无论是写自己，还是写旁人，总之要能表达思想感情，上述的文章就无法胜任了，传奇因此而产生。如《莺莺传》《李娃传》等，虽然叫"传"，却不是上面所说的传，无须对谁负责。"传奇"内容丰富，表现力强，无碑、传之约束，故大家愿写传奇。

传奇故事来自民间。陈先生还认为传奇有诗，有文，说说唱唱，这更说明了它是来自民间的。仅看到古文运动和"温卷"的影响，是不全面的。

传奇文章的继承性。文人"温卷"，宗师要看其有无史才、史笔，可见其重史。明清很多有功名的文人大多分派去修史，为什么？因为作史是为了粉饰统治者，需要文章夸张修饰。陈先生如是说，我认为片面。至于是否有"史才""史笔"之说，当然有。唐人修南北朝史书，都是官样文章。其中的精华部分，后来为《资治通鉴》抽去使用（我认为《资治通鉴》可称"故事汇编"），这正是故事性强、文艺性强的部分。中国古代小说的精华在史书之中。《资治通鉴》所写李泌，故事便在《邺侯家传》。《史记》中也有小说的成分。故可以断言，传奇与史书有联系。上溯至《左传》《史记》《汉书》，其间都塑造了许多人物，此便是小说之滥觞。《聊斋》便是有意模仿《史记》。

鲁迅《唐宋传奇集》之外，还可以搜集到一些属于这类文体的作品。

其四，外来文化的影响。

"五四"以来，有人认为中国文化的精华都是舶来品，此是自卑感太强。他们还有一个论据，即中国的文学、音乐、美术均受印度佛学、文学、音乐、美术的影响。敦煌发掘的变文（相对经文而言）是俗文学的一种，为人所重视。有些人便把发掘出的其他俗文学统归入变文，由此跟经文攀上亲戚，以证明印度文学对中国文学的影响很大。俗文学中有《韩朋赋》《燕子赋》等，显然与佛经无关，是土产。就以变文言之，虽然说的是佛教故事，但形式却是土产的。有人把它们称做翻译文学，但却忽视了正是用中国的语言和文学形式翻译佛经，才使它们大放光彩。姚秦的蕃僧鸠摩罗什曾翻译过若干经，后玄奘又重译过，文字便美得多。原因是唐代宫廷设有润经使，专门润饰经文的译文，故可看做再创作，非直接的翻译。唐太宗《圣教序》碑文后面还刻有润经使的名字，有些润经使，如来济都是当时出名的酷吏。玄奘译《心经》，最后有咒曰："揭谛揭谛，波罗揭谛，波罗僧揭谛，菩提娑婆诃。"当时不意译，认为要保持咒语的神秘性，只能音译，故成是状。但后来有人意译作："究竟究竟，到彼究竟，到彼齐究竟，菩萨之毕竟。"于是神秘性全无。佛经有偈语，即所谓"我欲重宣此义而说偈语"。其实就音译看，"揭谛揭谛……"等与梵文音并不合辙。

（万光治根据 1979 年 4 月 5 日的听课笔记整理）

# 二、唐代文学第二讲

今天讲初唐和盛唐的诗歌，算是一个略论。

何以称唐诗、宋词、元曲？因为唐诗最突出。何以诗到唐便兴盛起来？这也很值得研究。

有人分唐诗为四段，初、盛、中、晚，其中只推崇盛唐而卑视初唐。明人非盛唐诗不摹拟，为什么？

我认为诗歌发展到唐代是壮盛时期。以诗歌广义的概念来说，元曲、宋词何尝不是诗；一篇好的散文，也等于是诗。狭义而言，诗则专指五言、七言、歌行、乐府、古体……就这一范围而言，唐诗正处于壮盛的时期。为什么说唐诗处于中国古代诗歌的壮盛时期？这需要和以前的诗歌状况作比较，才能作出结论。

袁宏道（中郎）是公安派的代表人物，明万历时人。谭元春是竟陵人，合称"公安竟陵派"，小品文盛极一时。袁宏道的诗和关于诗的见解都很好，他说"唐人之诗无论工不工，第取而读之，其色鲜妍，如旦晚脱笔研者。今人之诗虽工，然句句字字，拾人钉饾，才离笔研，似旧诗矣！夫唐人千岁而新，今人脱手而旧，岂非流自性灵与出自模拟者，所从来异乎？"（见江盈科《敝箧集序》所引，钱谦益《列朝诗集小传》也有类似转引）明"七子"王世贞、李攀龙等专事模拟唐诗中所谓气势浩大者，便是假古董。我认为袁宏道之言，甚有道理。

汉魏六朝诗有成就，但究竟到了什么样的程度？譬如一枝花，从孕苞到开放、凋谢，应有一个过程。我认为汉魏六朝诗是含苞欲放的花。有人说汉魏六朝的诗好得不得了，古雅得很，其实不对。我认为，《诗经》在诗歌史的长河中与唐诗相比，如童稚语，朴实天真，不是长歌咏叹。传说毛主席曾说过《诗经》"没有诗味"。又说现在的梯形诗除非给我一百块光洋，否则我才不看。此说是否真实，且不管它。我个人是十分赞成这种看法的。现在有人仍用四言诗作挽诗，我感到表达力太差，难以尽兴。《诗三百》是诗的源头，处于不成熟的阶段。"关关雎鸠，在河之洲……"出语朴实，不俗。后人如再重复，便落入俗套。当然，《诗经》中也有比较成熟的，如"昔我往矣，杨柳依依。今我来思，雨雪霏霏"一类，便很有韵味，给人留有余地。

汉魏和西晋的诗比《诗经》大进了一步，能直接地吐露思想感情，这是好事，但未免失之太实。曹植的诗很好，与六朝、初唐诗已经很接近。其他如王粲、左思、陆机等，也大抵如此。左思的诗很像李白，但仔细一看，仅似是而非。如《咏史》诗云："左眄澄江湘，右盼定羌胡。功成不受爵，长揖归田庐"；"著论准《过秦》，作赋拟《子虚》"；"言论准宣尼，辞赋拟相如"，后面两句诗如对联，诗歌中称作"合掌"，意思都一样。这不是左思不行，而是当时对诗的要求就是如此，无须打磨得太光。前所引的第一首是无根底之言，有些像李白的豪语，其实都算不上是好诗。但就那个时期而言，是好的作品，只是与唐诗相比，那就差远了。

汉魏间有无超出一般水平的好诗？以"超脱"论诗虽不贴切，但也不妨借用一下，即写诗要给人留下空隙。留有余地，这就叫"超脱"。反之则为拙劣，把一切都说尽了。一如图画，总得在图画之外留有余地，否则就变成纯图案了。曹操的四言诗已很成熟，诗意跳跃很大。他借用《诗经》，信手拈来，毫不拘束。正因为他的诗跳跃性大，其间留有空当，故很能给人以想象的余地。曹操的诗是在汲取《诗经》和民歌的养料基础上而获得成功的。

诗不能如火车，老在一条轨道上跑，它必须有跳跃。南朝民歌《西洲曲》便富于跳跃性。我认为曹诗的成就比《诗经》要高。

不死不板，谓之超脱。汉魏六朝诗有这个成就，但还相当粗糙，琢磨得太少。陶渊明在诗中消胸臆愤懑，正如鲁迅说他并非浑身都是静穆，是一个很有正义感的人。陶渊明的诗表面平淡，其实有许多的愤懑和不平。如写辞官为其妹奔丧一诗，内容与奔丧完全无关，而且他根本就未去武昌奔丧。汉魏重名教，陶渊明表面奔丧，是敷衍名教；但诗中又实写其事，又足见其蔑视名教。"嬉笑之怒，甚于裂眦；长歌之哀，过于恸哭。"此便是陶渊明诗歌的写照。他越是写得平淡，内容也就表现得越深。他在诗中不能不顺应当时畅谈玄理的风气，也说一点儿理，但更多的是避讳它。他在诗中抒写情感，但又留有余地，并不过分。后人将陶渊明和谢灵运并称，其实不妥。清人周济认为陶渊明应与杜甫相提并论，理由是他们都同于有什么说什么，敢于直抒胸臆。

大家如能将汉魏到唐的诗歌加以比较，则可以看出陶渊明诗歌的特殊性不仅在于其思想方面，在艺术上陶诗也是自有特色的。当然，陶渊明在艺术技巧、音韵和用字方面，不如唐人成熟，这也是符合诗歌艺术发展规律的。

王粲投奔刘表，至武汉，写《南登霸陵岸》一诗，其间有"出门无所见，白骨蔽平原"句，是夸张，但也实在。杜甫诗却不一样。他在成都盼望长安，诗意就很不一样，如《秋兴八首》曰："夔府孤城落日斜，每依南斗望京华。""瞿塘峡口曲江头，万里风烟接素秋。……回首可怜歌舞地，秦中自古帝王州。"诗意比王粲要有余地得多。宋人张舜民被贬到湖南，"何人此路得生还，回首夕阳红尽处，应是长安"，诗意又更进了一层。到辛稼轩"西北望长安，可怜无数山"，更别有一番气象。同是望长安，几位诗人的处境、思想、感情乃至运用技巧不同，诗意便大不一样。比较起来，王粲的诗显得太实，毫无缝隙可言。

《诗经·硕人》云："领如蝤蛴，齿如瓠犀……"其写美女的手法也并不高明。曹植《洛神赋》的"延颈秀项，皓质呈露，芳泽无加，铅华弗御""丹唇外朗，皓齿内鲜"，虽写得稍好一些，但仍显得笨。李商隐写冯贵妃："巧笑知堪敌万机，倾城最在著戎衣。晋阳已失休回首，更请君王猎一围。"此是从侧面写美女，但人的容貌、神态、情感、作用都表现出来了。故前者只是如画，后者却如电影，既立体，又能动。六朝诗和唐人诗写离别都写泪，淋漓尽致，李白却不落俗套："故人西辞黄鹤楼，烟花三月下扬州。孤帆远影碧空尽，唯见长江天际流。"这样的写法，就比王勃的"无为在歧路，儿女共沾巾"要高明得多。王勃的诗较前人已颇有更新，但仍撇不开一个"泪"字。

晚唐诗人许浑《谢亭送别》："劳歌一曲解行舟，红叶青山水急流。日暮酒醒人已远，满天风雨下西楼。"情调虽较李白低沉，但情感已是很深。

可见唐人诗较之前人，已很成熟。只是汉魏六朝诗在唐仍有余波，此不可不察。

张文恭《佳人照镜》诗有"两边俱拭泪，一处有啼声"的描写，貌似巧妙，写镜内外之人都在拭泪，但只能有临镜之人这"一处"会有哭声，其实手法极为拙劣、俗气。《孟子》有"象忧亦忧，象喜亦喜"句，《红楼梦》用作谜语，谜底为"镜"，这就高明多了。张诗使我们想起一首民间搞笑的段子——瘸腿诗："发配到辽阳，见舅如见娘。二人齐落泪，三行。"——为什么是"三行"？因为其中有一人为独眼也。这与张诗"两边俱拭泪，一处有啼声"有何区别？张文恭诗本想作得巧妙一些，灵活一些，不想弄巧成拙。

张九龄，唐前期诗人，后半生历唐明皇世，一般人认为他是盛唐时的诗人。

但其诗中，不乏初唐货色。如《过王濬墓》诗云："汉王思钜鹿，晋将在弘农。入蜀举长算，平吴成大功。与浑虽不协，归皓实为雄。孤绩沦千载，流名感圣衷。万乘度荒陇，一顾凛生风。古节犹不弃，今人争效忠。"（此诗系"奉和圣制"）可见盛唐也有这种诗，甚为拙劣，是未能消化题材的产物。刘禹锡是中晚唐诗人，他的《西塞山怀古》："王濬楼船下益州，金陵王气黯然收。千寻铁锁沉江底，一片降幡出石头。人世几回伤往事，山形依旧枕寒流。今逢四海为家日，故垒萧萧芦荻秋。"说的也是晋的统一，但要深沉丰富得多。张九龄和刘禹锡生活的时间相距不远，却有如此的差异。当然，刘禹锡诗也有拙劣的，张九龄诗也有佳作。

就诗这种艺术而言，在汉魏六朝时期未被完全消化，其间颇有硬块。但到了唐人手中，不仅被消化，还颇为流畅，有生意。尽管其中也有未完全消化者，但属余波。

初唐诗有哪几个方面值得注意？

李商隐《漫成》说"当时自谓宗师妙，今日唯观对属能"，他认为初唐诗人只会对对联。这说明初唐诗虽然较汉魏六朝有所"消化"，但不如盛唐诗成熟。李商隐这两句仍属有联无篇。杜甫诗云："王杨卢骆当时体，轻薄为文哂未休。尔曹身与名俱灭，不废江河万古流。"盛唐人轻视初唐，杜甫却深知初唐人做诗的甘苦。他熟悉《文选》，自谓"熟精《文选》理"。自己读过"选体诗"，知道初唐人披荆斩棘的艰苦，也知道他们消化汉魏六朝人的功绩。初唐人确有自己的贡献，也有自己的特色。

（一）五言抒情诗

此派源于阮籍。我极反对钟嵘《诗品》硬派诗人渊源，这是勉强的比附，虽然也有符合事实的一面。诗歌的格局、形式是可以有继承性的，人的情感却是无法继承的。

阮籍诗"夜中不能寐，起坐弹鸣琴"，此是好诗。一般说来，他的诗很难懂。此中固然有政治的原因，作诗有许多苦衷，故模模糊糊。但是，他用五言诗表达思想感情的方法却被后人吸收。东晋玄言诗虽然也说理，写景却有诗意。谢灵运《登池上楼》："池塘生春草，园柳变鸣禽"，尽管末尾仍归于玄言说理，写景还是很好的。阮籍以《咏怀诗》抒写怀抱，于六朝的影响还不甚大。但到初唐陈子昂、张九龄的《感遇》《感兴》诗，则可见其影响，而且他们的诗较阮籍更为成功。

（二）"四杰"之七言律调长古诗

从张若虚《春江花月夜》到卢照邻《长安古意》《行路难》，全用四句小律调堆砌起来，此是元白长庆体的来历（元稹《元氏长庆集》、白居易《白氏长庆集》）。清人吴伟业专作长律调古诗，亦以初唐为渊源。这种体式乃汉魏六朝所无，汉武帝《秋风辞》仅有几句。《柏梁诗》是胡乱联句，毫无意思。皇帝吟"日月星辰和四时"，郭舍人联"啮妃女唇甘如饴"，岂非胡闹！庾信的《春赋》有不少七言律句，然不完整，终不如初唐诗成熟。

初唐律调长古诗仍有不消化的痕迹，还局限于就事写事，只是形式很规整、合辙，眼界也大一些，但仍未脱离宫体诗的束缚。

（三）律诗格调之成熟

此是初唐人的功绩。律诗格调六朝已具雏形，隋朝已有规模，但总有一两字拗，总不协调。隋诗中仅有两三首纯正。初唐完成了格律诗的创体。武则天在石淙游玩，事后将骈体文的序刻于水口处北边墙上，其他文人所作的律诗，刻于水口处南边石壁之上。现《秋日游石淙》刻石仅存序，诗已泯灭。武则天《石淙》诗尚存，其中仍可见不纯之处。沈佺期和宋之问的七律却很合律，别人的诗，包括武则天，总有一两句不合调。宋之问与沈佺期合称，虽然诗的内容不足称道，但在格律的完成上却是有功劳的。沈宋诗亦非全都属于律调。

杜甫的律诗均合格律，即有拗句，也是有意为之，这是初唐所未曾达到的境界和高度。

有的先生研究杜诗格律，专挑他晚年故意带拗句的诗，认为杜甫到晚年还不会作律诗，本人以为不妥。如杜诗《秋兴八首》第一首的第一句"玉露凋伤枫树林"，后三字为平仄平，就是拗句，而像"强戏为吴体"的诗更是有意作拗体。我们决不能因此认为律调在杜甫手上仍未完成。其实，早在沈宋手中，律调便已完成。

（四）表达的手法也有进步

骈体文是诗的一个别种。王勃的"落霞与孤鹜齐飞，秋水共长天一色"，有人说他是抄袭庾信的《华林园赋》的"落花与芝盖齐飞，杨柳共春旗一色"。我认为即便是"抄袭"，也抄袭得好。后者"落花与芝盖齐飞"，形象便很勉强。试问芝盖如何与落花共飞？王勃则高妙多了。抄得好，是点铁成金，可以超越前代。

（五）宫体诗

宫体诗无疑是腐朽的，但它何以会产生？当时文人多应诏作诗，不仅限题，而且限韵，所以只好瞎写。偶尔也有对上的，却不足为法。六朝以来，便有应制、限题、限韵的流习，诗歌创作颇受其弊。但宫体诗究竟有无一点儿积极的作用？有些宫体诗不是应制品，何以仍会是那些内容？回答是无论应制与否，都为的是娱乐皇上。正因如此，当时的诗歌很注重形式，有如图案。

骈体文也是图案，句法有规矩。戏中演古人，得有一定的道具，一定的表演方法，如果抛弃这些，便演不成古人。骈文和散文的关系，便是如此。无论宫体或骈文，其形式与内容应是统一的。

初唐尚未脱离奉旨、应诏为文，尚未脱离骈体文的影响。

下次讲李白和杜甫，可以先读读他们的作品。阅读中除注意内容的精华与糟粕，也应注意形式的精华与糟粕。

现开列以下书目：胡应麟《诗薮》，胡震亨《唐音癸签》，清代大官僚季振宜有抄本。后康熙命人加工，成《全唐诗》，交江南织造曹寅刻印。《全唐诗》其实并不全。北京大学王重民先生从敦煌出土的材料中选出《全唐诗》所无者刊登在"文化大革命"前的《中华文史论丛》上，最近又刊登了一部分。

《历代诗话》是何文焕辑的，属丛书性质，丁福保印过，这个版本比较好。诗话一类的书不可不看，却不可多看。应直接看原作。

要研究唐诗，应先看《文选》所选的诗歌与小赋。这些小赋其实就是抒情诗。赋者，古诗之流亚也，本来就是古诗的一部分。陶渊明的诗应该读，《文选》选得不够。《文选》其实是图案选，写意的、有诗情画意的，《文选》都未选。它主要选近"文"的，故陶诗未入其流。谢灵运诗好，读之较难，现在实在读不懂，可以放一放。

《杜甫墓系铭》和《李太白集》前的序都应该读读。

《杜诗镜铨》较好。《杜臆》《读杜心解》纯属评论，颇多谬语。

（万光治根据 1979 年 4 月 12 日的听课笔记整理）

# 三、唐代文学第三讲

今天讲李白与杜甫。

唐时就有人争论李杜优劣。郭老著《李白与杜甫》，把这个问题的论争推向了高峰。许多人的文章也谈这个问题。我认为不能简单地分其优劣。李白有他自己的优劣处，杜甫也有他自己的优劣处。元微之曾为杜甫作墓系铭（铭属韵语，铭前的序称"系"），认为李白不如杜甫。"李尚不能历其藩翰，况堂奥乎?"元稹何以会有这样的感觉，下面再谈。

《李白与杜甫》出版时，我帮别人买了许多，自己却一本也没有。至今未看，观点不清楚，据说主要是"扬李抑杜"。今天我所讲的，如有与郭老观点抵牾处，请批评。

我的基本观点是，评论作家不能一刀切。孰优孰劣，都不能绝对，关键是就作品进行具体分析。

李白诗集共二十五卷，第一至第二卷是古诗；第三至第四卷是乐府，均用乐府古题，如《将进酒》《……歌》《……曲》等；第六至第八卷为歌吟，其实仍属乐府性质，如《梁甫吟》《襄阳歌》；第十六至第十八卷为赠；第十九卷为酬答；第二十卷为游宴；第二十一卷为登览；第二十二卷为行役、怀古；第二十三卷为记闲适；第二十四卷为感遇、写怀；第二十五卷为题咏、杂咏、闺情。这种分类法虽然不科学，仍可看出李白创作的大概。其实乐府至歌吟，可归一类；赠至游宴可入一类；登览至怀古可入一类；记闲适至闺情可入一类。就其诗体（或诗格），包括风格、手法而言，都和以前的乐府古诗一类相似，甚至连题目也沿旧。赠答诗在其创作中占有极大数量，其中也不乏好诗，但杂有不少应酬之作。由于李白名气大，他死后，别人编集，良莠不分，甚至手稿也印出，这就影响了质量。就其赠答诗的形式而言，亦如以前的乐府、古诗和歌行。所以，我认为李白诗的体格是以乐府为主要特色。

就思想性而言，李白经历了由全盛到"安史之乱"的唐代政治，因此感情炽热、充沛。他在抒发感情时，并不直接宣泄，而是借用以前的诗歌形式，借用以前的表达方式来表现自己。他政治上有正义感，想改革现实而无门。他信奉道家。道家过去是黄老之学，东汉是农民起义的工具，北魏寇谦之将他搞成道教，吸取了佛教的一些内容和形式。李白所崇拜者，便是道教的求仙、求长生、飞升等。李白何以如此？是因为他在现实社会中无出路，便在此中寻求寄托。

对道教的信奉与追求，使李白的诗境有所开拓。苏轼曰："作诗即此诗，定知非诗人。"作诗老死句下，是不行的。诗要有理想，有幻想，意境开阔。李白求仙，不讲求药（非道教金丹派）。信奉道教使李白的诗歌内容单调，不外求仙、飞升、隐居等。所以，李白诗中的确有些糟粕，值得我们注意。

我曾有诗云："千载诗人有谪仙，来从白帝彩云间。长江水挟泥沙下，太白遗章读莫全。"这就是我对李白诗章的看法：有珍珠，也有泥沙。

他诗中的杂乱者，大都在赠答诗。其结尾不外一曰勉励对方，二曰求仙，三曰隐居。

诗尾很难作，要有余韵。"人生贵相知，何必金与钱"，倘是我作，人皆摇头，一入李太白集，便不同了，因为他是名家。"结期九万里，中道莫先退"，"人间无此乐，此乐世间稀"，此是何辞？"桃花潭水深千尺，不及汪伦送我情"，此与大鼓词何异？不过也看出李白诗好的一面，即敢用民间语言，只是与前面的风格不协调。

《古风》之十："齐有倜傥生，鲁连特高妙。明月出海底，一朝开光耀。却秦振英声，后世仰末照。意轻千金赠，顾向平原笑。吾亦澹荡人，拂衣可同调。"此与左思"左眄""右顾"，同出一调。诗中"倜傥""澹荡"，均为联绵字，同韵同义。前面大说其古之同调者，铺叙一通，最后才归结到自己，偏又十分肤浅。又，《古风》之十九："西上莲花山，迢迢见明星。素手把芙蓉，虚步蹑太清。霓裳曳广带，飘拂升天行。邀我登云台，高揖卫叔卿。恍恍与之去，驾鸿凌紫冥。俯视洛阳川，茫茫走胡兵。流血涂野草，豺狼尽冠缨。"此诗的主题为最后四句。前面一番烘托，并不直接用语，何者？最后四句本可独立成诗，为何偏在前面作如此渲染？何以不直接揭发？这是因为诗要用形象，要用比兴，即陆游所说的"兴象"。这说明李白继承了汉魏六朝以来的诗歌创作特点，不是直接议论，常借助诗中人物形象和事件来寄托情感和思想。

我认为李白诗歌的体格是继承了汉魏之前的传统的。

杜甫又怎样呢？

宋刻杜诗是古体诗、近体诗各一卷。杜诗一至八卷均为古体诗，九至十八卷为近体诗（律诗）。另有补遗一卷，共十九卷。杜甫不作乐府古题，即使有也极少，也不作乐府的旧格式。他称自己"熟精《文选》理"，但他的诗既不像二谢，也不像三曹。清末民初王闿运专作选体诗，专事模仿六朝人诗，而杜甫则是"熟精《文选》理"，不作《文选》体。我在《论诗绝句·杜甫》中曾这样评价杜甫："地阔天宽自在行，戏拈吴体发奇声。非惟性癖耽佳句，所欲随心有少陵。"尽管他也有咏物诗，但别有寄托，绝非简单的咏物诗。

就诗的体格而言，他的古体诗任意抒发，不拘六朝一格。其律诗十分精密，其间偶有不合律者，乃故意为之，"强戏为吴体"。其内容也随手而来，既不受格律的束缚，更无思想的束缚。李白则少作律诗。当然，决不能用作律诗之多少来分别作家之优劣。但杜甫作律诗而不囿于格律，且将格律驾驭得十分纯熟，是甩开脚镣跳舞，这是难能可贵的。

杜诗在其思想内容上很少言幻想，求神效，也不吹大牛。"窃比稷与契"，只是偶然吹一下，且前面还加有一句"许身一何愚"，最终说自己办不到。其"三吏""三别"是借故事批判现实，绝非如李白借鲁仲连和"明星女"咏叹。

《诸将》："多少材官守泾渭，将军且莫破愁颜""洛阳宫殿化为烽，休道秦关百二重。……稍喜临边王相国，肯销金甲事春农"，此种议论，态度分明，在杜诗中很多。此是李杜不同者三。

杜甫有无纯咏物诗？有。"黄四娘家花满蹊，千朵万朵压枝低。留连戏蝶时时舞，自在娇莺恰恰（gàgà）啼"，虽然是客观写景，其实中间颇有自己。又"繁花容易纷纷落，嫩叶商量细细开"，这是诗人眼中的花和叶，其间岂无诗人自己的主观感情？姜白石之"数峰清苦，商略黄昏雨"，便是得了杜诗的启发。从咏物中可让人体会到诗人的形象，这是杜甫的高明处。

李白的赠答、送别胜于六朝人。杜甫无论是送别、咏物，其结尾几乎无雷同。信笔所至，即是好结尾。诗中结尾差者，最数陆游。

杜甫《咏怀古迹》"庾信平生最萧瑟，暮年诗赋动江关"，虽言庾信，其实是暗喻自己，较之李白"吾亦澹荡人"便高明得多。

上述对比，绝非扬杜抑李。我想，可以这样说，在风格上，李白是继承的多，杜甫则是开创的多。在思想上、政治上，李白是通过古体曲折的方法来表达自己的爱憎、批判，而杜甫却是直抒胸臆。但在理想的表现方面，李白是直率的、公开的，杜甫却是曲折的。

表面看来，李白是继往开来的，很有创造性。其实他的体格、手法、风格，都是继承来的。所以我认为李白是"继往"，是"往"的总结。由于他自己本领大，能用古人的东西唱出自己的东西来。从唐初往六朝看，李白是峰顶上的明珠。当然，李白虽然继承六朝以来诗歌的体格，但他还没有完全脱离事和物的特点。六朝多玄言诗，也还是由具体的事物（景、人、事）才归入玄言。他的《蜀道难》虽有对蜀道的生动描写，但毕竟没有脱离一个"难"字。

杜甫的诗歌创作的路子虽然是旧的，但他所走的和李白并不是一条路。以诗人的感情、思想为主，事物均为我用，其咏事咏物均为表达思想感情的材料。"吴楚东南坼，乾坤日夜浮"，有人说炼字好，眼孔却太小。关键在于他把吴楚和乾坤作为自己身世和内心世界的反映，写了一个空旷寂寥的环境和气氛。六朝人的"大江流日夜，客心悲未央"，前句还不错，第二句便显浅露，糟蹋了前一句。李煜的"问君能有几多愁，恰似一江春水向东流"，就比他高明多了。杜甫的最后两句是"戎马关山北，凭轩涕泗流"，虽然潸然泪下，亦不失忧国的本色。

"感时花溅泪，恨别鸟惊心"，此诗历来有两解，争论得很厉害，我认为毫无必要。此时，花、鸟均与诗人一体。雕塑可以面面观，浮雕虽然只能看一面，倘是杰作，亦可使人在想象中面面观。杜诗便有此种境界。庾信《小园赋》："草无忘忧之意，花无长乐之心。鸟何事而逐酒，鱼何情而听琴。"此用草、花、鸟、鱼来概括，便不如杜诗"感时花溅泪"两句。在杜以前，用此手法者不多。

杜诗中有无题诗，以第一句前两个字为题。也有《咏怀》《诸将》等类的诗连续几首，成一整体。

我认为，李白是过去的总结，杜甫是未来的开始。当然，并非说李白对后来没有影响，那是另一个问题了。

比较李杜，不能简单地说优和劣。在元稹、白居易的时代，李白习用的乐府体裁已不能适应需要，而杜甫却能为他们提供手段。故元稹抑李扬杜。但我们不能简单化，应历史地看待李白的诗歌成绩。就思想言之，两人各有特点，各有值得肯定之处。

李白的集子自宋以来无多大变化，许多诗无年月，无法如杜诗那样编年。南宋杨齐贤、元朝萧士赟、清代王琦均有注本。萧本收有杨注，王本收有萧、杨注。杜诗有宋版影印本。钱谦益注本称《钱注杜诗》，是依据宋本而来的。

补充：李白集有宋人缪刻本，现仅剩七种，经印证，可见缪本的底本是蜀刻本,《续古逸丛书》收。陶渊明的诗自注有日子,编年还好办。朱鹤龄据宋黄鹤、鲁訔之千家注杜(黄)及年谱(鲁)将钱注打散,按年谱编排。但是,有些诗无年代可查,仍勉强排入何年何月。我以为宋刻本较可靠,可参考年谱。须注意杜诗无天宝前的,年谱却勉强排入。如李白《蜀道难》下有注:"讽章仇兼琼",其实此诗写作较早,何能讽明皇幸蜀?所以,编年并非全无用处,但须谨慎。闻一多《杜少陵年谱会笺》驳鲁訔、黄鹤之说,值得一看。最近将出版仇兆鳌的《杜诗详注》。钱注不注辞,可参看仇注。

詹锳《李白诗文系年》较好之处是并不强求将有些查无年代的诗归入年谱。

杜诗触了两个霉头:仇兆鳌注杜诗要"无一字无来历",结果割裂了杜诗,歪曲了原意,流弊很大。如称杜甫"每饭不忘君",便太无道理。

杜诗尚有"九家注杜",武英殿聚珍版有此宋刻本。昔年燕京大学出版的《杜诗引得》不知尚能影印否?

《杜诗镜铨》,清人杨伦注,简单明了,较好。

(万光治根据 1979 年 4 月 19 日的听课笔记整理)

# 四、唐代文学第四讲

行行重行行，与君生别离。

相去万馀里，各在天一涯。

道路阻且长，会面安可知。

胡马依北风，越鸟巢南枝。

相去日已远，衣带日已缓。

浮云蔽白日，游子不顾返。

思君令人老，岁月忽已晚。

弃捐勿复道，努力加餐饭。

辞君远行迈，饮此长恨端。

已谓道里远，如何中险艰。

流水赴大壑，孤云还暮山。

无情尚有归，行子何独难？

驱车背乡园，朔风卷行迹。

严冬霜断肌，日入不遑息。

忧欢容发变，寒暑人事易。

中心君讵知，冰玉徒贞白。

……

今天讲中晚唐诗。过去一分初、盛、中、晚，便由此判优劣，我以为不尽然。

初盛唐文学发达的条件是多方面的。隋的准备、诸文人的文化教养、经济的繁荣、外族文化的影响等，故而欣欣向荣。加之"安史之乱"后，诗人遭此荼毒，感情更深挚、沉郁，诗篇愈加动人。

"安史之乱"后，便是中唐。唐王朝走下坡路由此开始。当时，不听提调的李希烈等藩镇虽然不止一两人，但政治相对稳定。所以，中晚唐的诗既不可能如"安史之乱"中的诗人那样沉痛、愤激、有色彩，也绝无升平气象。诗人们生活比较安定，心境也较为平淡，故诗中多游宴酬答之作。

中晚唐的诗人为寻找诗歌的出路，突破前人的樊篱，进行了一些努力。有人认为科举制刺激了诗人的探索，这也不尽然。

有些诗人跨了两个时期，究竟该判入哪个时期？依我看，不必拘泥于分期说。

中晚唐诗人生活平淡，题材范围小，内容单薄，于是转而在技巧上去求精求细，希冀以此见长。所以，这时诗歌的气概，远不如李杜。李杜的好文章尽兴，不事雕琢。中晚唐则不然，精雕细琢，故而纤细，绝无李杜的气魄宏大、横冲直撞。明人李攀龙的"黄河水绕汉宫墙"，便是学盛唐的"实大声宏"。中晚唐诗就没有这种特色。

前面引的两首诗，第一首为《古诗十九首》中的一首，第二首是拟古之作，从中可看出模仿的痕迹。它体重、分量，都不如第一首，显得纤细、瘦弱。第一首古朴，甚至有些粗糙，但也更见得壮实、有内容。第二首是中唐韦应物所作的《拟古诗》十二首中的一首。他学陶渊明一派，用五言古诗写作，追求古淡。正如韩愈所称："古琴具徽弦，再鼓听愈淡。"可见他已经看出了其中的弊病。当时的人所理解的"古"，是淡，是细，但不敢粗糙，所以终究"古"不起来。形式上的雕琢、细腻、古淡，这就形成了中晚唐的诗风。

（一）中晚唐的诗歌，没有盛唐诗歌的内容特色

这是社会生活使然。"大历十才子"较之李杜，生活平庸无奇。但也无法强求，他们生活的社会环境和盛唐相比，很不一样。

诗和驳难说理不一样，是有韵的语言，是形象的手段，是艺术品，有它自己的特点。有些文学史只强调诗歌的思想性，而对其艺术的继承、发展和特色缺乏研究。诗反映生活现实，究竟是照相，还是经过加工、消化，再创作出来？故评论古代诗歌不能单搞题材论、内容论、主题论，也应研究诗人的艺术手段。如杜甫的"三吏""三别"与白居易的《秦中吟》内容相近，但艺术的手段究竟有何不同，确实缺乏研究。诗人选题材，并不具有任意性。题材存在于生活。有什么样的生活，才有什么样的题材来源。当然某些题材之外，并非便不能写。

中唐诗歌反映了那一时期的社会现实。诗的题材内容，还不能全面代替它的思想性，思想内容更代替不了艺术性。

（二）中晚唐诗歌反映的内容

中晚唐的诗歌，写边塞，写人民痛苦，写朝廷平定叛乱，也写贵族生活的糜烂等。这些内容，用极为细腻的手法表现出来，冲淡了内容，降低了思想性。但它们的价值是不可抹杀的。

（三）中晚唐诗歌的特点

无论什么题材，手法都趋于精致。

不知是有意还是无意，中晚唐诗人都各走一道，互相避免雷同。特别是在体裁上，尤其如此。如韦应物好作五言古诗，李贺善用怪字，孟郊基本上写的是五言古诗，但风格与韦应物不同。韦诗古淡，孟诗苦涩。许浑基本上是律诗（五言、七言律诗和绝句）。这是什么原因？盛唐诗人中，便没有这种现象。我认为，这是因为中晚唐诗人的力量不够。他们为了在诗坛上有一席之地，只得精琢一门，以一取胜。所以，我认为他们是有意识地互相避开，各专一门。

大历、元和年间，诗坛很繁荣。"十才子"有优劣之分，无非是要凑足十人之数。正如鲁迅先生所说的"十景""八景"病，这是中国封建文人的坏习惯，无非是互相吹捧。当时起名，无非是某贵族常请他们吃饭，便由此称呼了起来。我不承认"十才子"之说，只承认大历时代有自己的风格。其中值得一谈者，如韦应物、孟郊、李贺。唐朝有两个韦应物，又恰巧都做过苏州刺史，官司至今没打清楚。有人考证前韦应物是诗人，后者是谁，便不清楚了。此外，卢纶、刘禹锡等，也值得一提。

李杜以后，中晚唐诗人如果不标新自立，是站不住脚的。然而加工愈多，风格便愈脆弱。韩愈是故意装狠，怒目而视，气势远不如老杜。

中晚唐生活的相对安定，决定了诗歌内容的平庸。但无论怎样，当时诗歌的内容还是很丰富的。我认为，中唐的诗人，当推韦应物，其次，要数孟郊。孟郊有些神经质，生平清苦。浙江流传有明人徐文长的故事，此人也是个精神病。我认为诗人有精神病并不奇怪。就孟郊诗来看，他是个钻牛角尖的人，故不能不有精神病。如说楼高，他偏要钻进楼去，究其多高。故孟郊的诗苦涩。用一两个字论诗风，虽不完全准确，但用"苦涩"二字论孟郊，却是很准确的。如孟郊写闺怨："妾恨比斑竹，下盘烦怨根。有笋未出土，中已含泪痕。"（《闺怨》）说怨，说恨，说泪，说哭，简直入了骨，钻进了牛犄角。又有《游子》诗："萱草生堂阶，游子行天涯。慈亲倚门望，不见萱草花。"最后一句，言望游子而不见萱草，真出人意料。又如"拭妾与君泪，两处滴池水。看取芙蓉花，今年为谁死？"

（《古怨》）以比赛谁流的泪多，已很新奇，而看谁的泪能把芙蓉花淹死，更属新奇。又如"借车载家具，家具少于车"（《借车》），这类诗句，立意也很怪。

卢仝、马异的诗仅字面怪，孟郊的诗意思也很怪，简直像是看悲剧，越看越涩。他的诗字面通达，意思一层深似一层，这便是他的风格。此为盛唐所无，姑且不论其优劣。

李贺的拟古乐府诗多，有些非旧体诗，凭空造出。如韩愈去看他，高兴异常，作《高轩过》，装点许多典故，却并无多少内容。好生造字，色彩鲜艳、华丽，读起来却很艰涩。王琦有李贺诗的注本。李贺和孟郊的诗令人不太好懂。王琦的注本也不太清楚。孟郊诗如橄榄，苦涩后有甜味。李贺诗亦是橄榄，但裹了一层糖衣。

卢纶《晚次鄂州》诗："云开远见汉阳城，犹是孤帆一日程。估客昼眠知浪静，舟人夜语觉潮生。三湘衰鬓逢秋色，万里归心对月明。旧业已随征战尽，更堪江上鼓鼙声。"又《曲江春望》："菖蒲翻叶柳交枝，暗上莲舟鸟不知。更到无花最深处，玉楼金殿影参差。"又《塞下曲》："林暗草惊风，将军夜引弓。平明寻白羽，没在石棱中。"三首诗风格不同，同出一人之手，写什么，像什么，此是中晚唐诗人的又一特点。

第一首诗写战乱，点题在末二句，前面几句却十分平淡。这也是中晚唐诗人的又一种风格，与老杜的诗很不相同。第二首写景，诗中有画。王维诗中的画属水墨画，这首诗的画却是工笔画。第三首风格与前两首又迥然不同。诗人显然没有塞外征战的生活体验，无非是用了些古代现成的典故。可见中晚唐诗人在不同的题材、不同的体裁和不同的生活中善于装扮出不同的面孔，善于模仿而无独创。

刘禹锡。诗怕议论。有人说唐人诗有形象，宋人诗主说理，形象性不够。唐代的四六文好用典故，辞藻堆砌。唐诗中已开议论的先河。任何一种风格，总有它自己的继承关系。如刘禹锡的《游玄都观》："紫陌红尘拂面来，无人不道看花回。玄都观里桃千树，尽是刘郎去后栽。"《再游玄都观》："百亩庭中半是苔，桃花净尽菜花开。种桃道士归何处，前度刘郎今又来。"有人说这是刘禹锡发的牢骚语。《新唐书》本传亦有此言。钱大昕《十驾斋养新录》却不以为然。不过此诗确实有不加议论的议论，带有讽刺的意味。尤其是第二首，态度十分傲慢。

王播诗。王播《题木兰院》二首先有"饭后钟"的牢骚。得官后，志得意满，作诗自吹自擂，与上首诗异曲而同工，实则非常无聊。其一曰："三十年前此院游，木兰花发院新修。如今再到经行处，树老无花僧白头。"其二曰："上堂已了各西东，惭愧阇梨饭后钟。三十年来尘满面，如今始得碧纱笼。"但第一首写得颇为回肠荡气。

"唱得凉州意外声，旧人惟数米嘉荣。近来时世轻先辈，好染髭须事后生。"这是刘禹锡《与歌者米嘉荣》诗。多发牢骚，好说俏皮话，便是他的风格。赵嘏的《长安晚秋》有一联为："残星几点雁横塞，长笛一声人倚楼。"此联格调高远，但前后其他各联便难以与它媲美。全诗为："云物凄凉拂曙流，汉家宫阙动高秋。残星几点雁横塞，长笛一声人倚楼。紫艳半开篱菊静，红衣落尽渚莲愁。鲈鱼正美不归去，空戴南冠学楚囚。"这样的诗，开了陆游诗派的道路。中晚唐的七律诗有一个毛病，那就是有句无篇。中间两联很精，前面是硬加上的。陆游诗也有这个毛病。试看他的"芳草有情皆碍马，好云无处不遮楼"一联，何等工致，但全诗就很难相侔。

温庭筠。《唐书》称他"士行尘杂"，说他好与妓女厮混。我以为此说不公允。宋代的柳永、晏殊，无不如此。《旧唐书》说温庭筠"能逐弦吹之音，为侧艳之词"，即按曲而谱词。温庭筠除词外，也有五古、五律和七律，风格亦像杜诗，冠冕堂皇，只是加工得更为细腻。

李商隐也是如此。韩愈为裴度作碑，成而后废。李商隐以此为题作诗，仿韩愈《石鼓歌》。韩愈专门作"横空盘硬语"，李商隐模仿得很像，也是个学啥像啥的。

李商隐的《无题》诗："飒飒东风细雨来，芙蓉塘外有轻雷。金蟾啮锁烧香入，玉虎牵丝汲井回。贾氏窥帘韩掾少，宓妃留枕魏王才。春心莫共花争发，一寸相思一寸灰。"女教授苏雪林著有《玉溪诗谜》，穿凿附会，说此诗与一个女道士有关。其实唐代女道士中有很多妓女，都以道士的身份为掩饰。女道士鱼玄机便是妓女，写有诗集。李商隐的这首诗不过就写了一个女道士（即妓女）的日常生活以及她的心情，并无什么"谜"可言，无须故作神秘。

"刘郎已恨蓬山远，更隔蓬山一万重。"此手法并不新颖。如《西厢记》中"系春情短柳丝长，隔花人远天涯近"，便是全用的李诗意境，足见并无多少神秘处。但他的《锦瑟》一诗写得确实很有特点，历来人们对此诗的解释很不统一，有的越解释越复杂，越离本意远。我觉得"锦瑟无端五十弦，一弦一柱思华年"，这两句的重点是"五十""年"，言自己的一生。"庄生晓梦迷蝴蝶"，这句的重点是"梦"，言自己的一生如梦。"望帝春心托杜鹃"，这句的重点是"心"，言自己一生的心事。"沧海月明珠有泪",这句的重点是"泪",言自己一生生活在泪水之中。"蓝田日暖玉生烟",这句的重点是"暖",言自己毕生的热情。"此情可待成追忆,只是当时已惘然",是说早知是一场悲剧。即全诗的中心是"半辈子、梦、心、泪、暖、早已知道",如此而已。但这不能成诗,所以要加上很多附带的描写和装饰成分。但这一来就把很多人唬住了,使它成为千古诗谜。

温庭筠《题河中紫极宫》:"昔年曾伴玉真游,每到仙宫即是秋。曼倩不归花落尽,满丛烟露月当楼。"诗中言秋,收获季节也,寓其会合。曼倩,以东方朔自况。所言无非是和女道士交往事。

晚唐诗人的生活有颓废的一面,但不能用道学家的眼光诋其"士行尘杂"。

晚唐诗风细腻到可以入曲,这是很大的特点。倘编选本,盛唐诗当然大部分可入流,中晚唐诗也不妨多少选一点。

司空图《诗品》。司空图长于古诗和律诗,绝句也不少,诗风大多像宋人。《诗品》乃文学评论,以雄浑、冲淡、秾纤、沉着……为题,用十二句抽象的比拟来形容诗的境界。境界本佛教用语,即用主观感觉看外物,其总体的效果即为境界。这样的评论,虽然嫌空,但也有成就。其中有些话可以理解,有些则不免太抽象,无法作具体的解释。杜甫《戏为六绝句》虽然开了这类文学评论方式的先河,毕竟还较为具体,司空图的评论便显得太抽象。我认为他是借此题目和手段来写诗,发表他对诗歌的理解。《诗品》实则是二十四首四言诗,故编入司空图的诗集。

为什么《诗品》出现在晚唐?原因在于当时的诗人对诗非常讲究,为此花费了不少的心思。司空图对诗不但深加思考,而且试图进行总结。虽然如此,我仍然认为,《诗品》主要应作诗歌看,不一定要作评论看。

（万光治根据 1979 年 4 月 26 日的听课笔记整理）

23

# 五、唐代文学第五讲

彼时何卒卒，我志何曼曼。

犀首空好饮，廉颇尚能饭。

学堂日无事，驱马适所愿。

茫茫出门路，欲去聊自劝。

归还阅书史，文字浩千万。

陈迹竟谁寻，贱嗜非贵献。

丈夫意有在，女子乃多怨。

（韩愈《秋怀》其三）

卷卷落地叶，随风走前轩。

鸣声若有意，颠倒相追奔。

空堂黄昏暮，我坐默不言。

童子自外至，吹灯当我前。

问我我不应，馈我我不餐。

退坐西壁下，读诗尽数编。

作者非今士，相去时已千。

其言有感触，使我复凄酸。

顾谓汝童子，置书且安眠。

丈夫属有念，事业无穷年。

（韩愈《秋怀》其八）

对中晚唐的诗歌，不应一笔抹杀之。就艺术而言，中晚唐诗有十分重要的地位。文学发展到唐代中期，诗歌出现了很精美的形式，散文则另有一番面目。这一时期的代表，当推韩愈和稍后的白居易。对他们两人的集子，应从头到尾翻一遍。

"安史之乱"后，唐帝国再度获得统一。政治虽然有极腐败的一面，藩镇割据的局面并未完全消除，朝廷的大权落于太监之手，与汉末的形势颇为相似，但就整个形势而言，矛盾毕竟缓和了许多。由于统治者的利益有一致的方面，所以这时的社会，有一个相对安定的时期，文化艺术又出现一个繁荣的景象。但这时的繁荣与盛唐的繁荣不同。李白和杜甫的文化教养是他们那个时代的产物。假定李杜的蓬勃景象，有如花的怒放，韩愈和白居易却是有秩序地、慢慢地成长。就质量言之，韩白精密、细致，李杜则不免有粗糙的地方。

在艺术水平方面，他们和李杜相比较，并非后退，应该说还有所发展。他们较李杜提高了一步，更精密了，而且想走自己的路，有意识地想绕开李杜，创造一种风格。李杜并非有意识地想创新，却出了新。前人的路子既然已很宽广，韩白想独树一帜，便很困难。韩愈诗"李杜文章在，光焰万丈长。不知群儿愚，那用故谤伤。蚍蜉撼大树，可笑不自量"。可见李杜成为大宗的地位，已经定型。既然如此，韩白学习、借鉴李杜，首先得学习李杜怎样创造自己的风格，因而不能不走自己的新路。因此，我们必须研究韩白以来文学出现的新局面。

人们一说韩愈，极易想到他的"文起八代之衰"，或以"复古"来革新文章。而且还认为他一定是一个板起面孔的老人，实在是古奥得很。人们一说韩愈，更容易想起他的《石鼓歌》，也认为严肃、古奥得很。其实不然。韩愈无论为诗为文，都力求口语化，反对古奥。"八代之衰"，在于骈俪，韩愈反对骈俪，便是提倡一种口语化，他的诗文正是尽力往这个方向发展。他在节奏、用调上看来古奥，但用词却令人明白易懂。

《秋怀》一诗，系韩愈自述，造意自然，语言浅近，这是他前后的诗人都没有的风格。

第二首通过生活中的一个小片段，写了他的志趣、感情和生活小景，语意朴实自然。

这种格局和手法，在过去是没有的；以生活小情景来表现自己的生活愿望、思想感情，在过去也是不多见的。

韩愈尊孔，以道统的继承者自居。他的《石鼓歌》开始叙述自己写《石鼓歌》才力不逮，后曰："陋儒编诗不收入，二雅褊迫无委蛇。孔子西行不到秦，掎摭星宿遗羲娥……"《石鼓歌》不但内容大胆，而且语言通俗，较孟郊、李贺明白清楚得多。

文艺作品都必须有自己的特色，而这些特色又往往是作者或作品的不足之处。后来的模拟者模拟得非常像的时候，恰恰模拟的是不足之处。孟郊、贾岛便

25

是如此。

我认为，韩愈的诗开辟了议论的风气。在诗中用逻辑说理，宋人由此大开声势，形成了宋人诗的风格。《石鼓歌》的一段，便不是用形象，而是用逻辑来写诗，故曰"以文为诗"。我还认为，韩愈为文，用了诗的手法，便是"以诗为文"。正因如此，便形成了韩愈的风格。

在古代文学作品中，也有"边缘学科"和"仿生学"。韩愈和苏轼都是"以文为诗"，同时也是"以诗为文"。

有人作诗像词，作词像曲，为什么？我想，文如讲演，目的是说服人。诗是用艺术的语言提供形象，让人去感受和思考。故诗好比交响乐，或"高山流水"。词在当时是小唱，如现在的流行小曲。曲子则是代言，如剧中人物塑造形象，表达感情。有人作诗轻俏，便像词；作词太宽活，则如曲。有人用此话绳姜白石。我不过借用这句话来说明韩愈是"以文为诗"，即以文的手法来写诗。

白居易。白氏较韩愈晚，这时唐的腐败更表面化，故诗中所反映的社会矛盾较韩愈尖锐得多。他提出"文章合为时而著，歌诗合为事而作"，应当给予肯定。就白居易诗的分类看，有讽喻诗、闲适诗……讽喻诗包括《新乐府》《秦中吟》等。白居易为什么要公开称这些诗为讽喻诗？当时的皇帝声称纳谏，白氏据此从之，称"称旨"，手法全都一律。称"讽喻诗"是煞费了苦心，表明是奉谕作诗，并非诽谤诗。杜甫"三吏""三别"是批判诗、揭露诗，仅用标题，并不打上"讽喻诗"的标签。

杜甫和白居易所处的地位、时代不同。杜在逃难中无官职，直到抵达灵武，才挂了个小官的头衔，后来为检校工部员外郎。"检校"意即"候补"，尚未正式。"员外"即为定额之外的郎官。郎官是中级官员，但属员外，"置同正员"，即待遇和正员一样。白居易却不然。他贬官一次后，竟做过少傅，是统治者上层成员。所以，他岂敢动辄乱写诗，故首先挂出"讽喻"的牌子。这些诗都应该承认其价值。

政治越腐败，讽喻诗越多，皇帝便愈加施以压力。加之白居易政治失意，故弃讽喻而趋闲适。现在文学史将白居易一截为二，认为凡讽喻诗均有积极的意义，闲适诗一定是消极的。其实讽喻诗中有很多都是"犹抱琵琶半遮面"，躲躲闪闪，时时显其媚态，不如"三吏""三别"痛快淋漓。"闲适诗"中也有值得肯定的，其中也颇有表现现实的内容。所以，从讽喻诗可看出白居易的软弱面；从闲适诗可看出唐朝政治上的衰落面。白居易关于作诗文的宣言是很不错的，但他自己却无法完全照此办理。

唐诗人中敢于指斥政治的无非杜白二人，但白居易远不及杜甫。杜甫面向生活，忠于现实，白居易写诗却必须留有余地。杜诗有艺术安排，没有措辞的安排。白居易的诗却做文字功夫。白诗变化不如杜甫，很费经营、考虑，往往一结见意。白居易与元稹比较，也很有趣。元白是好友，二人风格为"长庆体"，其作品集为《长庆集》。二人时常长篇大论，互相唱酬，互相次韵（按韵次唱和），争奇斗胜。白元诗集都该看看。尤其二人的次韵唱和诗，可见白居易的诗来得全不费力，成就大得多。

如白居易的《勤政殿西老柳》："半朽临风树，多情立马人。开元一株柳，长庆二年春。"《华州西》："每逢人静慵多歇，不计程行困即眠。上得篮舆未能去，春风敷水店门前。"前首四句，谁也不挨谁，仅是并列的四种景色，但组在一起就兴味无穷。后首"上得篮舆未能去"，不等于白说吗？但把那踟蹰的心态表现得淋漓尽致，这都可视为最高境界的诗。

白居易较韩愈作诗文更重口语化。能不用典，便尽量不用典，这在作诗中极不容易。他只在迫不得已时才用，用则极有概括力。王国维称《长恨歌》仅用一典。清吴伟业专学元白长庆体，结果通篇都是典故。白居易用自己的语言写诗，这是很难做到的。白居易的这一特点在他是举重若轻。现在有人称老舍是语言大师，我认为不恰当。他专门找北京土话说，局限了传播范围。白居易既是书面语，又是为大众所了解的口语，这是他的成功之处。

白居易作诗用大众所了解的口语，"求解于老妪"，见于《南部新书》。此说不可靠，并带有讽刺白居易的意味。但作诗令老妪都懂，也是他的成功之处。我认为白居易在处理一些困难问题的时候，是极有办法的。他偶然也有一些毛病，如将人名去掉末字，以求押韵，未免削足适履。

韩愈与古文。我认为"古文运动"的提法太过分。"运动"者，有主张，有纲领，有计划，有行动，以之称韩愈所倡古文，未免失实。"惟古于词必己出，降而不能乃剽贼。后皆指前公相袭，从汉迄今用一律。"（《南阳樊绍述墓志铭》）此话对也不对。用以恭维樊宗师，尤其不妥。对樊宗师的评价见前，这里不再啰嗦。总之，绝对的"词必己出"，是做不到的。"从汉迄今用一律"，针对唐代专事模仿六朝骈体文的现象，却是十分正确的。

人曰韩愈复古，其实并非如此。他所用的，不过是和生活十分接近的语言罢了。用这种语言表现具体的生活现实，则更感人，也更成功，如《祭十二郎文》。

韩愈之文，破了骈四俪六的旧套子，采用了一种为人所理解的书面语言以表现自己的思想、情感和社会现实。唐代墓志铭很盛行，从现在出土的唐代材料中，经常可以发现互相抄袭的铭文。即使是韩愈，他为大官作的墓志铭，也写得毫无生意。

韩愈为文，并不着意于对偶。但在行文之中，却往往出现偶句，十分自然。

韩愈之文，也好用口语。《汉书·外戚传》写汉成帝突然死去，朝官审判妃子，其口供全部录入，便是当时的口语，读起来很困难。梁人任昉《弹刘整文》，记录了审问刘整婢女的口供，用的是南朝的口语，尤其难懂。北周宇文护，寄其母一书信，全用口语，收入《北周书》，理解也很困难。韩愈《进学解》中称"周诰殷盘，佶屈聱牙"的那一部分，也是口语。

所以，韩愈的"古文运动"并非真正提倡用古文写作，而是采用了较为标准的书面语言进行写作的，其中也偶尔用了一些当时的口语。

唐传奇也是用标准的书面语言写故事的。传奇是纪传的小说化，是《战国策》《史记》的延续和发展。这正是韩愈、柳宗元所追求的路子。有人把传奇和古文运动结合起来谈，是有道理的。

继承了传奇特点的是《聊斋志异》。晚明小品如张岱的文章很不错，但一般口语都比较多。桐城派方苞、姚鼐以及后来的阳湖派张惠言、恽敬等，章太炎称其好处在"文从字顺"。桐城派学韩柳，即"唐宋八大家"（"唐宋八大家"是明朝人封的）。民初文风突破了古文的格局，有"新民丛报体"，由梁启超等人所提倡。后来五四运动振聋发聩，新文化运动从此开始。

阳湖派与桐城派小有不同，其文章大都经世致用，多有关政治、经济等方面的内容。这些文章不大空谈道理，此是阳湖派的特点，也是他们对韩柳文风的发展。这种文体之所以能够绵延日久，与中国封建社会历史的悠久漫长有密切的关系。

再谈谈口语和书面语的问题。我们现今所说的口语，已经是书面化了的口语，否则便不会具有普遍性，无法作为交流的思想工具。"言之不文，行而不远"，此话多年来为人所误解。这里所说的"文"，也包括条理、语言的规范化等。

| 古　音：　 | 之 | 乎 | 者 | 也 |
|---|---|---|---|---|
| 古音读：　 | de | ma | de、zhe | ya |
| | 的 | 嘛、吗 | 的、这 | 呀 |
| | | | | 邪、耶（古字） |

从上表可以看出，古代的语言符号变了，语音却没有改变。现在的口语和古

代的语言，关系是很密切的。

所以，唐代的古文运动，不如说是唐代的书面语运动。

唐代有没有用大量的口语来写作的文章呢？有，虽然并不纯粹。请看《敦煌变文集》和郑振铎《中国俗文学史》、向达《唐代长安与西域文明》中的《唐代俗讲考》。即使其中有俗话，也是俗化了的书面语言。这个问题，下次再讲。

同是写新乐府诗，同是运用书面化了的口语，元稹的诗尚混沌如小米粥，白居易的诗却纯净如蒸馏水。如此泾渭分明，很大程度上与两人在语言的运用和改造方面的功力有关。

杜甫诗也有极粗糙的，比较起来，韩愈的诗就干净整齐得多。杜甫的《八哀诗》名气很大，其实并不怎么样，可以去看一看。

（万光治根据1979年5月10日的听课笔记整理）

# 六、唐代文学第六讲

今天讲唐代的民间文学。

过去把民间文学称作俗文学，我以为不妥。俗之对称义曰"雅"，雅义"宜"。《尔雅》：尔、迩、昵，皆靠近、符合，即合乎道理，合乎逻辑、语法的意思。

俗，本指风俗、习惯，俗文学即民间文学。雅文学本是从民间文学发展来的。统治者自称其合乎正统，故曰雅，是数典忘祖。如搔痒竹称"如意"，原意为无所不至。《世说新语》有以如意击唾壶者，可见当时十分普遍，并不神秘，无非是魏晋名士不喜洗澡，需要搔痒罢了。但到了明清，如意便神圣了起来，以玉为之，号称"吉祥如意"，还互相馈赠。可见雅也是俗发展起来的。如刘禹锡的《竹枝词》，便是吸收了民间文学的养料创作出来的。

郑振铎的《中国俗文学史》何以不用民间文学这个概念？我想可能是因为民间文学须包括说唱文学。

敦煌的民间文学。11世纪，当地佛教徒以敦煌石窟为图书文物的储藏室。后被流沙遮住。清末帝国主义者深入该地，偷去不少。清政府知道后，派人去清理，得八千卷。这些人在返回途中，到了长辛店，居然偷偷地将珍本瓜分了，故损失颇大。

敦煌文学并非指当地产生的文学作品，是指其保护、储藏的文学作品。敦煌民间文学内容很多，有些是讲故事的，但不如《水浒传》《三国演义》长，有些故事有头无尾。《唐太宗入冥记》书名系后人所加，《西游记》中的"唐太宗游地府"故事，即本于此。《韩朋赋》是梁祝故事的前身。"秋胡戏妻"的故事对后来文学、戏曲的影响很大（此故事最早大约见于《庄子》）。《晏子赋》写晏子使楚的故事。《燕子赋》是童话故事。另有《伍子胥变文》《孟姜女变文》，顾颉刚先生有长文研究孟姜女，不知引用此材料没有。《捉季布传文》如七言鼓词，长达三百二十韵，四千四百多字。

但敦煌更多的是有关佛教的讲经文，即变文。此外还有曲词，包括民间的曲词。故事、变文、曲词，这就是敦煌民间文学的三大类。

以上三类题材丰富，形式是说与唱相结合，也有说而不唱的，如《唐太宗入冥记》；也有唱而不说的，类似今之大鼓书。

为什么有些故事有一个"赋"字？是因为其体裁类似赋，文中有四六句，其实就是赋的体裁。为什么民间文学有赋体？这正说明在汉代冠冕堂皇的赋体，原本就是民间的说唱文学。无伴奏，可朗诵，大概是其流传的一种方式。汉武帝看了司马相如的《大人赋》，飘飘有凌云之意。司马相如是其同乡狗监杨得意推荐的，可见汉武帝是先有听赋的欲望，得意才推荐于后，正如今天说想听大鼓书一样。我认为赋一列入《史记》《汉书》《文选》，便堂而皇之。《文心雕龙》称"赋者，铺也"，是从手法上讲的。其实当时的赋也是一种说唱文学。所以《韩朋赋》等并非民间艺人用赋的形式创作的，而是文人借用民间说唱赋体来进行创作的。司马相如的赋即是汉代的可供说唱、朗诵的文学。唐人赋当然更多，今所传甚少，是因为失传了。

屈原"行吟泽畔"，何谓"行吟"？有人说是一边走，一边唱。就历史来看，"行吟"谓"乞行"，即乞丐以唱乞讨。《离骚赋》也是利用了民间的说唱文学形式。后来被称做《离骚经》，是把它神圣化了。

敦煌文学中最有趣味的是《燕子赋》。它是一篇童话寓言，反映了当时社会的矛盾，官府的黑暗，人民的无告。"官不容针，私通车马"，是指当时开后门的严重；"人急烧香，狗急蓦墙"，都是活生生的民间语言。

新中国成立前有沿街卖"唱本看书"者，其中便有《孔子项橐相问书》。我曾把它和敦煌相关的本子一一比勘过，无一字之差，可见它一直从唐代流传到现在。

《捉季布传文》极像弹词。又有《李陵变文》。何以这类故事流传很广？这与唐边将首鼠两端的情况有关。《捉季布传文》的文字有极难懂处，如"恍如大石陌心珍"。"陌"是"蓦"的借字，"蓦"又是"猫"的假借字；"珍"是"镇"的借字。同声假借的现象，在古代十分普遍。又如"潘帝嗔"，冯沅君先生认为"潘"是"拚"的借字，此说非常正确。

以上说的是民间故事，现在说第二类：变文。

变文是相对"经"而言的。经是正规的、正常的；变是其变体、变态。有经才有变。变写成文为变文，画成画为变相。变相即用画的形式表现经的故事，如《楞伽变相》。

还有讲经文，是全讲经，并非只抽出一个故事来讲。《佛本生行经》（《佛本生经》《佛本行经》）是讲太子生前事，不是整个经讲，而是讲其中的一些故事。《目连变》纯属从经文中提出的故事。而将《燕子赋》《孟姜女》故事列入变文是不妥当的。

何谓变文？和尚用佛教因果报应的故事来宣讲教义，以吸引听众，向听众宣传。此外，和尚每讲唱一次，可得布施，实则是卖唱，此事敦煌文献中有记载。

佛教又叫像教，它在宣传方面很有办法，能把佛教的神秘感、威严感和神圣感渲染得淋漓尽致。它用文、色、香、钟、建筑、音乐、绘画、仪式等，从人的听觉、视觉、嗅觉、触觉等各个方面来加强其影响，其手法之周密与高明，是无与伦比的。韦应物"鸣钟生道心，暮磬空云烟"，这就是宗教仪式的作用。苏轼诗"山水照人迷向背，只寻孤塔认西东"，塔也是佛教徒为增加宗教神圣气氛的一种手段，原是和尚的坟，后来越修越大，越修越富于装饰，这就增加了佛教的魅力和神秘感。

变文的《地狱变》是讲小乘因果报应的，老百姓听得懂，便达到了目的。变文的宣传效果当然比佛经高明得多。

变文铺陈、渲染的手法和想象力是值得借鉴的。《西游记》便受了变文的影响。

从现在和尚放焰口（即"瑜珈焰口施食"）唱经的音调旋律和日本人吟唱中国诗歌的风味，大致可以窥见唐代变文演出的风格。

我们研究变文，主要是研究它的文学手法和文学价值。我反对这种说法，即变文的文学手法是从外国来的。

新中国成立前崇洋思想严重，甚至有人说连人种都是从外国来的，岂不荒谬！向达称敦煌绘画有明暗、浓淡、高光（high light），是外国来的"凹凸法"，这样的说法也是不正确的。

应该承认，佛经是从印度传来的。但中华民族值得骄傲的是，她有巨大的融合性。岂但变文，连后期的佛经和前期的佛经相比，已有很大的不同。严复《天演论》虽是译作，其间已有他自己不少的东西。而中国也有自己的经文，如《六祖坛经》。

经在印度，原是口耳相传。日积月累，才著于竹帛。《百喻经》《譬喻经》有许多的小故事，是从印度传来的，可称作印度的变文。至于怎样讲唱，则不可知。

经文较好的是《维摩诘经》。变文有《八相变》《破魔变》，后者是从《维摩诘经》中抽出来的，可以一看。《欢喜国王缘》一卷，很好，是说一个王妃怎样升天为仙，和民间的说唱很相似。《梅花梦》极长，可谓不见首尾，内容却不怎么样。

下面讲敦煌曲子词。

唐有曲子，即当时的流行小曲。它的词写在纸上，无曲谱，只有词，这就叫曲子词。曲子词并不十分固定，它可以有衬字，甚至多衬几个也无妨，较为灵活。

很早就有唐人唱五言、七言绝句的记载。有一个叫做"旗亭画壁"的故事（挂旗作为标志的驿站叫"旗亭"），说的是高适、王之涣、王昌龄三人在旗亭饮酒，听别人唱流行曲子，看谁的诗被歌女唱得多（事见孟棨《本事诗》、薛用弱《集异记》）。说明当时就流行唱曲子词，文人作的五言、七言绝句也能入曲为词。由于绝句的句法呆板，又因此出现了叠句，如"劝君更尽一杯酒"（《阳关三叠》），便是迭唱。后来文人有意为曲配词，温庭筠便是此中的行家。这也是词产生的一个原因。

曲子词吸收了甘州、凉州一带的地方音乐特色，这是不可否认的。至于甘、凉二州具体吸取了哪些北方民族的音乐风格，这里姑不论及。

《曲子词集》和《花间集》相比较，前者虽然粗糙，但较有活力。后者属文人创作，虽然较为精致，但终究有些死气。到了宋朝，文人随曲吟词，信口而作，还较顺当，往后就不免板着面孔作词了。

《敦煌变文集》可参看。孙楷第先生也有论及的文章。他的《沧州集》似乎没有这类论文。周绍良先生有《变文叙录》可参看。最好是与正统文学比较着看。

补充：《光明日报》（1979 年 5 月 15 日）有谈韩愈"以文为诗"的文章。我认为韩愈既以文为诗，同时也以诗为文。文讲逻辑，说理居多。诗赋抒情、写景、咏物，形象居多。韩愈将文章的手法用于诗，不免导致堆砌字面。韩愈破骈体而成散体，也不免出现这种现象。

韩愈还在诗中说理。其实诗歌说理，主要用的是说理的逻辑性。白居易又何尝不以文入诗？他的《琵琶行》《长恨歌》便是说唱文学，其叙述情节，也有

"文"气。苏轼专把难说之理写入诗词，如"杨花词"，以杨花的遭遇比喻人的一生，其写过程，有逻辑，有形象，也有议论，是典型的以文为词。如云："不恨此花飞尽，恨西园落红难缀。晓来雨过，遗踪何在，一池萍碎。春色三分，二分尘土，一分流水。细看来，不是杨花，点点是离人泪。"其叙述和议论的成分不是十分明显的吗？南宋的姜夔，以文为词更为厉害。"自胡马窥江去后，废池乔木，犹厌言兵"，难道不是议论？

宋人说苏轼的词"不够调"，是指不够婉约派的"调"。事实上自苏辛后，以文、以论入词，正是赋予了诗词以更强的生命力。文和诗词的交融，也是一种"边缘文学"，未可厚非。

韩愈以诗为文，也是他的特点之一。无论其碑铭墓志，都是如此。按常规，墓铭碑传是用四六文开流水账。韩愈则不同。他的墓志铭对死者的生平写得很简略，重点是抓住几件大事来写，文情并茂。观韩愈的碑铭墓志，有评论，有咏叹，有抒情，难道用的不是诗的手法？就连《平淮西碑》写这么重大的事件，韩愈也是不写经过，只写重点，韩愈还因此得罪了李愬的后人。可见韩愈所用的，不是汉魏以来碑铭墓志的正统手法。韩愈的以诗为文，其实是对传统的一种突破。

柳宗元的《永州八记》写了作者心情的冷落，难道用的不是诗的手法？欧阳修的《醉翁亭记》并不细说亭的结构、位置、特点，而是大谈自己的感受、自己和亭的亲密关系，这难道不是诗的手法？所以，单看"以文为诗"是不够的，还应该看到"以诗为文"，这才更为全面。

（万光治根据 1979 年 5 月 17 日的听课笔记整理）

34

# 七、唐代文学

（一）总说

（1）文学史不可不读，不可太读。

（2）居高临下。

（3）背景与文艺成就。

（4）题材与背景相合不是融化后的反映（题材内容的反映与开花结果不同，花开时肥料在土中已不见了）。如杜以初唐的果，写安史之事；韩白是中兴后果。

（5）"切段"的不科学。政治与文艺的微妙关系（动荡破坏的反映易，繁荣昌盛的反映迟）。

（二）唐代

（1）初盛中晚说的问题（恰当又不恰当：初是隋统一的反映，盛是"安史之乱"后才成熟，中晚精美是中兴后的结果）。

（2）骈文的作用（文，非笔；装饰性）。

（3）古文运动的前后（先驱、成熟；补骈文之不足、古文之不足；骈散统一之公文体；唐代之八股；《史通》，孙过庭，陆贽）。

（4）传奇的作用（温卷等说之非）。碑、传、志等官样文章之解放，史笔之真传在于写生活之真实。

（5）外来影响说（传统中国文学影响了佛经翻译，非倒置的；禅宗与清谈。变文亦无印度影响；敦煌俗文学非只变文）（佛教思想于文学中有影响、反映，但未变革了文学本身。文学是以语言为主，佛思想不能变革语言。图画、雕刻以形状为主，故能生吞，但亦尚未全吞而反遭华化）。

（三）唐诗初盛略论

1. 唐诗是诗的成熟壮盛时期

"诗"的广义概念，永无止境。但就其形式范围言，则有发展过程及盛衰之变。既变之后，不得不变，故有宋词、元曲诸体，知"诗"（狭义的）以唐为最成熟时期也。

袁宏道（中郎）云"唐人之诗无论工不工，第取读之，其色鲜妍如旦晚脱笔研者，今人之诗虽工，然句句字字，拾人钉饾，才离笔研已成陈言死句矣"。

唐人诗何以熟、何以新？请与其前者比较之。

2. 汉魏六朝诗的成就程度

《诗经》如小儿学语，朴实天真，但不是"长歌咏叹"。毛主席说"没有诗味"，拆穿了说，未免煞风景，但亦不可避免。"窈窕淑女，君子好逑"与"郎才女貌""门当户对"诸俗语有何区别？略有风致如"昔我往矣，杨柳依依，今我来思，雨雪霏霏"。稍有风致，惜不多。《世说新语》推"讦谟定命，远猷辰告"，等于念西番神咒。

汉魏、西晋人诗，直说目前事物，直吐自己思想，是好事，但太实。如"左眄澄江湘，右盻定羌胡，功成不受爵，长揖归田庐"。此表达思想之浅薄者。又如："言论准宣尼，辞赋拟相如""著论准《过秦》，作赋拟《子虚》。"今日考卷中应得几分？

只有曹操"对酒当歌"一首有满不在乎之气派，《西洲曲》有缠绵的情调，同其超脱，同是民间色彩。艺术品来自生活，又要高于生活。此的（类）诗，能来自生活，未能完全高于生活。

陶渊明，能把愤慨说得平淡（辞彭泽令说为奔妹丧，离开彭泽，却回到家门。公然说谎，却那么天真。非必如此，此举其例），把贫困说得富有。不说尽，使读者有思考余地。如画牡丹富丽堂皇，但全幅无空地则是锦缎图案。

> 王粲：南登灞陵岸，回首望长安。出门无所见，白骨蔽平原……
>
> 杜甫：夔府孤城落日斜，每依南斗望京华。
>
> 回首可怜歌舞地，秦中自古帝王州。
>
> 张舜民：醉袖抚危栏，天淡云闲。何人此路得生还，回首夕阳红尽处，应是长安。
>
> 辛弃疾：西北望长安，可怜无数山。
>
> 《诗经·卫风·硕人》：肤如凝脂，领如蝤蛴，齿如瓠犀。

曹植：丹唇外朗，皓齿内鲜。延颈秀项，皓质呈露。

李商隐：巧笑知堪敌万机，倾城最在著戎衣。晋阳已失休回首，更请君王猎一围。

总之，唐以前诗，如动植物生长，缓慢不易察觉，但仍有其幼稚状。以手法论，有不消化的硬块。

3. 唐前期诗分析

唐前期诗比其前的（汉魏六朝）进步，但仍有余波。例如：

倦采蘼芜叶，贪怜照胆明。两边俱拭泪，一处有啼声。（张文恭《佳人照镜》）

弄巧成拙。略可见唐初人想超出平实旧套。

张九龄：《奉和圣制过王濬墓》

汉王思钜鹿，晋将在弘农。

入蜀举长算，平吴成大功。

与浑虽不协，归皓实为雄。

孤绩沦千载，流名感圣衷。

万乘度荒陇，一顾凛生风。

古节犹不弃，今人争效忠。

试与刘禹锡《王濬楼船》一首相比则知其工拙如何。

唐初有两类诗值得注意：

（1）五言抒情说理，变自阮籍派，"皮儿薄"易解。

（2）七言长古。长庆之先驱。

（3）律诗格调成熟。

（4）表达技巧进步，如送别。

（四）李白与杜甫

（1）两人有不同，应肯定；优劣，亦各有之。但不能简单分。

（2）自元稹作杜甫墓系铭，即有抑扬，扬杜抑李；听说郭老有书，扬李抑杜。郭书我未看。我只谈我的看法。

（3）今日如何具体看两家，不能先从"优劣"观念着眼、立论。不要存主见。

（4）应先从两家作品特点来看：

①两家风格（包括采取的形式和手法）方面：李多古体，多古乐府题，有赠

答，有专咏题。在体裁、格局方面比较不脱离前代的程式。杜不作乐府古题，亦不作旧格式。也有专咏题，但只是借题发挥感情，没有真咏物诗。体格上：古诗任意抒发，不拘六朝规格。律诗调子精熟，内容随手、任意，没有受格律约束处，而有丰富了格律处。

②思想表达方面：两家俱有爱国忧民之心，不成问题，但表达方法不同。李好谈求仙、超世的思想，少有直接议论时政国事的，有之，亦是在某一旧有诗格、旧有诗题中露出此类内容，如《蜀道难》，不管是指何人何事，总是关心国事。但必在乐府题材之中，借以发挥。又如《永王东巡歌》，亦以歌颂永王而使人看到其背景。杜不谈幻想，不吹大气（"窃比稷与契"之下说"许身一何愚"），无古题，"三吏""三别"即直接揭露，诸将即直接议论。

③这并非抑李扬杜。事实上，风格方面，李是继承的多，杜是创造的多。思想方面，在政治上李是曲折的，杜是直率的。在理论上，李是直率的，杜又是曲折的。

李是继往的终结，杜是开新的起始。李之继往，非无创新，此已于上次讲唐人与唐以前之比较中说过。杜之创新，非无继承，这更明显不待言。

所谓"往"，即是汉魏六朝直到初唐，表达方面有一重要情况，即是诗不能超脱于事物之上，不能不受事物的始末的约束。不敢或不能不顾事物的本来面目。例如说桌子，必要说四条腿，说一平面。即六朝玄言诗，亦必将玄理抬出，唯恐人不理解，譬如不肯把桌子当床，而实正浅薄。即如李之《蜀道难》，必先说蜀道，极力描写其难，归结为忧虑割据。此是"往"的特点之一。

"新"是事物为我用，以诗人主旨、情感为主，事物都是表达这种情感的手段。是火的燃料，桌子可以当床，即可以当木筏、当船。如"吴楚东南坼，乾坤日夜浮"，后人只惊其用字之奇，不知其重要处是能把吴楚乾坤当做自己情感的反映。六朝人"大江流日夜，客心悲未央"，已称名句，但与此相较，灵与实立可判断。"草无忘忧之意，花无长乐之心。鸟何事而逐酒，鱼何情而听琴？"（庾信）"感时花溅泪，恨别鸟惊心"，多少人评论、解释，辩论是人见花而溅泪，还是花如人之溅泪。实不必辩，此时花与人是一体的，十字包括极丰富而又复杂的内容，既非咏花，亦非咏泪。此种境界，是李和李以前所没有的。

此非评优劣，而是论诗歌文学发展的阶段。

（五）丰富多彩的中晚唐诗人

（1）诗歌异于演说，异于辩论，异于骂阵，异于批判斗争发言。因其为一种有韵的语言，形象的手段，是一种艺术品。

（2）文学艺术应该反映现实，这是马列主义毛泽东思想的在文艺上的主要论点之一，也是首要的一条。但如何理解这个原理，却有不同的表现。有些文学史和作品选本，只谈、只选作品中谈当时的阶级矛盾、人民生活的一面，不错，是应该的，但所谓"反映现实"，是否即专指这一种手法？是否专指这方面的题材？毛主席说《红楼梦》是封建社会的一面镜子，但在从前也曾有人批判《红楼梦》曾把女学生引向林黛玉，当然可以理解，毛主席的话是在十年以后说的，而《红楼梦》中又确实写了些含含糊糊的男女爱情。由于其不纯粹，不明快，也没有交代明白这是阶级矛盾，就觉得不够条件了。要知道批判用的"大字报"，当然是篇篇刀剑，字字风霜，但所用的纸，还是五颜六色的。

（3）唐代诗歌，直接批判现实，反映现实的，要推杜甫、白居易，但他们的内容，毕竟是用诗歌形式表达的，如果专从内容论，一篇篇的调查报告，哪里有什么矛盾、什么痛苦，什么流亡，都比杜白详尽，岂不都是杜白？

（4）唐代中期，再次统一，在文化教养上，有以前一段的基础，有前边若干诗人、诗作的借鉴。在生活上，有当时一段相对的安定。在矛盾上，也有一些藩镇割据和皇帝的奢靡。但比起天宝时代的大动乱，究竟是好得多了。

（5）在这时诗歌的创作上，便有几种不同的现象：不论何种题材，其手段都趋向精致。不知是有意是无意，各家采取的风格道路有互相避让而又竞争情况，出现专用或多用一类体格的诗人，最明显的如韦应物、孟郊、李贺、许浑……

（6）大历诗人，不仅止"十才子"，几子几子之说，是封建时代互相标榜的一套无聊的说法。其实不但不能以"十子"概括，即"大历"也不能概括前后一段的风格。"十子"的名字又互有出入。

（7）现在要谈的有：韦应物、孟郊、李贺、刘禹锡、卢纶、赵嘏、李商隐、温庭筠。中唐，诗路前已极富，不标奇，不足以自立而胜人。加细加精，因而加弱。内容由于生活较平定而平庸，既无动荡斗争，又无出色题材，即此即是其时代现实，亦其阶级生活的现实反映。

①中唐诗人首推韦应物。陶派，五言为主，精细。（整理者按：以下所举诗例，启功先生往往只写出句首二字，现予补全）

《古诗》（十九首之一）：行行重行行，与君生别离。相去万馀里，各在天一涯。道路阻且长，会面安可知？胡马依北风，越鸟巢南枝。相去日已远，衣带日已缓。浮云蔽白日，游子不顾返。思君令人老，岁月忽已晚。弃捐勿复道，努力加餐饭。

《拟古》（韦，十二首之一）：辞君远行迈，饮此长恨端。已谓道里远，如何中险艰。流水赴大壑，孤云还暮山。无情尚有归，行子何独难？驱车背乡园，朔风卷行迹。严冬霜断肌，日入不遑息。忧欢容发变，寒暑人事易。中心君讵知，冰玉徒贞白。

②孟郊。苦涩。士人出路艰难。橄榄。五言。"慈母手中线"。闺怨："妾恨比斑竹，下盘烦怨根。有笋未出土，中已含泪痕。"游子："萱草生堂阶，游子行天涯。慈亲倚门望，不见萱草花。"

③李贺。拟古乐府。语言生造风气。新路。读之费思考。孟（郊）如绿橄榄，李（贺）如红橄榄。

④卢（纶）。"云开远见汉阳城，犹是孤帆一日程。估客昼眠知浪静，舟人夜语觉潮生。三湘衰鬓逢秋色，万里归心对月明。旧业已随征战尽，更堪江上鼓鼙声。"（《晚次鄂州》）又："鹫翎金仆姑，燕尾绣蝥弧。独立扬新令，千营共一呼。"（《和张仆射塞下曲》之一）又："菖蒲翻叶柳交枝，暗上莲舟鸟不知。更到无花最深处，玉楼金殿影参差。"（《曲江春望》之一）

⑤刘禹锡。"王濬楼船下益州，金陵王气黯然收。……故垒萧萧芦荻秋。"（《西塞山怀古》）又："紫陌红尘拂面来，无人不道看花回。玄都观里桃千树，尽是刘郎去后栽。"（《游玄都观》）又："百亩庭中半是苔，桃花净尽菜花开。种桃道士归何处？前度刘郎今又来。"（《再游玄都观》）又："唱得凉州意外声，旧人惟数米嘉荣。近来时世轻先辈，好染髭须事后生。"（《与歌者米嘉荣》）

⑥赵嘏。"云物凄凉拂曙流，汉家宫阙动高秋。残星几点雁横塞，长笛一声人倚楼。紫艳半开篱菊静，红衣落尽渚莲愁。鲈鱼正美不归去，空戴南冠学楚囚。"（《长安晚秋》）又"两见梨花归不得，每逢寒食一潸然。"（《东望》）"杨柳风多潮未落，蒹葭霜冷雁初飞。"（《长安月夜》）"高鸟过时秋色动，征帆落处暮云平。"（《齐安早秋》）"征车自入红尘去，远水长穿绿树来。"（《登安陆西楼》）

（陆游："芳草有情皆碍事，好云无处不遮楼。"）

⑦李商隐。（有）"韩碑"。又有以典故喻当时政治，今只读其精细之作。（即"韩碑"貌似粗豪，比韩《石鼓歌》仍细腻。）"飒飒东风细雨来，芙蓉塘外有轻雷。金蟾啮锁烧香入，玉虎牵丝汲井回。贾氏窥帘韩掾少，宓妃留枕魏王才。春心莫共花争发，一寸相思一寸灰。"（《无题》）又同题："刘郎已恨蓬山远，更隔蓬山一万重。"（"系春情短柳丝长，隔花人远天涯近。"）

⑧温（庭筠）。长篇五律。杜法，加细。"昔年曾伴玉真游，每到仙宫即是秋。曼倩不归花落尽，满丛烟露月当楼。"（《题河中紫极宫》）

⑨司空图《诗品》。

（六）韩 与 白

1. 韩（愈）

（1）中唐以后韩、白为大家。

（2）时代为唐代再统一之后的时期。

（3）文化呈新气象，由蓬勃而粗糙到强壮而精密。

（4）在艺术水平上，出现进一步的提高；在各家风格上，出现竞争的局面。

（5）提韩文，联想到"周诰殷盘，佶屈聱牙"，实则不然，更口语化。韩诗亦然。

（6）韩诗比杜诗精密句整。

（7）《秋怀》，《石鼓歌》，绝句。

（8）比孟郊、李贺清楚明白，至理名言都能懂。特点过于突出的都是不足之处。在李杜之后要自立门户，自走新路。

（9）韩"以诗为文，以文为诗"。文、诗、词、曲之分（文如讲演，诗如交响乐，词是流行小唱，曲即戏）。

41

2. 白（居易）

（1）白所处时代稍晚于韩，唐政治由盛向衰。

（2）提出合为时为事而作的主张，（是）对的，但提出宣言，已是恐人不理解（这是悲剧）。

（3）白自己不全是讽谏诗。当皇帝求谏，以纳谏自称时，白作讽谏诗；当统治者收了，白就（作）闲适（诗）了。

（4）从表面看，讽谏是反映现实，闲适是个人情绪，但在今日读时，应看："作讽谏诗"是现实之一，也是官僚（地主阶级文人）特点之一，闲适诗亦如此，在今日读者眼中，都是唐代历史现实之一。

（5）杜作"三吏""三别"，不必标"讽谏"字样，以在野人士，看到就说；白则以朝官论时政，如不标明"讽谏"，则成"讪谤"。

（6）白亦未能完全为事而作。

（7）白与杜比较。

①杜直说，白有安排，杜只是为自己见到的不平事，白须表示明白是为规谏

朝政。

②杜不安排，是顺事件的发展，不管自己的地位；白则安排，以一结见意。从艺术上论，杜任自然，白费经营。

（8）白与元（稹）比较。元诗中有不融化处，白全无痕迹；元白同一题、同一韵，互看自知。

（9）老妪求解说。

（七）韩与古文

（1）何谓古文？对骈文而言。骈为文，散为笔。

（2）骈的弊，古代利。

（3）骈易作，古难作，如文言易，白话难。

（4）韩、柳之前，陈子昂、独孤及、权德舆……俱有摹古痕迹。

（5）所谓古，古语汇、古语法，有其当然，无其所以然。

（6）韩、柳的特点，在古的外貌，通用的语言。

（7）当书（面）、口语俱难懂，公文则好懂。六朝奏弹，《汉书》外戚传、赵飞燕传等皆口语，皆难懂。

（8）口语的规范化。

（9）传奇是《战国策》《史记》的延续与发展，《聊斋》确有继承和发展。

（10）与其说古文运动，不如说标准规范化的运动。

（11）唐宋八家都是线索。

（12）所谓书面话，如报纸体，今日报纸并非如实的口语。

（13）唐宋八家的规格与八股。《古文观止》是八股的零件。

（14）八家以米至桐城（派）的功过，五四运动"打倒桐城谬种、选学妖孽"，但"古文"之功，不在其为桐城阳湖，而在其为通行书面语。生活丰富了，词汇多了，变成新民丛报体，再变为"五四"以后的白话。实则韩柳即当时的改良派，非复古，非革新，而是创造通行书面语。

（八）八股

（1）来源于经文。

①正反面人物问题，不能以标签看形象，不能以名称看文章。

②内容与形式问题，为内容选用形式，非内容能变为形式。

③"临去秋波那一转！"

（2）八股之反动有三方面：①形式公式化；②内容为统治者所需要，使思想深入于教条，无中生有（"答曰"）；③一切束缚。

（3）八股基本形式：①各部分名称；②各种禁忌，犯上、犯下等；③割裂（圣人语，虽一字亦有大道理）、截搭等。

（4）八股为何能通行？各种条件和因素。

①逻辑性强，说事理深入透辟。

②从习惯中提炼而来，说事理，分点，分方面，有起结。

③文章骈、散的运用。

④义理、辞章、考据。

⑤代古人立言，有声、色、形象、感情，如戏剧中人，"入口气"。

⑥利禄途径。

⑦清康熙时曾废二事：缠足、八股，王士禎等请求恢复，习惯势力，愿走熟路（科学与孔孟、八股）。

⑧汉人灌输标准思想有力工具。朱（熹）注。廉价的漏斗。

（柴剑虹根据1979年的讲课提纲手稿整理）

# 八、杜甫诗讲解

原说邓魁英先生另有任务出差，此段课由我代替；现邓改期，因已排了课，就上一小段，以后仍由邓上。

（一）怎样看作家作品

1. 杜的生平

从生卒年到官职；时代背景，由唐代社会到安史之乱；杜的诗歌特点，现实主义的创作精神，著名的反映现实的诗篇，以及前代许多人对他的评价；在文学史和诗歌选的课本中都已经写得清清楚楚。讲义上有的，比我知道的多得很，即以杜甫是哪个地方（省、县、村镇）人，我确实说不清，而讲义上都有。现讲义大家已先看过，不必再拿来念，或重述一遍。现在我拟从以下几方面来提出几个问题，先请大家想想！

（1）时代背景固然是产生作品的因素，但那一时代为什么即产生那个人和那些作品，而别人不都是杜甫，其他诗人也和杜甫不同？又同时有两三个大诗人，如李白与杜甫，既同时代，同遭遇，为什么两人不同？

（2）现实主义，浪漫主义，以及现实、浪漫结合等主义在此人如此，在彼人如此，如果抽去或盖上作品，有何不同；看着作品，又如何理解？

（3）对某一作品，是否都已字字句句理解了？作者为什么从这个角度写这首诗？

（4）学一些作家作品，怎样才算懂得了？是否能分出现实（主义）、浪漫（主义）、批判现实（主义）、反映现实、人民性、局限性……即为懂全了呢？

（5）向民间学习，向民歌吸取，是否即是古代任何诗人的最高艺术营养？怎么吸收，民歌有无糟粕，诗人又怎样消化的，是直接，是间接？

2. 有关杜甫的几个问题

（1）杜诗中有若干体裁（形式），其实不止杜诗，古今各代诗、杜同时代的各家诗中都如此。某一题材内容，为什么选用那一形式？内容决定形式，当然无疑，但形式是否也制约了内容的剪裁？考虑过没有？

（2）"三吏""三别"，揭露了剥削压迫，是否杜甫（是）有意识地、自觉地？封建地主阶级的文人，不管他这地主大小，既然剥削别人，为什么他还揭露剥削？他这种行为，有什么动力？同样阶级的文人，为什么张三这样，李四那样？为什么杜甫的兄弟们（杜甫称"杜二"，诗云"有弟皆分散"），没有另一个或另半个写出杜甫那样诗歌的呢？即（便）孪生兄弟也少见二人同样成就的呢？

（3）杜甫诗中有没有糟粕（这当然指封建性的思想内容），这不待言，也不待看全集，就可立时答出"有"！另外有没有糟糕的呢？（"糟糕"一词是我借用的，指他艺术上的拙劣。）请指出一些。从评价中和举例中、选本中看到的伟大诗人，他的全集（未必是一生全部作品）中有没有糟糕的呢？比重多少？怎样衡量的？

（4）李杜优劣，自唐代即有人提出（元稹的杜墓志铭），后来历代不断有人继续评论。当然上层建筑为基础服务，文学艺术为政治服务，文艺批评也为政治服务，但服务有"态度"，有"方式方法"。我也曾看见张秉贵的服务态度和方法，总没见他隔着柜台为顾客擦鼻涕，当然他更不是因为给经理擦鼻涕而被评为劳模的。所以文学评论，以至李杜评论，都是从认真读作品、读懂作品、明白作品出发的。

（附带说一下）新中国成立初，有人爱把"文化水平"一词简称为"文化水"，例如说"我的文化水不高"。有人笑这话不通，我却认为极对。现在套用这句说"我的理论水不高"，这才有水平。连水都没有，哪来的平？现在提出这一串的问题，先请同志们思考一下。谁先想出解释来，谁先告诉我，我就按他的讲。

3. 技巧问题

研究、讲读古代文学，当然包括诗歌，主要有两方面：思想性、艺术性。比较少谈形式和技术，也许把技术包括在艺术之内，但看到许多文学史的书，讲艺术部分中，分析它的形式和技巧的究竟不多。形式和技巧对于作者、作品有无关系呢？

某人喜作某体，惯作某体（律调古调）；某种思想感情适宜用某体，或相反不宜；某种思（想）感（情）宜用某种韵，或相反不宜（古今韵调的分别，以今音读古诗）；遣词造句对思感到效果；说全与不说全的效果，或说浅深的效果；

拗句的效果与思感（吴体）；朗读对理解的帮助等。

4. 杜甫诗在文学史特别在诗歌史上的地位

唐诗的最近父辈是南朝诗；内容的范畴；生活面、情调、"入诗"的题材内容；初唐四杰为旧体。李白的题材，神仙，以出世为出路，古风借喻为正规，当前生活少入诗的原因（诗是唱的，山水、日月、男女、盛衰、花草、离合、酒宴、行旅、神仙……看《文选》诗部分的题目）；措辞也有一定套子。杜甫的最大突破（我好喜啊，喜从何来……上得堂去……你可晓得……）。诗的题材不受拘束；眼前所见所闻都可说，都可入诗；何等语调都曾用（我有一匹……）。（昆、黄之与评戏、话剧，后来旧诗五七言不能表达，遂出了词曲，又不够，出了新诗）如说杜甫是新体，李白不免仍存旧体。试作比较来看，便知杜诗题材之广阔，语言之灵活，都不受旧套的拘束。

5. 杜诗在思想艺术方面的落后面

【杜诗选讲提纲】

## 望 岳

岱宗夫如何？齐鲁青未了。

造化钟神秀，阴阳割昏晓。

荡胸生层云，决眦入归鸟。

会当凌绝顶，一览众山小。

（1）岳指东岳泰山，作者年轻时生活在山东，所谓"东郡趋庭日，南楼纵目初"，是随他父亲在做官的任上。

（2）诗的题目在本首也就是诗的主题，"望"泰山，句句合乎逻辑。

"诗无达诂"，就是诗的语言没有固定的讲解。为何没有？因其要形象。但在特定的条件下（即在诗情中有特殊需要，或在表现手法上必需的作用时），或要逻辑严格，或可以不合情理。这首是做足了"望"字和"岳"字。（是扣得严。）

"夫（彼）如何"是不知其究竟。"齐鲁青未了"，是已上了半截。钟（聚集），割（分界，有力的分割）。夸张明暗，是衬托山高（蜀道难，黄鹄之飞尚不得过）。荡（飘荡于胸，荡动胸怀），往上。决眦（瞪裂眼角），往下。生入，亦上下方向。（练字，诗眼、句眼问题。）会当（总要），尚未到。凌（陵），超过，侵犯，压倒。众山小，更高于生云入鸟。登泰山小天下，暗用典，又不重复典故。如作"天下小"，是笨诗，便似他也许没上去过，只抄故事。为何用典（如

"趋庭"),帮助、丰富所说的问题。"无一字无来历",怎讲?不硬造人所不常用的生词。

诗歌颂了泰山,写了自己对泰山的认识,全用比衬,不用直写,也不能直写。"长城长呀,真他妈的长,盖了!"(一九七八年市政协会)相比(之下),(优劣)自见。

(3)一诗,总有先得某句。选择韵脚,或与先得之句有关,随着往下沿用。也或考虑某韵可表某种情感、形象、效果(即先得某句,亦由其条件符合)。此诗"了韵",上声。

## 前出塞

挽弓当挽强,用箭当用长。

射人先射马,擒贼先擒王。

杀人亦有限,列国自有疆。

苟能制侵陵,岂在多杀伤?

(1)本选本按时间选编各作品。

(2)前出塞(共九首)。

(3)议论入诗的问题(诗贵形象,论贵逻辑。地图与山水画的不同)。

(4)世谓宋人诗入议论,非正格。其实只要不损诗形象,议论亦何尝不可入诗。"兄弟阋于墙,外御其侮",即是议论。此首全是议论,表达这组诗的主要思想。

(5)议论说理,句法不易整齐。强求整齐,又易上言不搭下语。形象中忽插入逻辑,似山水风景画中加注上东南西北的方向,或画上一个指南针,便不协调,破坏了艺术的统一。

(6)此首八句,说的都是真理。凝练的句法,周密的逻辑,深刻的政治思想;表达的手法,又极显豁,使人"声入心通",不待曲折思考,不待自注说明。意义、词汇、语言、句式,轻松透彻的统一体。前四句是宾,是铺下明路,是大前提。"杀人"二句,是小前提。末二句是结论。

(7)"出塞"是乐府古题。什么叫"乐府古题"?如这个"行"、那个"曲",即是词牌曲调,六朝、唐人多用旧调,李白仍如此。曲调、题材内容、表达方法、语言情调,都随着走。到杜则不然,不是用旧调,只是偶然重叠了旧调名,只有"出塞",其他什么"行",只是"行"(长歌的诗体名),没有旧题。如王之涣的《出塞》，王并没实际从军，只是拟古题，杜真有事实，那么作为调名又去了一半，而一半是现实的生活。从诗题和内容看，杜完全突破了旧框。明"七子"学唐，学盛唐，每人诗集必以模拟古乐府装点头目，放在集前，留有若干笑柄。

## 《咏怀五百字》（作品略）

（1）分段（标题为编辑加）。

①自首句至"未能易其节"为一段。

②"沉饮"二句为过渡。

③"岁暮"至"路有冻死骨"为一段。

④"荣枯"二句为过渡。

⑤"北辕"以下至"川广不可越"为一段。

⑥"老妻"以下至"平人固骚屑"为一段。

⑦以下四句二层，为结。

（2）思想。此首为杜甫最辉煌的代表作，可以概括他的平生、出处。了解他的思想，理解他为何有若干同情人民疾苦的作品。

（3）为何有此思想？地主阶级的人，总的阶级性（包括思想意识、立场，以至措辞）是统治阶级的。"平人"是对自己这样身份的人而言，"失业徒""远戍卒"，自己（是）无分的，他所忧是统治的动摇。不用说，杜没有同情无产阶级的思想，即农、兵当时自己，也不知其为一阶级。杜揭露这等矛盾，是为他们的"国"设想，"君"即"国"。

（4）所以能看到，因有二刺激：一是"朱门酒肉臭，路有冻死骨"的现实对比，二是自己家庭的情况，以此推彼，更加害怕。

（5）古代知识分子，都受过儒家的教育，有一套人道主义的教养，尽管统治者是以此骗人，读书人总有几个人或一人在某些时、某些事上，是会接受而起作用的，看不平、仗义之人不全出于劳动人民（人道主义的阶级，有没有，应不应谈，那是另一回事）。杜即一个。

（6）无论杜从何角度出发，其客观事实，则已揭露，眼睛看到实际矛盾。地质科学家采金刚石，和农村社员在田野中发现金刚石，当然不同，但其为"发现"、其为"金刚石"则一也。但不能即说那个社员是地质学家。

（7）这些理论问题，有待细细探讨。总之杜不可能有意识地揭露阶级矛盾，也不应因他的阶级而否定他会有此思想。人是社会的，每人有其共性和个性。阶级性是总的，但不排除其中有因时间、地点条件而产生的差别。如只看凡出身地主必不能同情人民，是血统论，如把作者说得现代化，则恐有些违背历史了。后人评古人，欲肯定杜甫，把他的同情人民的思想现象提高到几乎是（至少这部分是）背叛了本阶级的，或自觉的，代表人民的，替人民说话的，总之是我们现代的。杜甫几乎"现代化"了。（我还一化未成呢）

（8）"艺术性"。

①五言体。短促句。入声韵（促音）。

②夸张中的真实。艺术手法的通例。（院中挂的主席像，比真人大得多）

③捕捉的问题、形象，都是最典型的，也就是最有代表性的。从个人志愿，气候带寒冷，旅途的艰难，贫富对比，家庭遭遇，个人感想，……每个问题都说得有最高度，有最深度。

④一句当几句用（不是"顶一万句"），如我们自己写，如何？如画素描，不够不像，像了又笔多；笔少又极像，水平才高，找的地方准确有力。（隋炀帝勒死）

⑤一字的力量："官渡又改辙。"

## 《北征》（作品略）

（略读）

（1）《咏怀……》自长安往奉先。《北征》自凤翔往鄜州。自己试分段落。

（2）同：五言。入声韵。先叙志愿，路上所经所见，到家之苦况；以国事前途为念，歌颂皇帝。

异：①叙述比《咏怀》加详；②写途经之景更细；③写家人团圆更深刻；④议论与忧心说得更具体；⑤颂扬费周折，称赞明皇杀杨妃冠冕堂皇，实甚笨拙。结尾未完。

（3）个人风格的形成，有其思路习惯。杜诗少重复，但此二诗透露重复迹象。从此处可了然一作家自己风格形成的因素之一（重要之一）即个人习惯，尤其题材、内容相同时，更易重复。杜高明，少重复，但长篇同类题材即露马脚。

（4）看《送孔巢父》一首，欲兼赠李白。孔亦李之好友。此诗极似李。同时人之影响、启发、传染。同时风格相似之例。略读《送孔》诗。

【附】

## 送孔巢父谢病归游江东，兼呈李白

巢父掉头不肯住，东将入海随烟雾。

诗卷长留天地间，钓竿欲拂珊瑚树。

深山大泽龙蛇远，春寒野阴风景暮。

蓬莱织女回云车，指点虚无是征路。

自是君身有仙骨，世人那得知其故。

惜君只欲苦死留，富贵何如草头露。

蔡侯静者意有馀，清夜置酒临前除。

罢琴惆怅月照席，几岁寄我空中书。

南寻禹穴见李白，道甫问讯今何如。

## 丽人行

三月三日天气新，长安水边多丽人。

态浓意远淑且真，肌理细腻骨肉匀。

绣罗衣裳照暮春，蹙金孔雀银麒麟。

头上何所有？翠微匐叶垂鬓唇。

背后何所见？珠压腰极稳称身。

就中云幕椒房亲，赐名大国虢与秦。

紫驼之峰出翠釜，水精之盘行素鳞。

犀箸厌饫久未下，鸾刀缕切空纷纶。

黄门飞鞚不动尘，御厨络绎送八珍。

箫鼓哀吟感鬼神，宾从杂遝实要津。

后来鞍马何逡巡，当轩下马入锦茵。

杨花雪落覆白蘋，青鸟飞去衔红巾。

炙手可热势绝伦，慎莫近前丞相嗔。

（1）"行"是诗歌之一体。

（2）杜诗极少讽刺，此首几是唯一作品。末二句殆出于文势所逼，亦是说出实际情况。以艺术言，直率、浅露，一览无余。可见杜甫不善讽刺（苏即不然："不是闻韶解忘味，尔来三月食无盐"）。

## 哀江头

少陵野老吞声哭，春日潜行曲江曲。

江头宫殿锁千门，细柳新蒲为谁绿。

忆昔霓旌下南苑，苑中万物生颜色。

昭阳殿里第一人，同辇随君侍君侧。

辇前才人带弓箭，白马嚼啮黄金勒。

翻身向天仰射云，一箭正坠双飞翼。

明眸皓齿今何在？血污游魂归不得！

清渭东流剑阁深，去住彼此无消息。

人生有情泪沾臆，江水江花岂终极。

黄昏胡骑尘满城，欲往城南望城北。

（1）写沦陷了的长安。

（2）如此环境，对比往事。跳跃的思路，即是穿结环境情感的针线。

（3）当时徬徨的行动，悲哀的情感。

（4）江水江花、人生有情，毫不相干，有机捏合，便成全诗之"人工呼吸"。
（"感时花溅泪"一联，即此二句之变相）

（5）为何总想明皇、贵妃，此事是造成此境的中心。都城，狂欢，胡乱，逃
跑，悲剧。

（6）"欲往城南望城北"，此句异文多（"忘城北""忘南北"）。"往城南"为
往南苑；"望城北"，看城中景况。曲江南，城东南，南苑即芙蓉苑，在曲江之
南。前朝后市，自南向北可观其主要建筑。

## 茅屋为秋风所破歌

八月秋高风怒号，卷我屋上三重茅。

茅飞渡江洒江郊，高者挂罥长林梢，下者飘转沉塘坳。

南村群童欺我老无力，忍能对面为盗贼，公然抱茅入竹去。

唇焦口燥呼不得，归来倚杖自叹息。

俄顷风定云墨色，秋天漠漠向昏黑。

布衾多年冷似铁，娇儿恶卧踏里裂。

床头屋漏无干处，雨脚如麻未断绝。

51

自经丧乱少睡眠，长夜沾湿何由彻！

安得广厦千万间，大庇天下寒士俱欢颜，风雨不动安如山。

呜呼！何时眼前突兀见此屋，吾庐独破受冻死亦足！

（1）"三吏""三别"诸首，各选本都有，可不再讲。八节课，不是逐首讲才懂，是为了解有关怎样读杜诗，即所讲者，仍是为说明问题的例子，不是为讲那首作品。

（2）杜最大特点、长处在眼前无不可写之事物。（人诗、人文，桐城末流，鲜肤疾腿，庸俗至极）

（3）大处细处，粗写细写，不匀称的事物都成诗中处处恰当的零件。

（4）最著名的思想，愿望，"广厦千（万）间"，但因此而有种种评论：只见"士"寒，不知民穷；只望大屋，不知改变社会制度；恩赐观点；个人拼得冻死无救于广大人民。（晋惠帝闻民饥，问何不吃肉糜）

## 丹青引赠曹将军霸

将军魏武之子孙，于今为庶为清门。

英雄割据虽已矣，文采风流今尚存。

学书初学卫夫人，但恨无过王右军。

丹青不知老将至，富贵于我如浮云。

开元之中常引见，承恩数上南薰殿。

凌烟功臣少颜色，将军下笔开生面。

良相头上进贤冠，猛将腰间大羽箭。

褒公鄂公毛发动，英姿飒爽来酣战。

先帝御马玉花骢，画工如山貌不同。

是日牵来赤墀下，迥立阊阖生长风。

诏谓将军拂绢素，意匠惨澹经营中。

斯须九重真龙出，一洗万古凡马空。

玉花却在御榻上，榻上庭前屹相向。

至尊含笑催赐金，圉人太仆皆惆怅。

弟子韩幹早入室，亦能画马穷殊相。

幹惟画肉不画骨，忍使骅骝气凋丧。

将军善画盖有神，必逢佳士亦写真。

即今飘泊干戈际，屡貌寻常行路人。

途穷反遭俗眼白，世上未有如公贫。

但看古来盛名下，终日坎壈缠其身。

（1）以画家悲惨遭遇，衬托唐世盛衰。

（2）画家荣华遭遇是被皇帝重视。曹霸以被用为荣，杜亦为荣。（今叙一人曾被某人重视，远者如袁世凯，近者为林彪，定以为耻。此唐诗人杜甫，唐画家曹霸）

（3）与《哀王孙》绝不相似，但以人衬世事，实一致。

（4）杜之关心世事，关心国家盛衰，贯串绝大多数作品中，必多看，才觉到。最多热情，最大责任感，褒贬爱憎分明。歌颂某人某事总与大主题（国家盛衰）相关。

## 愁（强戏为吴体）

江草日日唤愁生，巫峡泠泠非世情。

盘涡鹭浴底心性，独树花发自分明。

十年戎马暗万国，异域宾客老孤城。

渭水秦山得见否，人经罢病虎纵横。

## 春望

国破山河在，城春草木深。

感时花溅泪，恨别鸟惊心。

烽火连三月，家书抵万金。

白头搔更短，浑欲不胜簪。

美是外界存在，还是由人对他的感觉相合而成的？久已是争论的问题。从此诗的解释，已具有此两种可能。"感时"一联：花自己溅泪，还是人觉花亦溅泪？（鸟亦如此）我觉得诗与理论是两回事，花亦溅泪、鸟亦惊心，是诗；人觉花溅泪，是逻辑推理，不矛盾。

此诗重要在"城春草木深"，足见城中无人。诗人不能把思想性，批判、歌颂的重点正面告诉人，《咏怀》《北征》长篇尚可，短篇律诗无法容纳许多。一、二句概括许多，其艺术（性）须加倍起作用（女十二中演悲剧）。

五言律诗比七律更难，字少，句短，压缩更多。

## 旅夜书怀

细草微风岸，危樯独夜舟。

星垂平野阔，月涌大江流。

名岂文章著，官应老病休。

飘飘何所似？天地一沙鸥。

（讲解）"细草"二句。"星垂"二句。

## 登岳阳楼

昔闻洞庭水，今上岳阳楼。

吴楚东南坼，乾坤日夜浮。

亲朋无一字，老病有孤舟。

戎马关山北，凭轩涕泗流。

"吴楚东南坼"二句，怎讲。

"亲朋无一字"二句，怎讲。

## 闻官军收河南河北

剑外忽传收蓟北，初闻涕泪满衣裳。

却看妻子愁何在，漫卷诗书喜欲狂。

白日放歌须纵酒，青春作伴好还乡。

即从巴峡穿巫峡，便下襄阳向洛阳。

七律，较多。今人作亦多。

欢愉之辞难工，愁苦之诗易好。自古写如此快乐之诗，极少，又与国家命运呼吸相关。（"春风得意马蹄疾……"）

（柴剑虹根据20世纪80年代初的讲课提纲手稿整理）

# 九、古诗词作法

现在谈诗词中古韵问题。由于各地的方音不同，便有人来规范和确定"四声"。隋朝陆法言著《切韵》，首分韵部，虽然没有照顾到方音，"我辈数人，定则定矣"，未免对人有所约束，好处却是统一了一千多年。对于此书，后人多有补充。

《广韵》和《佩文韵府》，有些字的韵分得太细。如"冬""东"；"支""之""脂"的分别，其实十分微小。依我之见，支、之、脂发音位置是由内到外，如支（zhi）、之（ji）、脂（zi）。又如"东"——德红（dé hóng）切，切出之音为dōng。那——奴寡（nú guǎ）切，便只能切出 nǎ 音。古无清唇音，如"父"今读 fù，古音读 bà。后逐渐演变为 fà，最后演变为 fù。

"福"今读为 fú，古音均读作 ba（轻读），"逼"为什么借助"福"的偏旁？就因为古音声母相通。"眉"，武悲切，按今读当切为 wēi。其实"武"古音读 mǔ，故切 méi。"文"，《广韵》注为"无分切"，同样道理，"无"古音读 mú，所以"文"古音读 mén。

又，古代无舌上音，如"之"今读 zhī，古音读 dē。可知无舌上音。文字由"之"而"的"，表明舌上音的产生。按字面读音便是"类隔"，知其然而读之，便是"音和"。古代诗韵后面往往注上某些字为"类隔"，某些字为"音和"。这些常识都是应该知道的。

暂，今读 zhǎn，古读 zàn。现在广播上按古音读，大可不必。建议大家都去买一本《广韵》来读。周祖谟有校订本，商务印书馆印。

女墙，一凸一凹之城垛也。为什么称女墙？这和"睥睨"这一词有关，眼睛从城垛中往外窥视，故曰睥睨。而"女""睨"古音同，现在有些地方人读这两个音仍相同，故逐渐读作"女"。

《经籍籑诂》是部好工具书，许多字的古音古义都能查出来。《佩文韵府》《渊鉴类函》《古今图书集成》也应翻翻。《说文通训定声》从声、韵的角度谈，值得一看。《书目答问》也应该备有。《四库全书总目提要》不易找，故可买前

55

者，便解决了目录的问题。日人《大汉和字典》也不错。

关于古诗文的作法。讲这个题目，并非提倡大家写古诗文，在此不能不作声明。不会作古诗文，懂一点常识也好。你们将来当教师，讲古典诗词时也能依原诗的平仄朗读和讲解。"巫山巫峡气萧森"，一个"峡"字，便应按照律诗的平仄要求来读。

自己做一点儿古体诗也有好处。练习时应注意调（平仄）和对偶。现代汉语依然有调和对偶的讲究。对偶是一种语言的习惯。过去有《声律启蒙》一书，定下了若干的套子，如"云对雨，雪对风，大陆对长空"等，合辙押韵。这方面的锻炼还是应该有的。

古人曰："诗从胡诌起。"先练胆，逐渐熟练。多吟诗也很重要。高声朗读不仅可增强记忆，还可体味诗的音乐之美，加强对诗歌内容的理解。五言、七言诗练熟了，长短句调便有了基础。

按过去诗韵的规定，东、冬不得互押，今天则不必拘泥此说。

和尚唱经有谱，文人唱诗无谱。

何谓诗歌的"起承转合"？至今未查到出处。我们可以用一首诗来领会它的大意："松下问童子（起），言师采药去（承）。只在此山中（转），云深不知处（合）。"四句诗中，实际上包含有逻辑的发展。

律诗中的"撞声"始于唐代，即第一句和末一句可以用相邻的韵部，前者叫"孤雁入群"，后者叫"飞鸟出林"。

又，侵、覃以［－m］收声；文、真以［－n］收声。到了元朝，两者的区别便已混淆了，所以《中原音韵》就没有这一区分。

辽代和尚行均《龙龛手镜》，宋朝为避讳改为《龙龛手鉴》，全书按偏旁分字。《康熙字典》更细、更周密，是根据明朝《西儒耳目资》来的。过去的韵书即有字典的性质，可以按韵查字。

读诗应连同注一起看。王琦注李白诗，仇兆鳌注杜甫诗，都很不错，可以一读。

"诗话"一类的书有利，也有弊。有利是可以启发思维，帮助欣赏；不利在容易被它牵着鼻子走。研究《文心雕龙》不能不读作品，所以应当先读《文选》。

过去有人写诗为了押韵，将人名、地名做一些变化。如《论语·宪问》有"微管仲，吾其被发左衽矣"之句，微者，没有也。后人写诗，居然有这样的句子："功参微管"，这就文义不通，只是为押韵了。

（万光治根据 1979 年 5 月 31 日的听课笔记整理）

56

# 论明清诗文

# 一、明清诗文第一讲

吕思勉《章句论》、杨树达《古书句读释例》对于古书的标点，多有裨益，可找来一读。俞樾《古书疑义举例》亦应读。《经传释词》更是必备之书。

读古书，标点是第一重要的。没有读懂书，其他都谈不上。如"民可使由之，不可使知之"，竟有四种标点法，另三种为：一是"民，可使由之，不可使知之"。二是"民可使，由之；不可使，知之"。三是"民可，使由之；不可，使知之"。另外稀奇古怪的，还可以点出一些。显然，它们的内容都走了样。《大学》中的有些句子，点不好，也会闹笑话。

章为文章的分段，句即句子的句读。此外，古人用句读，也有用来点语义的，也有用来点语气的。古书断句最容易出错的，在于虚字。杨伯峻的《文言虚字》《文言语法》，杨树达的《词诠》，这类书的内容都不离《经传释词》。古书中的人名、地名、职官名，可查工具书。

这里选的几篇文章是作例子，并非范文。目的是想说明古文的发展，有它自己的线索，到了明清，已是强弩之末。虽然有人想改良，但毕竟搞不出大的名堂。直至"五四"，文章才得到真正的解放。当然，文章在获得解放以后，又会遇到新的问题。

散文，又称古文，宋人也称"平文"。经书有今、古文，字体有今、古文，文章又有今、古文，故很容易把人搞糊涂。王国维认为春秋战国各国有各国的古文，汉魏六朝各地有各地的古文，这便是通常所说的"原本"。经书的古文即是原本；文章的古文即是散体；字体的古文即是旧体。

今天我们要读的几篇，就是文章中的古文。《梦溪笔谈》称宋人作古文曰"平文"。何谓"平文"？即不加韵律，不配音乐者，故又可称作"平话"。柳敬亭说书用鼓板，可见既要唱，也有音乐伴奏，因此不是平话。说评书即白说，无伴奏。

不讲声律对偶，便是平文。六朝人称骈体曰"文"。散文如《与山巨源绝交书》，可见凡称"书""笔"者，都是散文，又总称"笔"。说话有抑扬顿挫，两两相对，这是自然形成的。骈文的形成有其必然性。散文也并非完全不讲究音韵、对偶。《颜氏家训》说，有博士买驴署券，罄数纸，无一驴字。可见搞文字花头、骈四俪六，已失去了生命力。

宋人论《文苑英华》所选文章千篇一律，可见文章之衰。韩愈"文起八代之衰"，其背景和意义正在于此。古文运动是主张用先秦散文和《史记》语言的表达风格写文章，朴素清新，无典故辞藻的堆砌，并非主张用唐朝的口语做文章。

《汉书·外戚传》中一段与赵飞燕有关的文字，是当时的口语。六朝人任昉《弹刘整文》所引用的刘家奴婢口供，是一段精彩的六朝口语。《北周书》有一篇宇文护与母亲的一封信，也是口语写成。唐代的口语可见敦煌出土的文书。唐传奇则用的是加工过的口语写成。

元、明、清的散文继承了上面的传统继续向下走，逐渐至于途穷。韩愈曾经提倡过"文以载道"，有人就质疑宋代理学家讲"道统"为什么不提韩愈。宋人苏洵也讲文道关系，但宋代的理学家依然不提他。这里的原因在于，韩愈等人意在改革文体，不谈载道，事实上是"以道撑文"。所以，韩愈所说的"道"和宋代理学家所说的"道"不是一回事。正因如此，《宋元学案》中很少提到韩愈、苏洵等人。

明代的诗文皆继承元人的诗文，故须了解元人文章。明初许多文人都是元人。他们当中，有的是遗民，有的是贰臣。"人还在，文风未死。"

下面请看揭傒斯的《龚先生碑》。

元代的文章家都是道学家。朱熹在清朝被利用得十分到家。考科举须用朱注四书。朱熹的学说被利用，始于元朝。元、明、清都利用了朱熹，元、明、清的文章也就脱离不了朱熹的套路。

揭傒斯是元人，其文可见明代文章的演变。

明代的文章到了归有光，开始有了味道。桐城派方苞、姚鼐等人与其说是学唐宋八大家（明茅坤首先提出这个概念），毋宁说是学归有光。为什么归有光的文章会出名？他的思想虽属正统，但文章有文学性，一唱三叹，不板着面孔说大道理。此人官不大，名气不大，所以明清人写文章暗地里学他，表面上却说学的是"唐宋八大家"。

明代"前后七子"的改良是复古。按他们的观点，把文章真的做成了三代两汉的样子，那还成什么话！此路不通，这才有了公安派、竟陵派。他们改良的办法是：内容上不排除表达个人的思想感情，语言上吸取日常生活的口语。但这样的改良最终还是失败了，根本的原因在于他们不敢突破文言文的套子。

20 世纪 30 年代，以周作人为首，提倡明人小品，提倡读和写"三袁"、徐渭的文章。然而在当时，学习"三袁"和徐渭，仍是一条死路。明代的"台阁体"辞藻华丽，用语典重，内容陈腐；"三袁"和徐渭的价值，是在和"台阁体"的比较中得以确认的。晚明的小品固然轻松，却派不上大的用场，因此被正统派大骂了一通。顾炎武《日知录》有专写李贽和钟惺的段落，认为李贽是妖孽，这是因为李贽的思想要解放得多。尽管如此，李贽仍不能担负起文学革命的责任。

桐城派好讲道理，阳湖派好讲经济，他们的文章都差不多。桐城派对后来的文章影响很大，原因在于桐城文人写文章，用的是古人文章通常使用的词汇和句法，其思想内容又不违背统治者的意图。他们虽不专说周、程、张、朱，但也符合统治者的口味，而文章又有文学性。这样的文章既可用于冠冕堂皇的说教，又可用于抒情写意，所以能绵延二百多年，直至五四运动，才受到毁灭性的打击。

研究明清的文章，必须注意文章从元代到清代的发展规律。清代后期的龚自珍写文章貌似古涩，据说其初稿原本通俗。但一成定稿，就晦涩古奥起来。魏源亦与此相类。龚自珍有自己的政治见解，与当道多不合，故文章不能不古涩。魏源托古改制，什么都作"古微"，如《诗古微》，也是寄托自己的见解于"经学发微"。

当前文章有两个问题值得注意。一是有人完全主张口语化，这样的见解不妥当。倘若用吴侬软语写文章，怎样普及？就是用北京土语做文章，外地人也很难读懂。二是有人主张要用完全规范的书面语言写作。我认为文章如果全用书面语，恐怕会死气沉沉，没人愿意读。我主张写文章最好用以现代口语为基础的书面语言。

（万光治根据 1979 年 10 月 9 日的听课笔记整理）

# 二、明清诗文第二讲

明清六百年文章的变化，绝不能用这几篇文章来概括。我选它们的目的，是想说明当时文体的变化及其潮流。

揭傒斯的《龚先生碑》。

揭傒斯是"元诗四大家"之一。他作古文一味泥古，往往说半截话。本文所云"三以状谒铭"。谒，求见，在这里作"求"解。唐人到茶馆称"谒茶"，即求一碗茶喝。本句的意思本来是想说"三以状来谒，求铭"，但偏偏不好好说话，这是有意为艰深之辞。正如写"天"字，有意要写作"兙"。又如本文所云"潜往候之"，句前缺主语，是求简而失之粗陋。章学诚、顾炎武曾多次谈到古文中的这个弊病。

本文有云"度宗潜藩"，太子未登基叫做"潜藩"，谓太子潜于藩国也。但说"潜藩恩"，语意就很不清楚，是度宗与龚先生有旧，恩赐考试，还是度宗潜藩，恩开科举考试？均不可考。

"复与计谐"，汉时管财政的官吏叫"计吏"，每年上缴中央年度收入时，常常带一批应科目人，故曰"计偕"。古者称出钱捐官出身的为"援例"，名字好听得多。汉时的"计偕"何以到了揭傒斯那里便成了"计谐"，这就难懂了。当然，"偕"与"谐"倒是可以通用。

"孙男五，名与……"此句根本就不通，完全是在造假古董。

宋元之际，道学演变为理学，是因为"理"比"道"听起来客观一些，无压人之嫌。周敦颐、二程、张载、朱熹，宋人并不怎么相信他们。南宋真德秀是理学家，成天讲理学。开始人们还抱有希望，说："要得钱粮贱，须待真知院。"后来他真的上了台，把事情搞得一塌糊涂。后来人们挖苦他说："熬尽西湖水，打成一锅面。"

周、程、张、朱，主要是朱熹。张载虽然在其前，名气却远不如朱熹。由这篇文（指《龚先生碑》）来看，周、程、张、朱是在元代就开始受到重视的。

宋濂《见山楼记》《题郝伯常帛书后》。

宋濂是元末明初人，是朱元璋的谋士。他后来被发配到西南，但命运比刘基好。刘基是被朱元璋毒死的。开国元勋，结局大抵如此。

"行李"，六朝称行人、使者往往叫"行李"。"中使"系皇帝由皇宫里派出的使者，其身份多为太监。"东观"，汉代的藏书楼，后来成为专用的名词。

本文有墨钉，是一时查不出何字，故留下方块，待查出后再补上。

《题郝伯常帛书后》作于明初。郝伯常忠于元朝，宋濂仍然歌颂他，说明在明朝的政权巩固以后，需要人们都成为忠臣。文章歌颂郝经，正是取其忠也。

"雄文"，语出《汉书》，谓扬雄之书也。又可指代司马相如之文，因有人称赞扬雄之文如司马相如也。清末有孙师正，原名孙同康，康梁变法失败被通缉后，改名孙雄，即标榜自己的文章如同司马相如。后讹用为有气势的文章。

（万光治根据 1979 年 10 月 23 日的听课笔记整理）

# 三、明清诗文第三讲

明人写文章，有意模仿古人。为文句式不整齐，便自以为高古，如宋濂的《见山楼记》。中国的语言文字有它自己的特点，句式于整中求其变化，已经成为习惯。违反这个习惯去造些假古董，不免现出伧父面目！

明朝初年的人作假古董文章，又怕别人不懂，故只敢在句式上作些变化。归有光则比较高明。"前后七子"专事抄袭，令人连句子都不好断，是更假的古董。正因如此，才出现了公安派和竟陵派与之相对抗。而到了桐城末流，已不管内容如何了，只是在字句上下工夫，一味地求古。文章一成派，路子定然走绝。其始作俑者，本意并不想结派。但后起之人，将创作风格相同而形成的流派结为宗派，树起门户，结果是将自己圈了起来。

文学的创作风格与作家自己的主观条件有关。效颦者只求其皮毛，失去的是其神韵。

唐顺之《答戚南玄书》。明代的士大夫雅好谈禅，他们谈禅的语言简单浅易，是大白话。究其原因，在于禅宗的开创人慧能等就没有多少文化。文人谈禅，既要符合禅宗的语调，又要表现出文人的特点。晚明和清代文人的文章，大都受禅宗思想的影响。也有的人以禅宗入文章，为的是使文章趋于平淡，似可视作"稀释"。这种文风，是韩愈等人所作不出来的。

《考卷帙序》。20世纪30年代提倡晚明小品，是五四运动的逆流。当时，改革者主张文章写口语，反改革者既不想用口语，又不能用纯文言做文章，于是从前人文章中找出些半文不白的东西来加以提倡，强调无聊的小趣味。"公安三袁"即是被其利用者。由于有周作人提倡于前，朱自清的《荷塘月色》、俞平伯的《桨声灯影里的秦淮河》等文章都不同程度地受了影响。《考卷帙序》即属晚明小品。考卷帙即是装考试卷的书包。该文通篇有许多白话，也用了许多禅宗的语言。作者无非是想借此发一通牢骚。

晚明小品是对"前后七子"的对抗，也是复古途穷的结果。归有光修正了"七子"派，修正了元末明初的文风。司马迁引《尚书》，用汉时的语言把它翻译过来。从归有光到《聊斋志异》，都是受司马迁的影响。桐城派势力大，影响的时间长。方苞死死模仿归有光，导致他的文章有不少的硬结。到了姚鼐，文章成熟多了，不但没有疙瘩，而且还有油腔滑调之嫌。章学诚反对桐城派，他说桐城就是"文从字顺"。桐城中人不服，认为自己讲义理。其实这正是桐城派的好处。桐城还有一个特点，就是学八股文章的做法，无话可说，也能写出一篇文章来。桐城发展到后来，已成为应酬的文字，掉弄笔墨，无以复加。这里选的《吴塘别墅记》，便是一篇无话找话说的文章。

清人袁枚为文十分流畅，但论者往往忽视了他的价值。他有些玩世，常为道学先生们叱骂。从文学的角度看，袁枚几乎是个怪杰。在他的笔下，没有不可以表现的东西。姚鼐是袁枚的后辈，姚为袁枚写墓志铭，还挨了他人的骂。其实姚对袁枚的评价是公道的。清人虽然骂袁枚，但许多人都偷偷地看袁枚的文章。袁枚敢于收女弟子，为章学诚所诟骂。他不屑一顾，公然把女弟子的像画出来，还为女弟子编诗选。可见他是一个蔑视礼教的人。最后有人连他卖文也骂，他卖文得钱，有什么可非议的？

周作人的影响至今还存在，只是不提他的名字罢了，但还是用周遐寿的名字出了两本他的书。袁枚在当时的影响其实比他大得多，可偏偏就无人提及。

龚自珍也是清末的一个怪杰，他对章太炎深有影响。龚自珍属今文学派，常常借经书发挥他的政治主张，并不重在考据。今文经学派中的康有为的议论当然不足道。章太炎属古文经学派，重视考据。龚自珍在当时的政治条件下不能正面地批评时事，只好用一些古奥的形式来曲折发挥他的思想。我认为，龚自珍的文章就文学角度而言，的确不怎么样。有人看过他的手稿，原文很通顺，但定稿后却不一样了。如此改稿，可见其用心良苦。《江南生稿笔集》即此类文章。该文借江南生的奏稿，旁刺朝政；借颂扬今之诏令、奏议有生气，实则是指斥言路未开。故其特点不在文章，而在内容及曲折的表达方式。由此可见，文章风格的形成，与时代的关系十分密切。

明初的文章是元朝的继续。中间经前后"七子"，到归有光、方苞等人，才终于定型。"前后七子"对元末明初的文章是一个反动，但试验失败。晚明小品对"前后七子"又是一个反动，想开辟新的道路，寻找新的表现形式，又失败了。到归有光才比较平易近人，再经方望溪、姚鼐等人的加工、发展，终于形成格局，直到五四运动才结束其使命。

事物总是会走向反面的。五四白话运动和现在的文风比较起来，已是大大地落后了。新中国成立后的三十年，文风更有很大的变化。

"文化大革命"十年的文风，是八股文加赋体。追究其原因，是受了封建社会的影响。"念念不忘"，本是禅宗语。文章前加套语，本是八股的破题。文章后面的祝词，本是八股的颂圣。"一句顶一万句"，本是清人称颂孔子的"一句话为圣人"。当时有以"子曰"为题者，有人借苏轼《韩文公庙碑》语"匹夫而为百世师，一言而为天下法"为破题，前一句应"子"字，后一句应"曰"字，这也是"一句顶一万句"的意思。

下面再谈谈《书目答问》。

四部即经、史、子、集。这种分类的方法，是逐步形成的。大约在南北朝才较为定型。这种分类法在今天已经没有实际的用途。

经：经有十三种。所谓经，是加了统治者的许多附会。剥开这些外壳，有许多史料可用。经到了明清，已失去了原先的概念，真正起作用的是"四书"。这是朱熹干的事。

有经书便有纬书，它们为汉代人所编。所谓"天生孔子"，便是纬书所言。郑康成和公羊学派便是从此说的。

史：《春秋·左传》分明是史，却入经。故章学诚说"六经皆史也"。其实准确地说来，应为"六经皆史料也"。史有正史、野史、外史、稗史等，无非属正统与非正统两大阵营。野史中有许多可靠的史料，《通鉴》反倒有许多小说家言。

子：其本意是春秋战国政治家的言论、讲稿、行事集于一体，皆归入子，颇似后来的集。子部分细类，分法并不科学，如医、算等类焉能入子部？

集：集有总集、别集。《诗经》也可作总集看。别集为某一个人的集。总集是许多人的合集。按理，集应该以文学为主，但在四部中，集的概念要广泛得多。

懂得四部的分法，便于查找古籍。

（万光治根据 1979 年 11 月 21 日的听课笔记整理）

# 四、明清诗文第四讲

明初人作诗沿袭元人的风格。《元诗选》收录元朝主要的诗作，但不如《全唐诗》全面。清人有《宋诗钞》，吕留良因文字下狱，故合作者不敢再编下去，书也不敢署吕留良的名字，但书编得还好。顾嗣立编《元诗选》，也很好。

元诗走的是复古的路，未可厚非。宋人感到唐人作诗，已经穷尽其理，自己根本无法续貂。于是他们写诗，多从写景、议论入手，声调与美感，都不及唐。几个宋大家无不如此。元诗是真正模拟唐人，但也有学不像的。明初的诗，离不开这个调调，刘基、宋濂、袁凯诸人都是如此。"前后七子"文学秦汉，诗学盛唐，连中晚唐都不要。而元人所学的，正是中晚唐诗。所以，"前后七子"是想摆脱元人和明初人的套子。不料他们非但没有摆脱了，反而落入了俗套。"七子"中也有好的，他们模拟盛唐人的声调、派头都做到了家，如李于鳞、何大复。何大复（景明）的长篇七言歌行《明月篇》就是模仿初唐的王杨卢骆体的，可以说是模仿得极像，看起来就像是真的古董。唐初都市生活刚繁荣起来，王杨卢骆写都市生活兴盛繁荣，充满了新鲜感，所以有这样内容和风格的诗篇出现。到了何景明的时代，已经时过境迁，故其所模仿的诗篇只是形式相像而已，内容却很单薄。

公安、竟陵后，诗坛上出现了一股怪风，黄道周可为典型。他的诗十分古怪，堆砌词句，追求古奥。明诗来回反复，学唐不成，最终弄成假古董。在这当中，钱谦益算是一个在文学上有作为的人。

齐燕铭同志曾谈及政治动乱中，酝酿着各种文学流派和思潮。一当社会安定下来，文学便会出现一个复兴时期。明代社会的状况是内外交困，动荡不安，理学有王阳明，文学更有各种流派。这种状况发展到钱谦益，产生了一定的效果。

过去的作者有三种武器，一是词藻，如茶碗边缘的装饰，附带着许多的典故。典故是压缩了的概念。"五四"以来反对用典故，其实反对者自己也用典故。

有些比喻，本身就是用典。典不可不用，当然不能堆砌或滥用。钱谦益掌握的词汇、典故就很多。二是模式。《全唐诗》本来是钱谦益的初稿，入清后有人继承而最终完成了这项工作。正因为钱谦益有这样的经历，可供他学习的模式也就特别的多。三是经历。钱谦益是后起的东林党魁，几次下狱，后做了礼部侍郎，投降了清人。投降后，他一方面偷通南明，另一方面作诗文骂清人。被发现后，乾隆极为恨他，于是对拥护钱谦益的人如沈德潜等予以严惩，连他的祠堂也给拆了。钱谦益的书也被列为禁书。但他的影响太大，门徒甚多，禁绝不了。"前后七子"仿唐无所成就，钱谦益却轻易地做到了。可见他在上述三个方面的功夫和阅历都很深，并非只是才大。后来有人为他鸣冤叫屈，说他不是汉奸。近代有钱姓者修家谱，极力为他辩白。这样的努力终究枉然，钱谦益的汉奸之名，恐怕是摆脱不了的。钱的生活很糟糕，却自命风雅。但他文学上的成就的确未可小视。他的古体诗音调铿锵，其《西湖杂感》二十首骂清人十分厉害，颇有沧桑之感。但其无聊之作也很多，如大作其"雁字诗"，屡屡变换花样，很不可取。

吴伟业（梅村）与他同时，是一个了不得的怪杰，但也是一个投降派。他本来是明朝的探花，也做过官。后来清兵入关，投降清人的大官僚陈之遴做了大学士。当时兵权在满人手中，行政权在汉人手中。陈之遴推荐吴伟业当了国子监祭酒。陈之遴倒台，流放东北，吴伟业也随之下台。他为当时遗民所骂，临终前写诗为自己辩护，称自己是被强迫而不得已才做官的。

康熙皇帝喜欢吴伟业的诗，还为之题了诗，诗的调子即模仿吴伟业。所以当钱谦益被禁止的时候，吴伟业却很有市场。他的诗模仿元稹、白居易，人称元白"长庆体"。其内容多记晚明时事，在艺术上颇像鼓子词。其文专写才子佳人，令人不忍卒读。吴伟业诗虽然用了鼓子词的路数，却有动人的内容，典雅的面貌。清人凡作古体，无有不受吴氏影响者。王士禛竭力避免落入吴氏的套子。他的《燃灯记闻》（何士基记述）称吴氏才大本领高，就是不雅。我想他是针对鼓子词调来说的。其实吴梅村的缺点不在于不雅，而在于还不够彻底。他的用词正是显得太雅，"皮儿太厚"，因而不好懂。

清末民初的王闿运（湖南湘潭人）也是一个怪杰，手笔极快。他好模仿骈文，也作古体散文。他有一篇《湘军志》，骂曾国藩，颇有《汉书》的风格。曾国藩九弟曾国荃读后大怒，经人说情，毁版了事。王氏五言诗极似六朝，故有人开玩笑，说他生错了时代。他的七言古诗却类似吴梅村，其《圆明园词》凭吊圆明园，模仿的就是《永和宫词》。他自认为这首词比吴梅村的雅一些，殊不知这正是他比吴梅村差的地方。吴氏的《吴诗集览》注释很精很细，典故多，注释繁。他用典的目的，恐怕是想以晦涩躲过当局的眼睛。袁枚说《长恨歌》只有一个典故，而吴梅村的诗离开了典故就无法去作。这正是他学"长庆体"而不如"长庆体"的地方。

吴梅村的《圆圆曲》把吴三桂骂得很厉害。他认为自己在清朝做官是不得已，而吴三桂却是开关延敌，两人的思想是不一样的。实际上是借他人的酒杯，浇自己胸中的块垒。他还有一些骂清朝的诗，十分隐晦，康熙居然没有看出来。他的《临淮老妓行》写的是刘泽清的反反复复。明代的崇祯皇帝在十多年时间里，换了四十多个宰相。其中有一个叫吴昌时的，与宰相周廷儒共谋政事，后一起遭廷审，被杀。吴梅村为此作了《鸳湖曲》："鸳鸯湖畔草粘天，二月春深好放船。柳叶乱飘千尺雨，桃花斜带一溪烟……"通过写自己与吴昌时的交情，反映明朝政局的衰落腐败。他的《永和宫词》写田贵妃，《琵琶行》写几个名妓，无不贯注了他对明朝亡国的感慨。

吴梅村有些无题诗写得十分漂亮，词藻美，似西昆。他的《扬州词》（见《吴诗集览》，靳荣藩注）："叠鼓鸣笳发棹鸥，榜人高唱广陵秋……"暗写清兵屠扬州，乃至清代注家不敢为之作注，只能称其"怀扬州梦也"。康熙也居然受了骗。为了避开文字狱，他不能不多用典故，有时候用古人的名字暗指当时人，的确是花费了许多的苦心。钱谦益则不同，如他写《西湖》，其刺清伤时思想十分露骨，所以没有能躲过清政府的禁令。

吴梅村的律调对后人影响很大。后人作律诗，很难脱卸其套路的影响。

总之，钱吴二家几乎垄断了清初诗坛，其作品是不能不看的。

王渔洋曾官至刑部尚书，钱谦益赠给王渔洋的一首五言诗对他加以吹捧，所以王渔洋后来也吹捧钱氏。王氏的诗符合清政府的口味，原因是表面漂亮，不痛不痒，感情却是现成的，按套套写就是。他用的都是古董，专好模拟。如听琵琶，用《琵琶行》；写登览，用高适，多写山川景致。后人发现，他每走一处，专看当地的地方志，摘出其中的典故、古迹，用作写诗的材料。即使古迹已毁，也要装模作样，写诗凭吊一番。他的诗好用典，词藻也现成，就是不写与清人有关的话题。用他的办法去作试帖诗，应酬场面，很是有用，所以在清朝极有市场。他的诗也有用曲子调的，如《秦淮杂诗》，全是绝句，其中连《牡丹亭》都抄来了。

王渔洋选《唐贤三昧集》，提倡神韵。严羽说"羚羊挂角，无迹可求"；无迹可寻，不着边际，达到所谓的空灵境界，这便是王氏所求的神韵。他的《秋柳》有人认为是凭吊明代的，后经"审查"，并无痕迹。可见他作诗力求不着边际。但他的《秦淮杂诗》却因为搬用了地方志，竟然捅了大娄子。

王渔洋诗中有名的是律诗和绝句，模仿前人，算是到了家。他的诗不伤今，不恼古，不干犯时忌，所以得以留存。

王渔洋也论诗，有《渔洋诗话》。他选唐诗不选李杜，也不提元白。因为他模仿这几个人不可能比吴伟业模仿得更好。他也不模仿苏轼与黄庭坚。对黄，他瞧不起；对苏，他不敢去模仿，这是钱谦益之所长。不得已，他只敢去模仿王维等次一流的诗人。他的诗可以说是"柔化"了的明"七子"。赵执信的《谈龙录》说朱彝尊的诗贪多，王士禛的诗重修饰，像李攀龙。他对此评价很生气。有人说王渔洋才弱，只敢写清淡的，不敢碰浓厚的。他的好处是毕竟柔化了李何的斧凿痕迹，这是应该给予肯定的。

我过去很喜欢王渔洋的诗，后来才发现他的诗其实很无聊。

王渔洋也选诗。在《渔洋菁华录》中，他的诗是他自己选的。他选其他人的诗，把钱谦益放在第一位，这还说得过去；把程嘉燧放在第二位，就不免荒唐。程嘉燧作诗，与"七子"同调。王渔洋从未见过程嘉燧；程死时，王的年龄尚小。王渔洋学的是程，不敢学钱。他自己就套用程嘉燧做诗的路子。这就是王把程放在第二位的原因。但这个选本仍然有价值。清初人的集子后来很难见到，这个本子正好收集了一些明末清初人的诗。

《静志居诗话》。朱彝尊辑《明诗综》，基本上是从《列朝诗集》来。朱彝尊在每个人的诗后，均附有评论，称《静志居诗话》。康熙曾想用朱氏顶替钱氏，以削弱钱氏的影响。但最终未能顶了，钱毕竟比他强得多。于是只好对钱施以痛骂加高压的手段。

《列朝诗集》对诗人有评论，可与《静志居诗话》相参看。

（万光治根据 1980 年 1 月 7 日的听课笔记整理）

# 五、八股文

今天讲八股文，诸君不必谈虎色变。八股固然有毒，然而其毒何在，也是应该知道的。且八股也属常识性的东西，故不可不讲。据传毛主席视察山西，曾向当地索取《制艺丛话》。此书专讲八股作法，可知主席并非不通此道。以上算是开场白。

1. 八股文的名称（标题系编辑加）

八股文又称"制艺"，制者，帝命也，也就是把统治阶级的意图、命令写成文章，予以阐发。这便是八股文反动性之所在。

对古文而言，八股文又称"时文"。时文者，当代之文也。其实到了清代桐城派文人手中，古文也有八股笔法。

八股可溯源到宋代的"经义"，即将经中的某句加以阐发，系讲经之文。然而八股与经义的作法不完全一样。经义无固定的程式，只是解经释义与八股相同，写法却不一样。八股特定的形式，成形于明初，其时尚不十分严格，也不太死。明中叶后，八股定型，至清代乃成为一种固定的文体。

2. 八股文的内涵（标题系编辑加）

八股文章是一个概念，本身包含着许多的现象。正如论人，都是一个完整的、有血有肉的形象，不可以"好"或"坏"二字简单论列之。但须强调一点，八股是为统治阶级选拔人才服务的，故可作为反面的教材看。

文章的形式和内容有一定的关系。内容影响形式，使之成为一个僵死的套子，到最后走向自己的反面。我认为说"内容决定形式"，决非由内容来改造形式，而是指选用什么形式。何种内容选用什么形式，关键在于人怎样去选择。

有的文人故意用八股文来表现其他的内容，且有拂逆统治阶级之意。如尤侗以《西厢记》"怎当他临去秋波那一转"为题写成八股文，便成了讽刺之作。八股文的形式死板、僵硬、公式化，这是它形式本身的坏处，然而更坏的并不止于此，它尤其坏在反动的内容。偶然有人以此为文开玩笑，如尤侗之所为，便不能视为反动。

3. 八股文的三个方面

（1）形式的公式化，使八股成了套子、框子，这是不可取的。

（2）内容为统治阶级服务，将孔孟的思想作为教条注入人的头脑，束缚、奴役知识分子。以"若曰"的形式代圣人立言，实则是代统治者立言，八股文因此成为知识分子的精神枷锁。

（3）有若干的束缚。如写上段便不能涉及下段，否则就叫"犯下"，如写"学而时习之"可以，涉及"不亦乐乎"便不行。反之则曰"犯上"。总之，必须是在被卡断的文句中做文章。又如"截搭题"，即截取不同句中之某几字搭成一题，如截取句子的头尾，或前一句的尾搭上后一句的头，或截前一章的尾搭后一章的头，更有隔篇截搭的。

俞平伯的曾祖父俞樾在河南出题，用的是《孟子》的文句："王速出令，反其旄倪，止其重器，谋于燕众，置君而后去之。"他截"王速出令，反"为题，结果被革职，永不录用。俞樾还曾出题，把《中庸》中的"鱼鳖生焉"的"鱼"字省去，而以"鳖生焉"为题，有人乃作文嘲之曰："以鳖考生，则生不可测矣。"这个破题有多种含义："以鳖考生"是暗中骂考官是"鳖"；"生不可测矣"，既可以理解为考生对此深不可测的问题不了解，又可以理解为这样乱出题小心发生不测事件。有的还出一字之题，如"妻"。有出"洋洋乎"至于四次者（经文中出现过五次）。人问曰："何以少一次？"答曰："少则洋洋焉"（语见《孟子》）。其末路流弊，一至于斯！

4. 八股文通行流布的原因

八股是敲门砖，故有人颇甘于被奴役，甚而成瘾。此外，八股本身所具有的特点也能吸引一些人。如：

（1）八股文的逻辑性较强，行文紧凑而严密。文章至少得五百字，不得多于七百字。有如此限制，还要人说得面面俱到，更逼人要把道理说得透彻，这就很有挑战性。

（2）八股文有骈体，有散体，讲究对偶、骈俪，音调铿锵，整体和局部协调，读起来朗朗上口。

（3）文章代圣人立言，有声、有色、有感情、有气派。故有人认为类似于戏剧，具有一定的艺术性。

（4）八股文的义理、词章、考据皆备。桐城派主张写文章要讲义理、词章、考据，这种学问方面的要求，便来自八股。

在八股文内容的评判方面，朱熹的《四书集注》被看做是对经典的标准解释，如不按此解释便不及格。朱熹在政治上该怎样去评价，且不管它，但他对"四书"的注释却简单明了，能达到这样的程度很不容易。明、清科举考试均以朱注为标准。

八股是廉价的漏斗，逻辑清楚，注释简明，易于灌输。

康熙皇帝曾学习过天文历算，主张废除八股、禁止妇女缠足。但王士禛（渔洋）代表了汉族大地主阶级知识分子的利益，上书反对，称八股"千万不可废"。康熙欲学西洋的科学文明，曾叫几个儿子去加入天主教。经过一番拾掇与折腾，又转而去拜孔庙。他用黄纸亲书"至圣先师"四个字，命人把它覆盖在碑上（因碑上有"文宣王"三字），然后再拜，所谓"拜师不拜王"。

八股之盛衰，有如水锅里的蒸汽，聚集起来既快且猛，但散得也快。以孔孟思想为教条与提倡科学精神的消长适得其反。所以，我们不仅要反对八股文，还要反对党八股，反对帮八股。

## 5. 八股文的基本结构

如以《孟子》"鸡鸣狗吠相闻而达乎四境"之句出题，这是说齐国的景象，八股截题为《狗吠》。

（1）破题：用两句。

（2）承题：用三句；继续破题，不得超过四句。

（3）起讲。下分八股。八股又称八比，实则四联、八条。本文中的八条为散文，条与条相比，则又为对偶。

（4）结尾。

写八股文的本领尽在于此，其庸俗性亦在于此。如此为文，无异戴着镣铐跳舞。八股有"四比""八对"，名称各说不一。比，两条为一比。八股的优点在于逻辑细致。由于当前各种八股太多，所以，最好不要强调八股文的优点。

八股所以有这样的优点，在于汉语本身所具有的特点。八股不过是将其绝对化罢了。

## 6. 关于试帖诗

科举考试的科目中，八股文而外，还有试帖诗。如赋"黄河之水天上来"，得"黄"字，即以"黄"字为韵。五言八韵，第一句不可入韵，以凑八韵，两句一韵，共十六句，每句五言。前两句是破题，中间反复吟咏，最后两句"颂圣"，不管写什么，均须以此作结尾。《红楼梦》中的"雪诗"联句，就是拉长的试帖诗。这种试帖诗的影响是广泛的，即以这首以嘲讽为能事的《剃头诗》来看，走的也是试帖诗的路子，它规定所用之韵为"头"字韵："闻道头堪剃，何人不剃头。有头皆须剃，无剃不成头。剃自由他剃，头还是我头。请看剃头者，人亦剃其头。"虽然只有八句，但始终围绕"剃头"二字反复吟咏，这正是八股和试帖诗的基本特征。

《古文观止》一书，康熙年间编选，均为短篇，须熟读后方能为八股。当时编选此书，就是为作八股文打基础。《古文辞类纂》编选者的头脑中，亦隐隐有八股文在作祟。《钦定四书文》系方苞所选，朱鹭（白民）是其后台（朱是明末遗民）。所以说桐城之文，便是八股之文。不了解八股文，也就不了解桐城派。

文人刻诗文集，较少收八股文和试帖诗。周镐（犊山）有《犊山文稿》，其间收有他的八股文，然其文集却无此类文字。

我生在民国元年，未赶上学写八股文。这些知识还是向陈垣先生学习的。陈先生是晚清的秀才。

（万光治根据 1979 年 5 月 24 日的听课笔记整理）

# 书目答问

# 一、《书目答问》第一讲

梁启超、胡适均开有青年必读书目。梁启超批评胡适将《九尾龟》之类的书都编入书目，但他自己开列的书目并非就很科学。况且将书目称为"必读"，本身就不科学。张之洞不称"必读"而称"答问"，这正是他的高明之处。

你们的郭预衡先生就是根据《书目答问》所列书目，逐一浏览，这是学习的好办法。梁启超有重要典籍之用法一类的书，此书我没有看见过。

《书目答问》的分类法有它自己的特点，用途极广，十分重要。现有的几种目录学方面的书可借来一阅。余嘉锡先生的《目录学发微》不易看懂，得配合其他的书看。

何谓"四部"？四部之说，始于何时？四部分经、史、子、集，大约始于六朝，定型于唐朝。章学诚《文史通义》称"六经皆史也"，其实少说了一个字，应该是"六经皆史料也"。清人把六经作史料看。王念孙借古书探索古代音韵；段玉裁以《说文》作线索，研究文字。焦循作《孟子正义》，与其说是作"正义"，不如说是借题发挥。王念孙、戴震、段玉裁已可称作是科学家，他们不是为经而诠经，而是以经为史料，作科学研究。

经的概念到了清代，学者虽不敢否定其本意，但在运用上已经有很大的变化。

《诗经》齐、鲁、韩三家，差异并不大。杨伯峻关于《左传》各家注疏的校定本即将出版。《春秋大事表》及《纪事本末》可参考。《尚书》今古文之不同，实则是传抄之不同。有时候传抄者加上一些说明，后人误以为是经文本身。

读古书，有疑义，查注；注不明，查疏；疏不明，查工具书；工具书不明，查《书目答问》，找同类的书籍查阅。

《四书》应该读。唐宋以降，文人引《四书》大都不称篇目。原因有二：一是《四书》已成为经典，进入口碑，无须再说某子曰。二是《四书》在当时已用多用滥，文人有时候不知是《四书》经文，只当着常语使用。故读当时的文章，仍不能离开《书目答问》。

辑佚一类的书亦应注意。如《玉函山房辑佚书》共计五百九十四部，其中经编四百二十九部，子编一百四十八部，史编八部，这类辑佚书都很重要。

《全上古三代秦汉三国六朝文》，严可均辑，唐以前的文章都有。如个别集有缺文，可查此书。此书即将出版。

《书目答问》的《补正》应予注意。至于范希曾以后的书目，则只有靠自己了。

此书卷一《尔雅义疏》二十卷下之"孙郝（孙星衍、郝懿行）联薇校刻足本"，其中郝懿行的夫人只是挂名而已。后有"郝胜于邵（邵晋涵，字二云，也作过有关《尔雅》的书）"，事实上是"邵胜于郝"，张之洞未之见而下结论，谬矣！余嘉锡先生曾予以指正。

下面谈工具书的使用问题。

字典：《龙龛手鉴》四卷，原名《龙龛手镜》，所以有此更改，避讳也。该书前身为《玉篇》，分部不甚科学。《玉篇》是按偏旁查字的。

但古代有些工具书不是按偏旁，而是按韵部查字的。这类工具书中，《佩文韵府》很重要。《佩文韵府》的底子是《韵府琼玉》。《广韵》说两韵可合（《广韵》即字典。周祖谟的《广韵校本》应备一套），《佩文韵府》即是两韵合著一块儿。故两者备其一也就够了。由于两书皆依韵部查字，所以应该掌握一些有关韵部的知识。如果韵部不熟悉，可查《辞海》《辞源》等工具书，它们附有韵部。《经籍籑诂》也是必查的书。

《说文通训定声》十八卷，此书既不用韵部，也不用部首，却用《易经》八卦名分部。故可用而难查。

通检一类的书也很重要。如《十三经索引》《春秋三传引得》《尚书引得》等，十分有用。

类书：《太平御览》《册府元龟》《合璧事类》《渊鉴类涵》《古今图书集成》等，也可作工具书用。

"三通"（杜佑《通典》、郑樵《通志》、马端临《文献通考》）、会要、会典都是工具书。"三通"是基本的资料。我建议大家去借一些书翻翻，大致知道该书有什么用以及怎样用。后来又出现了"十通"，量就太大了，但"三通"是无论如何也该翻翻的。《四库全书总目提要》每条都附有说明，至少《四库全书简明目录》应该备一部。

《通鉴》可作历史小说看。中国史书里面有很多篇章可作小说看待。如民间流传的"包公案"，多在《明史·循吏传》中；若干循吏的作为，都附会在包公身上。而且有关循吏的故事，也多半是民间流传的故事，被当时的人附会到了某个循吏的身上。俞樾称《包公案》中只有"割牛舌"是属于包公的。但一查史书，连这一条也不是包公所为。

所以，中国古代史书中是有着丰富的文学资料的。


（万光治根据 1979 年 10 月 16 日的听课笔记整理）

# 二、《书目答问》第二讲

有几种书很重要，其中尤以《十三经注疏》为最重要。研究古代文学，须读《毛诗》《尚书》《春秋》；研究古代的制度，须读"三礼"；研究古代的哲学，须读《易经》。

"四书"中，《大学》、《中庸》均出自《礼记》。古书的第一次注释称注，疏（即正义）是注的注。"疏不破注"的意思是说，疏的任务，就是将注释讲得明白。到了唐代，朝廷命孔颖达等人讲经，他讲经的文字被称作"正义"。《诗经》有"毛传"，《关雎》下有"美后妃之德也"，是第一次注，曰"传"。郑康成为《毛诗》加笺，是第一次为注释所作的注。又如《春秋公羊传注疏》二十八卷，何休解诂，也是注。《十三经注疏》大都是唐人所注。明清所注《周易》《诗经》《礼记》，大都按朱熹的注，《尚书》大都用朱熹学生蔡沈（九峰）的注。

在清代的科举考试中，《书传》用蔡九峰的注，是宋人的一套穿凿附会。《易经》用朱熹的《周易正义》。但真正搞研究，还是用《十三经注疏》好。

清人刻《皇清经解》、《续皇清经解》，是继承了汉儒的繁琐。清人所注《周易》不好。但清人也有几部书很好，如陈奂注《毛诗》（全称《诗毛氏传疏》）、马瑞辰注《毛诗传笺通释》（未附正文）。《尚书古文疏证》，阎若璩注，三十卷，用起来方便，但并不很理想。孙星衍《尚书今古文注疏》也并不好。

《礼记》无太好的注本，通常用朱彬的《礼记训纂》、陈澔的《礼记集说》。孙诒让（章太炎师）《周礼正义》以《周礼》为骨架，集中了古代制度及其训诂，对我们读《礼记》和深入了解古代制度很有帮助。孙诒让又是近代讲甲骨文、钟鼎文的创始者。

《春秋》清代没有好的注本。今人杨伯峻《左传集注》集各注家之大成，其中有译文，有考证，预计明年可出版。这是一个很好的集注本。

刘宝楠的《论语正义》，基本问题都在其间，很有用处。《孟子》的注本，以清人焦循的《孟子正义》为最好。

按王国维的说法，孙星衍著《尚书今古文注疏》，对《尚书》只读懂了一半。《尚书》很难读。《定本尚书大义》，吴闿生著。与配合经书而做的《××备旨》（一种供科举考试用的"高头讲章"）一对照，《定本尚书大义》即抄自《书经备旨》。这类书对搞注释很有用。作为引人入门的书，《定本》固无不可。

下面讲《尚书》今古文的问题。

研究经书，必须涉及今文、古文之争。此争论始于《尚书》。汉人称用当时文字书写的《尚书》为今文。古本《尚书》流传至汉中秘阁，即皇家图书馆。此书所以原先藏在夹墙内，是为了躲避秦的焚书。古人讲学，口传心授。《尚书》的今文本系伏生口授（其实也是他自己藏的抄本），即《尚书大传定本》，共二十篇。孔壁古文，多出几篇，内容也略有差别。到了西汉，有孔安国为《古文尚书》作注。晋人梅赜献出几篇古文《尚书》，有人便说是东晋人所藏，也有人说是东晋人伪造的。宋朝有人开始怀疑古文《尚书》是伪造的说法。清朝有拥护今文、怀疑古文者，如阎若璩，为今文、古文找出处，以考证今文之真，古文之伪。他还指出古文中某句出自某书，皆见于汉人某书。但他的道理是说不通的。

经学中，用小篆以前的字体抄写的经书谓之古文。经书中的《左传》亦是用古文写的，非汉人重抄。刘歆主张拿到太学去教学生，遭到强烈反对。原因是很多人不认得字。于是刘歆背上了黑锅，被人怀疑是他伪造了经书。其实古文《左传》是真的。故今文、古文的概念在历史上是有变化的。古文《尚书》是一个阶段，古文《春秋》是一个阶段，而凡用古文抄写的经卷又是一个阶段。推而广之，古代经书的原本，也是古文。古文家和古文经学派都是据古文本作解释者，今文学派则反之。两家的分歧其实很可笑，只是称呼不同罢了。

清代有今文、古文学派。今文学派用"春秋公羊"，此派专讲义理，发挥议论。讲"春秋左传"一派为古文学派，专讲字句。故清朝有改良思想的人都打今文学派的旗子，古文学派则比较保守。但情况也不完全如此，如有改良思想的章太炎就是古文学派。古文学派讲训诂，有实事求是的精神。今文学派只是讲义理，龚自珍、王闿运都讲今文。今天当然不必再讲今文、古文了，但影响还是有的。如《红楼梦》有程本、脂砚斋本，两者的争论，其实都为了一些词的小区别展开。

韩诗只有外传，是用故事作旁证，注释已经亡佚。

《玉函山房辑佚书》《古经解汇函》，及黄奭《汉学堂丛书》等钩沉古经解，考证琐细无聊。可见有些古注失传，有它自身的原因。

《诗经》《论语》分几家，差别都不大，争执却很激烈，十分可笑。今文学派到了康有为，闹了不少的笑话。康有为要变法，是进步的。但他受四川井研县经学大师廖季平的影响（廖是今文学派），作《新学伪经考》，认为伪经书都是刘歆造的。刘歆为王莽服务，所谓"新学"，乃"新朝之学"（王莽所建为新朝），非汉学。康有为还认为孔子是"托古改制"，刘歆为了学孔子，因此造了"三礼"，甚至还造了《左传》。所以杨伯峻说康有为的目的是骂倒刘歆，结果却是抬高了刘歆。

康有为连古文也未弄清楚，他著《广艺舟双楫》，亦称钟鼎文系刘歆伪造，并说看出土的鼎彝文字，十分灿烂；刘歆所造钟鼎文，吸取了天下文字的特点。这当然是一个大笑话。所谓"古文"，并非指文字，而是以古文书写的经书。

清人复古，如陈启源的《毛诗稽古编》。今文"天"字写作"天"，古文"天"写作"兂"。唐人用古文，为保持字形，依然作"兂"。陈启源等不懂这个道理，自己的文章偏要把"天"写作"兂"，"帆"写作"颿"。

古文《尚书》与今文《尚书》怎样出现的？我认为连今文《尚书》也非原本，古文《尚书》也非原本。因为后来都已经形之于书，字形不可能不有些变化。而且今古文究竟有多少差别，现在很难说得清楚。伏生口授时，字句上有无窜入，很难判断；他的学生听后，有无发挥，也很难说。

如现有八种《红楼梦》的脂砚斋本，彼此有很多字句的不同。江青称校订脂砚斋本，是恢复曹雪芹的本来面目，此说非常荒唐。且问："曹雪芹的本来面目是什么？校订的标准是什么？"这些问题，都很难回答。还有人现在在搞校订，说是要恢复曹雪芹的"战斗锋芒"，显然是难以做到的。今文、古文《尚书》之争，大致也是这样的。

又如《包公案》，本子很多，最早是《龙图耳录》，是文人听说书的记录稿。后经代代相传，本子就五花八门了。

下面再谈谈诗韵的问题。

调：平上去入，这是汉语所特有的。但某一字规定它入某一声，便是人为的了。各地的四声不一样，编书的人将某一字派入某声，为的是使用时的统一。但无论如何也是包括不尽的。如有些地方方音势力太大，有些字也就定不下来，只好一字两收或三收。如今作诗，还得服从既定的事实。

声调又有古今的不同，如"中兴"，唐人读若"重"。

今韵以普通话为标准，故许多入声都入派三声（中国有一片长斜地带无入声字）。元曲是不讲入声的。京剧、曲艺也是入派三声的。

作古典诗词，应该稍稍考虑一下用韵。韵十三辙，即韵摄，是用元音来概括的。

《广韵》编于宋朝，意为"增广《唐韵》"。该书是据陆法言《切韵》加工成《唐韵》后，再加工而成的。《切韵·序》称，"我辈数人，定则定矣"，可见是人为的。但《序》也说为了"以广文路"，作诗时支、脂、冬、东也可以通用。但作为研究，还是应该区别地对待。《广韵》一书，应该备有。

（万光治根据 1979 年 11 月 24 日的听课笔记整理）

# 三、《书目答问》第三讲

前次讲了《经》的一部分，今天讲《史》。

史有正史、野史、杂史等。正史有如经，是被统治者承认了的。其实，正史有的是根据官修的书和旧存的档案材料编纂的。所以，除了统治者承认正史有他自己的目的外，正史对研究工作是很有价值的。此外，野史、杂史、别史等，也应该很好地加以利用。

如《汉书》是正史，但《东观汉记》《后汉记》并不次于《汉书》。裴松之注《三国志》，其注文的价值，并不下于《三国志》的正文。《晋书》有十八家，现在只剩下唐代房玄龄修的《晋书》。该书吸取了其他《晋书》的内容，也吸收了大量的《世说新语》的内容。《世说新语》本是小说家言，《晋书》是正史。可见前者并非完全没有参考的价值，后者也并非全是有据可查的史事。

《魏书》人称"秽史"，说魏收是受了别人的贿赂，给别人说好话。其实这种情况各代都有。清史馆的档案中，至今还保存有这方面的资料。

《旧唐书》修于五代，不符合宋朝政治的观点，于是重修《新唐书》。把新旧《唐书》与《新五代史》对比着研究，是一个有趣的工作。欧阳修认为《新唐书》其事增于前，其文损于后，此话是很难说得清楚的。

《宋史》很拉杂、冗长，但材料很多，使用起来很方便。

总之，正史也是史料，不必因为受到统治者肯定，就轻易地否定了它们。

《宋史》以后，元、金、辽史编得太匆忙。过去有人传说，毛主席说《明史》不好，据说是姚文元传出来的。我认为，在宋、辽、金、元、明诸史中，《明史》最好。《明史稿》现在还在，可以与定本对照着看，能见出编纂者是很认真的。就观点看，它也有好的地方，如《流寇传》写李自成并无诬蔑之词（标题除外），且分析了李自成失败的原因。这反映了《明史》有一定的客观性。《明史》的文章是写得不错的，原因在于有许多明末遗老的文章为材料依据。

欧阳修和宋祁合编的《新唐书》，由欧阳修领衔。宋祁编传，态度不认真，文章质量不高。欧阳修怕自己挨后人的骂，上书皇帝，请求各书其名。

1971年以后，中华书局再次组织专家校点《二十四史》。我认为校点得较好的本子是《宋书》《齐书》《梁书》《陈书》，它们是山东大学王仲荦先生校点的。最好的要数《魏书》《周书》《北史》，是唐长孺先生组织人校点的，陈仲安写的校记（他是唐长孺先生的助手，有很好的见解）。当然它们并非完全没有错误。这几种史书编得也很细致。

"前四史"是必备的书。尚有余力，《北史》等书是值得买的。《历代帝王年表》（无排印本），其中稍有一点儿大事记，可作工具书用。李兆洛《历代纪元编》《历代地理志韵编》和杨守敬的《历代沿革图》等书，都是很好的工具书。

《建炎以来系年要录》是很重要的史料，《三朝北盟会编》亦如此，均可与正史相参看。如岳飞死于"莫须有"，这三字是怎么来的，便见于《系年要录》。

元明以来杂史很多，宋人笔记中的杂史也很多。如宋人王铚的《默记》，记宋太宗怎样征辽，怎样失败受箭伤，后因箭疮发作而亡，这样的材料不可多得。王铚是南宋人，所以有些事情敢于记录。又如王明清的《挥麈录》，也有许多可贵的材料。

《东京梦华录》记汴京，《梦粱录》记杭州（南宋国都临安）。《万历野获编》记了许多明代的历史故事。明人有些野史，在清朝被列为禁书，原因可以理解。

清人官修的《纲鉴易知录》《通鉴纲目》，均是站在理学家的立场说教，一派胡言。康熙年间，以理学治天下。乾隆时虽利用朱熹，但此人毕竟为世人所腻，于是搞了个《御批通鉴辑览》。该书所搜集的史事简而明，可作历史大纲的普及读物看。过去有人提倡重印，不知结果怎样。

有几个专题应该知道。

"三通"。《通志》的原计划是写通史，但内容不全，其中的"二十略"很有用。《文献通考》记的是历代制度的沿革。《通典》记的是历代的典章制度。

"续三通"（清乾隆年间官修的《续通志》《续通典》《续文献通考》）之后又有《清朝通典》《清朝通志》《清朝文献通考》和《清朝续文献通考》。最好使用"三通"。

"会要"。会要即会典的意思，用于查一朝的制度。历史地名、人名、官名很繁杂，也很重要。可查《万姓通谱》等"谱录"。两唐书中《宰相世系表》也较清楚。

官名的历史变化很大，也极为复杂。可查《历代职官表》。此书既有优点，也有缺点。如"皇帝"下有"三公"，其实掌权的是太监，三公系虚设。又如有清代东阁大学士条，其实清代根本无东阁，大学士在哪里办公？纯属虚设。真正的大权在军机大臣那里。清人修《历代职官表》虽然详细，但未得史实。如大学士，便以清为准的，向上追溯，在各代找出相应的职衔来，此不可认真，不能搞绝对的类比。清人有自卑感，认为自己无文化，既要全盘汉化，又不愿意放弃自己的全部机构，如八旗便是沿用在关外时的编制。因为有这样的心理，他们总是好沿用汉族历史上的官职为自己理出"谱系"，以证明自己是正规合法的统治者，结果往往显得可笑。如清人有亲王，宋朝有"一字王"，如赵王、晋王，都是以封地命名的。后来的清人封王，头号就叫亲王，其次叫郡王，其实是有王无郡。

上海中华书局排印本《历代职官表》后面附有瞿兑之的名词解释。此人极有学问，文章也写得好，只是好做官。民国后像他那样的人还有好几个。这个本子还是有用的，当然其间也有错误。张友鹏曾为《官场现形记》作注，此人对清朝的职官很熟，注文可作资料查。

《职源》是专讲宋人职官的书。

《四库全书总目提要》（标点本二百卷）。此书对我们颇有用处。读了此书，对古代的书籍会有一个较为全面的印象。该书有注，不太好懂。我的想法是先读读再说，开始不必求全懂。

辅仁大学余嘉锡先生读书甚多，有一部《四库提要辨证》，其中有自序一篇，亦收在《余嘉锡论学杂著》中。内中说自己年幼家贫，无书可读，其先父无法辅导，便叫他找一部《四库提要》来读。他在读此书时，对《四库提要》的肯定与否定的结论逐一标明，然后进行辨证。他读书从《四库提要》入手，可作我们的借鉴。实在无此书，《四库简明目录》亦可翻翻，但此书无评论。

《四库提要》分"正目"与"存目"。后者很值得注意。有些书很冷僻，未收入《四库》，被认为是非正统的著作。也有些著作不知为何不收。

工具书中还有《史姓韵编》，即二十四史人名的索引。但现在已感到不够用了，因为收录的人名太少。现在各史均有人名索引，只是稍嫌琐碎，主要还是靠本传。

现在说子部。

清人重新校勘整理的几部子书，比较好。有些书后人胜前人，但也有一些书不及前人校勘得精。

清人郭庆藩《庄子集释》很不错。《淮南子》也有校记。浙江书局刻二十二子，扫叶山房有翻印本，都是清人较好的校本。

明人的《诸子汇函》收文不全，无多大的用处。蒋骥的《山带阁注楚辞》很不错。戴震的《屈原赋注》也很好。谭介甫的《屈赋新编》就不怎么样。王念孙的《读书杂志》、王引之的《经传释词》、陆文超的《群书识诂》都值得一看。

清人朱彝尊《明诗综》附作家小传，曰《静志居诗话》，不及钱谦益的《列朝诗集》。该书有小传，评价人物很尖锐。

下面又回来讲明清诗文。

袁凯开了台阁风气。但台阁诗风，封建文人都有，"三杨"不过更厉害罢了。高棅的《唐诗品汇》分唐诗为初、盛、中、晚。李东阳（维吾尔族人，原籍湖南，住北京，号西涯，即今什刹海一带）亦是台阁风气。钱谦益拉一派，打一派，为打"前后七子"，拉出了个李东阳，说他如何如何了不起。李、何、王、李都是北方人（只有王世贞是太仓人），他怕别人说他有地方偏见，于是只得捧李东阳（毕竟他是北方人）。况且李东阳也有政治势力，门生故吏遍天下。其实李东阳并不怎么样，无非还有一些活气罢了。

王守仁。其人实质上是个文学家，说他是哲学家有点冤枉。我认为他的诗不错。南宋的胡铨曾推荐朱熹。朱熹也是诗人，并非哲学家。我认为朱熹的诗也是不错的。

桑悦。此人不拘小节，行为怪诞，与李卓吾等人被并视为洪水猛兽。他的诗也值得注意。

沈石田是画家，诗也写得不错。嘉靖中都属于吴门一派，即吴中文人，与唐寅、文徵明等人同调，均属诗风浅近的陆游派。

李梦阳、康海、边贡等属"前七子"。钱谦益反对李梦阳，说他做假古董。我认为骂得还不够厉害。

何景明未可厚非。钱谦益为何要攻击"前后七子"？原因是这些人名气太大。抒掉脑袋，树立一个并不怎么样的李东阳，才显得出他自己来。

王世贞的确是一个假古董。但他学识渊博，手笔厉害，钱氏不好怎么骂他，只有在小传里隐隐约约地挖苦他，说他早年瞧不起归有光，晚年为归有光的画像题词，有自悔之意。可见他不敢正面去碰王世贞，因为他的势力也大。

汤显祖的成就在戏剧，《玉茗堂集》的诗歌并不怎么样。程嘉燧的诗明明写得不好，钱谦益却十分吹捧他，称他为"松圆诗老"，吴梅村有首《画中九友歌》，其中写程嘉燧，也称赞程为"松圆诗老通清讴"。目的和吹李东阳差不多。李攀龙挨钱谦益的骂最多，骂得也有道理。他活剥汉乐府，一塌糊涂，正好被钱氏一顿好骂。当然，李攀龙的诗也有好的。

清人王渔洋（士祯），有人说他是"清秀李于鳞"，他很生气。其实能做到这一点也很不容易。

要读明人的好诗，不如看《牡丹亭》和清初的《桃花扇》。诗、词、曲萃集一身，可谓精妙至极！

（万光治根据 1979 年 12 月 26 日的听课笔记整理）

# 论学术思想

我所说的古代，包括很早的先秦两汉，一直到比较晚近的清朝。至于"学术"的问题，我不是通盘地从头到尾讲学术发展的历史，只对其中的某些问题谈一谈我自己的看法。这只是一个提纲，或者说是一段一段的素材，要把它拼起来成为系统的篇或书，恐怕还不够。所谓"私议"，就是纯属我个人的想法和议论，也可能是错误的，这里也涉及一些对老前辈已经发表过的观点的看法，我只是一个后学，想到哪说到哪，他们都已经故去了，我现在只有在心里向他们的在天之灵请教。


# 一、先秦学术

（一）关于古代的原始的文化

这是一个必须说的问题。

人类社会的很早是一个一个小部落、小部族，用从前的文言话来说，叫做初民，用现在的话说，就是原始社会，也就是社会初期的民族小部落。今天许多边远偏僻地方的人的生活习惯里面，还保存了许多原始的形态，就像摩尔根《古代社会》里所说的那样。我在辅仁教书的初期，许多老前辈拿这本书传观，我也看过。他就是拿某一个现存民族或地区的生活形态、生活习惯，来推论古代原始社会是什么样子。后来，我又看了一个录像片，是关于西南一个少数民族——拉祜族的生活，这很有意思。经过互相印证，可以证明拉祜族的生活状态也正是原始社会的情况。拉祜族这个民族穿衣服，就是把大芭蕉叶割下一块，用绳子系在胸前肚子以下，像一片裙子盖在前面。这就是古代的那个黻（韍），也就是《诗经》里"朱芾斯皇"的那个"芾"。他们的生活习惯是从一个地方搬到另一个地方，身上背着一个背篓，背篓里放一个木牌，不知道木牌上写没写什么东西，总之这木牌就是他们的祖先。到一个地方，就把木牌拿出来供起来，然后拿出兽骨往地下掷，这就是占卜，还有的吹些小管子，或用树叶卷起来吹，这就是他们的比较原始形态的文化。这就是"礼"，这就是"乐"。原始民族的两大事情，一个是祭祀，一个是占卜。它们是最要紧的文化的起始。后来就发现占卜有完整的一套说法和做法，可以成为书、成为哲学、成为经书。祭祀也变得越来越复杂。其实，古代的祭祀就是杀动物，用它们的血来祭祖先。后来发展到杀人，部落战争时就杀敌方的俘虏。这在商朝已经有很多的痕迹，春秋战国时一个国君、一个诸侯死了，如齐国临淄一个诸侯死了，就有多匹马被杀了，临淄出土的马坑，仅仅一面坑就有四十多匹。当时的人就信鬼，相信死人在地下还有种种生活。到秦始皇的陵墓，就有更多的秦俑，有车马、人和兵，秦始皇的坟没打开，打开了不好保存。《史记》记载说，秦始皇杀了许多工人，修陵墓的人都关在里面全被杀死了。可见初期的部落社会形态之野蛮，以至被称为野蛮的社会。这不是侮辱古代的我们的祖先，而实在是因为当时文化太低，必然会出现那些事情。

所以说，初民时代的文化主要有两条，一条是祭祀，一条是占卜。特别是占卜，具有更重要的地位。由于它们，就生出来了许许多多的越来越复杂的东西。到后来，文化提高了，政治也提高了，帝王诸侯凡是统治人民的时候，他都有种种不同的办法、手段，这样，文化就发生出许多的说法、许多的类型。我觉得原始的这种巫术文化，就是初民的文化，也就是文化原始的胚胎。到后来就分了两栖：一方面帝王总想来管理统治人民，或想法让他所属的人怎样生活，怎样做事，让大家怎样成为国家的志士。帝王用一种办法或从某一角度来管理全国人民，这就是他治国的主张。另一方面帝王自己却另信一套。比如秦始皇他也用儒术，他也有博士，可是他自己却信巫术，去求神仙，他一直跑到现在的山东半岛尖端的荣城，回来的路上死在了沙丘。他干什么去？就是去求神仙。汉武帝也是历史上认为的有雄才大略的皇帝，可他也信神仙，他把儒术定于一尊，完全用儒家的说法治理全国，治理人民，拿所谓孔子的书来教育人民，历史上称为"罢黜百家，独尊儒术"。可是他自己信的却是求神仙那一套，他整天封这个山，求那个仙，最后搞得他自己也怕极了，闹出了巫蛊之祸，其实他自己就是已经陷入了巫术之中。他的儿子戾太子用巫蛊来诅咒他，他就不惜全力地镇压巫蛊。他所搞的求仙、封禅这一套，也是巫术那个大系统里的组成部分。我们如果不了解古代帝王和巫术的关系以及他们采用哪一家的说法做教科书教育人民的情况，就没法把古代学术思想文化历史弄清楚。

（二）关于秦始皇"焚书坑儒"

"焚书坑儒"大家都知道，但为什么坑儒？就因为儒家已经变质了，儒家吸收了五行的说法，形成了晚期儒家的某些理论。秦始皇让人去种瓜，先把地弄热了，瓜长得很快，就叫儒生即所谓穿儒家衣服的人来讨论这是怎么回事。这些儒生各有各的一套说法，他们辩说了一通之后，秦始皇认为全是胡说，就把这些儒生活埋了。（整理者按：孔颖达《尚书疏》引卫宏《古文奇字序》云："秦改古文以为篆隶，国人多诽谤。秦患天下不从而召诸生，至者皆拜为郎，凡七百人。又密令冬月种瓜于骊山硎谷之中温处，瓜实，乃使人上书曰'瓜冬有实'。有诏天下博士诸生说之，人人各异，则皆使往视之，而为伏机，诸生方相论难，因发机从上填之以土，皆终命也。"此说亦见于李贽《雅笑》卷三"坑儒"条）秦始皇用方士，这些方士说的跟他想的不一样，可能这些方士里也有流派，互相有争论，于是，他就把他们给杀了。秦始皇乱杀了一阵，结果把他自己也弄得无所适从。最后只剩下一个博士，就是伏生。伏生把《尚书》藏在墙的夹壁中，他没被坑，书也就没被烧。到了汉朝他都已经很老了，就把《尚书》传授给几个人，这就是现在的今文尚书即《书经》。可见秦始皇虽焚书坑儒，还留下一条线，留一个伏生和一本《尚书》，之后就成为汉朝所用的"教科书"。汉景帝时才把它拿出来，把它当做经典来说。儒家为什么招来秦始皇的残酷坑杀呢？就是因为它已经变质了，它把五行的说法掺和到了里头。本来各家后学都想吸收点新的说法来丰富他的流派，所以儒家的末流从孔子以后到秦始皇时代，就已经变质了。《荀子》里就有多处对儒家末流进行了挖苦批判。所以，这也是我讨论的一个关于古代学术的小题目。

（三）关于诸子百家

所谓诸子百家，就是道家老子这一系统以及儒、墨、法、纵横、杂家等。这里面，我认为杂家其实不成为家，因为它完全是杂凑的。

先说老子。顾颉刚先生说老子晚于孔子，老子生活在战国时期。他的根据是什么？他的根据是《汉书·艺文志》里记载有几篇或几本书是讲老子学说的。大家知道《艺文志》是根据《七略》来的，顾颉刚先生说这都是六国的写本，至多是战国后期的本子。顾先生他认为，老子道家故意抬高自己，于是说孔子问礼于老子，把他架在孔子之上。顾颉刚先生的这个结论其实也不准确，《艺文志》里所记载的那些书虽然是六国时的写本，但并不等于它们的作者就是六国时的人。近些年在湖南郭店出土的许多竹简有原始写本的《老子》，文辞很简单。这批竹简经考古学家测定，又拿它与同时出土的许多文物来比较，发现它的风格是东周时代的。既然是东周时代的写本，那么，可见著的时候肯定早于写的时间，也就是说，老子不是战国晚期的人。这是从最新出土的材料看。再从老子的理论思想来看，老子看到原始社会有了分配的制度，从而生出许多争夺，所以就主张"掊斗折衡，而民不争，绝圣弃智，民复孝慈""大道废，有仁义，智慧出，有大伪。六亲不和，有孝慈，国家昏乱，有忠臣""失道而后德，失德而后仁，失仁而后义，失义而后礼。礼者，忠信之薄而乱之首。前识者，道之华而愚之始。"所谓"前识"，就是事前知道、事先明白，即是占卜，老子连占卜都否定，可见他的这种思想是原始社会成熟之后，到了它的后期因为起了许多争端之后才出现的，老子提出这种想法，就是希望社会恢复到最原始的状态。这是老子思想的出发点。这就可以看出老子不是很晚的。从老子再发展一步，到了庄子，他说"圣人不死，大盗不止"。什么叫圣人？就是各地的诸侯，就是各国的国君，这些国君都自居为圣人，自认为很了不起。庄子说这些国君不死，真正的大贼就不完。庄子就比老子说得更厉害些，他认为各国诸侯就是最大的贼盗，更甭说天子了，这就把老子思想更发展了一步，完全虚无主义、无政府主义等，今天什么帽子都可以给他扣上。实质上他就是对于原始社会分化之后发生的流弊、发生的争夺、发生的不公平的事情、发生的强者欺负弱者等这类情形，产生了许许多多的想法，这是当时思想的一种。老子这派学说的影响实在是很大。

《史记》为什么要将老子、韩非同传呢？司马迁为什么把老子和韩非搁一块儿讲？这确实是一个问题，因为韩非是法家，主张严刑峻法，韩非自己很喜欢老子的说法，他很喜欢读老子的书，这在韩非的传里有记载。为什么一个极端法制的人却喜欢极端没有法制的人的学说？这正是因为各走极端，老子反对的礼乐制度是不彻底的制度，那么韩非就发展得非常彻底，他的思想跟老子是殊途同归的：老子是想用原始形态来达到没有争夺、没有不公平的目的，而韩非、申不害他们则认为，用一个绝对的法制也可以达到令行禁止，使社会恢复正常。韩非觉得如果直接用老子的说法，这个社会又要复杂一段。老子是往回想，希望能够回到原始社会初民阶段那种没有争夺的情况。但是，到了韩非时代，到了申韩法家时代，老子的想法是空想了，没用了，于是他们就想出一个办法，索性彻底用法制来解决，以达到社会完全稳定，无争夺。老子、韩非是殊途同归。老子是往回，韩非是往前，他们两个一个是往回想，一个是往前想，这两个办法，韩非的失败了，老子的实现不了，所以老子与韩非同传，司马迁是很有眼光的。

老子这一派学说后来影响非常大，比如到了汉末，张角等人假借五斗米道的号召发动黄巾起义，东汉政权差点被他们推翻。黄巾打的旗号就是老子。他们把老子重新改造一下，用《太平经》等来号召老百姓起来造反。《老子》的影响之大，在地域上从北方一直到了南方。北方是张角的五斗米道，南方海滨则有天师道，天师道也是老子的说法，为什么造反的人都借用老子思想？因为老子提倡原始的没有争夺、没有剥削，老百姓都希望共同过一个和平安定没有争夺的生活，于是拿老子的思想来号召老百姓，老百姓最容易接受。在汉末魏这个时候许多人就是靠五斗米道起来的，曹操则是靠镇压黄巾军起来的。这就是帝王用的人和民间五斗米道来斗争，当然民间的力量终究敌不过国家的军队力量，所以被镇压下去。到了东晋，海滨有天师道，这就更厉害了，连宰相谢安都自称道民，说"大道降临"。天师道的神叫"大道"，大道能降临，也就是那个神能降临。不知道他用什么方法，是用人来跳神，还是用符节？用什么方法不知道，他就说大道降临。谢安自称道民，什么道？其实还是五斗米道那一套。王羲之大家都知道，他是"蝉联美胄，萧散名贤"，大家对他恭维得不得了，不仅字写得很好，这人也是风格最高。可是他就是道民，他的儿子就叫献之、操之、徽之，用"之"起名字，这是天师道的制度。他有个孙女得了病，很危险了，他就写了一个向大道、向神仙的自首，说我自己不好好修善，使我家的孩子病危，自己自首坦白，向神祷告，这篇文还存在。这就说明东晋的上层官僚包括宰相都相信天师道，不但信天师道，自己还加入天师道，不但加入天师道，还向天师大道、神仙祷告，家里人有病就去祷告。这种现象就说明他们其实仍然是打着老子的旗号，究竟他们与老子有什么相干，我们现在无从知道，但从形式上还是很相信老子那一套的。现在发现敦煌出的很可靠的一个古写本，至少是西晋时的抄本，叫《老子想尔注》，这是敦煌发现的残卷，就是五斗米道对《老子》的重新解释。这就是老子学说理论的影响，使得民间人都拿他来当旗号，用现在的词说，就是人有一种想法，要起来革命，就打着老子的旗号，来实现他的一种理想或者是希望。

说到这里，就要问，魏晋清谈或者魏晋玄学为什么能够起来？我个人怀疑，因为民间五斗米道打着老子的旗号，那些文人士大夫们研究学习老子的理论，应该比民间那些信五斗米道的人要容易得多，所以就搞起玄学的研究。他们讲什么《老子》《庄子》等，甚至把《周易》也给讲了。最厉害的中心人物是王弼。汉朝讲《周易》，讲卦象，讲占卜，讲吉凶，讲灾异，比如京房就是这一套。王弼扫除卦象，专讲卦理，把它当哲学讲。《老子》的河上公注解，分明是方士的那一套的注解。王弼注，现在还有传下来的本子。我们小时候用的就是浙江书局刻的《二十二子》的本子，这个本子的《老子》注不是河上公注，是王弼的注。现在在长沙马王堆出土了《老子》甲本乙本，北京大学的高明先生编的一本书《帛书老子校注》，就证明王弼的本子跟马王堆的本子最接近，马王堆的本子缺几个字，用王弼的注本正好可以补上。可见王弼用的那个本子，在西汉初年就已经是这个样子了，王弼在魏晋之间所得到的《老子》，就是汉朝初年流传的本子，但跟现在郭店出土的本子不一样。王弼为什么用《老子》兴起了盛极一时的玄学热潮？我觉得或者受五斗米道的刺激，或者受五斗米道的启发，或者跟五斗米道比赛：你有你的研究，我也有我的研究。情况就是这样的。所以魏晋清谈也与南方的天师道有密切的关系。

儒家思想又是怎么起来的？儒家思想是以人为本，人本主义，它最反对暴力，讲仁，仁义的仁。古代写"人"字，是捺上加两撇，立起来看就是立人旁加两横，所以"仁"也就是"人本"的"人"，"人道"的"人"。孔子说"始作俑者，其无后乎"，意思是拿人来殉葬，他大概是不会有后代的。"禘自既灌而往者，吾不欲观之矣"（《论语·八佾》），什么叫禘，什么叫灌？祭祀时杀猪、杀牛、杀羊叫禘、灌。我是满族人，我的曾祖祭祀，我参加过，东北少数民族祭祀用萨满，萨满就是跳神的。祭天用猪，把烧酒点着了灌到猪耳朵里叫灌，这时猪就叫，杀猪人用长刀刺杀到猪的心脏，猪就死了，这叫献生、祭神，大伙叩头，然后再烧水煺毛，再供上，叫献熟。这是很原始的祭祀方式，祭祀时杀动物叫禘，禘就是杀，杀一个牲，杀一头牛、猪、羊等，加个示补旁，表示祭祀；灌就是拿热酒灌，这是我的理解。孔子说"禘自既灌而往者，吾不欲观之矣"，就是不愿看到宰杀的场面，所以后来孟子才发挥为"是以君子远庖厨也"，孔子是人道主义、人本主义。孔子为什么要讲这个东西？因为孔子看见纣是杀人，是虐民的，武王起来把纣杀了，就是武成。所以孟子就辩驳说"以至仁伐至不仁，而何其血之流杵也"（《孟子·尽心下》），他没想到武王伐纣会杀那么多人，伯夷就说"以暴易暴兮，不知其非也"，用暴虐换暴虐，即使是武王，我们也不知他对不对。孔子对伯夷叔齐推尊得很厉害，但伯夷、叔齐对武王、纣王各打五十大板，说他们全不行。儒家的思想就是不虐民，让大家好好地过日子，孔子就是这种思想，儒家的思想就是这种来源。这是我的认识、我的看法。孔子为什么是儒家思想的最基本构成？他是受到两个暴力之间的斗争结果最倒霉的是老百姓这种现象的启发，所以孔子说拿泥人埋在坟里是"始作俑者，其无后乎"，他连用泥人埋葬都反对，认为对这个人最大的惩罚是让他没后。为什么有后没后起那么大的作用，后来变成"不孝有三，无后为大"？其实，那与孝和不孝没关系，而是因为人都愿意长生，真正的长生做不到，就拿儿子做生命的接替，后来这个思想就变成了"家天下"，父亲死了儿子接，下一代都代表自己生命的下一时期，所以孔子用"无后"两个字来做最大的批评。谁要开始用俑人埋在坟里，就让他无后，让他断绝下一段的生命。孔子的这个批判相当厉害。

到了孟子，孟子仍然是孔子一派的儒家思想，梁惠王曾经问他：谁能统一天下？孟子回答说："不嗜杀人者能一之"，又问，谁能帮助不喜欢杀人的人？孟子回答说："天下之民，皆引领而望之。"（《孟子·梁惠王上》）只要你不喜好杀人，天下所有的人都会来帮助你的。孟子唯一的中心思想就是不杀人，要想统一天下，就是不杀人。这就是儒家贯穿始终的一个重要思想。

说了道家和儒家，还有法家。历史上的法家很少有成功的，只有一个管仲占了便宜，他辅佐齐桓公，居然把齐国给治好了。"九合诸侯，一匡天下"，以一个偏安国家九合诸侯、一匡天下，这个管仲算是法家最露脸的。但是他的法只是在齐国一个地方施行。申不害、商鞅他们想扩大就失败了。法家得势的只有管仲，管仲死了，齐桓公就完了。齐桓公最后让佞臣给关起来，自己上吊死了，尸体都发臭了，虫子爬出来了，也没人知道，为什么？就是齐桓公用管仲，但管仲叫他不要用易牙、竖刁（中华书局版《二十四史》作"刀"）、开方那些人，他没听，管仲死了，他也完了。这就是法家的情况。

纵横家是说了这个说那个，哪国用我，我就到哪里去施展我的说法，他对甲方说乙方不好，对乙方又说甲方怎么样，没什么标准，是走哪说哪。纵横家在历史上更没什么，就一个苏秦成功了，但最后也完了。他还有办法把刺他的人逮住了，他的聪明才智是很突出的，但是他没取得大成功。

墨家在诸子几家中除老子之外是最早的，墨家信鬼，主张兼爱和节俭。兼爱也是由于看到相互争夺、杀戮太多。尚俭是由于看到大家都奢侈，尚俭就可以和平，就没有争夺。兼爱也可以不争。凡是信鬼的学说都比较早。墨可能是商朝的那一支传下来的，墨子是宋国人。墨家是一个比较原始的学派，思想比较绝对。孔子是折中于兼爱，不那么绝对，他既讲节俭爱人，可他又适当地讲礼乐。

（四）专讲儒

儒就是孔子所代表的儒，儒字怎么讲？胡适有一篇文章叫《说儒》，他说儒是一种职业，就像南方有一种在家的道士叫斋公。人死了，他给人唱一唱、念一念，把死人的衣服拿到土地庙去，叫"报庙"，北方也有，说灵魂到那里去。这些斋公是在家人，但是他可以祷告，和鬼神相通。胡适就用这种说法讲儒是干什么的，他认为儒就是给人送葬，吹吹打打。这种说法太简单了。事实上我觉得

"儒"这个字就是"奴",是一种文化奴隶。我是这么认为的。按古音说,"ri"都变为"ni",娘母字、日母字都归为泥母字。儒是日母字,变为泥母,就是"奴",我觉得就是文化奴隶,也就是孔子所说的"女为君子儒,无为小人儒",你要做奴,要做君子的奴,不要做小人的奴。这是我的谬论,我就这么看。我现在是摊开了来求教的。这是说孔子。

孔子所说的正牌的儒是什么?儒就是史,就是巫祝的分支。巫祝是掌握原始文化的人,他们的书面文化水平怎样,我们不知道。但史却肯定就是书面文化比较高的人,像司马谈、司马迁那样。后来汉武帝要杀司马迁却又不杀,而是把他宫了,让他残缺不全,这其实是极大的侮辱,司马迁给任安的信中说,皇帝对他"倡优蓄之,流俗之所轻也",说明皇帝是看不起儒的。儒在民间也有,一个地主家里都要请一个老师,让他教孩子念书,给东家写账,写契约,这都是先生的责任。我小时候听说过一个口头语,说地主家是"天棚、鱼缸、石榴树,老师、肥狗、胖丫头"。这是说农村地主的排场。他家里上有天棚,下面有鱼缸,还有石榴树点缀。我小时候只听说"天棚、鱼缸、石榴树,肥狗、胖丫头",后来才听说是"老师、肥狗、胖丫头",因为我的曾祖父、祖父都是教书的、做老师的,后来做官也是做学政,所以在我们家里是绝对不许说"老师、肥狗、胖丫头"的。这样来比说明了什么呢?就是说那个"儒"就是民间地主的那个"史"。国家的"史"是"太史",诸侯衙门的"史"是"令史",一般人家里的"史",就是被使唤的人。儒就是这样的人。司马迁由于有他的父亲司马谈世传,他占卜、祭祀、赞礼都得会,孔子没有世传,所以许多东西他不会,他是个人学完后自己招学生,讲的是他的思想,他没有做过史,不知道朝廷的礼节和历史,所以《论语·八佾》讲"子入太庙,每事问",别人就说:"孰谓邹人之子知礼乎?""子闻之曰:'是礼也。'"这话不是强辩嘛?既然说"每事问",怎么还"是礼也"?就是说孔子是外行,他不懂,所以才遇到各种事就问,问了之后他才不出错,不出错才合礼,这才真正的合礼。孔子讲的每一句都是有原因的,所以孔子教这些私塾的弟子是讲他自己知道的东西。孔子没有一套说礼应该怎样怎样的理论,没有。"禘自既灌而往者,吾不欲观之矣",那是真正的祭祀大礼,孔子"吾不欲观之矣"。为什么?他认为宰杀牲口很残忍,他不愿意看。《论语》还说孔子"微服而过宋","微服",就是密服,就是个人的私人的衣服,孔子没有官职,没有官服,当然只能穿着自己的私服到宋国去。孔子就是这么一个人。司马迁是家传的巫祝,他"究天人之际,通古今之变,成一家之言",可以祷告,可以知天象,还掌管流水账，记载哪年哪月发生了什么事情。他为什么会编《史记》？他有现成的材料，可以"通古今之变，成一家之言"，这一家不是现在的成名成家的家，而是父亲传儿子，真正的一家。汉朝的"家法"就是这个东西，博士也是一个人传一个徒弟。甚至民间的艺人，他的徒弟就得跟师傅姓，师傅姓王，徒弟也得跟着姓王，这是一种很普遍的现象。清朝刑部还曾经有一个规定，凡是要做刑部的师爷，就得先入绍兴籍。因为绍兴地区熟悉刑名的人比较多，比如清代写《佐治药言》的著名师爷、法学家汪辉祖就是绍兴萧山人。这也是要体现家法。孔子跟司马迁不一样，所以司马迁要强调这三句话："究天人之际，通古今之变，成一家之言"，就不仅是他的说辞，而是他的职务所规定的。"倡优蓄之"，如果不是"倡优蓄之"，汉武帝怎么还可以把他残废了，把他宫了，但却不杀他，还用他。这当然也是莫大的侮辱。

《论语》是儒家心中的经典，《论语》里有最有意思的一个事情：《学而》说："子曰：'学而时习之，不亦说乎？有朋自远方来，不亦乐乎？人不知而不愠，不亦君子乎？'"这是私塾开学典礼时，孔子说的三句话。为什么这么说呢？"学而时习之"理解起来没有什么问题，"有朋自远方来"，他是招来各地的学生，不光是当村的人，还有远方来的人，"人不知而不愠，不亦君子乎"，相互之间别打架，他是远方来的，不认识，这不奇怪。下面就是"有子曰：'其为人也孝弟，而好犯上者，鲜矣；不好犯上而好作乱者，未之有也。'"有若在《论语》里总共出现过四次（整理者按：另三处分别是：《学而篇》说："有子曰：'礼之用，和为贵，先王之道，斯为美。小大由之，有所不行，知和而和，不以礼节之，亦不可行也'"；"有子曰：'信近于义，言可复也，恭近于礼，远耻辱也，因不失其亲，亦可宗也。'"《颜渊篇》说："哀公问于有若曰：'年饥，用不足，如之何？'有若对曰：'盍彻乎？'……"）。但这一处是最为关键的，因为孔子讲孝是"入则孝，出则弟，出则事公卿，入则事父兄。"把孔子《论语》二十篇查遍了，没有一处是孔子把"孝弟"合着讲的。孝悌连用，这是有若的首创。然后又说，"其为人也孝弟，而好犯上者，鲜矣。"意思是人要不犯上、不好犯上，而好作乱者，"未之有也"。历史上一个个大的皇帝、小的诸侯，没有一个愿意有人犯上，更不愿意有人作乱，这两句话最适合帝王诸侯的需要，这个有若可以说是儒家的功臣。因为这么一讲，大家都会认为儒家是最好的了。其实呢，孔子对作乱的态度并不是这样，这太有意思了。在《论语·阳货》里，孔子有两次讲到作乱，一次是"公山弗扰以费叛"，孔子要去，子路给拦了，另一次是"佛肸以中牟畔"，

"佛肸召，子欲往，大臣作乱，孔子也去，子路说你怎么跟叛乱分子一块去？孔子曰："不曰坚乎，磨而不磷，不曰白乎，涅而不缁。"我又坚硬又白，我到哪去，他也染不上我，他不会把我怎么样，我要去教育他，说服他。公山弗扰把季桓子扣起来了，季桓子是鲁国当政的一个权臣，"孔子谓季氏，八佾舞于庭，是可忍也，孰不可忍也"（《八佾》）。孔子对季氏很反感，这个公山弗扰把季氏扣起来，叫孔子去，孔子为什么不去呢？可见对于作乱，孔子并不反对，主要是看怎么作乱。对于犯上的问题，《论语·宪问》说："子路问事君，子曰：'勿欺也而犯之'"，你不要欺骗他，但是可以顶他，他说错了，你就直接顶他，这分明是教子路犯上。如果说人要孝悌就不犯上了，那么孔子就是最不孝悌的，可见，说有了孝悌就不会犯上，全是有若加上的。孔子死了，有人想把有若抬出来做孔子的接班人，《孟子·滕文公上》曰："昔者孔子没……子夏、子张、子游以为有若似圣人，欲以所事孔子事之。强曾子，曾子曰不可……"曾子等人不愿意，有若没法子，做不成第二个孔子了。为什么？大概有若本来是有诸侯在后台支持的，但曾子等人一起反对他，有若就没再露头。朱熹注《论语》，《论语》里几个地方被他改了，"《书》云：'孝乎唯孝，友于兄弟'"，这是《论语·为政》里的话，《书经》的话是"惟尔令德孝恭，惟孝，友于兄弟"。我们小时候念的都是朱熹的句读，读成"《书》云：'孝乎，唯孝友于兄弟。'"意思是：孝吗？只有孝友于兄弟。这是孝弟两个字连着用，"友于兄弟"即为"悌"。朱熹在它这里点破句就是为了符合有若说的"其为人也孝弟"。孔子说，"加我数年，五十以学《易》，可以无大过矣"。朱熹把"五十"两字勾了，改为一个"卒"字，成了"卒以学《易》"。我们小时候念的是："卒以学《易》，可以无大过矣"，意思是说孔子早已学《易》，到五十岁已学完《易经》，学《易》毕业了，可以无大过了。这都是朱熹篡改孔子的话。朱熹的手段非常厉害。儒家本来的思想就是这样，所以儒家的说法始终不行，因为各地的诸侯都急功近利，你当时必须给我想办法，符合我富国强兵掠夺的需要，我在国内需要掠夺我的百姓，在国外需要掠夺别的国家，孔子的那些说法显然做不到。孟子又花言巧语说了许多说法，去说梁惠王、齐宣王，但不管怎么说，孟子的说法事实上也做不到。儒家的说法始终拿不出去。然而到了汉朝，汉武帝认为只有儒术可以用来做教科书，教老百姓听我的话是最好的办法。于是就"罢黜百家，独尊儒术"。"独尊儒术"事实上是假的，他自己信方士，信封禅，信神仙。汉武帝并不真正信儒术，"经"是拿来叫老百姓念的，他自己不信这套。古代没有一个经是当经典的，当唯一的教科书的，就像佛教念佛经，基督教念《圣经》，伊斯兰教念《古兰经》那样。"经"字，最早见《墨子》，有经上、经下篇。经是提纲，是纲领，它不是念的。汉武帝用这几个经书做教科书，这教科书事实上与孔子一点儿关系也没有。《书经》的问题，《春秋》的问题，都与孔子无关。礼在古代倒是有，但也不是孔子定的，古代认为孔子删诗书定礼乐，什么都给孔子加上，这是没法说的。尊了儒，然后就把许多不相干的材料贴在孔子身上。孔子是圣人，于是这些书都是孔子编的，孔子说的。实际上孔子引过《诗经》、《书经》，孔子学过《易经》，还没学完；孔子讲过礼，但也不是《礼记》中的礼；孔子也弹琴，"取瑟而歌"，但弹的是什么调，谁也不知道。这些全都是后来的人拿孔子耍一阵。孔子删《诗》《书》，定《礼》《乐》，修《春秋》等说法，是《史记》里记的。近代有老师辈的余嘉锡先生，他有一本书叫《古籍校读法》，后来周祖谟加标点改名叫《古书通例》，书里的"家法篇"没讲完。我有他曾在辅仁大学讲课的讲义，铅印的油光纸，里边的"家法篇"没写，他的《四库提要辨证》"管子"里有讲家法的内容，周祖谟标点时，改成"见法家篇"，虽然改了一个字，但意思全变了。可以把《四库提要辨证》里的这一条插进来补了这段，但不能说"见法家篇"。余老先生讲了很多，他说有许多人认为不少古书是伪书，其实不是伪书，而是师傅传徒弟，一个本子传到徒弟手里，徒弟给加上些东西，这与民间艺人说书有很相似的情形。我们读《管子》中有他死了以后的事情的记载，就是因为徒弟记老师的事，当然会记他身后的事。所以顾颉刚有一篇文章叫《辨伪工作书》，顾先生的眼力很高，认为很多书是作伪的。余老先生则认为有些书是伪的，但像孔子修《春秋》、子思传孟子等，司马迁就是这么说的，所以绝对不伪。别的都可以辨别，唯独这一条不成问题，不用辨别。余老先生就是认为孔子修《春秋》不能动，《史记》说的就是可靠的，他信《史记》。《史记》作书是在汉武帝独尊儒术以后，它的论点当然得符合汉武帝说的，即所有的古书都是孔子说的。当时官定的那么说，司马迁不能不那么说，所以司马迁说的并不一定就绝对真实。这是我的一点看法。顺便要提到几本书，一本是《秦汉方士与儒家》，这是顾先生的，另一本就是钱穆先生的《国学概论》。钱穆他就钻进去讲，他讲的有些事是学术的进步，由迷信变为推理，但对于宋儒，他裹到套里去了，脱不出来了，这一点我另有我的看法。我这些想法是我在辅仁大学教书时，大家传看摩尔根《古代社会》时一块讨论所形成的。当时有一个老学生叫曹家琪，是中文系学生，我是教员，教普通国文。他很有前途，他跟张中行是女十二中同事，他也受张中行的影响，发表他的论点，比如对于"究天人之际，通古今之变，成一家之言"，把这个深话浅说，是他提出来的。这话最先是由张中行提出来的，还是由曹家琪提出来的，我不知道，但是是曹家琪对我说的。他对我说我那一套还是死套子，这对我极有启发。他写了一篇文章，叫《〈资治通鉴〉编修考》，中华书局《文史》第五辑给出版了。他故去之后，我非常痛心。我教书，他是学生，他是陆宗达的学生，但我们事实上是很好的朋友。我现在酝酿这些问题，受到了老师们的讲授和与朋友们辩论的启发，我们当时整天抬杠，这抬杠用处大极了。但这些问题几十年大家都没敢说，我现在全都说了，都是非圣无法的说法。

前面提到了儒与汉朝的太史的性质，我现在还想对这个问题再发表一些看法。司马迁给任安的书信中说，皇帝用太史是"倡优蓄之，流俗之所轻也"。作为太史，他上要知道天文，得懂得观天象，下要懂得地理，中间他得通观人事，这叫做"究天人之际，通古今之变，成一家之言"。"究天人之际"，他是会占卜、观天象，这是巫的一个支流；"通古今之变"，他掌管朝廷的记录，所以司马迁作《史记》，那么大、那么远的事情他都能记下来，写成一部大书，这不是一般人能办到的，全由于他管朝廷的大事记载；"成一家之言"，太史令就是家传的，其实不仅太史这一个职务，历史上古代诸子百家的某一个学派都有家法。师傅传徒弟，或者父亲传儿子，这叫家法。"礼失而求诸野"，家法这种办法或者说制度，直到今天社会上还存在。汉武帝口上尊儒，他自己却信方术和巫术，他也很害怕巫术，司马迁做太史令，汉武帝对他也比较防备。但是，汉武帝说要惩罚司马迁，如果是别的人甚至是大臣，说杀就杀了，但对司马迁，却处以宫刑，为什么呢？因为他的知识、技术、能力还有用，杀了可惜，所以只是处了宫刑，还要使用他。秦始皇把说唱人高渐离的眼睛弄瞎，让他继续为自己说唱，他的说唱说书有用，但要惩罚他，不能让他看见宫廷的事情，后来高渐离用乐器打秦始皇，没打中，这才被杀了。《后汉书·蔡邕传》记载说，王允杀了董卓，蔡邕表示不满，王允就让人治蔡邕的罪，蔡邕"陈辞谢，乞黥首刖足，继成汉史"。王允却回答说："昔武帝不杀司马迁，使作谤书，流于后世。方今国祚中衰，神器不固，不可令佞臣执笔在幼主左右。既无益圣德，复使吾党蒙其讪议。"最后还是把蔡邕给杀了。王允认为司马迁写的《史记》就是一部诋毁朝廷和大臣的谤书，所以像司马迁这样的人也是留不得的。《史记》中的《封禅书》写得更厉害了，它虽然是褚少孙补的，但里面所写到的内容，是民间大家都知道的。汉武帝一方面用太史来为他服务，一方面又防着太史胡写。司马迁写《孔子世家》，他又客观，又尊儒，他写楚汉之际的事情，把项羽和高祖平行对待，写高祖是本纪，项羽也是本纪，写孔子是世家，他对孔子很尊重，当然孔子的学说也是值得尊重的。司马迁在书里，还仍然把许多经书叫做"五经"等，他也认为孔子作《春秋》，删《诗》《书》，定《礼》《乐》等。这种说法，后来人表示怀疑。可是司马迁不怀疑，因为司马迁是汉武帝的太史令，汉武帝是"罢黜百家，独尊儒术"，那司马迁焉能抵触汉武帝的最根本的说法呢？所以后来许多学者认为孔子作《春秋》的提法，就绝对不能动摇，因为这是司马迁说的。这种现象在今天仍然值得我们冷静的、客观的看待。

（张廷银根据 1998 年 7 月 20 日的讲话录音整理）

# 二、汉代经学

汉代经学就是儒家在汉代的发展情况。汉武帝的时候，用的是《尚书》。《尚书》其实就是大堆古代传说的记录，还有些是古代曾经留下的文件。我们现在还能看见古代许多文件，比如像毛公鼎那样的铜器，那好多字真够一篇《尚书》的篇幅，铜器上铸的字就是大篇大篇的古代记录。也还有竹帛上记录的。著于竹帛、铭刻在铜器上的，我们现在看到的都很多。汉朝拿《书经》，拿所谓孔子作的《春秋》说事。《春秋经》是一条一条的事件记录，宋朝王安石因此说《春秋经》是"断烂朝报"。朝报就是公文抄，每天国家办什么事情，发表什么政令，除正式的官方公文之外，还要让民间都知道，于是就刻成木版，临时抄下来发表。现在有报纸，代替了公文抄。王安石说《春秋经》是"断烂朝报"，有人说王安石胡说八道。其实王安石说得非常形象，不但是朝报，而且是断烂的朝报，《春秋经》一条一条互相搭不上，本来没有什么讲法，汉儒却硬说它这里面有微言大义，有深文奥义，他们用什么办法呢？这些博士们都各有各的办法，就是给它加上许多说法，没有理由也要找出理由，说这里有深文奥义。这几家里当时最流行的就是公羊。公羊有些解释很笨，"什么什么者何"，那句为什么这么说，这句说的是什么，然后自己回答什么什么是为什么，什么什么有什么意思，公羊里面尽是这些。公羊这派最大的学者就是董仲舒、何休，何休是注公羊，董仲舒的学说也是公羊，因为那个时候没有别的。这一套东西有一个方便，可以随他讲，发现所谓深文奥义。比如"郑伯克段于鄢"，称郑伯，不称郑人，就是尊敬他，共叔段不仁不义，所以被克，"克段"，就是贬义；再比如有的国家的国君来了，就说什么国的人来了，不尊他为国君，这就是贬词。这些都是后人给它加上的许多说法，这个叫"书法"。这个"书法"不是现在写字的书法，是说孔子作《春秋》写了什么，用词怎么样，讲究多极了。这些说法都形成了专书，把《春秋》里的文字一条一条地辑出来，说孔子有多少深文奥义。这些东西都是帝王拿来做教科书，与孔子、与儒家毫不相干。由于公羊学中间有空隙，容得人发挥自己新的看法，因而，清末的公羊学就很兴盛，出现了康有为用公羊来变法。

汉武帝自己封泰山、禅梁甫，叫大家念的是《诗》《书》《春秋》等这些东西。可是这些东西流传到后来就变味了。南北朝时就有了把《周易》《诗经》《春秋经》《仪礼》《公羊传》并称为经书的现象，那时还没有提到《左传》。到了唐朝初年，孔颖达作经疏时发现，博士讲《书经》开篇的"粤若稽古帝尧"这几个字，就讲了五万字，可见这些博士们胡说八道到了什么程度，他们就是想法子自己编一套然后唬人。《颜氏家训》记载北朝博士写买驴契约，写了几张纸，还没有见到一个"驴"字。那时的纸是二十四行，一张纸得有一尺多宽，一尺多高叫一纸，写了数纸还没见到一个"驴"字，就知道这些博士整天就干这个。汉武帝时就用这些所谓儒家的五经。其实，《周易》就是古代占卜书，讲占卜吉凶、祸福。汉朝讲《周易》，最后到京房，纯粹是说《周易》本身的特点，专门解说占卜吉凶灾异。除了京房这一派的学说，还有别的好几家的《易》，都是讲《周易》占卜的事情。这样《周易》《诗经》《书经》等就都成了专门的学问。

在汉朝最早研究《书经》的是伏生，汉文帝曾经派晁错等人去向他学习。当时伏生已经很老了，说话声音都听不清。他就让他的女儿给晁错等人讲授（整理者按：《汉书·伏生传》注引卫宏《古文尚书序》云："伏生老，不能正言，言不可晓也，使其女传言教错。齐人语多与颍川异，错所不知者凡十二三，略以其意属读而已。"），这是伏生所传的，这叫今文，也就是当时用秦隶、汉隶所写成的"今天"的文，不是用小篆、古文所写的。用今文写成的，有《尚书》《春秋》《仪礼》。由伏生的今文《尚书》后来就发展出了许多的注解，成了几家之学。其中很多记录伏生所讲的，都佚失了。这是汉代第一次用古书编成的民间的教材。

西汉末年王莽专政时期，刘向整理中秘藏书，给每一种书都写了一个提纲即《别录》。刘向的儿子刘歆根据它编成了《七略》，成了《汉书·艺文志》的构架。刘歆跟随他的父亲在天禄秘阁看到了许多古书，发现《左传》比流行的《公羊传》多出了许多文字，不但有经，还有传。其实，《左传》不是为《春秋经》而写的，有的是有传无经，有的又是有经无传。可见《左传》与经并不相干，经是写鲁国某一时期的事情，而《左传》恰巧也就是说那一段的故事，是当时说书讲故事人所记载的。刘歆就特别提出中央所藏古书具有很大价值，作了《移书让太常博士》一文，说太常博士故意不让人们看这些书。这样太常博士就不满意，认为如果按照刘歆所说的，他们就没有饭吃了。古文派认为刘歆很了不起，今文派则认为刘歆是最大的罪人。事实上，刘歆作《七略》也只是跟着他父亲《别录》那一套，来逃避当时的许多事情。他也没什么功劳，他就是客观地看见了一些事实。今文派想打倒刘歆，却没有打倒。就给刘歆加上叛徒的罪名，说他帮王莽篡夺汉朝的天下。后来清朝皮锡瑞作《经学历史》，还大骂刘歆。这是儒家第二次被利用。而在这时候，有许多方士巫师还在宣扬一些神秘的说法，上层公开用儒家的古书来教育老百姓，暗中悄悄使用的则是巫术。因为经书、教科书上讲的那些不够用。像秦始皇求神仙，陈胜、吴广"篝火狐鸣"，汉光武帝用赤符服等，都是这一套。东汉名正言顺地公开了方士的书即纬书，郑玄给古书作注，就吸收了许多纬书的观点。而普通人怎么办呢？东汉时让老百姓念《孝经》，因为《孝经》简短、浅近、好懂，一遇到灾异就念，就好像是念经、念咒语。这与道家思想的情形很相近。五斗米道用《老子》来煽动老百姓，《老子》为什么有这种魔力呢？因为它主张"掊斗折衡，而民不争"，既然这样，人们干脆就起来造反。黄巾起义虽然被镇压了，但它给上层的文人士大夫以很大的刺激：普遍民众都念《老子》，我们也得讨论讨论。"三玄"于是就兴起了。虽然这已进入学术讨论的层次，但魏晋之际的学术争论，仍然有它们的政治目的，即为下一代推翻上一代制造理论根据，像杜预注解《左传》，王肃注解《尚书》，都是为司马氏篡夺政权服务。王朗的儿子是王肃，王肃的儿子是王弼。王弼作了《周易注》和《老子注》。王弼的注本是最接近汉代《老子》的本子。此时，儒家的思想已经彻底不行了，于是就有了魏晋玄学。南北朝时期，经学的博士人数非常多，但都没有自己的独立见解，一本书都没有留下来。北朝的统治思想是道教，道家这个学派，到此时变成了宗教，寇谦之把它正式挑出来，用佛教的仪规来宣传道教。嵩山嵩高陵庙现在还有寇谦之的碑。

（张廷银根据 1998 年 7 月 21 日的讲话录音整理）

# 三、宋明理学

打北宋以来，经历了金、元、明、清四个朝代，都是以现在所说的宋明理学为统治思想，这占了很长的时间和很大的范围，而且在当时已深入人心。究竟深入到什么分儿上？是否人人都欢迎、乐于接受这套思想？并不尽然。可是民间已形成一种习惯，大家都觉得按照这个行事才算对，不按照这个行事就算错。这就很可怕了。因为宋明的理学，就是所谓"打倒孔家店"里的"孔家店"，"孔家店"其实就是宋明理学或者说是"朱家店"。当时人们也并不是完全遵循宋儒，但一提到朱熹，没有人敢直呼其名，而必说朱子，程颐、程颢也都是子程子，而不敢说名字。可见民间认为他们是理所当然的圣人。

宋明理学好像是一个系统，事实不然。宋是以程朱学派为主的，明是以陆王学派为主的。陆王与程朱，这两个互相也打，打得厉害，入主出奴，我的对，你的错。到了明清两代，学术思想界就是程朱、陆王这两派在斗。

我首先谈关于北宋的情况。北宋前期真正跳出儒家学说的，一个是周敦颐，一个是邵雍。宋朝有一派方士的力量，代表者是华山道士陈抟，他的学生中就有邵雍和周敦颐。邵雍不敢直接说他是儒，他的理论核心是方术，是道士的一套；而周敦颐的理论也是这一套，但他中间忽然跳出来说我是儒。邵雍直接说我还是要自己做本书，叫做《皇极经世》，纯粹讲道家那一套，可他也不说我不是儒家。周敦颐则造了儒家的反。还有一个张载，他提倡说"民吾同胞，物我与也"。后来，大家提起这一派来就统称为"周程张朱"。事实上张载比二程都要前一点儿。他们共同的又都是从陕西那个道士那儿相传来。这东西打从汉末魏伯阳《参同契》起，讲修炼，从无极到太极，太极生两仪，先是一阴一阳，然后一男一女，繁衍出人来。这本来是很平常的道理，可是许多方士就故作玄秘地传这套。程颐就接受了这套。事实上朱熹也接受了这套，但他不提，而说我这是从孔子那儿直接传来的道统。这些人里头，从陈抟到邵雍，他们都会占卜、练气，整天坐那儿想，说万物皆备于我，人的身体就是宇宙，就是物。宗教都讲这套禅，它不立文字，你不知道它怎么想。密宗——东密我不知道，原来的唐密没有详细的记载，不知道怎么办，因为密宗讲究口传心授，师傅传徒弟，现在藏密逐渐公开，就可以知道一部分：藏密练气功，也知道一个人身体中间有七节，道家意守丹田，有上丹田、中丹田、下丹田，藏密也是一样的道理。所以北宋的道家全是方士的这一套，整日坐在那儿静思默想。宋儒不承认邵雍而承认周敦颐，因为邵雍的学说里面还有道教的思想，而周敦颐则完全附会孔子的观点。周敦颐的徒弟是张载、程颢和程颐。程颢和程颐公开标榜说他们的学说是直接道统，唐代韩愈提出过"道统"，但他们认为韩愈还不算道统，只有他们才是直接道统。程颐做宋仁宗时的崇政殿说书即日讲官，宋仁宗写了《大学》《中庸》赐给大臣，在他们看来，《礼记》中的这两篇最有理论意义，于是周、程等人就把它们编在"四书"里。这样，二程尤其是程颐的说法，就成了最权威的说法。

到了南宋的朱熹，就自称私淑程颐，变成了"程朱"。朱熹远尊程颐为老师，称其为"子程子"。程颐的说法通过《大学》《中庸》传下来，被朱熹编进了"四书"，变得比"五经"还要庞大和重要。《大学》第一句就说："子程子曰，《大学》，孔氏之遗书，而初学入德之门也。"《中庸》也是如此，动不动就说"子程子曰……"等。这是孔子第三次被打作旗号，作为教育的师傅。其实，这一切与孔子根本没有关系。程朱的这一套完全到了信口胡编的地步。朱熹虽然尊孔子，编"四书"时却把《大学》《中庸》放在《论语》的前头。拿孔子后学编的《大学》《中庸》架在孔子的头上，可见孔子在他心目中的地位。他这样做，就是因为宋仁宗亲笔写过《大学》《中庸》两篇，赐给大臣。朱熹从宋仁宗这里得到了法宝。朱熹以为自己直接继承了程颐的道学系统，就整天问别人：你在干什么？人说我整天静坐。朱熹说你只要肯坐下来就好。朱熹主张半日读书、半日静坐，他又静观鼻间的白点——眼睛垂下来看鼻子间有一个白点——这完全是道家做气功的办法，而朱熹全说成是孔子用来传授心法的。以这种渺茫的说法来解释经学，可见宋儒的来源都祖述的是一套方士的说法。

程朱的这套东西，强调自己体验自己的身体，自身就是宇宙；我自身调节好了，就与天地宇宙同步转动。这些都是很玄虚、很渺茫的，而宋儒的学说事实上里面都是这些东西，外面则把孔子许多的学说掺杂进去，从而挑出孔子的旗号——这就是朱熹的说法。

程朱这一派，从金、元，到明、清，一直为正统的帝王所御用。朱熹的学说第一影响了金，第二影响了元，第三影响了明。朱熹曾经提出"尊王攘夷"，本来要攘的是金、元，结果金俘虏了北宋的两个皇帝，元彻底灭了南宋。攘夷，却反而被夷给灭了。而且他的学说最得到尊崇的居然就是金、元这些夷。金、元两代科举考试都用朱熹的《四书集注》，这个最厉害。知识分子必须经过科举考试才有出路，要经过科举考试，就必须读孔孟的书，而孔孟的书自从朱熹编出"四书"来，金元明清一切科举考试，全是用的这个本子。这《四书集注》是科举考试必考的东西，你出了这个圈子的理论，就不及格；进入这个理论圈子，就接受了他的思想束缚。

"四书"又叫"四子书"，这是"四书"的全称。四子即四个子，而孔子已经超出子了，孔子是圣人，被称为"至圣先师"，是超越在诸子百家之上了的，"四书"编定之后，却叫"四子书"，这是非常可笑的一个矛盾。汉代把孔子的说法当做经，是要拿它作国定教科书，因此出现了《尚书》《春秋》《周易》等，程颐、朱熹等人干脆另编了一套，人家编"五经"，他们则编"四经"即"四书"。但这是科举考试最厉害的一个办法，他们通过这个，使人们被迫接受了"四子"的观点。因为你必须走科举这条路，否则就没有出路；你要走这条路，就必须念这个书（按：指《四书集注》）；科举考试的文章就得从"四书"的理论上来发挥，因为所出的题就在这个书里头，写作也得按这个程式来完成。从金、元、明、清直到清末，一直就是这么一种科举考试格局。

《大学》《中庸》里面有许多话就如同格言，如"天命之谓性，率性之谓道，修道之谓教"，这本来是很符合实际的，但程朱却把它们说得很神秘，解释成性理，即性理学。清朝叫性理经。清朝御定的书有一部叫《性理精义》，是李光地编的。李光地的人品极差，他编出的《性理精义》还能怎么样呢？这样一来，大家就认为程朱理学是伪学。程朱之学先叫道学，后叫理学。道学的意思是都得走这条道，但大家不相信：难道人人都得走这一条道吗？我曾经在朱熹的《近思录》上批道：按照这些格言的说法，我该从哪一句做起？当时同在辅仁大学的牟润孙看到了，就招呼周围的人说：你们都来看看小启的批注（插叙：当时在辅仁大学我的年龄最小，所以大家就叫我小启，后来周祖谟来了，他比我小两岁，我才变成了"中启"）。意思是，我的批写有反对朱熹的地方。我小时候，教我念《说文》的是戴姜福先生，戴先生也很讨厌宋儒，他曾经给我出作文题，说"圣人言道而不言理"。我开始读不懂意思，老师给我讲，道就是走的道路，理就是条理，木头的纹理。他其实就是和讲性理的宋儒针锋相对的。不过，在当时他也不敢公开反宋儒。

由于讲道学没有人信服，于是就改叫了理学，理就是道理，即客观真理，这样，大家就只好遵从了。程朱等人这一次改造孔子的影响之大，持续时间之长，在历史上是罕见的。"五四"时期，胡适曾经提出口号叫"打倒孔家店"，其实孔家店与孔子全不相干，最后都是"朱家店"。胡适在他的口述自传里说，中国十一二世纪最大的学者是二程和朱熹，可见他对程朱那一套还是很迷信的。（按：见《胡适口述自传》第267页，华东师范大学出版社1993年）

到了南宋，有一个叫陆九渊的，也有一套看法，与朱熹不一样；后来陆的一派就变成了明朝王阳明（王守仁）。这陆和王是一派，程和朱是一派。陆王是宋儒以来的另一派，不完全接受程朱的理论。陆王一派是怎么样呢？程朱是完全、纯粹服从政府的做法，而陆王的情况有点像汉学里头的今文派。今文派讲公羊，它有它自己发挥的余地；所以陆王这一派始终不占有正统的地位。而明朝后期，王阳明这一派事实上也是禅宗的一派。王阳明整天地讲格物致知，《大学》说"致知在格物"，格物就是坐那儿整天想、琢磨，在格。他看见一根方竹子——古代有这么一个品种——竹竿是方的，他就说竹子都是圆的，这为什么是方的，他就坐那儿想，就格，就琢磨：竹子怎么就是方的？可是，你就是格上十年八年，它要圆还是圆，要方还是方。王阳明就是这么格物致知的。

这一派到了明末，先有刘宗周（刘念台），再传黄宗羲。他们比较开阔、不死守，有发挥自己议论的地方，而且民族意识非常强。刘宗周在清朝代替了明朝、入主中原以后，他绝食饿死了。黄宗羲呢？有一个人在朝廷上谋害了他的父亲，崇祯在审问那个人的时候，他拿出刀来把那个人杀死了。他们的行为表示其思想不像程朱死守一个做法，而是比较开朗，有什么就想什么，想什么就做什么。

但是，王守仁是明朝的大儒，却替正德皇帝去消灭宁王，替一个恶劣的正德去打宁王朱权，这是干什么？为一派统治者去打另一派，这在我们今天看来是毫无价值的。但是，历史上却认为王守仁"有事功"，做事情有功劳。其实，宋明理学哪一个学派都与国计民生没有什么关系、没有什么好处。因为陆王这一派与清朝并不合作，就被人们看做是具有民族思想，到了清末民初，备受吹嘘，说陆王高于程朱这一派，没跟着统治者死跑、被统治阶级直接利用。梁启超讲宋明理学，就特别推崇陆王一派，认为他们的思想比较开阔、不死守。但王阳明他们究竟是为帝王服务，甚至狭隘到了为某一个统治者的恶少正德皇帝服务，这能算事功吗？究竟为人民做了什么事？

所以我们今天来看，程朱也罢，陆王也罢，理学这一套东西实在是毫无道理，于国计民生一点儿影响没有、一点儿好处没有。南宋的真德秀做知院，当时有一个说法，说"若要粮食贱，要待真知院"，要等着真德秀出来，一切就好了。真德秀出来做了宰相，结果坏了，天下更乱了。于是就有了下面这两句"熬尽西湖水，打成一锅面"。说明理学并不能治国。但是为什么帝王还要用呢？就是因为它使人民不造反，循循然接受正规的帝王的要求，并按照那种要求去待人处事。所以回过头来讲《论语》第二段："有子曰：其为人也孝弟，而好犯上者，鲜也；不好犯上而好作乱者，未之有也。"有若的这句话，使儒家的思想被历代帝王——管他是被尊的王，还是被攘的夷——都接受和利用。你要接受了孝悌，就可以不犯上、不作乱，这最有利于帝王治国安民的要求。

（张廷银根据 1998 年 7 月 22 日的讲话录音整理）

# 四、清代今古文经学

清代讲今古文经学最厉害的，是阎若璩批古文《尚书》的《尚书古文疏证》。晋朝梅赜上了一部《尚书》，叫古文《尚书》。比二十八篇今文《尚书》多了许多篇。汉朝孔安国传授孔壁中发现的古文《尚书》，但只是掺夹在今文《尚书》中，没被列入学官。晋朝梅赜献的这部《尚书》，或许是用小篆以前的文字写的，或是以古文为底本重新抄写的，就被称作古文。古文本子与今文本子有许多不一样的地方，于是有人就怀疑古文本子是假的。清代阎若璩《尚书古文疏证》就专门对《尚书》中的古文部分进行疏证，试图来证明这个问题。其实，在清代最早讲经学、提倡这一套理论的应该从顾炎武说起，只是因为他是明代的遗民，誓死不投降清朝，大家就不敢把他尊为祖师。乾隆后期嘉庆初年江藩的《国朝汉学渊源记》，后面还附了《国朝宋学渊源记》，就以阎若璩为开山第一代。可是，阎若璩的汉学很不彻底。清朝的汉学家打出汉学的旗号，就是为了反对程朱理学那一套。宋明时代的科举，考八股，考"四书"的经义，以朱熹的注解为准。科举考试除了考文字的能力，还考对朱熹的接受程度，看他是不是遵照朱熹的思想来说。阎若璩本来是要攻击宋儒的思想，但他的《尚书古文疏证》用的根据却又是《朱子语类》里的论点，说《尚书》古文为假的依据，是它与《尚书》的整体"不类"——不一样。这个方法本身就是靠不住的。比如《国语》和《左传》的语句、文风不一样，但它们怎么就内传、外传起来了呢？因为古文《尚书》与今文《尚书》不一样，就说古文《尚书》是假的，这太可笑了。不要说古文《尚书》与今文《尚书》不一样，就是今文《尚书》里，也有彼此不一致的地方。我们先不管古文是假是真，我们就问《尧典》《舜典》《大禹谟》等，是根据什么来的。可是在当时，只许你照朱熹的说法说，不许你问。尧舜活了多少年，都干了什么，谁都不知道，可是就是不能问，不能怀疑。《尧典》里有"粤若稽古帝尧"，意思是根据记录，古代有尧这么一个人，但他们居然写出五万字，其实都是博士们添油加醋附会来的。《颜氏家训》说"博士买驴，书券三纸，未有'驴'字"。孔颖达《尚书疏》就记载，仅"粤若稽古"四个字，博士就可以写出上万字，那就是真古文了吗？朱熹对《尚书》是啃不动的，只做了《四书集注》《周易本义》和《诗集传》，他注《尚书》，做了半天做不下去，就只好让他的学生蔡沈去注。但蔡沈也没敢说《尚书》古文部分是假的。朱熹在《朱子语类》中偶然提到那些"不类"，阎若璩就根据这些"不类"的现象，说《古文尚书》是假的。

　　说古文《尚书》是假的，那《尚书》今文部分就一定真吗？《尚书》中的尧舜禹汤都是传说，汉朝前有人用秦汉之际的文字把这些传说记录下来，孔子已经引了"孝乎惟孝，友于兄弟"，可见这些文字是比较早的，但是，早不等于真，再早也没有见过尧舜禹汤。梅赜所献的《尚书》到底是真的还是假的，我们不知道。古文究竟是用什么文字写的，我们也无法看到。但是，有一点，你既然许可用秦汉以前的文字写，难道就不允许用其他文字写吗？我们现在读的《红楼梦》，还有孤本、真本的说法，就应该允许《尚书》也存在古文和今文的情况。现在的问题不在古不古，真不真，就是真正写的，要想假，也可以假。我们今天没有办法证明它是不是伪。唐代曾经用古文字的结构、用楷书的笔画，抄了一套《尚书》，叫隶古定，在敦煌写本里还能看到。清朝陈启源《毛诗稽古编》就全是这样的结构。清朝后期有一段时期，就很流行这种写法，李慈铭的日记就写得让很多人都不认识。说古文《尚书》是假这一个观点的重要贡献，就是宋儒所说的从尧舜以来历代帝王传授心法的"人心惟危，道心惟微，惟精惟一，允执厥中"十六个字，就在《尚书》的古文部分，这十六个字就像佛教里的心咒，说得很玄乎。如果把古文推翻了，就把宋儒所鼓吹的论点先动摇了。这就是阎若璩被尊为先师的原因。但毛奇龄却写了《古文尚书冤词》，说古文《尚书》被指为伪书是冤案。

　　清代人抬出汉学，就是反程朱的宋学。可是，清代的皇帝却极力地抬高宋学。朱熹倡导"尊王攘夷"，而他的学说恰好被夷族所尊崇。明代不许讲《孟子》里的一段话："君之视臣如手足，则臣视君如腹心；君之视臣如犬马，则臣视君如国人；君之视臣如土芥，则臣视君如寇仇"（《离娄下》），朱元璋就不许讲，让刘三吾做《孟子节文》，把这几句话删去了。明朝还对《孟子》有保留，清朝却全部接受。朱熹的学说，就是给夷族做了统治工具了。清朝认为逼死崇祯皇帝的是李自成，满人消灭李自成是替明朝报仇。因此，清朝统治就是正统的。阮元说，念"四书"、做"八股"，是中等人用的，高等的人和下等的人，完全用不着。科举就是针对多数的中等的人（《揅经室集》）。阮元已经看破了其中的奥秘：要想教育或者愚弄大多数人，就得用朱熹的说法。因此，在当时重新提出汉学，就是针对宋儒的说法。阎若璩之后，陆陆续续地提出了一些反宋学的观点。

清朝正式的与宋学针锋相对的是戴震。戴震读到《中庸章句》"子程子曰：……此篇乃孔门传授心法，子思恐其久而差也，故笔之于书以授孟子"一句，就对老师提问说：子思距离程颐两千多年，程颐怎么能够知道子思的事情呢？可见，他对程朱那一套就有疑问。他做了《孟子字义疏证》，正面与宋儒对着干。戴震学识渊博，清朝乾隆修《四库全书》时就主要依靠他。戴震初到北京时十分潦倒，被钱大昕发现，然后就极力地给秦蕙田推荐，乾隆赐他举人，一体殿试，他的殿试试卷十分潦草，最后他干脆讲如何校勘古书，这就相当于自报家门、通关节，皇帝一看也知道了他是谁，就封他做翰林院庶吉士、翰林官。戴震的行为受到了当时的道学先生的反对，而许多汉学家则受了戴震的直接影响，开始大力地反对朱熹。毛奇龄读"四书"，扎一个草人放在桌上，读一句，打一下草人，说："熹，汝误矣。"再读一句，又打一下："熹，汝又误矣。"真是有意思极了。清朝经学家方东树做《汉学商兑》说，汉学所讲的，也是宋儒讲过的。其实，所谓汉学、宋学，并不是汉人和宋人的意思，提出汉学口号，就是为了反对宋学。陈澧《东塾读书记》，单有一篇给他学生的信，也说朱熹讲的许多也是汉朝人的说法，朱熹也是汉学。他们都没有明白汉学的真正用意。

由今文、古文，演变到汉学宋学，到后来，今文又有所复兴，因为汉朝还没有《左传》。《左传》是西汉末年王莽时才发现的，刘歆就把它作为《左传》的古文派，汉朝的古文派与后来的古文派并不相干。古文派还没起来时，主要是讲公羊学说，像董仲舒、何休等人就讲这一套。公羊说得不全面，可以有发挥的余地，博士们就能够上下其手，而古文《左传》抠得太仔细，没有办法加进太多东西。当时人们对政治有许多不满，但不好明说，就只好利用公羊的思想来表达自己的见解，清朝后期的今文派有几家，如龚自珍、魏源，还有常州学派的庄存与、刘逢禄等人，他们在一起总谈一些今文派的东西。再往后，就有王闿运，还有一位讲今文的四川人，叫廖平。湖南籍学者皮锡瑞写有一书《经学历史》，周予同先生曾经给它做过注。

我们今天绝不是随便评论老一辈的学者，但是在今天如果还讲今古文，就的确有些白费劲。我们先抛开学派的争论，说说为什么今文派会在清代兴起呢？就是由于今文派可以留下发挥的余地，比如在东汉时期，今文家们就讲孔子托古改制，东汉的纬书动辄讲，孔子为了汉朝的什么而做什么书，这些就是今文派的拿手好戏。清代晚期的制度已经很不行了，于是许多人也想起用经学来为改变政治制度服务。最有代表的是康有为，他写了《新学伪经考》一书，专门讲王莽时刘歆的学说即古文学说，说刘歆的古文经学是伪经，那些经文都是刘歆伪造的。康有为这样做的目的，并不是为了经学里的今文古文本身，而是看到了今文学派里讲到了孔子托古改制的思想，所以，他的真正目的就是借助光绪皇帝，用他的学说来推翻西太后。可是，当时袁世凯拥兵自重，康有为没有成功，造成了"戊戌六君子"事件。北京大学教授崔适也是讲今文家学说的，顾颉刚先生曾经听过他的课。一般来说，反对或批驳刘歆的，无疑就是今文学派。刘歆跟随他的父亲刘向整理内府所藏的古书，看到了用古文写的《左传》，就批评今文博士忽略了《左传》，建议立《左传》为学官。今文派就骂刘歆，皮锡瑞《经学历史》里就说刘歆是王莽的爪牙帮凶。因为刘歆曾经被王莽尊为国师。事实上，确实是刘歆发现了《左传》。《左传》里有一条极其站不住脚的逻辑，说《春秋》是孔子做的。《春秋》都是极简单的条目，有些条目《左传》里有，有些则没有，这就是"有经无传"和"有传无经"。所以，所谓"春秋左氏传"的说法就是站不住脚的。

114　司马迁说"左丘失明，厥有《国语》"，这里的"国语"是笼统的各国的历史。比如《战国策》里"触詟说赵太后"的故事，在长沙马王堆出土的《战国策》里也有。刘向把这些流传的故事编辑起来，成了《战国策》。《左传》也是这样的故事集成。汉朝的《说苑》《新序》里还有类似的许多故事。《春秋》其实就是鲁国的大事记，《竹书纪年》是魏国的大事记，湖北云梦睡虎地出土的"秦律"里也夹杂了不少秦朝的大事记。可见，古代保存的书籍里面，常常夹有一些大事记。硬说《春秋》是孔子做的，这是没有多少道理的。另外，整部《左传》里没有一句称自己姓左，叫左丘明。其实，《左传》它就是一部故事书。说故事的形式，在《东周列国志》和少数民族的口传文学中，都有保留，如新疆地区蒙古族的《江格尔》、西藏藏族的《格萨尔》、东北满族的《萨满传》等。我的看法，《春秋》就是诸如《竹书纪年》、秦国大事记一类的大事记，而《左传》则是东周列国故事的说本。佛经也是这样，也是说故事，有用长行散文说的故事，也有用韵文即偈语说的故事。《左传》只是没有诗歌那一部分而已，它就是民间说书的底本，并不是孔子与左丘明作的。"礼失而求诸野"，从现在的一些现象，可以推知古代的事情，像摩尔根《古代社会》中所说的那些东西，在现代社会里也有发现。说书的制度现在也仍然存在。司马迁把许多事情的发明都贴到孔子的身上，就是好把它定做教科书，好用它去教育人们，他并不一定就十分相信这就是孔子说的东西。孔子说"左丘明耻之，丘亦耻之"，于是有人就把《左传》认作左丘明所做，其实，孔子所说的左丘明也许只是鲁国一个说书的人，是一个近似"瞽史祝颂"的盲人说书人。大家从古书里找到了与左丘明相近的《左传》，就把他们两个附会在一起。

《竹书纪年》里记载了许多帝王及诸侯国的真实的事情，有人就拿别的书里引用的《竹书纪年》的例子，来说明这个是真本《竹书纪年》，那个又是伪本《竹书纪年》。但引用的材料不知道是什么时候出现的，怎么知道哪个是真的，哪个又是伪的。束皙在魏安釐王墓里发现了《逸周书》和《竹书纪年》，那你许束皙发现，难道就不许别人有所发现吗？其实，在宋朝的古墓里也发现了一些竹简。清代人做学问有一个矛盾，专门挑古类书里一句话，再找出现传本里所引的一句话，说明类书是真的，而现传书引用的是伪的，王国维就曾经搜集古类书里所引用的《竹书纪年》，来驳斥现传《竹书纪年》。清代人这样做的目的，就是要否定古代权威的说法，比如像尧舜禅让、武王伐纣等。《孟子》曾说"以至仁伐至不仁，而何其血之流杵也"，对武王伐纣的史实提出质疑。《史记·伯夷叔齐列传》也说"以暴易暴兮，不知其非也"，把周武王说成是暴君，让人看不出到底哪个是真，哪个是假。唐代刘知幾《史通》有"疑古""惑今"，就公开地对古代和今天的书中所写的事情提出质疑。清朝学者对于这种"疑古""惑今"的问题感到十分困惑：把古代的与书中记载的都推翻了，怎么办呢？比如浦起龙就做了《史通通释》，通盘解释《史通》。纪晓岚是正统御用文人，他不能承认《史通》的做法，也做了《史通削繁》，把原来《史通》中的"疑古"和"惑今"两篇给删掉了，就像明朝刘三吾《孟子节文》一样。这是因为《史通》中的许多说法，与正统的说法接不上，既然要拿它做教科书，就不能不把这些与古代不一致的说法给删掉。

清代提出汉学的潜台词，就是打倒程朱，清代后期讲今文即讲公羊春秋，也不是讲古代的今文，它的潜台词就是讲变法；明代删节《孟子》，它的潜台词是删除对其统治不利的地方，清代纪昀删节《史通》的潜台词与明朝删《孟子》的目的是完全一样的。我们现在要说，《春秋经》就是出土的鲁国的大事记，与孔子毫无关系，《左传》就是《江格尔》一类的说唱书。孔子所说"左丘明耻之，丘亦耻之"的左丘明，也不过是一个民间流行的大家都熟悉的一个说书人，与《左传》也毫不相干。

表面来看，所谓今古文是书写文字的不同，实际上，它们则是学风学派的差异。清朝的汉学宋学，已经与古代的今文古文渺不相干了，但为什么清朝人还要这样说呢？真正的目的就是要托古改制。事实上，清朝后来不仅是托古改制，还是托洋改制，也就是我们经常说的西学东渐，即把日本从西洋学来的再转归出口到中国来。梁启超办《新民丛报》，即是把日本明治维新所吸收的西方的东西，介绍到中国来，我把它叫做"东学西渐"，因为中国在日本的西边。但事实上，无论是西学东渐，还是东学西渐，都没有"渐"成。民国以来，五四运动，胡适等人直接吸收了西方的某几个人的思想，他首先认为与西方思想矛盾的是孔子的思想，提出了"打倒孔家店"的口号，但是，他的"孔家店"的内容已经不只是孔子的思想，"孔家店"已经变成了主要是朱熹等人的宋明理学的学说。西方的理论能够直接被中国所接受，还需要一种基础。要有步骤、有计划地吸收西方的东西，要使它能够为中国所运用，就必须要使它首先和中国本来的民风相适应。这就好比把某一器官移植到某个人身上，他身上就有一种排他性，甚至血型不同的两个人，把这个人的血液注射到另一个人的身体内，就不但起不了好作用，还会起相反的作用。所以，民间的习俗，民间的思想，中国的习惯，如果和从外面吸收的东西不适应的时候，就不会起积极的作用。清朝末年、五四运动之后，中国出现了"全盘西化"的口号，"全盘西化"的说法就很不科学，既然是化，就只能是某些原理上的部分的、局部的变化，全盘整个端来，肯定是不行的，这个问题现在还在试探中，将来也永远是试探性的。不但中国是这样，西方也存在这个问题，比如英国、法国、意大利、德国它们都是很看不起欧洲现在的文化，认为世界的文化在埃及、希腊，欧洲的文化是杂凑成的。张大千1956年到法国巴黎办展览，见到了画家毕加索，毕加索就对他说，在这个世界谈艺术，第一是你们中国有艺术；其次为日本，日本的艺术又源自你们中国；第三是非洲黑人有艺术。除此之外，白种人根本无艺术，不懂艺术。毕加索是西方近代的一个画圣，无论看得懂看不懂他的画风，大家都对他很推崇。他说的这些话并不完全是外交辞令，他们就这样理解。他们认为欧洲的文化不如埃及、不如希腊，当然就更不如中国。

清朝有意学习西方文化的是康熙皇帝，他身边有一些明朝时期就已经来的传教士及追随者，比如利玛窦、徐光启等人。崇祯皇帝曾经一度相信天主教，这样到了清朝，接受西方的东西就比较有基础了。以历法而言，当时有一个非常保守的杨光先，他就一直主张应该坚持中国的历法，为此还写了《不得已》一书，认为只有蛮干的皇帝才不顾一切地吸收西洋历法。康熙没有理睬他，让他不得已去，而他自己则继续学习西洋历法。当时有一部"回历"，有传统的历法，康熙后来让南怀仁每天把他讲的东西用满文拼音写出来。康熙还不断地向他请教，现在定下来的历法，就是用西洋的算法，来计算阴历，这样就计算得非常精确。比如，把闰月放在各月之后，不像汉朝以来的做法，闰月必在十二月等。还有对日食、月食的推算，都十分准确。这种吸收方法，既考虑了中国传统的民间的习惯，又借用了西方的精确算法。他的这种做法是很合理的。康熙初期，还有许多人存在着民族思想，有抵触情绪，有许多人都像顾炎武一样一而再地去拜谒明孝陵。康熙也曾经想全盘吸收西洋的思想，想用西洋传教士所宣传的那一套，就让他的几个儿子都入了天主教，后来一看不行，天主教的一切都受制于罗马教皇，不完全接受中国的民俗。于是，他就把西洋的一切都抛开了，先去拜祭孔庙，表示接受孔子的思想，然后又亲自去拜谒明孝陵，这样一来，那些有民族思想的明朝遗民都把他看作开明之君，抵触情绪很快就泯除了。这并不是说康熙完全成功了，而是说他在吸收外来文化时能够照顾老百姓的习惯，善于化解抵触的情绪。本来利玛窦就提倡说中国话，穿中国服装，当时天主教里的士大夫李之藻编的利玛窦的《天学初函》，就用中国的典故来写文章，如他说："朋友非他，我之半也。"明朝的传教士如利玛窦就发现，中国没有宗教，没有神的观念，因此，如果不让他祭祖先，是绝对不行的。教廷竟然回复坚持说，不许拜祖先。于是，西洋的宗教在中国就一点儿立脚点也没有了。康熙比较能够体察国情民意，知道西方的哪些东西可以接受。那时虽然还只是科学技术等初步的东西，还没有成篇大套的哲学思想，但已经很了不起了。所以，吸收西方的理论，一开始就提出全盘西化，是非常不明智的。我有一个朋友得病了，一上来就打青霉素，一针就要了命。可见，"打倒孔家店"只是一种说法，"孔家店"打而未倒；说全盘西化，也没有把西方真正的东西化来。中国不是没有西化过，吸收西方的文化，反倒在清朝初年康熙时有了比较成功的先例。我并不是说一定要像康熙那样做，但一上来就讲全盘西化看来是不行的。后来清朝有些人看到用西洋的不行了，就端出了今文派以公羊学说为主的思想，它的主要目的就是要托古改制。

我上面针对古代的学术思想发展情况，所谈的这些我自己的看法，并不是要再重复什么，像梁启超、钱穆等老先生们所做的《清代学术概论》《国学概论》，我的意思不是恢复国学系统，不是谈什么国学概论，不是回头看古代都有些什么情况。古代的情况有值得我们注意或者是应该参考的地方，但主要是让我们了解

117

古代曾经有过什么东西。我现在来分析它，就想说明它客观上是什么东西，历代帝王提倡它是为了什么？我们不了解它，就没法理解这些书。我们常说要读古代书籍，可是这些书都是当时那个时代的人写的，你要不了解那时人的思想、角度、论点，光拿书来研究，就不透彻。现在我们所谓文献学，不是指几本书就完事了。我上面讲的这些东西，汉宋之争、今古文之争、宋学中的陆王之争等，这些说法从前被认为是国学，这话不太合理，也说不尽。

（张廷银根据 1998 年 7 月 24 日的讲话录音整理）

# 论古籍整理

# 引　子

学术思想从古代到近代，是纵的，但我们现在不是讲断代的某一个段，比如讲文学，从古代的先秦、两汉、唐、宋、元、明、清，到近代、现代、当代，每一段都有不同的问题，都有专门的研究、专门的学问。我们现在说的这个范围是古典文献，这个范围就非常的宽泛。古典文学究竟只是文学类，而古典文献却包括了历史、文化等许多方面，这就比专是文学的某一个方面大得多。有人还标题文献学，这就更宽了。我前面讲纵的，讲学术思想，从古代到清末，到 20 世纪 20 年代，这个过程中，它就既有继承，也有发展，这就比较复杂了。它有些共同的根源、共同的习惯，也有传下来的不少人云亦云的说法。我只不过根据我所知道的，比较肤浅地谈了谈我的认识。

因为我们从事的是古典文学文献范围的研究，如果讲文学史，比如先秦段、两汉段、六朝段、唐宋段等，可以不用考虑前后的情况，可是要讲古典文献，问题就多了，涉及的范围非常庞大，纵横万里，从古到今，就不能不知道古代的历史和文化。这并不是说它就是中国的国粹，我是想说，要研究古书，要整理古籍，我们这个课程是这个题目之下的，竖着是从古至今，横着是各方面，一部古书要研究，一个作家的生平著作要研究，一个具体的问题也要研究，我们不但要研究，还要把它整理之后出版流传。由于有这样一个任务，我们要是不懂上下古今的大概，就没办法。

我们今天常说，整理古籍一要校勘、二要目录等，其实这只是整理古书的技术要求。横的方面，还有很多。整理古书，不懂古文字，不行，甚至不认识草书，遇到一部草稿，不认得，就没办法整理。还有古韵，古韵的解释，用今天的理解来解释古韵的字，是不行的。音韵、文字、历史的年代、地区的风俗、某个作家所受的传统教育等许多横的方面，也在我们研究之列。

既然要研究古代文献，就要先明白什么是文献。我们由目录来看古代都有些什么书，这是文。但献呢？没法子，我有个朋友，他做录音口述的历史，这就是献。用这办法赶紧抢救这些老辈曾经经历的事迹，叙说了，用录音把它录下来，编成书，这个纯粹属于"献"的部分。对"献"有两个方面的误解，认为"献"定在"文"里头。比如故宫，现在叫档案馆，在成立之初称文献馆，其实"献"是没有了，都不过是清代的许多档案，现在把它都叫文献，这是一个方面。清朝湖南人李桓编《耆献类征》，耆是老年人，献是贤人，意即老年的贤人分类的传记，一沓沓，多得很。这是清人传记的集，没个完。后来清人钱仪吉编《碑传集》，又陆续有人编《续碑传集》《碑传集补》，现在还有人编碑铭集、墓志传，又出现了名人词典等，都是用献。说是献，事实还是文。真正口述才是献的实际材料。现在人多不了解"献"的含义。这样的东西外国有，如《胡适口述自传》，胡适在美国用口述自传，他是用英语说的，唐德刚把它变成汉语写下来。当时这样的名人口述很多很多。古代的文献，文是文字记载，献是贤人，是活着的人记忆里的古代的事情或他当时经过的事情。所以文和献并称，它的含义就宽得厉害，我们要研究，姑且把它合并来称。我们研究古典文献，横的方面需要具备手段、方法，知道操作时从什么地方入手。这里有几个方面。

# 一、目录、版本校勘及制度

## （一）目录

关于古典文献学，我觉得首先要了解目录，你要是不知道目录，不知道古代都有什么书，怎么分类，你就不知道古人是什么研究角度，怎样的研究方法。

目录的了解是很不容易的。我觉得目录有两条路，一条是怎么编目，就好比说这些书放在书架上，你怎么摆法。比如李慈铭，他整天念书，还写日记，写读书的笔记、札记，其中真有好的见解。他住在会馆，没有书架，他有一个大案子，把书分成几个层，手头常用的放在外边，稍微用得少点儿的放在中间，不常用的必须查时才用的最靠墙，他这种摆法就是图书馆的插架法。看来每个人都有一个办法，有一个他最习惯用的办法。这是编目和插架。比如经史子集，这是按类来分，哪类最重要摆在前头，次要的摆在中间，再次要的摆在后头。这是编目安排插架。还有一个使用的问题，也就是查目的问题。读书人去借书，找一本书的检索方法，是以人为主？还是以类为主？还是以学科为主？学科里还有小类，这是古今中外都存在的问题。一个是编目排架，一个是检索，这两个问题哪个图书馆都毫无例外地要遇到。而且目录至少有两种以上的，一个是书名目录，一个是著者目录。书名目录有不足时还有分类目录，比如哲学类、生活类等。著者目录，除名字之外，也分哪一类的著者，这样分起来就很细致了。西洋分类法有十进法，一个朋友提供我用，我还没有详细地学，没用过。但不论哪个新方法，都不可能解决所有的问题，因为事物是发展的，社会在前进，学术也跟着发展，难道十进法就够用吗？总得有不断的补充。比如我们看余嘉锡先生的《目录学发微》，他讲古代目录怎么怎么样，再看现在的目录、现在的书，又绝对不是《七略》《汉书·艺文志》那些体制、条例所能包括的。目录从前是"六艺"或"七略"，也就是六分、七分，四分法是经、史、子、集，后来王俭的《七志》，阮孝绪的《七录》等，都是这样。《汉书·艺文志》分九流、诸子百家，这是很笼统的。九流是学术流派的分法，经史子集是书籍性质的分法。各种分法太多了，我不懂得详细的各自的利和弊，我们说古代的目录怎么样详细，怎么样合理，怎么样优越，都是相对于那个时代而言的，发展到今天，总有古代的那种编目检索方法所不够的地方，因为现在新的学术发展真是太快了。现在发达的科技，比如说"电脑记录""光盘"，列入古代目录的哪个里头？"光盘"里头有许多讲究，它包括很多内容，比如说《四库全书》，大概有十个光盘就可以把它装完。那你说光盘属于哪一类？现在的书、现在的著作，用古代的体例，确实包括不了。今天的古籍整理应该怎么办，到现在我们还在沿用"经史子集"这个词，现在我们还有这么一个机构，叫"续修四库全书"，这个题目好广泛、好可怕！盛世修书，这无可非议，现在要把所有的内容都容纳进来，"续修"，而四库是按经史子集，那"光盘"在什么部里？"导弹"在什么部里？现在说克隆，比如克隆牛、克隆羊等，昨天晚上的电视里还说克隆兔子、克隆耗子，那这个"克隆"在哪个部里头；又比如医学，现在有换心脏，开颅已不算什么，这些名目该放在哪个里头？现代科学技术已超过古代万万倍，现在来整理不是那么容易。我不是说现在不能修很大的书，现在最需要的是很广大的目录书籍。现在就算读了几本书，写了几篇论文，甭管取得什么学位，博士、博士后，就开一个单子，就想把古籍都包括进去，恐怕也不太怎么容易；现在还说某某博士生导师，这博导更不容易做。目录学的头一条要求，那得有极其广博的知识，不但要有古代的知识，还要有今天的知识；不但要有广博的社会科学知识，而且要有广博的自然科学知识，这样才能编辑、整理、判断、研究，所以是很不容易的。我自己受过余嘉锡先生的教导，我在辅仁大学教书，余老先生做系主任。他可是严肃极了，堂上、堂下、家里，自己严格要求自己，生活非常自律，真是我们的师表。但是，他也有不够全面的地方。他说《四库全书》是古代以来最完备、最完整的一部大书，因为它的人力、物力投入都很大。他说《四库全书》的编法是最好的，我就看有一条：《四库全书》里头经部有"四书类"，"四书"是朱熹说的，《大学》《中庸》是《小戴礼》中的两篇，抽出来与《论语》《孟子》合编在一起，这个科学吗？这是古代的编法，余老先生因为《四库》包括得广、修得比较近，在《四库》后还没有一种像它那么修得这么广泛、这么全面，所以对《四库》比较推崇，这当然无可厚非；但它把《大学》《中庸》与《论语》《孟子》合起来称为"四书"，成立一个"四书类"，这个是见于《七略》，还是见于《汉书·艺文志》？

余老先生写了一部书，还未写完，叫做《四库提要辨证》。我就跟学生说：

《四库提要辨证》是极其细致、极其全面的书，考证一个论点、一句话，都很详尽。《四库全书总目提要》学刘向《别录》那种体例，一本书前面写一个全面的介绍。这个体例也是有好些人参加，陆锡熊、纪昀两个人做主持，陆锡熊死了，就由纪昀主管这件事。问题是他也不能不按照帝王的要求来写这个提要，所以才出现以"四书"为一类的说法，他不可能撇开朱熹，只好在分类法中另立一类。试问朱熹以前有"四书"吗？朱熹以前有把《小戴礼》两篇拆出来的吗？没有！这样，《四库全书》仿照《别录》的那个提要全是按照帝王的要求、口径来写的。

（二）版本校勘

从前的藏书家看书，先要弄清楚哪个是宋版，哪个是元版，哪个是明版，哪个又是清版，清版又有殿版、局版等，这些问题就是所谓版本。版本也是查哪个书通过什么形式出版，哪家出版，出版得全不全，出版印刷的质量如何、文字错的多少，这都属于版本类。从清朝一直到五十年前，讲版本的老前辈就专门研究宋版、元版、明版怎么样，还费很大的力气去校勘，这属于古典的版本学。因为书被大量地刻成木版是宋朝才有的事。刻在石头上的也是一种版本，比如汉朝的熹平石经、魏石经，唐朝的开成石经，从宋一直到清，历代都有刻的经。但这种经都随着石头变碎，再也找不着了。清朝《十三经》倒还在国子监，但对它的学术价值大家都不认为怎么样，因为乾隆时代，帝王想粉饰太平，宣扬自己这个朝代有什么文化建设，就把蒋衡抄写的《十三经》刻在碑上。所以刻在石头上的版本与学术校勘关系很小。这是古代版本。现在同一本书，《四部丛刊》印过，《四部备要》印过，《丛书集成》印过。像商务印书馆印过的《国学基本丛书》，中华书局印过的《四部备要》，商务印书馆从善本的角度印过的《四部丛刊》等。版本再新的，就有新的印刷方法，比如影印，从前影印很困难，现在影印的方法非常发达，比如敦煌出的断烂残缺的古籍，从前得到一张照片都很难，现在敦煌的大部分材料都公开了，全印出来了。现在我们印了一部关于敦煌材料的书多少本，就是把国内国外的敦煌材料印出来，缩得比较小。影印的方法就已经能够解决大家各处搜查不容易查到、想借借不到的问题，提供的方便太多了。所以版本就不仅指宋版、元版、明版、殿版、局版等，也指出版的各种本子的好坏情况，我们要研究这一本书，就可以同时找到这一本书的不同出版形式、出版时间和出版地点，比如有影印的，有排印的，有缩印的，有手抄的，这些都在版本范畴之内。我觉得版本可以说是刻版印刷的本子，甚至传抄的本子，流传的本子，把各种本子拿来进行对照，比如为查某一书，说北图有某某人手校的本子，他那个本子多一段，流行的本子少一段。陶宗仪《说郛》本来是杂抄的书，某老先生根据一个旧抄本或旧刻本发现这本书短一段，而那个古本里却有这一段，我无意中在《说郛》里就看见有这一段，也用不着什么特殊的古本。本来《说郛》是杂抄的，内容也不全，可巧有这一段，可见版本是无穷无尽的，你真不知道这边短了，那边就有，这边少了，那边多出来，真是非常复杂的一个问题。《经典释文》本来是陆德明把各种古书拿来一个字一个字校勘的，这本书清朝内府天禄琳琅藏着一部完整的宋刻本，现在在北图，是全的，已经影印出来了。这个影印本是大字本，看起来真漂亮，可是拿来细一对，它里头的错字多极了，反不如清朝纳兰成德《通志堂经解》的刻本。《通志堂经解》这个刻本是徐乾学替纳兰成德辑的，校得很好，后来有卢文弨校刻本，这两个本子都比现在看见的宋刻本的质量好得多。宋朝开始刻这些古书，因为当时印刷术不广泛流传，数量稀少而显得珍贵，不见得它的质量一定很高。有人说宋版或者古抄本可靠，其实每刻一回、每抄一回，必定错一回，这是毫无疑问的规律，甚至"无错不成书"，这几乎成了一个普遍性的现象。

版本既然有差别，甚至还有质量的好坏，把不同版本的书凑起来摆在一起，你就该进行比较，说出哪个对，哪个不对。我们说宋版的《经典释文》远不及清朝康熙、乾隆两个本子，这两个本子为什么大家认为好呢，就因为它费过很大的力量做了校勘。但校勘是很不容易的事情，不是说来就能随便做到的。你先得判断哪个是正确的。同样一本书，这个本子作"天"，那个本子作"地"，究竟哪个对、哪个错？这就涉及许许多多的知识甚至于常识，谁也不知道整理古书时会有多少问题冒出来。

校勘有几个方面，第一，是大家都知道的，把甲本与乙本对照，从而讲出哪个好，这是对勘。比如甲本某个字剩半拉字，乙本这个字是全的，当然是乙本好，但是这也不足为凭，乙本刻全了，是否有人发现甲本短了半拉字，就按自己的意思愣给添上了？添得对不对？比如就剩三点水，究竟三点水的右边是什么？也许就凭空想象以意为之给补上了，也许是有根有据地补上了，这就不知道了。所以对勘也不能完全解决问题。陈垣校长曾经校勘《元典章》，校勘完了，他提出四个例来，叫《校勘四例》。第一个是对校，即把两个本子对着看。第二个是内校，比如头一句发现一个字，这个字有疑问或这个字残缺，就看本书里别处有没有这句话，旁的地方偶然也出现这句话，那就可以用后头这句话补足前句残缺的字或词句，因为是在本书里头来回比较，所以叫内校。还有一种是外校。比如在这本书里有一句话，我觉得这句话有疑问，不合理了，或者是分明有残缺的地方了，怎么办？假定这篇文章是韩愈的文章，就查韩愈的集子，那里面也有这句话，就拿它与我校的这个本子对，这是外校。之所以叫外校，是因为从书本以外的材料来对照。还有一种是理校，顾名思义就是按理来说，如阴天下雨，这是合理的，说晴天下雨，这就当特殊现象来论。说我看见一个怪现象，晴天下雨，这个"晴"和"雨"字没错，因为前头我看见过这样的怪现象，这也是合理的。如果说在雨天，我的房子漏雨了，这中间忽然太阳光都进来了，这就有问题了，这是什么光？本来还下雨，忽然太阳光进来了，这就矛盾了，就不合理。因为它是按理来校，所以叫理校。有人说这四校还有没包括进去的，为什么？有两本书不一样，可是两个彼此之间却判断不了谁是谁非，没法判断，最好把两本书都平摆在那儿，让别人有机会再解决。这样也是一个办法，这样情形不是没有，古书里就有很多。这种把判断留给别人，不能叫校勘。因为有校还得有勘，勘就是评论，就是对照之后，判断出一个对错。你只把两个字平摆在那儿，那就不用你摆，谁都可以摆，摆在那儿就等于没勘，只是对照看了，这种做法并不妥当，因为它只是比较有无，没有下断语，是校而未勘。比如说宋版的书有一个有名的故事：谢灵运有"池塘生春草，园柳变鸣禽"两句诗，说池塘里生出春天的草，园子里的柳树在变。不是柳树变成鸟，而是鸟儿唱出的声音有变化，鸟的叫声有变化。"园柳变鸣禽"，园子里的柳树上各种鸟换着样地叫，这是变。有一个宋刻本叫《三谢诗》（整理者按：指谢灵运、谢朓、谢惠连），它上面就写"池塘生春草，园柳双鸣禽"。园子里柳树上有两只鸟。生是动词，是生出来，"园柳变鸣禽"，指声音有变化，有不同的鸟在叫，它与数量词不一样。园柳上有鸣禽，就不止是双，也许多少只都有，怎能叫"园柳双鸣禽"呢。按理校，我绝不采取"双鸣禽"，但版本家觉得这是古本，"双鸣禽"很有意思，就写上"宋版作'园柳双鸣禽'"。你从趣味上讲，从版本不同上说，刻本的异文也许可以列出来，但对校勘来讲，需要判断意义，那么"双"就远不及"变"了。比如王维的《送东川李使君》里说"万壑树参天，千山响杜鹃。山中一夜雨，树杪百重泉。"山里下了一夜的雨，树梢上有百重的泉水，从树梢上看见山上流下泉水来。这是形容山景，这是很广阔、很巨大的景致，有一个宋版书，把"一夜雨"写成"一半雨"，"山中一半雨，树杪百重泉。"清朝钱遵王《读书敏求记》就特别讲，有一个宋版是"山中一半雨"，各种版本都没有这个"半"字，其实是他刻错了，山里下雨怎么能是一半呢？那时又没有天气预报，怎么能知道哪个雨是全份，哪是一半呢。可见这宋版并不高明，分明是当时刻错了或是"夜"字的底子不清楚，刻字的人就随便刻了一个"半"字，也许是刻工马虎了，这很难说。这种对面比较并不是最好的办法，有校无勘是不行的。因此我想到现在的校勘，很多位从事校勘的人很费劲，校勘很有功劳，可是我们看到他在不同的字句底下有四个字或八个字，叫"择善而从，不出校记"。怎么"择善而从"，比如他认为"山中一半雨"为善，为什么？因为它是宋版，我就根据宋版，我就择善了，就不注明还有"山中一夜雨"这一说法，这就很危险，它的原文不合道理，那么他是从哪个角度判断它为善？下面半句更可怕，"不出校记"，也就是从他这里，一切全由他定了，王维这句诗就是"山中一半雨"，这是我定的，我认为它善。这虽然也勘了，但这个勘是没有尽到客观的责任，客观的用处。所以这个"择善而从，不出校记"是很危险的。他不知道有许多问题就会由此发生。现在新出版的书里头有字错的、断句错的、制度习惯不理解而错的；有的同声字声韵不理解，古字不知是假借，而结果认为是误字的也有。

（三）制度

制度有许多方面，第一是历史上大的制度，比如《战国策》中的触詟说赵太后的故事，马王堆出土的帛书也记了这个故事，它写的是"触龙言"——触龙跟赵太后说，而不是触詟说，我觉得这种写法比较好。《战国策》里的这篇文字说赵太后送女儿出嫁"持其踵，为之泣"，攥着她的脚跟向她哭，意思是，这回嫁出去就要跟人家好好过一辈子，不要因为什么事情让人家给送回来。这是怕女儿嫁出去后又被人家休回来。她的儿子给人家做人质就可以使两国修好，太后不愿意让儿子为人质，而希望女儿好好过日子，送别公主时"持其踵，为之泣"。一般的读者总觉得"持其踵"不合理，这成了真正的太后扯后腿了。他不知道古代的人都是席地而坐，那个人脸朝外，这个人伸手就攥住了脚后跟，假定那个人站起来，坐着的老太太揪她的手够不着，但攥着脚腕子说话也合情合理，因为踵离送别人的手最近。后来人就把一般读本改为"持其手，为之泣"。在今天的生活中，"持其手，为之泣"是很合礼貌的，但在古代是"携手上河梁"，两个朋友要分别了，到了河边拉着手。但这个送别是"持其踵，为之泣"，若不明白古代的情形，校勘时先来个"择善而从"，觉得握手是善，"持其踵"是不善，于是先改"踵"为"手"，再接着"不出校记"，麻烦就更大了，流传到后来就给人一个错误的版本看。所以，校勘时对当时的各项制度得了解，小的生活制度和大的国家制度，都要知道。其中有许多专有名词，要是不理解那个专有名词的意义，觉得这句话不合理，愣给改了，就改出错了。比如最平常的，古代皇帝批公文，常常用几个字："制曰：可"，这是皇帝发命令、批准的意思。皇帝写东西，后面加一个"制"字、"敕"字，叫"敕书"或"制书"。现在的简化规范字里，制造的"制"和制度的"制"是一个字，我们假定在电脑里给它一个指令：简体改繁体，那么"皇帝制曰：可"，就变成了"製曰：可"，成了皇帝做了一个东西叫做"可"。这就不行了。这样的事情还有很多。

制度包括许多方面，其中随便一个方面，都可以成为一个问题。我们对于古代的生活、古代的制度、古代的习惯，往往有许多的误解。我们不说远的，不说国家大事、朝廷制度、社会习惯、家庭生活，就说书籍本身。有一个单位专印线装书，有人拿印出来的线装书给我看，我发现他们给线装书上书套，结果把书签给贴反了。在清朝，线装书订线在右边，书页是从左往右翻，第一行是从右往左这样的形式。书套也是这样，书放在里头，左边半面先扣，右边再往左扣，右边外皮的左边贴上书名的书签，是这样一种制度。现在我瞧用线装订的书，甚至于仿照线装书的样式印一本平装书，在外头做一个装饰性的封面装饰，画一个订线。清朝满文书、蒙文书都是冲左翻，书口在右边，头篇向左翻，第一行是从左往右，从上往下念。汉文书印出来了，拿给我看，我一瞧以为是满蒙文书，打开一看是汉文书，汉文是向右翻，从右往左念。由于对书的制度不了解，出版时就闹出了这样的笑话。

关于书册制度，日本明治以后有一个叫岛田翰的人做过一本书叫《书册制度考》，对书籍装帧装订制度进行了考证，后来余嘉锡先生又写了《书册制度考补》。余先生认为岛田翰是研究书籍制度的开端，但说得不够，或有错的地方，于是，他就做了《书册制度考补》。第三就是马衡先生的《凡将斋金石丛稿》，中华书局在他身后出的。这里面也有一部分是讲古代书册制度的。马衡先生这一篇讲书册制度的文章，叫《中国金石学概要》，虽然不怎么样，但也算一个开端。他的书出版之后，我给中华书局写了一封信，指出其中引用材料有错误，现在再版，仍然没有改正过来。书里面提到一件事：敦煌发现的木简《急就章》，头一句话说："急就奇觚与众异"。意思是，有一个与众不同的样子很奇怪的觚。觚是什么呢？觚是一个四棱的木头棍，斜着对角剖开，就是六面。这样，一块四棱的木头，用来抄写东西，就可以多写两面。这是非常聪明的想法。敦煌出了一块觚，就是《急就章》，这才知道什么叫觚，也就是带棱的木头。《急就章》就写在奇怪的特有的觚的上面，觚是三棱的，在它的上面的斜剖面上，削出一个平面，写"第一",在棱的角这边有两行,右边一行是第一行,左边一行是第二行,对面是个大平面,另写一行,是第三行。觚就这么讲。法国人沙畹从伯希和那里拿来一个实物的觚进行拍照,照成图片,罗振玉把这些图片翻印,编成《流沙坠简》,在当时是很难得的本子。后来张凤又编印了《汉晋西陲木简汇编》,印得没有罗振玉的好看,但数量比《流沙坠简》的多。那时候多那么几个就很了不起,现在出的数量就更多了。那时候的木简最早的是西汉天汉、五凤年间的,而且非常难得。现在发现的木简、竹简最早的有春秋、战国时代的,数量有几千、几万支,多极了,整理都整理不过来。马衡看见的这个木简,以为是两面,第一面两行,第二面一行,而没有看到它其实是三面的觚,原来四个棱,经对角劈开后就可以写六行字。因为他是从《流沙坠简》中看的,印刷不清楚,所以就不奇怪了。古代的制度大到国家的典章制度,小到家庭生活的起居制度,近到书册制度,情况非常复杂,仅凭一个孤证,怎么能说明问题呢?现在所看到的最早的古书旋风装,是故宫所藏的王仁煦《刊谬补缺切韵》,印出来是一篇一篇,是把许多页粘在一个大的横的纸上,然后从右向左一卷,卷成一卷一卷的,打开之后,每一篇的最边上的部分就都粘在一个横的纸上,然后一篇一篇地往下翻,这种方法是比较特别的,比如现在的洋装,很有些像书脊订出一条线来,现在叫洋装,其实就是古代的蝴蝶装。蝴蝶装也是一种比较新的方法。书的制度就与校勘有关,哪一篇接哪一篇,都是有规定的,如果这一篇接错了,那么文字也就错了。文字一错,则整理的书的质量自然也有问题了。

(张廷银根据 1998 年 7 月 27 日的讲课录音整理)

# 二、文字与音韵

## （一）文字

文字也是整理古书的重要一关。湖南郭店出土的竹简，经过人们多方面的考证，证明是春秋时代的竹简。马王堆出土的虽然是西汉初年的，但其产生时代应该比西汉还早一点儿，甚至可能是秦朝或秦以前的写本。铜器上的如毛公鼎上的文字，比流传的《尚书》短篇的文字还要多，还有散氏盘上的文字，这许多的文字，要把它变为今天的文字，是非常困难的，现在它已成为一种专门的学问，有很多人在专门研究古文字相当于现代的哪一个字。比铜器上的文字即金文再早些的是甲骨文，甲骨文在国内外有许许多多，据专家说，现在被认识的可以确定的甲骨文，也只占全部甲骨文的一半。比如王国维，就是大家公认的古代历史研究大家，他大量参考甲骨文里的材料，写成了《殷卜辞中所见先公先王考》，但他也说他认识的甲骨文只占整个的百分之五十。而且，文字这一关，它涉及的不仅是文字，它还包括训诂。这个字在当时当什么讲，有什么作用，就必须弄清楚。《尔雅·释诂》"初、哉、首、基、肇、祖、元、胎、俶、落、权、舆，始也；林、烝、天、帝、皇、王、后、辟、公、侯，君也"，一大串一大串地讲了这么多的字，结果都当一个意思讲。"明明、斤斤，察也，条条、秩秩，智也"，这些语词、联绵词又当什么讲，《尔雅》的开始"释言""释训""释诂"等，就是解决这些问题的。《说文解字》是解释一个一个字的，而《尔雅》则是解释一个一个的词的意义的。对这些东西如果不真正了解，仅凭"择善而从"做判断，你就无法确定哪个是"善"。所以整理古籍的要求第一是制度，第二便是文字。

文字里还有一个问题。敦煌出了许多古书，其中有一些草书，也有一些当时的简体字。对于这些简体字，如果不认识，就不知道它的意思。比如敦煌里的许多北朝佛经写本和少量的南朝写本里，就有很多的简体字。其中有一个字，是"家"没有右边的一撇一捺，这个字是什么呢，许多人不认识。后来才搞清楚，它原来就是"寂寞"的"寂"。我们读古书时，姑且不说翻译它的意思，首先就需要认得它到底是什么字。日本也有一些古字，比如一元钱的"元"，日本人就写作如"丹"字去掉大横两边伸出的部分，好像月亮的"月"字没有下边一横。还有，我们所说的"艺"字，日本人则写作"芸"等。这类情况，在日本古书里极多。北京师范大学图书馆有一部清代后期的手稿，中文系一位老师和他的研究生一块对它做了整理，现在已经出版。这部书的前面有一篇序，整理时就出现了问题。书的序一般都是请名人写，而且多是行书、草书或其他手写体。古时书铺比如我们知道的文楷斋刻书，凡是刻书中的序，不论什么字体，要价一律加倍。如果正文是一毛，序就是两毛。为什么呢？陈垣校长告诉我，这是因为序多半是手写体，要刻成手写体，比较困难，而且由于手写的字迹比较特殊，辨认也很困难。他的《励耘书屋丛刻》，就是这种情况。这样一来，慢慢地序言不是手写体的，也要加倍，这成了一个定例。如果我们整理一部书，碰到手写字却不认识，就非常困难。又比如"子谓颜渊曰"的"谓"字，在帛书、木简以至六朝的写本里，很长时间都简化成"胃"，没有了言字边。如此等等的情况，还有很多。和师大中文系先生一起整理古书的那位研究生，把书中的序拿来让我看，我一瞧，其中有许多就是行草字，他就很难认得。不认识，自然就难以翻译成现代的大家都知道的常用的规范字。

所以，文字的问题，从古至近，从近至今，一直都很重要。繁简字的问题，也是文字中的一个值得注意的地方。现在用电脑可以进行繁简字的互相转化，但是把一篇文字转化成繁体，不定会变成什么。还有比较特殊的简体和繁体问题，在简化字还没有严格推行的时候，我就看见过这种情况。《唐语林》里讲到古代妇女用的"抹胸"，书中把"抹"写成"袜子"的"袜"字。因为在南方音里，w当做m，比如"微服而过宋"就是"密服而过宋"，"袜"就可以当"抹"来讲。"袜"字繁体写作"襪"，于是整理和校对的人就把"抹胸"，都当成了"袜胸"。袜子跑到胸上去了。这是规范字简体字的问题。还有行书草书，宋朝黄庭坚写草书字是很有名的，但他自己也坦白，有些字的草书写法一时想不起来，就临时现编一种写法。可见，古代的大学者、大书法家，就存在很普遍的随意草写的情况。我曾经把古代的行书字、草书字复印了几篇，拿来让同学们辨认，大家都觉得这种锻炼，对于辨认古字、校勘古籍，实在是非常有用，不可缺少的。

要校勘古籍，就要知道古籍所涉及的政治、生活等方面的各种规章制度，或者说就是各自的习惯，如果不了解所牵涉的制度、习惯，就会出笑话。仅仅关于文字，就有甲骨文、金文、大篆、小篆、行书、草书等方面，今天又出现了简体规范字的问题。一般说到简体字，似乎都是笔画最简单的写法，其实不然，比如道德的"德"，在有些手写体里，都把"心"上那一横去掉了，反倒比规范的写法还要少一个笔画。我多少年就一直这么写，有一天看到"德"，还以为它这个写法不对。原来正是我写得不规范，规范字反而多了一横。清朝咸丰皇帝叫奕詝，当时因为嫌名（形状相似、读音相同）而避讳，就把"丁"字的那一竖钩去掉，只保留了一横。清朝避咸丰的讳，都是这种做法，不管左边是什么偏旁，右边一律写作宝盖头下面一横。不管出于什么动机，只要是为了避讳，都统一成这样。可是，像这简体字的"德"字一类的问题，却实在不好统一。我不是说规范字不好，规范字是国家规定的，就得按照它的要求来写，到底是以简为主，还是以繁为主，只有到时现查，是多出了一笔，还是少了一笔，才能明白。我们现在不用考虑清朝的避讳问题了，但是，如果从经验主义出发，把贮、伫等字右边的那一竖钩给恢复过来，那就不对了，不合规范字的要求。草书、楷书、规范字、异体字等这些问题，如果我们只是看电视、听录音，就没有必要去特别在意，可是要整理古籍，出版书，就不能不关心这些问题。

132

（二）音韵

我们读古代的诗文时，经常会碰到谐音的问题。如"东"和"中""同"，是同韵谐音，可以通"押"，可是，谐音的本字是"叶"音，如果把"叶"变成繁体，就是"葉"，在现代语言里代表树叶的意思。古诗说"白杨多悲风，萧萧愁杀人"，一般人多在坟地里种杨树，大约是因为杨树长得比较快。树叶都有声音，但为什么就把"叶"讲成有谐音，这问题还有些复杂。这就涉及了声韵问题。

声韵对于整理古书的重要性，不要说很多的后起之秀青年人不理解，就是一些八九十岁的老教授，对此也有不同意见。曾经有一位老先生就很不理解地问我：教书就教书，只要把书教好就行了，还要做什么科学研究？对他们的这种疑问，我实在不明白：我们要把书教好，就必须列出教案，教案符合不符合教学大纲，适应不适应学生的实际情况，需要不需要仔细地考虑？那么这算不算研究呢？而且这位老先生他也教了一辈子书，他也做研究，他怎么反倒说起教书不搞研究的话了。这真令人觉得奇怪。

现在有人说声韵与校勘古书没有关系，可是我们看到哪种书一打开即可以听到声音？就像现在的一些贺卡，印得很好看，打开折页，里面便发出叮叮当当的音乐，非常有趣。现在的许多书，里面也附了光盘，就不但可以看文字，还可以听录音，这当然很好。但是古代的书并不能像光盘那样，一打开就可以纷纷地说出话来。要读懂古书，还得要弄清楚字的读音。因此，要说古书与声韵没有关系，就不太合适了。清朝王念孙有一本书叫《读书杂志》，就专门讲古书的声韵。古代的书，不论是经书、史书，还是子书、集书，光看字的形体，就不能解决它的意义。这就需要找出与它的读音同类的字，用同声音的字来代替另一个同声音的字，从而解决了古代声训的问题。古代的字也有自己的规律，比如古无轻唇音、古无舌上音等，鱼三鱼四，鱼母字在古代都是定母字，娘和日都归为泥母字等，这都是近代人发现的规则，具体来说，就是钱大昕在乾隆嘉庆年间总结出了古无轻唇音、古无舌上音，这就是《广韵》后所说的类隔变音合。曾运乾发现鱼母的三等、四等字变为定母字，比如由东到西、由于的"由"，加上一个走字底，就成了"迪"，读音为"dí"，"由"是鱼母的三四等，现在变成了定母字。如果不知道这个规律，就不明白这两个字为什么可以通用。再比如"之"和"的"，"父"和"爸"，就是轻唇音和重唇音的问题。现在小孩叫父亲为爸爸，好像"爸爸"比"父亲"更通俗些，其实恰好相反，"爸爸"的用法比"父亲"更加古雅。

还有，在《世说新语·文学》里，王衍问阮瞻：老子和儒家，是同还是不同？阮瞻回答说"将无同"。老子跟什么"将无同"？"将无"的注解费劲大了，除了刘孝标的注解，近代还有许多位注解，一句十分普通的话注解到这么繁多的程度还很少见。"将无"在《世说新语》还出现了一次，《雅量篇》记载说，一次谢安和朋友、家人到东海上坐船游览，海面上起大风了，有人就提出回去，谢安"神情方王，吟啸不言"。风越来越大了，大家都坐不住了，谢安才慢慢地说"如此将无归"。什么叫"将无"，没有很明确的注解，我觉得很简单，现在还有这话，普通话还有"估摸"、估计的意思，比如说"估计要下雨""估摸要下雨"。"将"就是"刚"。古无舌上音，"j"由舌上出去，念作"g"，"街"现在有的地方还念成"gai"，"将"由"j"变为"刚""g"。无（u）就是莫（m），"将无"就是"估摸"。古音许多在书面变成另一个字，在口语里还是原来的音。父亲在书面上写父，小孩管父亲叫爸，爸就是父的古音，小孩说的是古代相传的音。所以"将无同"就是"估摸同"，"估摸"就是"估计"，"将无归"即"估摸归"，就是"估计该回去了"。宋朝秦桧杀了岳飞，韩世忠等不满问：岳侯究竟有什么罪，秦桧说："莫须有。""莫须有"有人讲是"恐当有"的意思，"莫"是"估计"，不错，"须有"，找宋朝类似字来比照。专条讲这个字的一个是余嘉锡先生，一个是吕叔湘先生，都曾专条考证"莫须有"。都认为秦桧的意思是"大概有"

"恐当有"，最后讲"恐怕应该有"。秦桧已杀了岳飞，别人问，他回答"恐当有"，这太含糊，他怎么能说这样含混的话呢？"莫"就是"总"，"须"就是"该"，"须有"就是"该有"，"莫须有"就是"总该有"，你们问不着，不该问。这才符合秦桧的口气、身份、权力。我有权杀他，我已经杀了，总该有，要没有，我能杀他吗，但你问不着。对"将无同"和"莫须有"这两个词如上的解释，是我的见解，是不成熟的见解。一个"将无同"，一个"莫须有"，现在不是没人讲，而是许多人讲，只是觉得没搔着痒处。

关于音韵，我想特别说说四声的问题。

从前有人说南无平，北无入。这话不通，不确切。实际上，南有平声，北方读不出来入声倒是真的，可北方的发音还是有入声，他不把它当入声念。为什么北方人发音有入声呢？比如说父亲告诉孩子，上司告诉属员，上级告诉下级：你把这件事办了，你到那儿去。这人随即立刻回答：是、是。这是什么声调？这不就是入声字吗？短促，很紧，这就是入声字。那么又为什么说北方没有入声字，比如说，周德清《中原音韵》，他就把入声字都配到三声里去，叫"入派三声"。国家的"国"是个入声字。"国"，北方音有人念"国"，国家，念平声，阳平。还有人念"国"，念上声，这是国家。还有人念"国"，"红豆生南国"，把它读去声。但真正的"国"，读不出来。有一些语音学家常常讲，原来的入声字它有个尾音，叫"bdg"，或者吐气的"ptk"。说入声字把它的语尾、尾音丢了。我就想问：这个入声字，它为什么那么马虎，不留神，老把它的尾音丢了呢？比如说"国"，没有"bdgptk"，我不也念成"国"，为什么北方人读不出入声字来，就说是因为把尾巴丢了呢？

其实，我有一个见解，一个谬见，一个错误的疑问，不一定正确。入声字抻的声音的长度，跟前面的平、上、去不能相比。它短，你要想把它抻长，它的读音立刻就变。它只能那么短，不能抻长，不在于它有没有尾巴。我认为，尾巴上没有入声字。我写了一本《诗文声律论稿》，精通古文字、古音韵学的唐兰先生，看了以后，就给我写了封信来，还做了首诗，大意说：你以一个北方人硬谈诗词格律，这好像很难为你。我就写了一首诗，我说自己是"伧夫谈诗律"，南北朝时的南方人把北方去的人叫伧夫，说这人很"伧"，有人念"chen"（轻读），有人念"cāng"，其实就是现在北方口语里所说的"很寒碜"，说这人长得"很寒碜"，就是很难看。"伧夫谈诗律，其难定若何。平平平仄仄，差差差多多。待我从头讲，凭君跺足呵"，后两句是说：我从头讲起，让唐先生跺着脚来骂。因为他说我这样做很应该，麻烦的问题还得讲。我又写道："待携唐立老，一捅马蜂窝"。我说有些问题，是不能讲的，要讲，那就是捅马蜂窝。入声是丢了尾巴呢，还是"入派三声"时把音节抻长了呢？这个马蜂窝一捅起来，就不得了。后来唐先生给我写了许多封信，都是捅马蜂窝的。"文化大革命"中，这些信都被我烧了，可惜了。我说"待携唐立老"——等到拉着唐兰先生，"一捅马蜂窝"。对这个问题，我一个人不敢轻易捅马蜂窝。我写了一本叫《诗文声律论稿》，一共四厚本，我压缩，又压缩，再压缩，最后压缩成六万字。就这个东西，有许多人谬赞，抬举我，鼓励我，称赞我。实在是我也不敢说就怎么样。我只是觉得声韵问题是很难的，是一个很大的问题。现在讲古韵，就把古韵叫上古音、中古音、近代音。上古音非常渺茫，中古音就以《切韵》《广韵》为基础。我说，中古音它也有地方的变化，随着地方的不同而有不同。比如《诗经》中的《周南》《召南》，这个风那个风，共有十五国风，是十五个地方作的诗。有人把它一股脑儿都当古音来考察，那么，那几个国中间有差别没有呢？很难考察。比方说《邶风》《唐风》它那几国就那么几首诗，你没法通盘地统计。所以研究古韵的人都不提地方音，我说，古代难道那个时候全一律都发这个音，事实证明不一样。唐代有许多人用不晓得哪个少数民族的音来注解的《千字文》的音，敦煌中有这样的本子，罗常培先生就曾经把敦煌这个本子拿来考察唐朝的口语的音，实际上就是用少数民族的读音来印证唐朝的音，印证唐朝长安附近的音，可见又跟《唐韵》《切韵》、宋朝的《广韵》有不同的地方。所以我就经常向音韵学家请教，我说，古代有没有方音问题。有一位朋友说，有，我们也知道它有，但没办法，要追究古代某一个方音的字，我们就没有凭借了，只好把它认为就是那个时代的音。陆法言等八个人做《切韵》，这八个人中，南方人也有，北方人也有，《切韵序》的开篇就说，吴楚的诗、吴越的诗尚清浅，他们说的话清而浅。又说某某地方以"上"为"去"，某某地方以"去"为"入"等，这里头举了许多例，就是说明语音有地方的不同，然后他来一句，说是"我辈数人，定则定矣"，这八个人规定把这些字分为"平、上、去、入"四部。"东"属于读平声，把它搁入"平声"字的"东部"，把"董"字定为读"上声"，就把"董"字列入"上声"，"冻"列入去声，"笃"列入入声。"东、董、冻、笃"，这是"我辈数人"——他们八个人给规定的。你要是听现在的地方音，山东人读"我们东边"，"东"就变成去声了。《切韵》到宋朝叫《广韵》，怎么广法呢？就是字数加多了。《广韵》都是"东"在平声韵，今天山东人读"东"却变成了去声，所以刘半农先生作过一个《四声实验录》，他就根据从《广韵》一直到清朝的《佩文韵府》，拿其中的"东、董、冻、笃"这四个字，找各地人去念，也就是从"平、上、去、入"四个韵部里抽出来四个声调不同的字，又如"衣、已、意、乙"，这些都是《广韵》、《切韵》里分别归入"平、上、去、入"四个声调中的不同字，"东、董、冻、笃""衣、已、意、乙"把这些字让各地人念，他念出来，就各不相同。比如山东人念"我们东边"，"东"就变为去声，又比如四川人读"刘先主"，"刘"在现在的普通话里是平声，"先"是平声，"主"是上声，你让四川人、成都人念"刘先主"，"刘"就变成上声，"先"就变为阳平，"主"就变为去声了，成了"上、平、去"，而现在普通话及《切韵》系统，都念"平、平、上"。这样，刘半农先生就得出一个结论，各地方有各地方的"四声"。可是，他这个实验、测量白费了，他按照《切韵》规定的"平、上、去、入"四个声调去挑选字，这就有先入为主的局限，其实，既然是四声实验，就应该不先给他规定"平、上、去、入"的字，就让他发四种调子的音，然后填上字，再把这些字纳入《切韵》《广韵》《平水韵》那个格里头，就会知道广东人把某个字读什么音。现在有一本全是地方字的音的调查，比如说"饱"，闽南音读做"八"，"饱"本是撮口音，嘴缩在一起读"饱"。"饱"在普通话里发音口形大概也是口合拢的。可是闽南音"饱"念成"八"，是敞着口。比如说，澳门有一个"大三巴"教堂，是明朝西洋传教士到这儿来修的一个教堂，好讲究，后半部分后来全被烧了，只有前半部分还留着。"三巴"这个词在古诗中就出现过，有"三春三月忆三巴"之句，"巴"指四川巴蜀的"巴"。但澳门这个"三巴"与四川没关系，是什么呢，是"圣保罗"，圣保罗的"圣"音译变成"三"，"保"变成"巴"，合称"三巴"。现在广东人也不懂闽南话和潮汕话，福建北部不懂，广东也不懂，汕头属于广东范围，但说的话是闽南话。闽南人把"保"念成"巴"，把上声字念成入声字或者念成平声字，这就很麻烦。所以有一位朋友说得很实际，他说，我们不能不把中古看成一个层。为什么？因为它有各地区的差别很麻烦，我们没有那么些根据材料，就是说，四声到现在还有许多的、不同的差别。可是《切韵》《广韵》等书还有它的功劳，它的功劳是，把许多音用人为的手段归入这里，大家作诗作文都有了依据。你看唐人作的诗，宋人作的诗，你读起来都很合辙押韵，念起来很好听。李商隐是北方人，李太白是南方人，他们作的诗，我们现在看起来、读起来都一样，你分辨不出来有什么区别。它的功劳使各地方的音按照书本上的读音统一起来，这就是《切韵》里的一句话，叫做"我辈数人，定则定矣"。近代语音、文字大师沈兼士先生有一句名言，对我启发很深。有一天，有一个人也就是顾随先生的弟弟，他在北京大学念书，拿一个字去问沈先生，说，这个字究竟应该读什么音？沈先生说了一句话，我觉得这句话也是千古不磨的重要的一句话，叫做"大家读什么音，就读什么音"。我以为"我辈数人，定则定矣"，这是归纳，归纳成一定标准，它起过这个作用。在《切韵》一千多年以后，从"我辈数人，定则定矣"变为沈先生的"大家念什么，就念什么"，这中间就有了很大的差异。那到底是应该遵循古代的"我辈数人，定则定矣"呢，还是遵循今天的"大家怎么念，就怎么念"？比如说"滑稽"，现在大家都念"huá jī"，没有人念"gǔ jī"，可是在古籍中，在《史记》里，要把《滑稽列传》念成"gǔ jī liè zhuàn"，如果读成"huá jī"说明你没念过《史记》，《史记》的注明明写着念"gu ji"，是入声字。但后来，我一看《晋书音》（这《晋书音》是唐朝人做的，没有单行本，就在殿本《晋书》的后头，我手头的"二十四史"，《晋书》后头附着这个音），里头就有"滑"念"huá"的注音，可见现在人念"滑"也有根据，"滑"就念"huá"，跟今天的普通话的音一个样，你说到底是"gǔ jī"对还是"huá jī"对啊？看来它们都有根据：在古代，"gǔ jī"是对的，在今天，"huá jī"是对的；在古代，陆法言是对的，在今天，沈先生是对的。就是这个道理。

137

　　四声反映的是古代的写诗作文要求，在现代则与我们读古书、整理古籍有关。比如《论语·述而》里说"文莫吾犹人也"，清人普遍认为，这是一个训诂问题，其实它也是一个音韵问题，在古代，"w"和"m"可以声转，"文莫"就是"黾勉"，"文莫吾犹人也"即"黾勉吾犹人也"：勤勤恳恳的我和人一个样，其他的我有不如的。那么像这种同音字，它本身有另一个解释的含义，你要不懂音韵，你就没法解释这个字，这就是音韵对于整理古籍的作用和关系。现在，我不配说我懂得多少音韵知识，比如"国际音标"，我连怎么画符号都不太明白，有朋友给我做了一盘录音带，我学了半天，也没记住，我脑子不好使，所以我就有些不配来谈古音的专门问题。但是作为常识，作为古籍的普通东西，你要不了解它，就无法进行整理古籍这项工作，于是，不懂也得学。

　　王力先生是语言学的专家，是大师，他是广西博白人，有一天，我对王力先生说："我发现驴有四声"，王先生说："对，陆志韦先生就说过驴有四声。"我问："陆先生在什么文章里发表的这个观点？"王力先生说："陆先生他只是口头说的，他发现驴叫有四声。"我说："我没读过他的这个观点，我也不认识陆志韦先生，曾经见过他，但他站在台上，我在下面听他讲过话，我没有跟他对过面。"

王先生就说："这显然是一个暗合：你也有这个发现，他也有这个发现。"他又问我是怎么发现这个现象的，我说，驴叫唤时发出"嗯啊嗯啊"的声音，"嗯"就是平声，"啊"就是上声，之后还要长嘶一声，发降调的"啊"，这就是去声，最后再打两个响鼻，发出"特、特"的声音，这就是入声。我还对王力先生说，我发现在《世说新语》里有两个地方也讲到了人学驴叫的故事。一个地方是王仲宣（王粲）死后，朋友来吊丧，大家都知道他活着时爱听驴叫，就都对着灵堂学驴叫，学完了就走了。第二个地方是写王武子，他是南朝人，比王粲晚了，但他活着的时候也是爱听驴叫，有一位在吊唁他时也不写什么祭文，也不说什么话，就对着灵堂学驴大叫一声，学完了就走了。这两个事毫无疑问在故事传说里是一个母题，一个故事传说的时候名称有点分歧，并不奇怪，奇怪的是，两个人都姓王，可能这个事情是在一个姓王的身上发生，而传说记下来，一个写成王仲宣，一个写成王武子。那么为什么那时候忽然就有许多人爱听驴叫？就是他们在当时有意识地探索诗歌的声律，最后是沈约等人发现了四声的规律。梁武帝不懂什么叫四声，就问周颙，周颙告诉梁武帝说："天子圣哲（平上去入）"，梁武帝还听不懂，于是他始终就没接受四声。还有人举一个例子，叫"灯盏柄曲"，说灯盏的把是弯的。柄，是浊声，北方音现在一般读上声，可是在古代却读去声。杜甫《乾元中寓居同谷县作歌七首》有"长镵长镵白木柄，我生托子以为命"之句，说他自己扛着锄头去耕地，在长把的锄头上寄托他的性命。也就是他自己种出来的粮食，供他自己吃。那么这个"柄"和"命"应同样是去声字，可见，唐朝人把它念去声。而今天北方音浊去声变上声，浊上声变去声，这已经成普通的现象。"天子圣哲"，"灯盏柄曲"，南朝人和唐朝人留下的这两个例子，就是对平上去入的具体理解，而这与驴叫时发出的"嗯啊嗯啊"正好相合。

（张廷银根据 1998 年 7 月 28 日的讲课录音整理）

# 三、标点与注释

（一）标点

陈垣校长有几个论点，我们一直牢记在心上。他说："他写好一篇文章，必须给三种人看，一个是给高于他的，一个跟他同等水平、同等学力的，一个是水平不如他的。"所以他常把他还没发表的论文稿子，拿给我们这些学生看，当然他也给他的一些老辈和他佩服的朋友看。他还说："做好的文章就像刚出锅的馒头，你不要拿起来立刻就吃，那样吃，准会烫嘴。"他说得很好，刚蒸出锅的馒头要凉一凉，让它把热气消一消，然后再吃，这馒头才合适，才不烫嘴。这就是说，你刚写完的文章就发表，那样你准后悔，拿不回来了，因为你最后发现里头潦草的、错误的、落了字的还有好多。你应该搁一搁，热气消失了，你再冷静地看一看，至少在重看的时候感觉没有错字了，或者没有要改的了，你再投出去。其实投出去了还得改，就是发表了之后，不见得就没有再需要改的地方。他这话是语重心长地教导我们后学的很重要的事情，它的重点是说，一定要把写成的文章拿给别人看。有一次我的一位同门拿了一篇文字，说其中有几句缺少句点，陈垣老先生听了没言语，而是把这篇东西又拿给我看，说某某人讲有几句应该加句点，你认为如何。我瞧了瞧说，这是两句诗。那位老兄把两句诗当做散文，所以认为应该断开。陈老师当时给我看时就说："你别告诉他，别当面驳他，你告诉我，我将来再告诉他。"后来我又见着这位把两句诗当成散文要加标点的老兄，我就说起来这件事，他说这一定是某某大哥某某先生干的，我没敢乐，其实出错的就是他自己。自己出了错，他自己居然还不知道。大概陈老师后来忘了，就一直也没给那老兄说。我还看到有上海出的一本陆游的《老学庵笔记》，它里头有一句是写临安药铺的招牌，招牌上面写的是什么堂什么号专卖什么地道生熟药材，结果标点者给点成乱七八糟几句话，后来我把我对这本书的修改意见，交给中华书局一位编辑看，说这个地方错了，不知他给那个标点的人看了没有。像这种明摆着的标点错误，真还不如不标点。不标点，你拿着原文让人看，他看得懂就看，看不懂就不看，你加了标点，点错了更麻烦，人家还不知到底是怎么回事。还有上海出的《唐语林》里把"抹胸"当"袜胸"，就是繁体简体出错，而且标点也出错。我还看见一本什么书说唐朝考试，说的是作为小职员要考他的书、判、身、言。书，是写字，看他写得清楚不清楚；判，是判公文、批公文，看他说的话通不通，说得确切不确切；身，是这个人的身量，清朝还有大挑知县，大挑知县也看这个人的模样、身材，比如这个人身材矮小，又有些残疾，让他做知县，知县要升堂审案，老百姓一瞧这个知县先嗤笑，这个知县就没有威严了；言，是看他的言辞、谈吐，如果这个人说话没条理，或者有什么口病、结巴，或者发音不准等，都不利于做黎民的官。唐朝要考书判身言这四门。我就看一个人标点时在"书判身"下来一杠（指人名号），成了这人叫"书判身"，"书判身言"就是叫书判身的人说。这样标点还不如不标点。我曾经发现马衡先生的《凡将斋金石丛稿》里有一个地方，说："我借得一个人的书，借就用'假'字，真假的假去掉单立人，这个字很像姓段的段，'叚'这个字就代替真假的'假'，真假的'假'又代替'借'，我跟人借了一本书，我假某人一本书。"《凡将斋》里把段某人一本书的"叚"印成了"段"字，成了"段本书"，那就完全不是原来的意思了。后来又有一位先生点校陆游的《家世旧闻》，附录了李盛铎的一篇跋，其中有"门人傅沅叔从友人叚得景写一帙见诒"这么一句话，"叚"就是"假"，借的意思，"景"即是"影"，"叚得景写一帙"就是借来了影印抄写的一本，但这位先生点校时就在"叚得景"旁来一杠，成了这个人叫叚得景，这本书是叚得景的抄本。做标点的老先生是我的熟人，我告诉他您标点错了，他赶紧表示，一定在再版时做修改。再版在今天非常方便，可在古代得多少时间才能再版一次。不过，尽管现在再版很方便，可是头版五百本已经出去了，纠不回来了，你登报申明又有谁看，谁又会按报上申明的去改书中的标点呢？到时候后悔已经晚矣，至少那五百本没有办法了。就像这种字体的辨认，标点的错误，加人名号，有如药铺的招牌，搞错了都成问题。现在说整理古籍很不容易。整理古籍得有绝对的多方面的常识，不是说专门学问你钻研得多深多透，多有独到见解，不是这个问题，而是要懂得常识。那些极其普通的问题，你要不懂就随便来一杠，这就麻烦，"叚得景""书判身"，你到哪儿查都没有这一条。

　　（二）注释

　　整理古籍头一条是标点，第二条就是注释。注释比标点更难了。注释是要把古代人说的那句话，用现代话加以注解。《史记》有三家注，集解、索隐、正义，《汉书》有颜师古注。为什么三家注可以同时存在？为什么有人不把几家注合起来印在一块儿？就像《水经注》有好几家注，有人把它合刻。因为张三校认为甲字是乙字，李四又校丙字是丁字，第三个人又校甲字不是乙字，甲字是丙字，这样多少家合起来校，合起来注。要说一人一注不就行了，毕其功于一役，一次全解决了。如果一次不能解决，别人还得多次地注，这样就很复杂了。所以说，注不是一个省事的事，像杜诗，有千家注杜，说千家有点夸张，意思是言其多。千家注杜最有意思，比如，后一个人说那一个人错了，再看更后一个人，又说他注错了。宋代人的注姑且不管是施顾注、黄鹤注，就是到了清朝初年，钱谦益注杜，他先委托他的老朋友朱鹤龄去注，但钱谦益看了不满意，钱谦益又注，他觉得自己是权威，自己注解得一定很好，可他注完后，后人又驳他，说他的某某注某某注错了。可见做学问、为人处世，是要十分谦虚谨慎的。有这么一副对联，孔子曾经说："如有周公之才之美，使骄且吝，其馀不足观也已。"（《论语·泰伯》）有人就根据这个意思，编成了一副对联，下联说："才美如周公做不得半点骄"，一点儿骄傲心都不能有，你要知道今天我可以唬别人，唬完后人，后人再唬我，那就无穷无尽了。我今天可以嘲笑、讽刺、驳斥别人，但我死后，别人驳我，我想回驳，都没机会了。

你们说古代注书就十全十美吗？恐怕不然。我听过一位博览古书的老师辈的老学者说，现在想找像颜师古那样一个学者是很难的，这话一点儿也没错，在今天要找跟唐朝的颜师古一模一样的人是不可能的，他注《汉书》，打楚汉之际的汉高祖起一直到西汉末年的事情都得解释，这样一个通达汉朝始末的人实在不多了。问题就在，颜师古注的有没有错，随便翻看某一个问题，颜师古是怎么注的，难道颜师古就注得十全十美，一个错误都没有吗？那为什么《汉书》后来又有那么多人给它作注呢？到王先谦作《汉书补注》，他把清朝人曾经对《汉书》注解发生的不同意见，不同的理解，不同的注释，汇集到一起。这样，王先谦《汉书补注》到今天还被认为是比较完整的东西。要是颜师古没有一个错字，那王先谦这个书还有什么用呢？《史记》从前是三家注，集解、索隐、正义，要是一个人注都能解决，为什么有三家一齐注，三家注之后，后来《史记》又有多少人补注？到了今天，日本有一个人，这个人已故去，叫泷川龟太郎，现在新印本叫泷川资言，书名叫《史记会注考证》，中国也重新翻印了，可见它很实用，研究《史记》的人没有不参考这部书的。要说《史记》三家注就叫汇注，三家注已十全十美了，那这位泷川先生为什么还要考证呢？在泷川以前考证《史记》的有若干种书，他也是把它们搜集到一块，再下一个综合的考证。如果某人一次注解就全解决问题，就用不着后人补注了。所以注释对于我们今天了解古书是特别的有用，因为古代话已经过去，你怎么能知道那么多的词义，如《经传释词》讲虚字的意义及用法，很有用，还有很多像后来的《古代语词汇释》等许多的书，都是专门解释古书的语词、虚字的。虚字到今天当什么讲，把它变成今天恰当的解释很不容易。像王引之《经传释词》，有许多的注解，我们后头研究又增加多少？即使这样，我们看每一条都准确无误吗？很难说。比如说词、曲里面有大量的民间口语，大家都知道《西厢记》"颠不啦见了万千"，"颠不啦"是什么？后来有人证明这是蒙古语，在元朝"颠不啦"就是"宝贝"，"哎呀！宝贝，我见了万千个宝贝"，《西厢记》里有这句话。现代人就对"颠不啦见了万千"没办法。有一位叫张相的作了《诗词曲语辞汇释》，这个了不起，他把这种同类的词汇比较，先看原文，看它在上下文的意义，然后再加以解释，这个词当什么讲，由于这个缘故，很多很多的古代词汇在今天得到解释，因为诗词曲许多都是口语，古书查不到，没处查。因此张相是很了不起的。我以前注过《红楼梦》，跟几个朋友一块注，注了之后，有一句话"不当家哗啦地"，我注时就认为，既然说不当家，那就是"不了解情况"，差不多就这个意思。后来看见明朝刘侗《帝京景物略》"不当家"就是"不应当"，"家"语尾词，"不当家"即"你不应当这么做啊"，就这个意思。我小时候总听大人说"踩门槛，不好家"。我就问："什么叫不好家？"大人就说："不好家就是不好家，不要问为什么，没理由。"现在看来，"不好家"就跟"不当家"一样，是"不应当"的意思。那"哗啦地"什么意思？有的本子是"不当家哗啦子""不当家哗啦啦"，"哗啦"是后头加的语气词馀尾，就是"不应当啊"。《红楼梦》这一条到后来我才改了，"不当家"就是"不应当啊"。

古代的词语不好注释，现代的生活，现代的习惯，准都能注解得很准确吗？现代的词语也不好注释。而且越是现代口语越是难注，越难找一个确切的注解。有些人学北京口音，北京的词汇有两个特点，一个是轻音，我的一位朋友名字叫张洵如（张德泽），他是故宫博物院文献馆的成员，后来是人民大学研究档案的专家。张洵如先生有一本书《北京话轻声词汇》，专讲轻音，比如喝茶，北京东城人喜欢说"茶叶"，"我买一斤茶叶"。而西城的人有一种口语习惯，把"叶"字轻读，如西城有一个胡同叫茶叶胡同，没有一个人说"茶叶胡同"把重音放在"叶"字上头，而把重音放在"茶"上，"叶"是轻音。这是读音的问题。还有一个是儿化音。我小时候是在京西易县长大的，花的钱有铜圆，铜子，一枚代表一个钱，还有一枚大的钱代表两枚铜圆，一个大铜圆叫"一个大子儿"，北京人说"一个大子儿"，"儿"缩到"子"里头，"子"成为儿化的子音，在易县就说"一块大铜子儿"，他把这个话坐实了，念"一、个、铜、子、儿"。这个读音如果换一个地方就不懂了。在成都，从明朝的蜀王住在成都，已经把北京音带到成都一部分地区。清朝驻防成都的将军所住的一个地方叫"少城"，1963年我在"少城博物馆"鉴定文物，就知道那一带的情形，少城已经能影响成都的语言习惯，成都的儿化音多极了，他就直接把儿化音融入前一个字里，这种例子多得很。这就证明古今音，不用多古，就是现在离那时候百八十年的事情，就出现这么大的区别。

我觉得整理古籍，古代语言固然不好懂，现代语言变化更快。古代语言常常可以流传几代人。新中国成立后，就这五十年，北京小孩说话就变了好些，比如在新中国成立初有一个词，小孩们就经常互相说：一个小孩功课不好，或者某一件事情操作不好，另一个小孩过来就说："你真柴""还在这儿柴呢"，又学了一句俄语，有什么柴德洛夫斯基，于是就出现了"你真柴德洛夫斯基"，这正跟那"不当家哗啦地"一个样。刚才说的这话，又是口语又是谚语，谚语就是俗话。此外，还有成语，如不说你怎么死心眼，而说你怎么"刻舟求剑"，又如你怎么"叶公好龙""真龙下世你就不认得"，诸如此类。我常跟年轻人说，最好有那么一个时期书店里突然出现一大批成语词典，不是一个人编的，不是一个书局出版的，成语词典都是四个字一句，像刻舟求剑、叶公好龙、杯弓蛇影等。我劝人经常看看成语词典，对写文言，读文言都有好处，文言文里有许多这种事情。许多成语里都有典故，成语的来源往往就是一个故事，把这个故事压缩了，就成一个成语，然后借用。还有一种情况是借用一句话，如果那个人不懂得借用这句话的来源，就会发生很大的误会，现在还有很多这种情况。比如前些年，像我这样阶级、思想和行为处处受批判的人上讲台讲些古书，讲古典文学，甚至讲几句不相干的话，下面就有人说你又在这儿"放毒"。这个"放毒"两字是在特定的时代、特定的语境，针对特定身份的人所说的，这是已成过去时间里的常用语，现在这个词汇已不大用了。可是我们经过那个时候的人还常借用这个话互相开玩笑。比如，我在这讲话，一个朋友进来开玩笑说："你又在这放毒。"这很自然，我们两个人同时经过什么叫"放毒"的时间阶段，说这话不奇怪。但是如果遇到没经过那个阶段的人，不知道那个情况，没受过这种责备，对他说："你为什么放毒？"

或者有一个人那个时候在外国，现在听这话会觉得：我怎么放毒？我用什么方法？装什么毒药？这就出现许多误会。像小孩说话"你真柴"，我们知道很肥的鸡叫"肉鸡"，肉很老的鸡叫"柴鸡"。"你真柴"，小孩又不是鸡，又不吃他的肉，为什么叫"柴"呢？这就麻烦了。成语、借用语，那时的成语现在互相借用为今天开玩笑的话。在今天的语言中就如此复杂，你用它来注解古人的书就有如此的困难。

还有一个问题，叫今译，比如用今天的话来译《三国演义》。《三国演义》不管谁编的谁作的，总之是根据陈寿的《三国志》及裴松之注来的，如诸葛亮空城计，就见于裴松之注引的《郭冲三事》。《三国演义》大部分是白话，是口语，是元明之间的白话，但那时的白话跟今天的白话比起来，还有点古雅的滋味。还有原封不动由《三国演义》原文中引下的白话，为什么原文的白话不翻呢，毛宗岗觉得当时浅近的文言在口语里可能还活着，用不着翻。我们现在还有很多口语活着。如我要录音，"之所以录音是因为写字麻烦，口说方便"。"之所以"就分明是古词古语，或"其所以"，"其所以"用得不多，现在"弘扬"在口语里、文件里都很常见，"弘扬"本是佛教常用语，现在还说"弘扬祖国文化""弘扬炎黄文化"。若问"弘扬"是文言还是口语？大家一定说是口语。现在是来源于口语，往前推它是文言词。现在的今译就存在着许多的问题。有朋友让我编一套今译书，今译《史记》《汉书》《三国志》，这都好办，但今译李清照的词，今译唐诗，我就遇到了困难，李清照的词怎么译？有的词句不译还好，一今译真不知道说什么。如唐诗"松下问童子，言师采药去"。第一句没主语，宾语也不全，全句不完备，谁在松树下问童子？问什么内容？应该是："我在松树下问童子，你师傅呢？"童子所说的"师傅"又有问题，是他教书的师傅，还是和尚老道的师傅，但从"言师采药去"这个叙述可以推断出这师傅是老道，他认得药，到山里采药去了。接着又省略了这样意思：你的师傅上哪个山，在什么地方？你找得着吗？然后童子才回答道："只在此山中"，这句又没主语，是他的师傅只在这个山里头。"云深不知处"，山里的云雾很深，不知道师傅在哪里，这里又省略了"师傅"。要是详细译全了，这首诗没法看了，全是废话。"床前明月光，疑是地上霜。举头望明月，低头思故乡。"这诗句谁都能懂，谁都可以懂。我偏说不懂，"床前明月光"，谁的床前头有明月光，这人是在露天还是在屋里，在屋里，月光能照进来吗？月光从窗户照到我的床前，这就费事大了。看见月光干吗要想故乡？这些今译就很难了。李清照的词"独自怎生得黑"，好难译。李清照独自在屋里没点灯，感觉屋里很暗，有很孤独的感觉。"独自怎生得黑"，我独自一人"怎生黑"，"怎"，怎么，"生"不是生来、天生，"怎生"是副词，我怎么感觉那么黑呀，"生"又不等于"那么"。像这种今译是"可怜无补费精神"。现在的人纵使学富五车，才高八斗，不用说得了博士学位，就是做了几期博士后，不管他有多大学问，今译都不是很容易的事。今译不容易，并且古代许多词在今天翻译很难恰如其分地表现说话人当时的口气精神。在 20 世纪 50 年代，有一位搞古代史的人，讲谢安淝水之战。谢玄在前线打了胜仗，军报来了，谢安正跟对手下棋，军报来到手，谢安"但摄放床上，了无喜色"，拿过军报搁在床上，可能是宽床，就搁在手边，了无喜色，照旧继续下棋，这样对手紧张了，知道前方有军报来，但不知道胜败，结果他输了。平常下棋对手准赢谢安，这天他紧张，谢安赢了。然后谢安下床，穿上有两个齿的木屐，他"过户限"，过门槛，"不觉屐齿之折"，不由得把木屐立着的木片踢折了，为什么？谢安真高兴啊，人问到底怎么样，谢安说"小儿辈遂已破贼"。这位学者讲成谢安接到军报大吃一惊，过门槛时摔掉了门牙。屐齿是木屐立的木头片，他不是吓一跳，是高兴，虽然表面很沉得住气，还赢了棋，但走过户限时还是踢断了木屐齿，说明谢安按捺不住的高兴。这不是今译，只是解释，但解释居然能出这样的错误。所以说今译不是一件容易的事情。

今译还要注意各个地方、各个民族的一些习惯的特殊用语。清朝把满语用汉字写出来，这种情形很多，比如"福晋"，在电影里演清朝的故事片，故事是编剧编的，演清朝宫廷历史，但他们不知"福晋"的准确读音。"福晋"不能读"福晋"，当时的用语叫"夫巾"，两字都是平声字，不是阳平的"福"，也不是去声的"晋"，电视里竟然读作"dà fú jìn"。有人问：你看清朝的电视片吗？我说"我不看"。"福晋"即汉语的"夫人"，东北的少数民族如满族人，学汉语发不出这个音，"夫人"，满人的发音为"夫巾"。到清朝，特别是乾隆时，想把这些字、词汇写得古雅一些，就把这个词写成"福晋"，但是从当时一直到清朝末年，凡是懂得这个词的意思的没有说成"福晋"的，都说"夫巾"。可编剧的人就看见书上写这两字，就念成"福晋"。再比如"将军"，这也是汉语，武官叫将军，清朝满族人也不会念"将军"，就念成"zhāi yin"，写成"章京"。"章京"两字跟"将军"差远了，某某将军固然是用"将军"，不能用"章京"，一般的小官就叫"章京"，如军机处章京。事实上这两个词本身是一个来源，用的时候某某将军就写"将军"，军机处中等以下的职员就叫"章京"。还有许多职员对长官自称

"章京"（zhāi yin），这是"卑职"的意思。"将军"两个字的译音有三种用法，现在电视剧里就叫"章京"，你听着特别不舒服。这只是读音的问题，而且也不是古今音，不过是二百多年以来还活着的音，还没有完全死亡的音。当时满人不会说汉语，只好按满语的发音来念，结果翻译成汉字，又写成古雅的汉字，把古雅的汉字当做当时口语的音，这中间绕了多少弯，结果还是出错了。现在看这些还不到二百年的文献，就出现了这些事。

目录、版本、校勘、文字、音韵等比较而言，版本是已经摆在那的情况，是已经出现和存在的现象。古写本从甲骨、木简，到宋版等，都是已经过去的产物，它已经是成品了，是死的东西摆在那儿，问题只在于后人怎么去利用它。你现在要编辑整理，就需要知道应选择什么版本，哪部书今天有用，这是目录问题；哪个本子做底本，哪个本子值得重印，重印时就需要校勘，校勘是属于还在活动的内容。校勘涉及制度，校勘这个字为什么错成那个样，为什么用那个字，很多都属于制度问题，当时朝章国典有什么意义，为什么要用这个字，民间习惯、生活范围，某一个地区为什么用那个词来表现某项生活，这个也是制度问题。古代书它为什么那样印，大到朝章国典，小到具体的这种书为什么印成这个字，都值得我们重视。用字也有问题，我有一个很好的朋友，他不但是版本学家、图书馆学家，还校勘了许多古籍。古书有"衍"字、"夺"字，在古代校勘学上，"衍""夺"是专有名词，"衍"是多出来，"夺"是丢了、落掉了的字。我这位朋友他整个用反了，多一个字，他写"夺"，少一个字，他反而写"衍"。这位在专门学问上是老前辈，是在外国考察过多个图书馆的，结果就在他一部分校勘札记里出现了这个问题，可是他现在已经故去了，怎么办？看起来，没有任何一个人在笔下、口中、行动上没有一点失误，这是不可能的。这就是说校勘不是那么容易。这里面涉及的，第一是制度，制度涉及一个字的用法。其他是古今文字的变化。甲骨上的字，金文里的字，行、草、楷以至到今天简化字与异体字，都有许多复杂的问题。还有声韵问题，要研究古书与声韵有什么关系。古书同音同韵的字就互相假借着来用，这样的多极了，直到今天，今天声韵上还有许多的这样的假借字。在规范字和异体字这个问题中，就有若干是属于形近的、音同的、韵同的，这样假借的情形非常的多。不是说要求整理者在语音上辨别很细微，而是说要知道这些习惯的用法。

我们谁能保证在校勘整理古书时，都那么准确？这是不可能的。谁要说我全都知道，那就证明他全不知道。文字以及生活中的许多问题，如果不了解当时的情况，就会出错，闹笑话。这种情况在现在的电视剧里也存在，清朝头发是脑袋中间留一个圆饼，头发长长了，梳一个辫子垂下来，四周围全剃掉。这是清朝的制度和民族习惯。像辽金人是留两边，左右两个圆饼，之外的头发全剃掉，梳下来是两条辫子。电视剧里满台走的这些人只是把前面耳朵以上的头发剃一个半圆形，后面全留着，我看着就感觉很别扭，为什么？死人躺在床上找理发的人理发，只把前头剃了，因为不能把死人搬起来剃后面的头发，这样美其名曰"留后"。"留后"意思双关，既包含留下后面的头发，还包含留他的后代。其实这个词古代早就有，一个节度使下台了，有一个人接着这个节度使临时办事，这叫"留后"，即留着办理他走后的事情，所以，"留后"也成了唐朝的官名。这个词到后来就成了留他的后代，让他后代有人，这是民间口语。到清朝，人死后，把头发剃半圈，后头的头发不能剃，也美其名曰"留后"。可是满台都能跑的活人后头都留着头发，我看这样的情形很难受，就像满台跑死人，很别扭。可现在有许多人不了解清朝的历史，把这些历史故事影片当历史看。有一个演刘罗锅的电视剧《宰相刘罗锅》，他在片前写上"不是历史"，怕人们认为是写真实历史，就告诉观众这不是历史。可见编历史剧本的人也意识到很多人把历史故事影片当历史看，因为影片里面有许多浪漫主义、随意编造的东西。这就说明和我们最接近的时代，在制度、文字、读音上也会出现很多问题，所以整理古籍就有这些复杂问题需要注意。二百年以内的事情，一直到八十六年以前（指1911年）还活着的、实用着的事情尚且如此，要说对古书完全能够了解，这是很困难的。张相写过《诗词曲语辞汇释》，就能说他对宋金元明清诗词曲的注解都对吗？他只是考证比较得出这个结果而已。不管任何人，他有天大的学问，也有失误差错的问题。那么你今天整理古籍、注解古籍就能保证毫无错误吗？你一人错问题不大，但写成书就不同了。著作一印就是几千本。从前木版印刷，刷一次能刷二十部就不错了，但在今天，第一版就印几千本也不算多。我有一个小册子，第一次印一万本，第二次三万五千本，但我的书里有错，不但有错字，还有我底稿写错了的，这三万五千本想收回修改，很难很难，就算我现在还是中年，我也没这力量，不可能修改了。前些年流行说"流毒甚广"，这真是写一个错字要想不发生影响，是很难的，想收回也是很难的。现在看来，我从前提到的"择善而从，不出校记"这八个字非常可怕。有人刻书时，把错的都刻上了，人家不以为是他刻错了，反而以为原书就错了。因为他是名人，他是学者，甚至是大官，大官刻的书怎么会错呢？于是把错误都推到原作者身上，从而降低了原书的质量和信誉。

其实哪个大官有时间一个一个抠字眼，他雇一些幕僚、文人帮他做，最后署上他的名字。大伙一看，这是某某大官，他有学问，他有功名，他刻的书当然没错。我曾在一篇文章中说过：庸医杀人是人都知道，你吃他的药送命是你自找的，比起来，名医杀人最可怕，因为他有名，他给人看病，要是吃错了药，送了命，就实在很冤枉——因为那个大夫非常有名啊。既然有名，就该医术高明。事实上，哪个有名的名医没治错过病呢，因为他的知识就停留在他看过的范围，他没遇到过的病，他不了解的不熟悉的病，甲病当乙病来开方子的事有没有？准有。虽然我举不出例子，这种事肯定多得很。所以庸医杀人容易看到，而名医杀人最可怕。在今天有若干专家，不管你承不承认，他自己也认为自己是专家，这样的人其实有时就很危险。清代陆心源《仪顾堂题跋》卷一《六经雅言图辨跋》中，针对明人妄改乱刻古书，说过这样的话："明人书帕本，大抵如是，所谓刻书而书亡者也。"他的意思是说，有些书不刻还好，一刻，这书就完了。因为那错字没法改，你不知道正确的字是什么。所以现在"择善而从，不出校记"这八个字很可怕。因为有专家校勘，都"择"了"善"而"从"了，他选的那个字最善、最好、最正确，没有人怀疑那个字是错，所以就出现了在"叚得景"底下来一杠和在"书判身"下面打上人名号的情况，这都很可怕。

　　总的说来，我讲这么多，意思就是说，古籍整理，这个题目太厉害了。古籍整理，要把古书拿来，选择什么版本，做什么样的校勘，以至于校勘之后还得加注释，注释中用的语言和引的事迹，还是不是那个书里的内容等问题，都非常重要。还有校勘，你主观武断地"择善而从，不出校记"，把错的当做善的，也是不行的。"择善而从，不出校记"这八个字是很重要的，不能随便下的。整理实践有许多方面，文字的、制度的、声韵的。比如"兰亭已矣"——兰亭已经完了，"梓泽丘墟"——西晋石崇的金谷园已经成为丘墟，"已矣"是双声字，"丘墟"也是双声字。再如"酒债寻常随处有，人生七十古来稀"，"寻常"不是我们今天说的平常的意思，他借用的就是实际的数字，是八尺为寻，倍寻为常；"人生七十古来稀"，"七"和"十"也是具体的数字。都不是用不相干的字来做对仗。说声韵，还附带有对偶的问题。声调有关系，对偶有关系，古书里许多都是骈体文，有上句，有下句，都是对偶，你若不了解对偶，标点古书也能出错误。制度、文字、声调、对偶，包括标点、断句、今译等，这些问题为什么要讲，就是告诉年轻的同学们要注意这些问题。你既然要做这方面的学问，也就预备做这方面的工作，只有夸夸其谈的大堆的理论，那不行，要实际面对大量的语言，古代语言、经典语言、谚语、成语、俗语、典故语等，这很费事，真正得广博，并且还要有恰合实际的理解。现在来解决古代文献中的问题，要想让它恰如其分，几方面都得符合，虽然非常不容易，但它总有一个正确的解释。注解古书，校勘古书，选择哪个字，为什么，除了它的音，它的对偶，还有虚字当实字用，就像"丘墟"对"已矣"，"寻常"对"七十"等，这些要是不了解就麻烦了。古籍整理，写起来四个字，做起来恐怕是非常不容易的事情。

（张廷银根据 1998 年 7 月 30 日的讲课录音整理）

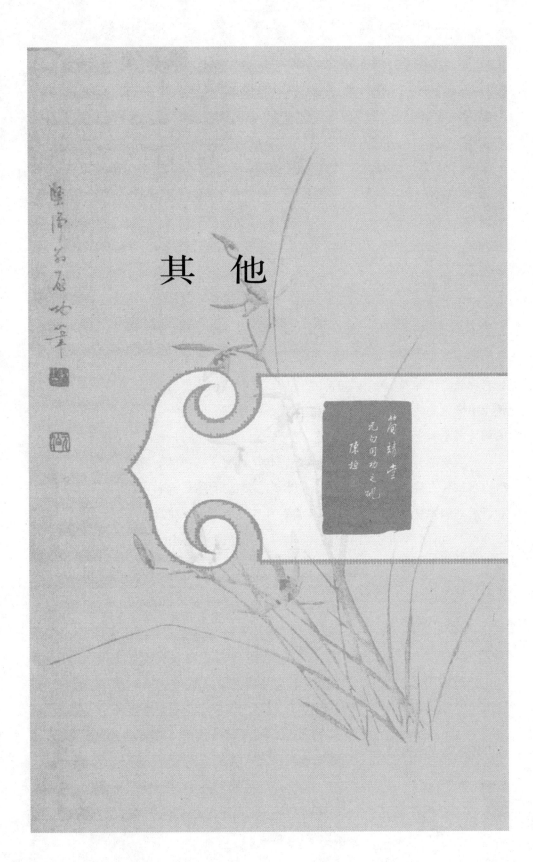

其　他

# 一、清代学术问题私见

从历史的记载和文献上看，清代的统治有很成功的地方，也有不成功的地方。就清朝的政治、文化、教育来说，起初一段还是不错的。刚刚开始时，他们对（关内）中原的情况还不是很了解，就重用了明朝降清的大臣，这些人了解明朝末年政治的措施，知道哪个有用，哪个没用，哪个好，哪个坏。所以，清朝初年的政治是在明朝的基础上进行的，明朝的遗民，明朝的文人、官僚、学者，都斥骂那些降清的人，对他们的行为不赞成，但清朝却重用他们，因为他们知道明朝政治措施的好处与坏处。最初清朝都是继续沿着明朝的路子走，当然也修改了明朝许多不利于清朝统治的地方。这样，到了康熙年间，就达到了最佳的阶段。

一般来说，清朝盛世是指康雍乾三朝，其实这三朝很不一样。清初的国家大事由多尔衮主持，后来是顺治的生母孝庄文皇后主政。孝庄文皇后与多尔衮不和，后来多尔衮逃到了漠北即外蒙古，并死在了那里。顺治皇帝寿命很短，在位没几天。他有两个儿子，一个没出过痘，一个出过痘。当时对天花没办法，所以规定只有出了天花的人才能继承皇位。康熙出过天花，所以就做了皇帝，但很多事情都是由其祖母帮助的。康熙的儿子很多，先立胤礽为太子，不久又废了，废了之后又立，于是弟兄之间为了皇位互相争斗，最后是雍正争得了皇位。雍正在位也结合实际，做了一些改革的事情，比如实行养廉银子，用银子来培养廉洁。但该贪污的照样贪污，该腐败的还是腐败。雍正很害怕他的弟兄间的结党营私，就顾不了别的什么，把精力用在了排挤弟兄的争夺上，在这方面费了很大的心思。到乾隆，又是一种情况，下面再说。因此，现在回过头来看，比较而言，康熙的统治应该是最成功的。

我们先从春秋战国的事情说起。那时的诸侯有做得好的，有做得不好的。比如春秋五霸之一的齐桓公，就是最成功的，其中原因之一便是他重用了管仲，管仲帮他"九合诸侯，一匡天下"，大家都拥护他，服从他。管仲临死时，齐桓公就问他，谁可以继承，齐桓公提了易牙、竖刁（中华书局版《二十四史》作"刀"）、开方，管仲认为都不行，最后用了鲍叔。有了鲍叔，齐桓公还可维持一段。齐桓公的儿子争夺王位，齐桓公自己则自杀了。他用一条绳子将自己勒死，尸体上的虫子都从窗户里爬了出来。齐桓公那么大的本事，结果却落了这样的下场。可见，他离了管仲就是不行。不过，管仲以经济实力来使其他国家服从齐国，"九合诸侯，不以兵居"，而对于教育文化问题仍然没能够解决，老百姓没有文化，无法学习，文化都掌握在上层贵族手里。孔子教了许多学生，号称"三千门弟子"，"七十二贤人"，可是这些学生都是高官大族的子弟，孔子甚至连自己的儿子都没有教过，《论语·季氏》云：

> 陈亢问于伯鱼曰："子亦有异闻乎？"对曰："未也。尝独立，鲤趋而过庭。曰：'学诗乎？'曰：'未也。'曰：'不学诗，无以言。'鲤退而学诗。他日又独立，鲤趋而过庭。曰：'学礼乎？'对曰：'未也。''不学礼，无以立。'鲤退而学礼。闻斯二者。"陈亢退而喜曰："问一得三：闻诗，闻礼，又闻君子之远其子也。"

为什么孔子连自己的儿子都没有教过，我们不知道。君子远其子，又有什么可以佩服的呢？那时候，地方小，人数也少，诸侯问孔子如何搞好国家的政治，孔子回答说："政者，正也，子帅以正，孰敢不正。"说只要你自己正直了，老百姓就自然正直了，这话跟空的一样。那时候只有竹简帛书，没有书可念，老百姓更无书可读。孔子到底怎么教学生，教什么书，现在不得而知。《诗经》有305篇，之外又失佚了6篇。晋文公逃亡回来，与舅犯赋《河水》，一直以为这首诗亡佚了，但上海博物馆从香港买回的古书竹简中，就有一篇是《河水》。可见，古书遗失的很多。即便孔子给学生教过《诗经》，讲了诗的意思，但是，离人的真正的生活如何，如何按照诗的本来的精神来学，也没有交代。孔子是万世师表，可他怎么教学生，现在不清楚。

历来各代的皇帝，不管他是政治清明的，还是胡作非为的，没有一个写出来他的文教政策应该是什么，应该怎么教导青年人学习。"子帅以正，孰敢不正"，这话等于没说，后来的帝王做得正派的是那么回事，做得不好的也是那么回事，结果真正的文化政策、与教育有关的政策，还是没有找出来。只有到了汉武帝，才提出了"罢黜百家，独尊儒术"的政策。汉武帝所谓的"独尊儒术"，当时也只有一部《论语》，中央密藏的许多图书当时都是堆在一起的，到了西汉晚期刘向才整理出了一些，如《小戴礼记》《公羊春秋》等。《公羊春秋》有何休的注，董仲舒给它加了一些解释，做了《春秋繁露》，书中有许多奇形怪状的话。汉武帝让老百姓读《孝经》，《孝经》跟《小戴礼记》中的一些内容很像，我个人认为，它与《论语》里曾子晚年说的话有联系，可以说就是由《论语》里孔子与曾子谈话演绎出来的书。而《大学》《中庸》则是《小戴礼记》里的两篇，与孔子没有什么关系，《孝经》也是这一类东西。但汉武帝却明确说他要用《公羊春秋》来治国教民，作为古代皇帝，明确地说用一部书来教育人民，算是一个划时代的举动。不过，还很不够，因为《春秋繁露》说的许多话很渺茫。仅仅听凭一个董仲舒，依靠《公羊传》，那还是不行的。到了刘向、刘歆把古书重新挖掘编排出来，这就是《汉书·艺文志》里的那些书。刘歆在中秘古书中看到了《左传》，认为了不起，于是就建议将《左传》列入学官，正式给学生开一门课，并和太常博士发生争论，写了一篇《移书让太常博士》，被《昭明文选》选入。刘歆认为，《左传》比《公羊》和《谷梁》详细多了，姑且不论《左传》是谁做的，但它作为史料，是古代一部比较原始的书。有人认为《左传》是《春秋》的内传，《国语》是《春秋》的外传，我以为并没有什么根据。大家都把它说得非常神秘，认为都与孔子有关，其实靠不住。

再回到本题上来。那么，汉武帝"罢黜百家，独尊儒术"成功了没有？并没有成功，因为他用《春秋繁露》那一套东西，用何休的解诂，这也不成其为有系统的理论。让大家念《孝经》，说"仲尼居，曾子侍"，就果然有什么效果吗？《孝经》中"开宗明义章第一""天子章第二"……这种分章节带题目的做法，是很晚才有的事情。佛教《金刚经》中的"法慧因由分章第一"等，这是昭明太子编辑时才出现的。汉武帝"罢黜百家，独尊儒术"实际上是很狭窄、很浅近的，"罢黜百家"倒是做到了，但"独尊儒术"却没有做到，他并没有把儒术尊到哪里。历代皇帝中，真正对尊重儒术做得比较好的，我认为是清朝的康熙皇帝。

1952 年，周总理在怀仁堂给各高校的知识分子作报告，他说：我们很感谢清朝康雍乾三朝，我们原来没有这么大的领土，西北、西藏和中央政府在以前都仅仅是维系一种关系而已，到清朝初年，西北西藏全都归属中央。中国领土最大的时期，是康雍乾三朝。总理的话很有道理。（整理者按：周恩来 1961 年 6 月 10 日在接见嵯峨浩、溥杰、溥仪等人的谈话中说："清朝是中国最后一个王朝，它做了许多坏事，所以灭亡了。但也做了几件好事：第一件，把中国许多兄弟民族联在一起，把中国的版图确定下来了……第三件，清朝同时采用满文和汉文，使两种文化逐渐融合接近，促进了中国文化的发展。清朝在确定版图、增加人口、发展文化这三方面做了好事。康熙懂得天文、地理、数学，很有学问。俄国彼得大帝和康熙是同时代的人，因为俄国地处欧洲，手工业比较发达，他汲取了西欧的经验，发展了工商业。中国当时封建经济的统治比较稳固，工商业不发达，康熙只致力于发展封建文化。")此见于《周恩来选集》（下），人民出版社1984年11月第320页；另《周恩来选集》（下）第59—71页，还收录了1951年9月29日在北京、天津高等学校教师学习会上讲的《关于知识分子的改造问题》，但没有涉及讲座中所讲的内容。清初不用武力，而使国家疆土最大，这主要是康熙的功劳。

　　不仅如此，康熙时的文教政策也很成功。康熙并不像汉武帝那样提倡"独尊儒术"，他也不特别提出什么儒术不儒术的问题。汉武帝提出"独尊儒术"，可他自己却最信仰方士，还是求神仙。《史记·封禅书》就记载了许多这样的事情。有人把一部天书塞到牛肚里，把牛宰了，就说牛肚里出了天书。现在拿这事来哄小孩，小孩也不一定相信，汉武帝却相信这一套。他也怕巫蛊。他的儿子戾太子诅咒他，盼他早死，他就把儿子杀了。康熙就没有这样的事。他那时也有宗教，但既不是佛教，也不是道教，而是萨满教。大约是每月一次或两次，进行一种祭祀仪式。有一本书叫《满洲祭天祭神典礼》，记录了清朝祭祀的具体过程。其实就是清朝在关外即后金国时期的祭祀活动。清朝初期称后金，但由于明朝人对后金很仇恨，只好改称为"大清"。"大清"之"大"，并不是大小之"大"，就像大不列颠共和国，有"伟大"之意。大清是满语的音译，原来是什么意思，我也不太明白。康熙在坤宁宫祭神，将满汉大臣都召集来，让他们在此吃肉。为什么让大家一齐来吃肉呢？就是想让他们看看皇帝祭神并没有什么秘密。

　　清朝初年，康熙为了招揽有学问的汉人，就开科招考，这就是有名的"己未词科"。清朝人秦瀛曾编过《己未词科录》一书，记载此事。在这次科考中，最突出的有两人，一个是毛奇龄，一个是朱彝尊。这两个人都曾经抗击过清，在民间组织抗清武装。在己未科举中，毛奇龄考中，被授予翰林院检讨。朱彝尊抗过清，又是明朝的宗室后裔，因此他考中后，起先有人主张只授予翰林院的待诏、典史等闲职小官，康熙坚决不同意，要求一定正式收录他，给他一个翰林院检讨的职位。朱彝尊在他的家书中，对此事有记载。后来，朱彝尊又到了南书房，离皇帝非常近。可见，康熙对朱彝尊是非常重用的，并不因为他是明朝的遗民，抗击过清朝，就遗弃他，或加害他。李光地在"三藩之乱"时，被康熙派往福建刺探耿精忠的情况，他却投降了耿精忠，舆论一时哗然。可是，李光地死后，康熙却赐他一个谥号，叫"李文贞公"，人们这才明白李光地是受康熙的指派，有意去投降耿精忠的。这说明康熙对投降的问题，自有他的看法。

宋朝的儒学有程朱理学，到明朝又发展为王阳明的心学。康熙也不管什么程朱理学或王学，他只用朱熹注释的"四书"来作为科考的教材。科举的题目都是出自"四书"。有地位的人家的子弟，可以靠祖上的权势，取得荫生的资格，没地位的人家的子弟只能通过科举取得做官的资格。

金朝人很推尊孔子，念"四书"，做八股，清朝沿用了这种做法。朱熹的理学在南宋被作为伪学而遭到禁止，他自己很害怕，在屋里来回转了好长时间，最后下定决心，说：自古圣人还没有被杀的。这话说得太可笑了，世上哪有自己称自己为圣人的道理。其实，朱熹之所以这样，大概是他已听到什么消息，知道政府对他的政策已经放松了。朱熹尊孔子，但给"四书"做注时却把《论语》放到了第三篇，这是因为程颐给宋仁宗上课，宋仁宗手书《大学》和《中庸》，分赐给大臣，有了皇帝的这个举动，朱熹就把《大学》《中庸》放到了《论语》之前。有人对康熙讲王守仁如何如何，程朱又如何如何，但康熙全不理会这些，他只规定用"四书"做科举的题目。为了表示实际上的尊孔，他还亲自到孔林去祭孔，并封他为"大成至圣文宣先师"。因为古代拜师不拜王，在康熙的心目中，孔子是一个宗师，所以就完全可以接受皇帝的祭拜。后来，康熙又去拜明孝陵，明朝的遗民们于是纷纷上谢表，对康熙积极地拥护起来。康熙却回答说：我拜明孝陵，只是崇敬他的政治功绩，而你们崇拜则完全是站在比较狭隘的民族立场上。那些恭维康熙的人反倒落了个尴尬，但从心里对康熙更信服了。

康熙脑子里没有什么框框，很开通地拜了一回明孝陵，于是他的一切政策就很顺利地推行开了。黄宗羲、顾炎武是明朝的遗民，黄宗羲是刘宗周（刘念台）的学生，刘念台绝食而亡，黄宗羲却归顺了清朝；顾炎武的《日知录》总结了明朝治国的经验教训，都被康熙所吸收。顾炎武的三个外甥也很受康熙的重用。顾炎武认为理学空谈性理，对社会无用。理学实际上结合了道教、佛教甚至禅宗的许多东西，如朱熹所说的"半日静坐，半日读书"以及流传的"程门立雪"的故事，就和禅宗很有关系，是从夷狄之学那里借来的。顾炎武就批判这种理学，认为只有经学才是真正的儒学，他在《与施愚山书》中说："理学之名，自宋人始有之，古之所谓理学者，经学也。"举起了汉学的大旗，批判程朱的宋学。之后阎若璩、胡渭等研究《尚书》的学者，都是用一种经书，来表明自己是汉学或是宋学。西方的学说在明代就已经传入中国，徐光启翻译了《几何原理》等西方著作，但明朝皇帝中信奉西教的只有崇祯皇帝，他为此把皇宫里所有的佛教神像都撤换了。康熙不仅学习西方的学说，还写了《几暇格物编》，这就是他学习西方学说的笔记。康熙学习西方学术主要是通过南怀仁，他用满文拼外文，帮助康熙学习外语。他让一般人读"四书"，参加科举，他自己则什么都去学。

康熙对汉学和宋学的纷争也不太在乎。清朝批朱熹最厉害的是毛奇龄。他著有《四书改错》，第一句话就是"四书无一处不错"，其实错的并不是"四书"本身，而是朱熹的注解。中国有一句话，说"饿死事小，失节事大"，本来是指政治上一仆不事二主，不要投降敌人。后来变成了对于妇女的要求，妇女再嫁成了"失节"。古代公主改嫁的事太多了，怎么能在这个问题上提出苛刻的要求呢？不过，像清朝的汉学家和宋学家那样深钻学术问题的事情，普通老百姓是没有时间、精力和条件去参与的，他们只要念"四书"，参加科举就可以了。所以，对于汉学、宋学谁好谁坏，康熙都不太在意，显得较为宽松。

康熙时也有文字狱，但这时的文字狱主要是针对破坏民族团结问题的。如果有人要提出"排除鞑虏"的口号，要破坏满汉的感情，排除少数民族，康熙就不会答应。因为如果民族的区分越细，就越不利于民族的团结，越不利于国家的发展。

相比而言，乾隆的文化政策就不是太合理。他倡议修"四库"，表明他已经深入到汉文化里了，比如傅恒的儿子傅康安，就被他改名为福康安，运昌被改名为法式善。但乾隆却动辄训斥大臣，说他们"沾染汉习"。乾隆的文字狱，搞得很没有道理，随便就可以以一个什么罪名，将那人杀了或革职充军。乾隆时，修《逆臣传》，还修《贰臣传》，将明朝投降清朝的文人如朱彝尊、毛奇龄等都编入其中。其实，这是由于此时朝廷的力量已经很弱，乾隆害怕他的臣下去投降敌人，于是就拼命地批判投降过敌人的人。乾隆远没有康熙大胆使用前朝遗民的气魄了。

毛泽东在《介绍一个合作社》里说：一张白纸……好画最新最美的图画。这话用来说清朝康雍乾三代，很适合。在这三朝中，乾隆最差，所有以前积累的财富，到他手里全都抖搂光了。雍正则忙于争权夺利，跟弟兄们打来杀去，没有干什么实事，是一个中间的过渡阶段。只有康熙是在一张白纸上画画，没有什么框框套套，于是就画出了最新最美的图画。康熙所创造的比较好的局面，经过了雍正，再经过了乾隆，最后到嘉庆、道光，就彻底地被葬送了。看来，一个好的政治局势，往往是经过几个阶段的逐渐变化，慢慢走向衰败的。现在讲历史，有时比较笼统，比如简单地说康雍乾三朝盛世，就不太全面，应该有更进一步的具体分析。

（张廷银根据 2001 年在国家图书馆的讲座录音整理）

# 二、汉语诗歌构成的条件

对于汉语诗歌构成的条件，我预备先从字讲起，也就是讲讲字的平仄，然后再讲由字怎样构成句式，句式从一个字到九个字以上，有各种形式，不同的形式就有不同的要求。最后再讲篇的形式，讲讲律句。

汉语诗歌中的仄仄平平仄是怎么来的呢？为此我请教了各方面的专家，有专门讲诗的老学者，还有心理学家、音乐学家等，我向他们请教为什么诗歌要那么排列？仄仄平平仄，平平仄仄平这些都是怎么来的？始终得不到一个可以解决问题的答案。后来我坐火车，听到"突、突、突、突"的响声，产生了一种感觉，我就去请教我的一个邻居，他是搞音乐的作曲家，叫乔东君。我问他：火车机器的声音应该是匀称的，不可能有高有低，为什么我耳朵听起来好像有高有低。他说，这是你凭自己的感觉来解释声音，事实上机器的声音没有高低，是一样的高低，是人的听觉习惯觉得它有高有低，有强有弱。我又问：是不是一强一弱、一高一低？他说：人的呼吸跟人的心脏的跳动，常常使人感觉到火车的声音"突突—突突"的两高两低，这样人才缓得过气来，才适合人的心脏跳动的节奏。事实上都不是机器上原来发出的声音，而是人根据自己的呼吸规律所感觉出的对于客观声音的一种感觉或者说错觉。听他这样说，我立刻就得到一种启发，回家后很快画出一个竹竿，按照两平两仄的规律把它截出来，就是"仄仄平平仄，平平仄仄平"，或者是"平平仄仄平平仄，仄仄平平仄仄平"。我将这个图发表之后，收到了许多讲诗歌的老师和研究者给我的来信，说我的这个竹竿图很能够说明问题，这是大约 1980 年以前的事情。（按：启功先生用截取竹竿图形讲诗词平仄始于 1962 年为学生讲课时，他的《诗文声律论稿》最先由中华书局于 1977 年 11 月出版）

我们说汉语的古典诗歌，当然不包括"五四"以后的新体诗，或者说白话诗。"白话诗"这个词不确切，因为古代的诗歌里也有白话，李白的诗"床前明月光，疑是地上霜。举头望明月，低头思故乡"，这是白话还是文言呢？我觉得叫白话诗不确切，所以就习惯称新体诗。胡适《文学改良刍议》里有几条讲到废除用典，废除对偶。废除之后怎么样先不说，就是关于用典和对偶的产生和来源也很难解释。

为什么中华民族用汉语写文章以至于口头说话，常常有对偶的现象？为什么，我也说不出来。比如平常说话："你上哪儿？""我到学校"，或者说"我去看朋友"，问一句，总是有搭配的一句。"他要在家，我就在那儿谈一谈；他要不在家，我就上另一个地方去找第二个人"，我们生活中口头上说的话有一个上句，就会有一个下句，更不用说书写行文了。这样看来，对偶就是很自然地形成的。比如说写诗中出现的"天对地，雨对风"，这是艺术加工，诗人非常注意字面、内容、语义、词素。不管诗歌的句式有什么样的形式，都很注意调整，让它规范，变得对偶整齐。现在要推测起它的来源，就是汉语口语中互相问答时，常常出现一个上句，一个下句：一个上，一个下；一个东，一个西；一个红，一个绿。怎么形成的，我没能力说清楚，这涉及心理、生理习惯，还有民族习惯。我不懂外语，不知外语里有没有这个现象。因为外语不是一个字一个音，它的一个字可能由好几个音节组成，其中的某个音素却没有独立的语言意义。拼音文字是几个音素组成为一个词素，一个词素是曲折的，声音不止一个，这样它做对偶就不太自然。

对偶在古典诗歌里很多，在古代文章（散文）里面也很自然的有这种现象。曾经有人试图想撇开这种规律，比如说唐朝韩愈作的《柳侯庙碑》，又叫《罗池庙碑》，他说"春与猿吟兮秋鹤与飞"，意思是柳子厚虽然死了，他的神灵在春天和猿猴一块儿吟唱，在秋天和仙鹤一起飞翔。秋天应当是秋与鹤飞，这是很自然的，可是韩愈他偏把它改过来："秋鹤与飞"。唐朝原碑上刻的是"秋鹤与飞"，说明韩愈就是想躲开对偶。结果后来流传的刻本都变成了"秋与鹤飞"，大伙念的时候自然就把它改过来了。可见原来作者想改变排偶形状，可是后人刻书的、念书的、抄书的，都走到对偶那个道里去了。清朝初年有几个人作书，专教人作对偶，比如车万育作《韵对》，李渔作《笠翁韵对》，大致都是"天对地"，"雨对风"，"大陆对长空"，"去雁对来鸿"。都押出韵来，一东、二冬、三江、四支等，都用对偶的形式编成句子，从一个字对一个字，两个字对两个字，以至多字对多字，让人念顺了，念习惯了，就容易作出对偶的句子了。可见在古典诗歌中，对偶就是它的原料。除了韵，除了平仄，就是对偶了。这一点是必需的。了解古诗的，明白古诗条件的，就一定知道它里头准有对偶。比如八句的律诗，它准有，有的从头到尾四个对联都对的，也有前后两句不对，中间四句是两对。杜甫《春夜喜雨》："好雨知时节，当春乃发生"和"晓看红湿处，花重锦官城"，这前两句和末两句就不对，中间是"随风潜入夜，润物细无声。野径云俱黑，江船火独明"。中间两句一定是对着的。也有一种用七言律诗的句调写的长诗，它中间的任何一句都不对，李商隐有一首诗《韩碑》就是这样的。不过仍是不对的少，对的是绝大多数。这是为什么？谁规定的？很难说，我们看见的就是这些现象。我们现在翻出明朝人辑的上古到六朝的诗《古诗纪》，还有近代逯钦立重新编的从古代一直到唐朝以前的诗《先秦汉魏晋南北朝诗》，这里头就有若干对偶的语句，更不用说唐以后的了。所以，自古到"五四"以前，凡是用古典形式作诗歌的都遵守这个规则。说明对偶在作汉语的古典诗歌时是很重要的一个条件。对称的句子，东对西，南对北，这是同一类型的词，同一类型的字词就有对称的必要。一个是平声，一个是仄声，这就是汉语的特别是汉语文学作品中常用的手法，也是应该具备的条件。所以对偶也是诗歌里常有的现象。

平时我们所说文章的"文"，就是交叉成为图案，这跟绞丝旁纹理的"纹"一样。文都是有图案性的，它的句子都是有一定的形式，特别是念起来让它合辙押韵，好听好记，凡是念得好听的就好记，比如出一个告示贴在街上，让人人都知道，这种告示常常都合辙押韵，几个字一句整篇都一样，同时语言力求通俗，为什么这样？就是为了让人好记好懂。从前教小孩念的书，比如《三字经》说"人之初，性本善"，这是三个字一句。《千字文》说"天地玄黄，宇宙洪荒"，四个字一句，"赵钱孙李，周吴郑王"，也是四个字一句，并且都有韵。从前小孩念书，用来做启蒙教育的叫"三百千"，就是《三字经》《百家姓》和《千字文》，都是有韵的，都是整齐的句子。为什么这样呢？就是让小孩念起来好记。那时的小孩在书房念书，都是摇头晃脑、拿腔拿调地念，为什么？好记。有的人口吃，你让他唱戏，唱个曲子，他就不结巴，为什么？他就记住那个声调，一定要那么唱，所以唱起来不结巴。小孩念启蒙书，坐在那里摇头晃脑、拿腔拿调地念，就容易记住。现在有人吟诵诗歌，就像唱歌一样，比如"好雨知时节，当春乃发生"，像唱歌一样把它唱出来。有人把各地的人怎么朗诵诗歌录下来，发现各地的人吟诵的都不一样。有一位老先生是湖北人，他念起诗来像唱皮黄戏一样。他们本地流行皮黄戏，他唱起来就接近皮黄戏的调，但不像皮黄戏那么有严格的声调。各地的人吟诵，因为他们是随便吟诵，只要唱出声调就行。为什么呢？就是好记，免得忘记。我们多少年前唱的流行歌曲、民间小调，到现在还可以唱，但前几年报纸上的文章，不管它是多么重要的文章，我们一句也背不下来，为什么？因为它是散体的，就跟随便说话一样，所以背不下来。凡是拿腔拿调的，自己念出来的自己耳朵听见的就好记。比如，我们看见在一个商店门前卸西瓜，车上的人传给车下的人，传一个就唱一句"一个那，两个那"，为什么这样拿腔拿调地喊？就是为了好记，旁边的人也可以听见，如果数错了，落一个，接的人和数的人，都能发现。声音的韵调在应用上就有这样的作用。因此有人想要把诗歌用音调唱出来，虽然彼此没有绝对统一的谱子和唱法，各地方都有自己的某种吟唱的习惯，但唱出来之后，耳朵听见，脑子就记住了，这叫"声入心通"。

现在再讲古典诗歌的改革或者说一个变化。有人说，现在的诗歌不用韵、不用对偶、不讲格律，《文学改良刍议》里面就特别提出过，这当然很好，可以为诗歌的发展开辟一个新的境界，开创出一条新的大路。这个大路很宽，尤其是用白话来说，用白话来写。其实古人的诗歌原来也是白话，"关关雎鸠，在河之洲"，"关关"就是"呱呱"的叫声，"关关雎鸠"，就是"呱呱"叫的雎鸠，就像现在说"喳喳"的喜鹊叫，"哇哇"的老鸦叫，这很自然的。鸟儿"关关"地叫，在哪儿？在河边，反过来说，就是：在河边上有雎鸠在"关关"地叫。之所以要把它变过来，说成"关关雎鸠"，"鸠"作韵脚，然后"在河之洲"，"洲"有个韵脚，就是为了好听，并且听起来上下两句还有关系。"窈窕淑女，君子好逑"，意思是"美丽的姑娘是君子的好配偶"，这句话不论怎么翻译，都没有原句听起来那么自然。唐诗"床前明月光，疑是地上霜"，再翻就是：我的床前头，有明亮的月亮的光辉。"月光"就是基本的词汇，要翻更麻烦，光还是光，怎么说也还是觉得非常啰嗦。"举头望明月"，有人说举头似乎不如抬头那么习惯，但是各地不一样，有的地方把抬头就说成举头。比如在陕西西安一带，我看见一个小孩进屋来，就问："这是谁的小孩？"本地人回答说："乡党娃。""乡党"在《论语·乡党》里就有，第一句就说"孔子于乡党，恂恂如也。"乡，同乡，一个地区几家编排在一起为党，"乡党娃"就是邻居的孩子，小孩叫娃。"乡党娃"，听起来古不可言，其实就是现在口语里的"邻居的孩子"。古代诗歌有许多就是当时当地的口语，你要把它变成现时的口语，还有地区和方言的限制。比如上海人说口语，北京人就有许多听不懂。"白相白相"就是"玩一玩"，"好白相"就是"好玩"。上海人说"白相"当然是口语，北京人就不知是什么意思。像《古诗十九首》中写"行行重行行，与君生别离。相去万馀里，各在天一涯。胡马依北风，越鸟巢南枝"，这样的诗到今天念起来还是生动活泼、有血有肉，有感情，有内容，有思想。《古诗十九首》是活脱脱的一组诗，今天念起来并不觉得有什么隔阁，没有什么难懂的。但是，比如"粤若稽古帝尧"，这就是十分难懂的。到了宋代李清照《声声慢》说"独自怎生得黑"，这是白话还是文言？"怎生得黑"，用现在的话照字面讲，就是"怎么长得那么黑"。但在李清照的词里，"怎生"就是"怎么"的意思，"生"不是生活、生长的生，是一个语词虚字。"独自怎生得黑"的意思是，我独自在屋里，感觉那么黑暗，那么孤独，那么苦闷。现在要把诗做得完全口语化容易，我刚才说的话就是诗，不管你是否承认，这就是我做的诗，未尝不可。可是有一个问题，我是北京人，我说的是普通话，北京音的普通话，这话要讲给广东人、上海人，他们不了解普通话，就不如说他们本地方言那么亲切，那么容易懂。所以要想推广口语的诗歌，首先一个条件要统一语言的声音，统一语言词汇，这是先决条件。为什么"五四"运动以后关于白话口语的诗歌到现在还在那里争论。我没有参加过争论，我不懂得到底怎么样，所以就没有表示赞成谁不赞成谁，只见到现在的文学理论评论文章中，还有许多人在论新体诗歌的语言应该是什么样。为什么在"五四"以后新体诗歌到现在还不如旧体诗歌？旧体诗歌照旧有人作，作的质量怎样，艺术性怎样，内容表达得怎样，那是另一个问题。单就说诗歌的形式，旧体诗已经形成了一整套的格式，而新体诗的格式到目前还没有形成。大家用着很自然的、方便的、人人都能吟诵的、出口就是新诗的，我们目前还没见到。

古典形式的诗歌为什么遭到五四新文化运动的强烈攻击，为什么胡适《文学改良刍议》要提出来改革它？原因是它也有自己束缚自己的条件。凡是作古典诗歌的，都遇到过这个问题。

第一就是平仄。平仄的格局虽说是来自自然，可是大家记起来还不是那么容易。如果有一个字不是很自然的平仄的声音，那么就会有人说它是"失粘"，就是位置粘错了。这还是局部的。在民间，民间艺人唱的还有很多不完全合乎五七言诗的格律。它最大的阻碍就是韵或韵脚。自从隋朝陆法言定《切韵》，到宋朝《广韵》，后来又删节合并变为《礼部韵》，现在叫《平水韵》，《平水韵》就是宋朝的《礼部韵》，到清朝叫《佩文韵》，都是这一类的，用来讲韵脚的。比如一东、二冬，今天普通话里东、冬没有区别，在隋朝，东、冬是有区别的。支、脂、之今天同音，但古代读音是有区别的，后来被合起来了。但东、冬还分为二韵。现在作古典诗歌的人还讲这个，如果东、冬押在一个韵里，就会说你出韵了。这个错误观点从哪来的？是宋朝考试出题的要限制用韵，限制用"东"的韵，应考人必须记得"东"这个韵有哪几个字，若出了这几个字，就算出韵了，那就不及格了。这是为难考生。南宋就有人提出反对，认为这样不对，说我们作诗就学《诗经》《楚辞》，怎么押韵就怎么押。南宋杨万里、魏了翁都提出这个问题，洪迈记录了这件事，说明他也赞成这个观点（按：见洪迈《容斋随笔·容斋五笔》卷八"礼部韵略非理"）。可见这是束缚人，是为皇帝或礼部的考官特别设的圈套。举子如果注意这个问题，凑合押上这个韵，虽然语义不通也及格，若出了这个韵就不及格。现在还有人受这种习惯的影响，如果作诗把东、冬押在一个韵里，就会有人说你出韵了。文人作诗就很挑剔。我作的古典形式的诗歌，有的韵脚不按韵部要求，出了范围，我一定注上这个字押在什么韵脚，不让别人在这个问题上挑剔，表明我不是不知道出韵和不出韵的问题，而是不赞成出韵不出韵的约束。这是一种阻碍古典诗歌发展的因素。

第二就是流派。常常有两个很要好的人甚至可以因为流派问题而绝交，因为这个人是作唐朝派的，那个人是作宋朝派的，或这个人学李白的诗歌，那个人学杜甫的诗歌，我们问：李白是学谁的？杜甫又是学谁的呢？李白最佩服谢朓，李白"一生低首谢宣城"，但是李白诗有《蜀道难》，谢宣城的诗歌有一首像《蜀道难》那样的吗？没有。这是后人附会的。杜甫的诗集各种体裁的形式都有。杜甫有一首诗"强戏为吴体"（按：指《题省中壁》），到现在也不知吴体是什么，他的诗体是什么样，只知道是拗体的。其中写道"掖垣竹埤梧十寻，洞门对雪常阴阴"，说明是拗体的律诗，"强戏为吴体"，勉强游戏学姓吴的体。（整理者按：明人唐元竑《杜诗捃》卷三说："《愁诗》公自注：'强戏为吴体'，今不知公所指吴体者为何等，读之但觉拗耳，宋方万里《瀛奎律髓》遂以拗为吴体，岂据此诗耶？强戏者，偶一为之，拗体杜集中至多，宁独此也？当时北人皆以南音为鄙俚，公意似在半雅半俗间耳。"）民国初年，有一诗社的首领喜欢学唐派，又来了一位主张学宋派，于是前一位首领退出，因为你学宋派，我学唐派，见解不一样。这就等于两人绝交。学问、艺术本来是公共的，大家都来做，有什么不能相容呢。古典流派的诗歌有韵脚的束缚，格律的束缚，流派的束缚。流派我们看起来无关紧要，可是旧时代的文人为此争论得非常厉害，甚至拂袖而去，这就阻碍了古典诗歌的发展。

那么，古典诗歌发展了没有？发展了。比如诗变为词，词变为曲子，《鹧鸪天》就是七言律诗，中间有两句是三个字，是七七、七七、三三、七七。中间抽掉一个字就算词。其实古诗里也有长短句。由诗变词，词有长调，像《莺啼序》，吴梦窗词，有四段，那就很复杂了。词又变曲，曲又变成散曲，散曲变为剧曲，直到明朝的传奇，这就是诗歌发展的变化。曲子里又掺了更多的白话，语言上是很自由随便的，但它也有自己的规律，就是诗歌发展到词，词到曲，曲到散曲，散曲到剧曲，剧曲到传奇，长篇大论，比如《长生殿》《牡丹亭》里，各种曲牌的都有，有的就跟词牌一样，词牌句子多，曲牌的句子少，句子少是为了方便演唱。这就是诗歌的发展。唐末就有词，宋朝词更多，元曲到明朝的传奇，到清朝的皮黄戏、地方戏，每一步都是诗歌的发展变化。

从前没有明确说改革，而是自然发展，诗变词，词变散曲，散曲变剧曲，剧曲变传奇，传奇变地方戏。每一种都是诗歌发展的结果，发展的结果什么样都有。现在经过文学改良后，特别提出用口语。现在用口语的诗歌不押韵，不用典，还没有形成民间大众说出来都是朗朗上口的新体诗现象。现在也有些名家，有一些著名的新体诗诗人，但还没有哪一个诗人有什么很有名的新体诗歌。我读过郭沫若的新体诗《屈原》，这首诗歌很能表现屈原这个人物形象和心情，但中间有两句屈原说"我要爆炸呀！我要爆炸！"我当时听了就有些疑惑："爆炸"这个词汇是很晚的，有了炸药之后的，屈原那时还没有这个词。用现代口语就有这样的问题，这个问题到底怎么办，我也不知道。现在把说出来自然成诗的叫"天籁"，也就是自然形成的声音。老百姓出口成章就是诗歌的这种形式，现在还没有形成。旧体诗歌的这种种束缚恐怕也不是旧体诗歌本身的罪过，是后来模拟沿用古体诗歌的古典流派的人造成的。不但做诗的如此，填词也是这样。清末有些人专学吴梦窗，有些人专学周邦彦。最近有个青年作词学姜白石，有一位老诗人跟我说，那个青年简直跟姜白石一个样。今天的青年作的跟姜白石一样，他以后还发展吗？姜白石没有现在的生活，现在有原子弹，姜白石不可能有这样的话。民国初年王闿运专作六朝诗，作得真好，真实在，格调、韵味完全是六朝诗的。他的《湘绮楼诗》非常高明。有人说：可惜呀，他是现代人，王闿运他要是在六朝，那就好了。这其实是在挖苦。我很喜欢王闿运的诗。他的诗里只有五言律，很少有七言律，他自己定的集子没有七言律。我曾经得到一个刻本有七言律，不多，有人说那是编者弄错了，把别人的诗放到他的诗集里了。王闿运他不作七言律诗，因为六朝人没有七言律诗。

古典形式的诗歌流传到现在，已经发展变化了许多次，只是没有明确地说，而我们今天应明确提出古典派诗歌应该改革，应该发展。这个目标已经提出，但还没有见到出口成章就是新体诗的好作品。民间歌谣里有很多就是新体诗，可它没有这个名称，也没有要争新体诗的意识。比如有子女到父母坟上扫墓，他说

"哭一声，叫一声，为何娘不应"，这是做子女的真实心情的表现，没有任何别的字可以代替这句话。这句话流传了多少年，没有人承认这是最好的新诗。现在提出作新诗、诗歌要发展的口号是很必要的，但至今还没有把新诗和民间口语自然结合在一起，或者说民间的口语出口就是新诗，或新诗人作出的诗就和民间口语完全符合，谁念起来都深入心中，念起来大家就心领神会，声入心通。要达到这个程度恐怕还要一段时间，还要经过若干的磨炼，若干的创造。现在在文学理论著作和文章中还在讨论这些问题。

旧体诗从《诗经》到唐人的诗，已经有历次的发展，从唐诗到词、曲、剧曲一直到今天，都是在发展中，现在继续发展，将来发展到什么样子，什么程度，现在还不知道。古典诗歌的构成要素是什么，我在前面已经讲过。比如诗歌的句子平仄、排列的次序形式等，就是这方面的问题。排偶，对称的词汇，词的意义，这都是与平仄对应着的。现在又流传一个词叫词素，对此我有点修改的意见。音素是什么？一个词声音的元素可以叫音素。"d-o-ng"三个音构成"东"这一个字，这叫音素，几个声音的原料合起来构成一个词的音，这几个音的原料就叫音素。音素就是"东"这一个基本词的声音。几个词合起来叫词汇。外国语中的一个词有词根，它是几个词拼起来，一个长的音合成一个词，比如"治外法权"那个词很长，它是许多词根构成的一个词。中国字拼成一个"东"，它就是一个"东"，如果"东"有另外的用处，那是"东"的词义的变化，不是内部声音的变化。所以"词素"这两个字我不愿意用。

中国诗歌有没有散文诗？我似乎觉得古代还没见过"散文"这个词，"散语"这个词倒是有。对"文"来说叫"笔"，对骈文来说有古文，可是没有散文的字样。而在诗歌里，我仔细比较，没有散不散的，叫它散，只是说它不对偶。古典诗歌有两个条件，一个是字跟字、词跟词中间的对偶，一个是平声之后是仄声，仄声之后是平声，这样的平仄之间的替换。还有一条是押韵，不管韵部古代怎么规定，但总有一个合辙押韵，耳朵听起来它是匀称的。"韵"字古字就是平均的均，均，均匀的意思，韵者匀也，就是让它匀称，这就叫韵。汉语古典诗歌一个是对偶，一个是押韵。散语就像说白话一样。贾谊的《过秦论》本来是口语，但"秦孝公据崤函之固，拥雍州之地，君臣固守，以窥周室"这个句子念起来它还是整齐的。我在《诗文声律论稿》里举了三串人名字，人名本来是没有平仄可言的，但《过秦论》里的人名都是两个字两个字的，音节都符合诗歌语言的平仄，怎么唱，怎么摆齐，又齐又不齐，这在《过秦论》中是很突出的一点。也就是说，《过秦论》可以说是散文诗。它是散句子，没有整齐对偶的句子，但它里面暗含着许多整齐的对偶。古文有许多内含的散文诗的性质。不一定说外国有散文诗，中国也要造一个散文诗，没有必要。中国诗歌有没有散文诗先不管，但散文里有诗的性质，这是实际存在的，没法否定的。中国有一种没有对偶的诗，比如李白的《蜀道难》："噫吁戏！危乎高哉！"这不是诗歌的句子，但谁也不能说李白的《蜀道难》就不是诗。"浔阳江头夜送客，枫叶荻花秋瑟瑟。主人下马客在船，举酒欲饮无管弦。醉不成欢惨将别，别时茫茫江浸月。忽闻水上琵琶声，主人忘归客不发。"没有一句是对偶的，但它是合辙押韵的，声音是匀称的。有没有对偶，在古典诗歌几乎退居非常次要的地位，可是一定有平仄，一定要合韵律，韵脚总要有，不管它合不合韵书的韵，它听起来是不是顺耳，声音是否匀称。有对偶的诗歌，有不对偶的诗歌，但没有平仄韵律很特别的，因为平仄是律诗的条件，古诗可以不拘泥这个。但不管古诗、律诗，都有韵脚。中国古典诗，即使民间歌谣，也都有韵脚。这很奇怪。中国诗歌的特点，它的必要的元素，一个是对偶，一个是韵脚，一个是韵律。对偶退居其次，韵律也退居次要，但韵脚还是很重要的，就是民间歌谣老百姓顺口溜出来的也有韵脚。比如乞丐说的"打竹板，迈大步，眼前来到切面铺"。"迈大步"，"切面铺"，它也押韵。有没有没有韵的？有。古代的骈体文没有韵。最有意思的是陆机的《演连珠》，有五十首，《演连珠》说"臣闻日薄星回，穹天所以纪物，山盈川冲，后土所以播气，五行错而致用，四时违而成岁"，不管句子长短，都有对偶，但是没有韵脚。我把骈体文叫做辞赋的零件。陆机《演连珠》见于《昭明文选》，这五十首都不押韵，但都是两句两句对偶，句子也有一定的韵律，"日薄""星回"，"穹天""纪物"，它是仄平、平仄，仄平、平仄，有它自在的韵律。这是中国古典的文学作品。诗歌里没有歌咏的内容，没有情感，没有思想，没有意义那还叫什么诗歌。诗歌"床前明月光，疑是地上霜"，为什么看见月光，感觉像霜？这主要是他"举头望明月，低头思故乡"，他想到的是故乡，没有故乡之思，看见明月，看见地上的霜，就与他没关系。人们看见的东西，各人的感觉会不一样，作者看见月，看见霜，是因为他思念故乡。《演连珠》是散的，讲许多内容和道理，但它不是一个问题连起来，它的句子是散的，但它有韵律，没有韵脚，这种诗叫骈体诗也可以，叫无韵诗也可以。中国古典诗歌有不对偶的，不合格律的，但既然叫诗，就不会没有韵脚。

（张廷银根据 1999 年 1 月 20 日至 26 日的讲话录音整理）

# 三、沈约四声及其与印度文化的关系

中国的诗歌格律从南朝沈约开始，才有一个系统的说法。这个系统说法见于《南史》《南齐书》等书，但不知是它们抄了沈约的说法，还是都运用了同一种理论，现在都无法考证，我也不能详细研究这个问题。

齐武帝萧赜永明时期，他的一个臣下沈约提出了"四声"即平上去入，后人就认为四声是沈约创造的，后来又把诗歌的"八病"，也算作沈约的，在唐朝流传的就有二十八种病，《文镜秘府论》就是这样讲的，解释得很琐碎。我们现在看有些并不够一个病，比如同平、同仄，就叫做同声，此外，如果从头至尾都押东韵，也叫同声，或者同韵，到底指什么呢？二十八病在当时不久就没有人再提了，只剩了八病，算是沈约提出来的。但是，沈约提出来，也没有明文，他自己的著作里没有提过八种病。到唐朝皎然《诗式》，也把八病归于沈约。《文镜秘府论》的作者是日本和尚空海，即遍照金刚，他是学密宗的。密宗在中国已经没有了，密宗传入西藏的是藏密，传入日本的叫东密。但在藏密里有没有八病，我不知道；空海所传的东密里，也没有人专门对八病进行研究。

在沈约撰写的《宋书·谢灵运传论》里，对八病有解说。他说了两句很重要的话："前有浮声，后须切响"，"浮声"就是扬调，即平声，"切响"就是抑调，即仄声。他的意思是说，前头要是平声，后头一定是仄声。这个说法我们好理解。但是，究竟这个说法是从印度传来的，还是沈约自己理解推测出来的？不知道。他又举了许多例句，"子建函京之作，仲宣霸岸之篇，子荆零雨之章，正长朔风之句"。但他讲到的也就这么多。

可是，清朝中期以后，又出现了一种说法，说四声不是沈约推测出来的，而是曹子建在鱼山听人做梵呗即佛教唱偈语时从中悟出有四声。（整理者按：［清］杭世骏《三国志补注》卷三注《三国志》"曹植传"中"初，植登鱼山，临东阿，喟然有终焉之心"一句，引《异苑》云："陈思王尝登鱼山，临东阿，忽闻岩岫里有颂经，清遒深亮，远谷流响，肃然有灵气，不觉敛衿祗敬，便有终焉之志，即效而则之，今梵唱皆植依拟所造。"）这种说法就值得我们思考。因为从清朝中期以后，出现了一种现象，把什么都说成是从外国传来的，似乎中国人什么都不会，外国来的理论到了中国，中国接受了之后，就成了中国人的一个很特殊的文化发明。我今天在这里说这话，也是冒了天下之大不韪。因为这很容易被人说成是狭隘的民族主义。我们过去曾经认为，凡是外国有的，中国就一定早就有了，看见飞机，就说中国早有飞机，因为我们早已会放风筝。可是，放风筝就能代替飞机吗？这个毛病是中国人自高自大的表现，我们不能讳言。

但是，另一种现象也不好：以为中国什么都是从外国来的，似乎中国连吃饭都是看某种动物吃东西才学会的。所以四声是曹子建听梵呗而来的说法我同样不能接受。假如四声真是曹子建听鱼山梵呗而来的，那离永明还有一大段时间。在历史上，只有到了永明时期，沈约等人才公开讲究做文章，而且还要在文章里加上四声的韵调，来增加文章的美感。不能说那时大家什么都不会，全都是从印度传来的。清朝中期之所以那么说，是因为那时正是有人认为中国保守不行，提倡解放思想，认为应该多吸收外国的进步的科学的办法，这个用意其实也不错。但是，他们硬说沈约的永明声律也是吸收了印度的学说，就有些不太合适了。

如果把这个问题往远些说，印度文化也存在同样的情况。亚历山大从希腊打到印度之后，在印度创立了一种希腊化的印度文化，叫犍陀罗。有人就说，印度的文化都是从希腊传来的，印度人对此非常反感，对犍陀罗也非常反对。新中国成立前夕到新中国成立初，我教过几个印度学生，他们就这样说。印度一位讲美术史的学者，写了厚厚的一本书，就彻底地批判犍陀罗。在印度，有好多的佛像都是犍陀罗化的，是按照希腊的风格雕塑出来的，面部的肉很多。从前，北京大学有一位学者阎文儒，非常博学，他在"文化大革命"前讲美术史，在讲稿里就处处讲，印度文化就是犍陀罗文化。我对他说不是，印度人很反对有人说印度文化是犍陀罗文化。他还不服，我说你看你用的这个插图就是印度本土的佛像，不是很多犍陀罗的肉的佛像。

改革开放了，思想解放了，我们哪些是学了西方的，哪些不是学西方的，这个都可以说，无须讳言。清朝中后期西太后等人，就是利用义和团，想把东交民巷的西洋人都杀了，就天下太平了，义和团的口号是"扶清灭洋"。但是，靠少数人能灭洋吗？把洋灭了，清朝就能够扶起来吗？像西太后这样的措施，能够使清朝复兴吗？不可能的。有一次，谭延闿去看翰林院掌院大学士、军机大臣徐桐，徐桐问谭延闿知道现在有哪些鬼子吗？谭说不知道。徐桐说今天来的这几个人中哪几个是葡萄牙的，又有哪几个是西班牙的。其实都是那么几个人，只不过今天穿这样的衣服，冒充这个国家的，明天又穿那样的衣服，冒充那个国家的。谭延闿出来以后，坐在车上大笑不止，感慨万分地说"吾属为虏矣"——早晚要完在这帮无知的人手里。谭延闿记载此事的手卷现在就保留在我的手里。当时朝廷真是迂腐、愚昧到了极点，以为把东交民巷里的几个西洋人杀了，就天下太平了。在这种形势下，再怎么说中国的文化都是犍陀罗文化，又有多少用处呢？那时候国家有一定的苦衷，所以有人就宣传西方文化有什么用处，但当时中国人却没有由此就接受了它。然而没想到，今天还有人大肆宣讲说中国的诗歌格律是印度的规律。这简直是太没道理了。

　　我们知道，中国的文化属于汉藏语系。有一位从菩提学会调到师大的深通梵文的学者俞敏就曾对我说，汉藏语系跟印欧语系很不一样。汉语是由多少音素构成的，如"东"有三个语素，合起来组成一个音节，这个音节就是汉字。陆法言编《切韵》，都是一个一个的汉字，有 206 个韵部。宋朝《礼部韵略》删到 100 多部，一直到金朝的平水郡刘渊刻的《礼部韵略》，还有 106 部，一个字代表一个音，一个字里尽管有几个音素，但写出一个字来，就是几个音素变成一个音节，这就是汉语的特点。《四阿含经》之"阿含"两个字，印度原来读作"啊—啦—干"，可见印度的梵音，拼写一个词汇，要把几个音素都读出来，汉语把它翻译出来，几个音素能融合在一起的，就用一个字表示，把它连起来。就算永明声律是沈约吸收了印度语音的发音特点，也不见得就完全变成"子建函京之作，仲宣霸岸之篇，子荆零雨之章，正长朔风之句"，那是不可能的。再举一个比较直接的例子，鸠摩罗什翻译佛经的偈，如《金刚经》中的"一切有为法，如梦幻泡影，如露亦如电，应做如是观"，既不合中国的韵，更不合永明声律的韵。鸠摩罗什翻译的这些佛经都在永明声律之前，它是把印度的语言直接变成了汉语。沈约所谓"子建函京之作"，指曹子建的"从军度函谷，走马过西京"，"度函谷"是仄平仄，"过西京"是仄平平。沈约在四个人里，每人举两句，一共八句，八句都是下一句是律句，上一句是配搭。现在外国有人把敦煌的残卷配搭起来，说其中有一种是诗歌，翻译过来叫《律诗变体》，印度哪里有什么律调？还有人说，印度人写过戏曲理论。但他们也没法讲出它与中国的律诗有哪些密切联系的地方。沈约举的王粲"南登霸陵岸，回首望长安"，"霸陵岸"是仄平仄，不合律调，但"望长安"是仄平平，合乎律调，于是沈约认为这首诗也是合乎律调的。

孙楚"零雨被秋草",是仄仄平平仄,合乎律调,王瓒"边马有归心",是平仄仄平平,也合乎律调。沈约举的这四个人的八句诗,有七句就是合乎律调的。他并没有举来自印度的合乎律调的句子,可见他不是受印度的影响才认识声律的。沈约再往上《诗经》的时代,中国跟印度还没有任何来往,但《关雎》中的"关关雎鸠,在河之洲,窈窕淑女,君子好逑",就已经完全合韵了,"鸠""洲""逑",为一个韵,"参差荇菜,左右流之。窈窕淑女,寤寐求之。求之不得,寤寐思服。悠哉悠哉,辗转反侧",这些句子也是很押韵的,句子的末尾,也有合乎规律的间隔,"菜""之""女""之",是平平仄平,"得""服""哉""侧",是仄仄平仄,很注重平仄的搭配。两个平,一个仄,再一个平。或者是两个仄,一个平,再一个仄。诸如此类,还有很多。春秋战国时,印度的文化根本没有进到中国来。现在有人不但讲中国的文化是从印度传来的,还加上一句,说是印度的犍陀罗文化传到了中国来。讲中国的诗、中国的戏剧、中国的四声,是受印度的文化影响而来的,而且还说是受亚历山大传去的希腊化的印度文化影响而来的。这是更不能让人接受的。汉朝初年贾谊有一篇《过秦论》,里面有三串人名字:"宁越、徐尚、苏秦、杜赫之属为之谋,齐明、周最、陈轸、昭滑、楼缓、翟景、苏厉、乐毅之徒通其意,吴起、孙膑、带佗、倪良、王廖、田忌、廉颇、赵奢之伦制其兵。"每半句中末三字都是合律的。人的名字本来是最不容易合律的,但这里却很自然地摆在一起,非常合乎韵律。这说明汉朝初年的人,就已经比较有意识地运用韵律了。但它绝不是犍陀罗文化,也不是从印度传来的。

这里还有一个问题,诗歌的韵到底是怎么回事?现在的《佩文韵府》,宋朝的《礼部韵略》,再往前的《广韵》,都是从陆法言的《切韵》来的。陆法言为什么编《切韵》?后来作诗的为什么都要查里面的韵部?清朝咸丰时有一个叫高心夔的,他是顾命大臣肃顺的心腹,肃顺很想让他中举。不料高心夔作了一首试帖诗,把十三元里的一个韵押成了别的韵,结果犯规了。陆法言编《切韵》,本来就是让大家对读音有一个统一的读法,大家作的诗,作的韵文,不至于念成地方的方音。他的目的不过如此。后来,考举人,考进士,押韵都必须依照这个统一标准。高心夔在考试时,就在十三元这个韵部里出了问题。当时考试的等级划为四等,相当于现在的优、良、中、劣。高心夔押韵错了,就被打到四等。两次复试,结果仍然落了四等。王闿运写了一副对联,说:"平生双四等,该死十三元",进行挖苦。陆法言编《切韵》,指出一个字在各地的不同读音。读音的不统一很常见,比如现在小孩管父亲叫"父亲","父"是一个清唇音,叫爸爸的

"爸"是重唇音，而重唇音是先起的音，清唇音则是后起的读音。《切韵》就是统一这一类读音问题的。《切韵》的序里说："我辈数人，定则定矣"，但《切韵》里还有"又音"，指出一个字又读作什么音，这实在是他没有办法统一。到唐朝又加了许多的韵，成了《广韵》，宋朝用《礼部韵略》来规定科举，清朝康熙叫做《佩文诗韵》，明确地说是作诗的韵。高心夔到这时作诗还发生押韵的错误，被判为四等真是活该了。现在说诗的韵都与印度传来的文化有关，这就差得太远了。所以，《切韵》是统一文字读音的，并不是规定作诗的韵。沈约当初所说的四声，则连诗的韵都不是，只是诗句中的平仄搭配。现在的人不了解古音的发展情况，把什么都往沈约头上加，说《切韵》也是他编的。民间的人都知道沈约是浙江湖州人，于是有人就说《切韵》也是湖州佬编的。这些说法都并无根据。

沈约说出了曹子建等人作诗的四声情况，有人说他是受印度文化影响才产生的，而且还说是受印度的犍陀罗文化影响；又说《切韵》也是沈约编的，这可见沈约确实是蒙受了许多的不白之冤。

（张廷银根据 2001 年 10 月 28 日在国家图书馆的讲座录音整理）

# 四、清代时政及扬州文化

　　我对扬州很向往、很留恋，到这儿来都有些舍不得走，有几个地方我特别去看过。去年五月二日来我住了不到一个星期，到高邮去看王念孙先生的故居。昨天又特别到了汪中先生的墓地，这都是我最敬仰、最钦佩的人，从小念书，念他们的著作，念他们的文章。所以到了王氏父子的故居，就觉得有特别的情感，昨天又到了汪中先生的墓地，还恭敬地鞠了三个躬。有朋友问我，你到那儿为什么这么恭敬？我说那是祖师爷，是我们所学东西的祖师爷。

　　今天我谈谈清朝的事。我是民国元年生的，清朝的事我一点儿也不知道，知道的都是从书本上学来的。1971 年我从师范大学借调到中华书局，参加标点《二十四史》和《清史稿》，这样我略微知道一点儿清朝的事情，这对我来说受益很多。但西南少数民族的姓名实在弄不清，为这个请教许多人。在某一个朝代的历史上，不但是民族不同，地方语言和民间俗语都有许多不一样，这是比较麻烦的。我觉得，为了解清朝的历史、习惯、文化、武功，还是多看原书比较好。我是个满人，是东胡人，胡人所说，岂不是地道的胡说？今天我自己就胡说一点我的一知半解。

　　1952 年，周总理在怀仁堂作思想改造的启发报告。他说康雍乾三代是清朝最繁盛的时代。总理说我们不能不感谢清朝，因为正是康雍乾三代，把中国的疆域奠定了，所以我们感谢那三代的文治武功。假定康雍乾三代的统治者还在，能听到周总理的话，一定很自豪。我们知道康雍乾三代是清朝最盛的时期。但据我看，这三代是不一样的。康熙处于开国的时期，受他祖母即顺治的生母、后来所谓孝庄文皇后的教导。顺治死了，接下来就是康熙。顺治有四个辅政大臣，他们明争暗斗，最后只剩下鳌拜。康熙八岁时，身边有几个小厮，就是陪他游戏玩耍的小孩子。鳌拜上朝时，康熙就让小厮们把鳌拜撂倒了，捆了起来，鳌拜以为小孩闹着玩的。康熙命令把鳌拜交刑部。鳌拜就这样被交刑部了。这哪能是八岁的康熙自己的主意，事实上都是祖母在后面指挥着。多尔衮当时俨然是皇帝的样子，发布命令，被称为"皇叔摄政王"，太后后来下嫁多尔衮。这种事情在少数民族很平常，父亲死了，父亲的小太太就归儿子管，儿子就继承父亲娶这个小太太。太后下嫁后，多尔衮又被尊为"皇父摄政王"。最后，多尔衮跑到漠北，即今外蒙古地区，死在了那儿。最后只有一个盒子被带回来，里面装着他的衣服和骨灰。顺治死后也是火化。那也是少数民族的习惯。康熙对汉文化很熟悉，他一边托着程朱的理学，一边托着天主教的教义。他有许多儿子都入了天主教，其中一个儿子有一些学术论著，思想全是天主教的。但后来康熙对教皇的许多教条不满，觉得不应该听罗马教皇的意见，他这时候去祭孔子，拜孔陵，同时就跟教皇断了。不过康熙并不是完全不吸收西方的先进科学知识。现在我们都用阳历，阳历按的还是西洋算法，算得很精确。康熙为学西方东西而跟西方传教士学外语。他通过用满文译音来了解外语。曹寅（曹雪芹的祖父）病了，发疟疾，他批了个上谕，说你应该吃金鸡纳霜。"金鸡纳"是用满文拼出来的，从满文念是"金鸡纳"，这样他就用满文写出来外语的"金鸡纳"。这些传教士每天都在这儿等着，也不能随便走动，皇帝什么时候有事情就叫他们。康熙是兼收并蓄，一手托着从西方传教士传来的西方的常识理论，一手托着程朱的理学，最后才把西方的扔掉，拜孔陵。明朝的遗民都到南京谒明孝陵，像顾炎武平生谒了七次明孝陵，就是寄托他复国的想法。康熙重用的文臣很多都是明朝遗民中最大的学者，顾炎武先生是其中的代表。康熙说你们都谒明孝陵，我也去谒明孝陵。康熙去谒明孝陵时题了一个碑，说明太祖的政治高于唐宋。这一来，拜明孝陵的汉族文臣对康熙尊重得不得了，给他上了一个谢表，说皇帝肯于泯除朝代的区别，泯除皇帝的尊严，到明孝陵去叩头、去拜祭，我们非常感谢。康熙就说，你们还站在明朝立场对我称谢，干什么呢？你们本来就是我的大臣。弄得递谢表的人很尴尬。所以自从康熙四十年以后，汉臣就对康熙完全相信了，完全服从了。康熙时期也有文字狱，但并不很严厉。到了雍正，他怕他的弟兄夺他的皇位。谁要是拥护雍正的弟兄，雍正就会迁怒于他的弟兄的这些党羽，就要把他们除掉。不过总的来讲，当时的范围还比较小。到了乾隆就不然了。乾隆常常对满族文臣讲，你们不要沾染了汉习。其实，乾隆自己是最沾染汉习的。他在乾隆三十七年开始修《四库全书》。最好的《四库全书》在热河文津阁，就是现在国家图书馆收藏的这一部是最完整的，文字是最正宗的。乾隆三十七年修《四库全书》以后，白莲教已经兴起，所以乾隆后来越来越狠，他的文字狱超出了民族矛盾的范围，他认为哪句话不好，就杀，并且还凌迟，不仅杀，还剐，所以清代文字狱在乾隆三十七年以后越来越厉害，因为他感觉到自己地位不稳了。康熙四十年后，他的地位特别稳，大家对他特别尊重。可是乾隆末期是很坏很坏的，很差很差的。所以，康雍乾三朝合起来算是清朝最好的时期。分开来说，康熙是一代，雍正是一代，乾隆前边还好，后来就很庸了，完全用和珅了。康雍乾正好分为三个阶段，时间不同，结果也不同，这也很自然。时代不同了，还用旧的办法统治，没有不坏的。变化是必然的，但变好变坏不一样。

到扬州来，我觉得清朝的学术以扬州最盛。明朝以前，福建泉州是中国同东南亚往来最重要的港口之一，清朝以来，运河运粮运盐，扬州又是泉州以后最大的经济中心。乾隆后期，修《四库全书》以后，他对汉文化很熟悉了，就提倡汉文化。当时像大学者钱大昕，他不只研究汉学，还懂蒙古文，研究元朝的历史、元朝的书籍，是乾隆时期了不起的大学者。钱大昕发现了戴震，把他吸收到了四库馆里，所以戴震有许多著作就是在那时候作的。在戴震同时最有名的是王念孙，高邮人。王念孙的儿子叫王引之，官至工部尚书。王念孙被派到广东做学政。嘉庆时到广东做学政是肥差，学生拜见老师都是要送"知敬"的，就是红包。当时最有名的还有汪中，稍后一点儿是阮元（做到太傅）；还有焦循、江藩，都是扬州人。扬州人第一是运米运粮的，还有就是盐商。扬州盐商向来被认为不懂文化。当然，研究古典的东西，盐商未必比得起那些学者。但是，盐商中也有很优秀的人，比如个园的黄至筠是盐商少爷，请许多文人到他家编书，叫《汉学堂丛书》。一个盐商请若干学者在他们家作馆，即在家谈论一些事情，并著作一些东西，同时帮助他儿子念书，刻出了很多本《汉学堂丛书》，这是很不容易的。另外还有马氏兄弟的小玲珑山馆，藏书极多，影响很大。清朝有许多人挖苦盐商，其实是很不公道的。很多盐商是很尊重文人的。现在有些人用乾隆嘉庆时期扬州盐商的办法，请许多人来写东西，但扬州盐商只是刻书而没有写上自己的名字，算自己的著作；而现在有些人等书写完了就署上他自己的名字，算自己的著作，其实并不是他自己写的东西。在这一点上，现在人还不如扬州的盐商。

扬州是交通发达、经济繁荣的地方，汇集了不少外地来的文化人。有许多画家如"扬州八家"，他们画得稍微放纵了一点儿，挺特别的，像金农。郑板桥也算一个，很高明的。其中有的是扬州人，有的不是扬州人。像郑板桥是兴化人，金农是杭州人。但他们都到扬州来活动、卖画。他们的画都有特殊风格，所以正统画法的人都觉得他们比较怪，称他们为"扬州八怪"。事实上，我们现在看，比"扬州八怪"怪得多的人不知其数。清朝乾隆以后最重要的文化全在扬州。像王念孙、汪中、焦循、江藩等人就云集于此。

康熙尽力收罗人才,包括使用贰臣,也就是那些曾经做过明朝臣子后来又愿做清朝臣子的人。而乾隆却修《贰臣传》《逆臣传》,因为他已感觉到政权有波动的危险了。白莲教已经起来了,后来又有了太平天国,清朝就已经很危险了,所以乾隆就极力镇压对清朝不利的人,所以他修《贰臣传》。明朝的举人进士又到清朝做官的都算作贰臣,逆臣就是反叛,投降了又抵抗的人,像"三藩",孔有德、尚可喜、吴三桂等人。孔有德死了,吴三桂讨平了,尚可喜还保留。所以直到清朝结束,他们尚家人还把尚可喜称为"尚王",可见清朝对他一直是尊崇的,而实际上他已没有实力了,什么事都不管了。清朝到了后来,有一个最大的误导,文人之间有些矛盾,有些人不明事理就跟着某个人走。清朝初年有个袁枚,学问、作品非常高明。他有个论断,说《六经》都是史料,《尚书》不能说是完整历史,但都是史料,只是没人理。结果后来有个叫章学诚的,说"六经皆史也"。大家就说章学诚了不起,可这些话袁枚早已说过(袁枚在嘉庆初年就死了),只是当时没人理。近代有个钱穆先生(后来死在中国台湾),他说,清朝学术三百年历史,章学诚了不起,并把袁枚、汪中等列入附属,说他们受了章学诚的影响。袁枚比章学诚早得很,他怎么能受章学诚的影响?所以袁枚就这样被压下去,把他压得最厉害的就是中国台湾的钱穆。钱穆不在了,他的学生余英时尊重章学诚的说法。更奇怪的是戴震到过扬州,于是说戴震也受了章的影响。章学诚有个《章氏遗书》,木刻的,书里可笑的错误多极了。余嘉锡先生,在《余嘉锡学术论文集》里,详细地批《章氏遗书》,说里面的笑话多极了。

扬州是清朝的文化、经济的一个枢纽。李斗作《扬州画舫录》,虽说是讲坐船游山玩水,事实上是写扬州的经济是什么样子,文化又是什么样子,但他写扬州文化还不够深入。我觉得现在应该到了写一本《扬州对清朝文化的影响》的时候了。清朝的文化不但是书本的文化,就连写字画画如"扬州八家",都是有创新精神的。现在我们应该创新。书画要创新,不要被古人套子圈住,不要被古人套子勒死。创新就看金农、罗聘、郑板桥等,这些人很有创新的见解。"文化大革命"前北京有一位邓拓,做《人民日报》总编。他喜欢书画,说"扬州八怪"名称很不公平,应该叫"扬州八家"。这是对的。哪一个也不能叫"怪"。我觉得现在真正需要有人郑重地写一回扬州的文化、扬州的传统、扬州的经济、扬州的建设、扬州的交通、扬州的人文历史。扬州文化离开人是不行的。从前扬州只被认为是歌舞升平之地，其实不光是这样子。扬州的商人也做了许多与文化有密切关系的事，直到现在我们也离不开他们刻的那几部大书。所以现在如果在《扬州画舫录》框架之下，重新写新中国成立后的扬州怎么样，它比以前更进一步或几步，远走多少里，多少路程，扩大多少范围，是了不起的。我觉得我人微言轻，可是昨天听我们这儿孙书记说他在规划扬州怎么样地扩建，我是很兴奋的。所以我想应该一边动手建设这个地区，一边动笔记录这些成绩。从清朝到现在，经过这么多年，写一本反映扬州人文成绩的书，是很了不起的。

（中共扬州市委办公室、研究室

根据 2002 年 4 月 28 日的讲话录音整理）

# 五、少数民族与中华民族文化的关系

我先声明一个问题。刚才主席介绍，说我有什么什么研究，当然中央下达了这个任务，我们应该热烈地、积极地响应。说"智力支边"这四个字，在我个人是非常不够的，智也不够，力更缺乏。我个人随着九三学社到这里来，是一个学习的好机会。在座的有许多老先生，老同志，其中一定会有老前辈，今天如果讲得有不对处，请予以不客气地指正。

我今天所谈的内容是《少数民族与中华民族文化的关系》。这个题目本身实际的意思是说：伟大的中国共产党领导之下的统一的中华人民共和国，是由多民族组成的，中华民族的文化已有几千年的历史，它不是一个民族或一两个民族创造的，而是各兄弟民族共同创造的，对这么大的一个中华民族的文化，各民族都有贡献。这个文化形成之后，它的光辉、灿烂，反过来又给各个兄弟民族文化以影响，从而丰富了、提高了各兄弟民族自己的文化。在这一点上，我有一个想法和论点，对不对，今天有个求教、得到印证的机会。我的意思，好比一个银行，有一笔存款，这一笔公积金是哪里来的呢？是各个兄弟姊妹去存的钱，这个钱是个人自己的，分别存在一笔公积金里，它丰富了这一笔公积金的金额和数字。但它仍然可以拿回来给每一个人去应用，它是一个相互影响、相互丰富的关系，主要的是贡献。贡献是互相的、往来的，所以我认为它是一种相互的关系。

什么是中华？即最古时所谓中原地区，就是现在的河南、山东、陕西、山西这一带。陕西如果再往北、再往西，最古的时候也还算不到中原的地带。那个时代所说的中华范围很小很小。我们历史上说有尧、舜。尧，《孟子》上说是"西夷之人也"；舜，《孟子》上说是"东夷之人也"。中国古代历史中，尧和舜都是"夷"，那中华又在哪儿呢？那太小了，所以说，从前历史上因为人少，他所写的这个范围就指的那一块地方，叫中华。随着我们这个国家的壮大，我们整个中华民族的兴旺和壮大，历经若干的历史时期，一直到今天，这个中华的概念就绝不是商周时候的那个概念了，特别是在中国共产党建立政权以后，这样一个统一的、伟大的中华民族的概念，包括了各个少数民族，各个兄弟民族，所以各个少数民族在今天是谁也离不开谁的。不能因为说它少、它小，作用就小，那不然，比如我两只手，十个指头，拇指大，小指小，给它砍了去，我也受不了，这是极其明显的。

我自己也向各位同志报告一下我的情况。我的父亲是满族人，母亲是蒙古族人，我自己学的是汉族的古典文学，我也学过一点历史，学过一点古代文物的知识，正因为这样，所以我心中酝酿一个想法，我觉得各民族互相的关系，即体现在"中华民族"这四个字之中。中华人民共和国的人，这是一个全称，简称中国人。我说一个故事。我小的时候在一个中学里读书，有一个教师，他的父亲是我曾祖父的学生，有一天他说他的父亲的老师叫什么什么，是个外国人。哎！我一听，是说我的曾祖父。我说，你看我是哪一国人？以前我还称他为"先生"，自此以后，我见面就称他为"外国人"。因为他称我是外国人，我也回称他是外国人。为什么？你要说我不是满人我也不怕，你说我不是蒙古人我也不怕，你就是说我是汉人也不要紧，你说我是任何一族的人，都不要紧，因为我们都是弟兄。就是说我姓张、姓李都关系不大，要说我不是中国人呢？那我非跟他生气不可，我会跟他绝交，这个道理我想大家都一样。所以我觉得我们做一个中国人，是非常自豪的，特别是我们做今天的中国人，更是如此。

中华民族的文化是各民族共同创造的，各少数民族在整部的中国历史里头，有着若干的思想家、政治家、军事家，太多太多了，但是这些我研究得不够，我只能从一些文化艺术现象上谈一谈这个问题。我们一提到中华文化，就很容易想到汉语、汉文、汉字等，很容易这么联想。我要提的艺术创作是各族人民共同的功劳，即使用汉文、汉字、汉语等，也有各族共同的贡献，并不等于用汉文写的就一定是汉族人写的，这一点大家也会随处遇到。我现在可以汇报一下我想讲的几个方面：一个是音乐，一个是雕刻，一个是绘画，一个是语言、语言学、文学。

以前我还有一个不全面的想法。一提到少数民族的文学，我就联想到一定是非得用少数民族的文字、少数民族的语言写出来的，才算是少数民族的文学艺术。这个当然毫无疑问。但是，某少数民族，用兄弟民族语言写作，如甲少数民族用乙少数民族语言文字写的作品，这个作品就不完全属于乙少数民族了，而有甲少数民族的功劳了，我的意思是这个。我现在先谈音乐。

（一）音乐

音乐在中原地区、在商周时代，用的是什么乐器？是琴、瑟、笛、钟、鼓、磬。我们现在看到殷墟出土的有大的石头磬，还有石头的扁磬，鼓是用石头做的。敲打的声音即所谓"金石之乐"。铜做的叫金，石做的叫石，用金石做的乐器，敲打起来的声音不言而喻，一定比较简单。琴瑟，我看到过，也遇到过。老先生有的会弹古琴，他的手来回捋着弦，捋了半天，才弹一声，我听着十分没有兴趣，捋的声音之大，超过了他手弹的声音。我想古代人是否也是这个弹法？"钟鼓乐之，琴瑟友之"，这好了不起！所以我就想，古代的乐谱要是存下来，就可以知道古代的雅乐多么好听！我非常相信这个东西。一次听说日本保存着唐代流传下来的雅乐，我高兴极了，我想我几时能听见日本保留的唐代的雅乐，这可不是俗乐呀。哦！我一下子想起纪录片中的《兰陵王破阵曲》，这是很有名的古曲，说古代那个兰陵王长得太秀美了，临阵对敌，敌人不怕他，于是他就戴了一个面具来威吓敌人，这是一个历史故事。有人用这个故事编成一个舞剧，穿着盔甲，吹着一个短笛，打着鼓。这种雅乐，我也会吹，它就是一个直的声，嗯嗯嗯的。这么一来，完全跟那个木偶人傀儡动作一个样子，看了半天，来来回回老是这个动作和声音。哎呀！原来雅乐就是这么个雅法！从此我产生怀疑。我想，过去我老觉得那个老先生弹的古琴是他的手法不高，后来我才明白古代的弹法也高明不了多少。所以到了汉、唐，用的是燕（或宴）乐，在平常生活里头饮酒作乐，音乐才繁盛起来，丰富起来。再举一个例子，春秋战国时代有一个曾乙侯，曾本来是中原地区的一个小国，曾侯跑到楚国，楚国的国君送给他一套乐器——铜编钟，从大到小，一个架子，还有一个大棍子，有些个小锤子，打起来，声音非常好听。用那个大木头棍子撞钟，声音很浑厚的，然后拿那些小锤子锤那些小钟，声音很好听，它能够打出《东方红》乐曲的声音。没想到，后来细细地考察这些音阶，正如许多历史书中记载的那样，古代有九个音阶，这个情况，是研究音乐的人意料不到的。现在有许多音乐家、乐理家、乐谱创作家、乐理研究家再分析，用它可以敲打出贝多芬的交响乐，使搞外国乐理的人大吃一惊，说为什么这个春秋战国时的乐器，还能奏出贝多芬的乐曲来呢！其实，贝多芬又怎么样呢？他只有两只手一个耳朵，据说晚年一个耳朵聋了，听说第几交响乐中有几个地方拐不过弯来，听着很直，可见贝多芬也有缺欠。

这个编钟在随县出土，现在陈列在湖北省博物馆里，是楚国国君送给曾侯的，这套编钟无疑是楚国人做的。我们再翻开历史，中原地区的人，认为楚国是夷狄，所谓"戎狄是膺，荆舒是惩"。苏州，现在算不算腹地？可是吴人说吴的祖先是由中原地区跑到这里来的，并说等于到了蛮夷之乡，由此可知中原地区的观念是多么狭窄，眼光多么短浅！而吴楚在春秋战国时代，都被认为不是中原民族，那别的地方就不用说了。所以相对于中原那个小地区的文化来说，楚国的编钟就是少数民族创造的了。春秋战国时候，少数民族就有那么高明的创造，恐怕是历史学家、考古学家都意料不到的事。我们再说后来用的琴、瑟、笛，笛叫羌笛，非中原的琴叫胡琴，什么都是胡。在中原地区的人，把凡不是这一地区的人都叫胡，像我就是胡。小时候，我就说过一次"我是胡"，我祖父就骂我说："人家骂你是胡，你自己怎么也骂自己是胡呢？"我说："我自己也不知道胡是怎么一回事。"说我们是鞑子，鞑子又怎么样呢？这个没有关系，它是民族的名称，你当贬义说，我当褒义听，这有什么不可以呢！所以我今天到这里真是"胡说"了。

至于胡琴，外来的都叫胡琴，后来我们唱皮黄戏、唱京戏拉的那个不是也叫胡琴吗？两个弦的叫二胡。凡外来的叫"胡"不奇怪，后来外来的都叫"洋"，什么都是洋的。琵琶也是一种胡琴。笛，诸位都读过唐诗，"羌笛何须怨杨柳，春风不度玉门关"。羌笛、羌人其实我们随处都可遇到的，"羌"这个民族我不晓得现在还用这个名称否？反正是从西南直到西藏，有许多古代羌族的后裔。笛这个乐器，可以拿到大交响乐中去吹，但竹管做的这个笛就不同了，那是中国乐器。所以汉、唐的宴乐都是非中原民族的东西。又如旧龟兹乐谱，是最讲究的一种乐谱。龟兹，是我国新疆的一个地方，那个地方的音乐好听，《大唐西域记》中就讲到龟兹地区"管弦伎乐，特善诸国"，所以唐、宋两朝组织的大乐队全是龟兹乐，到了清朝，朝会大宴的时候，音乐很多，各个民族的整套整套的乐队在正月初一的大宴飨都有，可见各族的音乐是共同演奏的。

这说明各族的音乐已渗透到乐谱、乐器、乐调和作乐的方法中了，这个影响我就分不出来了，肯定是有的。现在我们随便唱一个唱腔，我也分不出来这个唱腔来源于哪一个地区、哪一个民族了，所以我觉得音乐有这样明显的证据，说明各民族的音乐丰富了我们中国的音乐，有的地方叫国乐。不管怎么样，整个中国的音乐是各民族共同创造的。

（二）雕刻

我们看见殷墟（河南安阳一带）出土的玉雕的人、石雕的人，也有立体雕的人。有一个石头雕的人，好像一个大青蛙，在那儿瞪着眼睛，有头、有身子、有嘴，你看不出更多的形象来，大致是一个人的模样。到了汉朝，在武梁祠、孝堂山的那些石刻，看起来都是平面浮雕，就像我们现在看的皮影戏中的皮影人，是一个扁片，这个人脸是这样子的，就永远是这样子，再翻过来没有正面的脸，汉画像是这样的，偶然有一点立体的雕刻，也非常粗糙。到了北朝，我们看见了洛阳的龙门、大同的云冈、四川的大足，非常多。北方的这些雕刻群，最早的是北魏，六世纪雕的那些立体的、有血有肉的佛像，我们知道，唐宋人在庙宇中画的大批的壁画，常常把当时皇帝的像画在里头。特别是道教的影响，像宋徽宗等人，特别信奉道教，都著名了。宋朝信奉道教，是从唐朝继承下来的，因为"老子"姓李，所以李姓的唐朝特别重视道家，因此，道教的像特别多，其实有许多是吸取了佛教的。北魏的寇谦之改造的道教，加上了许多佛教的东西。唐宋的许多壁画中的大神仙，据记载好多都是某某皇帝的面容。所以从这个道理来看，北魏所造的那些佛像，都有真人的模特，真人的标本，是毫无疑问的。这些模特也许是当时的高级人物，或某个大师、某个和尚、某个学者等。这很难说。

那么，北魏的像呢？你看见的都是些有血有肉的人。那早期的佛像是垂着腿，后来叫结跏趺坐，两条腿这么交叉着，再就是盘起一个来，再就是两腿全盘起来了，佛像也逐渐地在演变。有这样一种说法："吴带当风，曹衣出水。"唐朝的吴道子画的人的衣服飘带好像能飘扬起来。至于"曹衣出水"，曹是谁？有争议，我们且不管，据说他画的人都像刚从水里头出来，衣服沾了水，全贴在身上，露出肉来。但是从他鼓的地方还可看出来他身上穿着一件纱衣，这个就难表现了。在画里头，你把肉的颜色可以画得黄一点，纱染得白一些。石刻你怎么表现呢？我们看北魏以来的那些佛像的雕刻，极薄的纱，他能用极硬的石头表现出来，北魏的雕刻已经能达到这个水平。越到后来水平越高，不管宗教家怎么说，这些佛像所要表现的是伟大的英雄。可又说佛是大慈大悲的，又英雄、又慈悲，这个矛盾怎么统一呢？我们看那些雕刻，它能统一。你看他也很威严，可又不是瞪着眼睛，并不是鲁迅所说的"金刚怒目式"。力士有金刚怒目的，可是那个主要的佛，并不是金刚怒目式的，可是他的威严、他的慈悲，都在这里头表现出来。这种雕刻更不用说与殷墟雕刻比，就拿汉朝雕刻比，它们远没有这样水平。这是什么人创造的？我们知道北魏是拓跋氏，拓跋氏是鲜卑族，他们在洛阳那个地方雕刻，其中定有少数民族的工匠，从人物的脸面风格来看，肯定地说，是鲜卑人居多，鲜卑的劳动人民在里边起了主要作用，他们同其他几个民族的劳动人民共同创造了这些雕刻。

雕塑，拿一把泥，捏一个小小的人，还要用刀雕来雕去，也不容易刻好。几丈高的像，上去敲一下，雕一刀，下来再看看，就这样上上下下，要费多大的力气！我们现在上三层楼还喘，要我去雕刻，连一个耳朵都雕不出来。到了唐朝，唐人雕刻的脸就丰满了，我们一看这个石刻，就可知道是北魏的、北朝的，或者是隋唐的。到了隋唐，脸就圆了，隋唐的人以圆脸为美，而胡子呢，以卷起来的为美。杜甫在《八哀》诗中说，汝阳王琎虬髯似唐太宗。我们现在看到的唐太宗李世民的画像是传为阎立本的底稿，叫《步辇图》。步辇不是套着车、套着马，而是几个人抬着一个平的座位，他坐在上头。辇就是车辇。这个李世民的像，胡子也是弯的。据记载，说李世民的胡子弯得可以挂一张弓！哎呀，这得多硬的胡子呢？我说，我们不管李世民他自己承认他是否为凉武昭王李暠的后代，反正凉武昭王属于西北少数民族，这是毫无疑问的。他到了中原地区，说我姓李，是老子的后代，就是李耳老聃的后代。不管你说什么，你爱是谁的后代也不要紧，反正他的胡子是弯的。这样我们就可知道唐朝的文化毫无疑问是多种民族文化的合成体，他是"来者不拒"。我们知道唐朝的文化是最盛的，在封建文化里唐朝是个高峰。唐朝的高峰是哪里来的呢？他是"兼收并蓄"，"来者不拒"。他为什么敢于大量吸收呢？因为他没有那个框框，没有说我是只限于这么个小地区，这里才是我的家。他不是这个想法，所以唐朝有那么丰盛的文化，有那么灿烂的成就，不是偶然的。他要脑子里有那么一个小框框，他就不可能有那么大的成就。

我们现在再看一看汉朝人，很讲究！汉成帝的妃子叫赵飞燕，据说赵飞燕能作掌上舞，腰非常细。而到唐朝呢，不管那一套了，非常健康，脸要圆，身腰要粗，所以他就健康起来了。我们说，今天我们中华民族非常强盛，摆脱了"东亚病夫"的称号，这是我们伟大的共产党的功劳。可是，我们民族虽然历经帝国主义种种摧残，而仍然能够以各种斗争方式保存下来，没有被帝国主义者压倒，我们的民族精神是最大的支柱。这个民族精神与民族体力的健康也不能说毫无关系吧！我们是唯物论者，我们说这人只有精神，没有体力，不把体力考虑到里边，恐怕不行。我们要是按照汉朝的标准，腰越来越细，我们这个民族就真正危险了。我觉得我们在唐朝以后，中华民族就起了一个很大的变化，在人的体魄上、体质上我觉得也有很大的波动，中间经过元朝，经过清朝。北方经过辽金，这是一个很重要的事情，有很大的促进作用。举一个例子：在战国时候的那个赵武灵王，曾经穿上少数民族的胡服，学骑射，这是个了不起的改革，真是要强健他国家的力量了，但结果被他的儿子关起来饿死了，从中我们可以知道惰性的力量有多大。他想穿胡服学骑射，就被顽固派把他整垮了。而到了唐朝呢，干脆穿胡服学骑射了。我这是有根据的，这个赵武灵王的失败，可以反衬唐朝的胜利，也反衬出唐朝的伟大了。

（三）绘画

我们翻开讲绘画史的书，可以看见许许多多少数民族的姓名。姓尉迟的、姓曹的，很多很多。如尉迟乙僧就是于阗（今新疆和田）贵族，这无疑是少数民族。敦煌壁画中，有少数民族文字记载的画工的名字，其实也不用他写上名字，只要看看整个的成果就很清楚了。它是北魏时开始画的，在河西地区，毫无疑问，没有少数民族参加，是不可能的。在绢素上做的卷轴画也流传下来很多。比如有一幅有名的天王像是尉迟乙僧画的，画的底子用些重的颜色填上去的，这是少数民族的绘画法。有一个现象很值得我们注意。佛教是从印度来的，毫无疑问，佛是印度人，印度的佛教画，现在还保存一个洞窟，叫阿旃陀，这个洞窟里画的画，是佛在说法，他的弟子迦叶拿着一枝花，拈花微笑。我们看了这幅画，怎么也不相信它是佛教画，就像油画似的，人的形象也不是我们熟悉的佛的形象。那是印度人六世纪画的，和我们北魏敦煌壁画的时间相同。但是，我们拿阿旃陀壁画和敦煌壁画一比，截然不同。佛教的美术，从佛故事的形象、佛的理论、佛的整个宗教，全遵印度，到了中国，立刻就变成中国的佛教，佛教的美术就变成中国佛教的美术。我们新疆这里有许多洞窟，里面画着佛像，和敦煌虽然略有区别，但基本的画法仍是中国画，这种画一直往南到西藏。

西藏的藏密的画，与中原地区的画、与北方地区的画稍有不同，但是跟印度的画截然两样，东传到日本，东方的密教所传的画像，和中国的画法完全一样，而跟印度阿旃陀的画法完全不一样，这说明我们这个伟大的中华民族有多么大的消化能力！这种融合的能力、建立的能力多么大啊！它到了我们这里就成为我们的营养，而它成了我们兄弟民族共同的风格，这种风格在国内各民族都适用，而和它的来源，佛教的老家艺术反倒不一样了，这一点很值得我们细细想一想，真足以自豪！我们兄弟姊妹有多少人，不管语言文字有什么不同，而他创造出来的是一个有统一风格的艺术品。我每次知道某地出现一个新洞窟，总愿赶快看看，看不到原东西也要看看照片，一看是中国风格，中国风格就包括各民族的风格，而跟印度的、跟它的来源风格不一样，这个真值得我们自豪啊！

再说文人画。宋朝的文人画有很多区别，别人都是那样画山，那样画水。出来一个人叫米芾，字元章，画喜欢用点子点，《芥子园画传》甚至称大点为大米

（元章），小点为小米（友仁）。米芾是哪里人呢？他自己说襄阳米芾。大概祖先在襄阳住下了。他有几个特点，一天洗几次澡，洗多少回手，看看书，看看画儿就洗手，吃饭的时候和人不同席，你在这桌吃，他在那桌吃。拿个砚台给人看，说你看我的砚台好不好？有人蘸点口水研墨，他就不要了，说你拿去用吧！因此，大家说米元章有洁癖，我请问这是洁癖吗？不言而喻。他是哪族人？是西北的米姓，是昭武九姓之一。唐朝在西北有九个姓是少数民族的姓。

到了元朝，有个高克恭，专画米元章这一派的山水，也是点，他是哪里人？他是高昌人，汉姓也就姓高了，这个人历史上只说他是西域人，也不言而喻，他一定是维吾尔族人。而他不学别人，只学米，他的画在历史上很有名，故宫博物院藏的画就有他的，很了不起。他画的山的形势是往里头伸的画法，这种画风改革了唐宋以来的画风。说文人画，要讲宋元文人画，你不能不提到米和高。

元朝还有一个叫倪瓒，这个倪也是昭武九姓之一，也是西北少数民族。可是，他说他是无锡人，是家住在无锡。这个人一天洗几回澡，与人不同席，不跟人家一块吃饭，老说人家脏。大家认为他有独癖，不跟随大家一同生活。试问这个人是什么民族呢？而他的画法，在元朝属于第一流。他画得非常简单。你们画很多的树才成一片林子，我就画两棵三棵就是一片树林子，随随便便勾几笔就是远山，概括、简练。他这个人的行为很高尚，不同流合污，不人云亦云，有很强的个性，而又好干净，不和人一同吃饭，我们可以判断出他是什么民族。而从画风上讲，有人说是江南派。后来人们以家中有没有倪瓒的画说明自己的高明与不高明，谁家要有一幅倪瓒的画，说明我很高明，因为我有倪高人画的画。倪瓒，人称他为高师，这并不是因姓高，而是说清高的高，大家多方面佩服他，称他为高师。在画派里有那么高的地位，被人这么尊敬，这是很不容易的。他并不是无锡的土著，他的姓是从西北去的，是西北少数民族。

在唐朝以后，元朝这个民族的兼收并蓄气魄更大了，一直到中亚、西亚地方的人都可以来到元朝这个区域里做事情。那时把西域各族人都称为色目人。而所谓的汉人是包括辽、金人在内，南人就是江南的人。它全都兼收并蓄，这是在唐以后各民族的一次大聚会。

上面我们说了元朝的画，还可说说字——书法。倪瓒也是一个书法家，还有一个书法家，他姓康里，康里部落的人，名字叫巎巎，是音译，字子山，他的草书写得非常好。大家知道有个赵孟頫，是元朝大书法家。有人问赵孟頫，说你一天能写多少？赵孟頫说我一天能写一万字。有人去问康里子山，你一天能写多少字，他说我一天能写三万字。他写草书快极了，维吾尔族原用竹笔，蒙古人也用，写起来很快，他写字这么快，与他本民族习惯有没有关系，现在没有正面论据。我推论，必然是有关系的。

康里在哪里呢？在苏联境内的一个部落。这些人，不但在艺术上、雕刻上、绘画上、音乐上有贡献，而且在写汉字、作汉文、作诗、填词上也很有贡献。我们翻开元朝人的文章、诗词，他们写得很多很多，而他们也同时能用本民族语言文字写东西，如萨都剌、迺贤等。萨都剌是个大诗人，他的名字据说是阿拉伯文，翻译出来就是"真主恩赐"的意思。我不懂阿拉伯文，在座的同志一定有知道的。他字叫天锡，"天锡崇古"，天所赐，跟名字的意思一样，他用汉文作的诗非常好。还有一个迺贤，他是什么地方人呢？葛逻禄，快读是和鲁，是葛逻禄部落的迺贤，作的诗是唐人的味道，唐人的音节。现在我们选元朝人的诗、讲元朝的汉文学史，你能把萨都剌、迺贤取消吗？讲宋、元的绘画史，你能把米芾、高克恭、倪瓒取消吗？讲书法史，你能把康里取消吗？不能，他们不但不能取消，而且还是起大作用、占重要位置的人。

（四）语言

在汉语学上，有位绝大贡献的人是陆法言。这个人生在北朝末期，到了隋朝，他创造了一个方法，编了一本书，是专记汉语的。他是鲜卑族人，他肯定会说鲜卑语，为什么知道？在颜之推著的《颜氏家训》里记载说：现在的人能够弹琵琶，会说鲜卑语就算是很漂亮了，在社会上就一定容易交朋友，一定受人重视。这就好比今天有许多人说："我会外国语，不但能说第二外国语，还会说几国外语。"大家就说他本事大。当时在中原地区的颜之推是汉族人，他就知道许多人会弹琵琶，会鲜卑语，这是当时流行的时髦东西，那么当时的鲜卑人能够不说鲜卑语吗？

陆法言编的一本书叫《切韵》，大家都知道这个"切"，即"反切"。什么叫做"切"呢？就是用两个字拼一个字的音，比如东方的"东"，用"德红"切。怎么叫"切"呢？就是把上一个字的声母、下一个字的韵母拼起来，拼出这个音，然后分部，分四声：平、上、去、入。这是一个了不起的新方法。在以前只能用同音字来注音，如茶碗的"碗"，读作"晚"，早晚的"晚"。这就有一个毛病，你若不认识早晚的那个"晚"，你也不认识这个茶碗的"碗"。他发明这个切韵的方法就是拼音的方法，这个方法打从隋起到今天，大家翻翻《康熙字典》，一直到新编的许多字典，如《辞源》《辞海》里还有什么什么切，这个方法到今天还在用着，而它的进步性在哪里呢？汉语的调子有四声，如"东董冻笃"，现在要用普通话，以北方话为基础，以北方音为标准的普通话，都也有调号四声，比如"湾纨碗腕"是阴阳上去；"东董冻笃"是平上去入，这很清楚的。

可是，现在呢？说是用拉丁拼音，这当然应该比陆法言高明，至少晚一千三百年，我们应该比陆法言进步了，可现在拼出来呢？一大串，没有隔开，也没有调号，比如说这个"茶碗"，可能读成"叉弯"，我有一个刀叉，这个叉弯了。没有调号，这个词汇的意思就不明确，而现在的汉语拼音，把调号一律都取消了，读起来就不行，如"你上哪里去"？"我回北京"，可能读成"悲京""背景"。我就问人，为什么你们不加调号？他说那不就穿靴戴帽了吗。啊！我说你穿靴戴帽不？看你冻的时候穿靴不穿、戴帽不戴。人都穿靴戴帽，为什么字母不许穿靴戴帽呢？这是为什么？总觉得因为是外国人没有的，我们不能添上。其实呢？你拼的是汉语语言，不添也不行啊！我为什么说这个？就是说我们一千三百年之后的人，运用拼音的注音方法还不及一千三百年前我们兄弟民族鲜卑人遗留的办法优越。鲜卑族的陆法言遗留的这个办法，是古代没有的，后代不接受的，后代把它抛弃的，而现在古字典注古音还用这个。我们现在想推行普通话而不接受陆法言的这一点经验，这一点办法，我看推广普通话就用汉语拼音是很难的。你们看（指讲台上的扩音器）这个上就有浙江温州无线电十二厂，等一会儿大家看看，这上面一大串字母，拼不出来，我不知道从哪里断。毛主席说："有比较才有鉴别。"我经过比较，我觉得陆法言在一千三百年前是我们的前辈，少数民族研究汉语的老前辈，这个方法到现在还不能随便一笔抹倒。

（五）文学

最后我谈谈文学。少数民族用本民族语言文字所写的文学是了不起的宝贵财富。前天拜访新疆社会科学院，见到许多位同志给我介绍现在正在翻译的《福乐智慧》，维吾尔语写的古代遗留下来的长诗，也是史诗，这是宝贵的财富。我听了听介绍，觉得它与许多用汉文写的诗歌词曲，在音节上有很多关系，我是喜欢搞音节这个东西的。我写过一本小册子，讲诗词的声律问题，我就想吸取一点。西洋与我们远，因为它是印欧语系，我想阿尔泰语系对于我们汉语古典文学一定有影响。我现在很盼望将来能读到汉语本的《福乐智慧》。现在我要找懂维吾尔语的同志好好学一学。用少数民族自己的语言文字写的，或用汉语写的，前边我举了像萨都剌、元好问，大家都知道他们是鲜卑人。元姓是拓跋氏后裔，唐朝与白居易一起的那个元稹，就是拓跋氏了。用汉文写作，也受到若干少数民族的音律、语言、手法等多方面的影响，我们讲汉朝的挽歌、铙歌里头有许多字，只起到帮腔的作用，这些有音无义的字是什么？我很怀疑是少数民族的语言，比如《铙歌》里的"匪乎欷"，"噫无鲁支呀"，是什么意思？不知道。"匪乎欷"，这分明是一个意思，是一个音，有人讲"匪"就写皇妃的"妃"，"乎"就写呼叫的"呼"，"欷"就写"豕"字旁加一个希少的"希"（"豨"），这怎么会有一个王妃在那里喊猪？没有这个道理。"噫无鲁支呀"，这也是糊涂，注《铙歌》的人胆子真大，胡注，我觉得可能是古代哪一个少数民族语言随着乐谱过来的。我们再看《汉书·西南夷传》，西南少数民族的诗，整套地翻，翻出来给它用四个字注出来，对得很不准确，但是《后汉书》里头整篇整篇地把这些诗记录下来，很不简单，我们更不用说佛经了，佛经整个全是翻译的。北齐有一个人叫斛律金，这个人不会写字，该到他签名了，他瞪眼说，我不会写汉字。别人说你看见过蒙古包的帐篷了没有？你的名字就按帐篷顶画一个就行了，他光在底下画了一个横道，算是帐篷。但中间的柱子呢？即金字中间那一道，于是他拿笔倒着往上画，算是把柱子画上了，可是从底下往上画，你可以知道这人汉文有多高的水平了。这不是他的耻辱啊。他作的诗虽只传下一首来，但凡是研究文学史的谁也抹不了它，就是《敕勒歌》："敕勒川，阴山下，天似穹庐，笼盖四野。天苍苍，野茫茫，风吹草低见牛羊。""野"念作"雅"，这首诗在当时古声里是押韵的，"敕勒川，阴山下，天似穹庐，笼盖四野。""天似"二句等于把七言句加了一个字，"天苍苍，野茫茫，风吹草低见牛羊"。整个调子是：三三七、三三七。这个节奏咱们今天数快板都用。大家都会数快板，究竟数快板是北方人学敕勒部落的人呢？还是学少数民族的语言呢？还是少数民族用汉语来写的呢？到今天还纠缠不清。对这首诗有两派意见，有说这是用鲜卑语翻译的，有说是斛律金自己写的，自己唱的。到底他会唱不会唱？是谁写的？无头案，永远没法兑现，因为他死了，历史过去了，你没法证明了。可是我可以肯定一句话，在我们灿烂的中国文学史里头，有这么一位作家，伟大作家，没作别的，就这一首诗，便流传千古。

再说李白，他是中国的诗仙。他是哪族人？他和李世民是一家子，昭武九姓之一，西北地方人，流寓到四川做商人。历史上没有详细写他是哪一族和具体的族名，但是我们可以肯定，他是伟大的诗人，这一个伟大诗人是少数民族。其实我对少数民族有这样一个理解，我觉得咱们一切都应该辩证地看问题。比如甲地区某族的人到乙地区来，乙地区其他民族的人多，甲就是少数民族；乙地区某族人到甲地区，那里另外民族的人特别多，乙就是少数民族，多和少还要看具体环境来决定。总起来说，全中华人民共和国有个总数，在地区上讲呢，哥哥到弟弟家，哥哥是少数，弟弟到哥哥家，弟弟也是少数，很有意思，很亲切。李白肯定是少数民族，而他成为全民族的伟大诗人，这没有什么奇怪的。

到了清朝，有个纳兰容若，即纳兰成德，词作很有名，他是呼伦四部的人，即旧满洲地区的人，姓叶赫部落。他的词很有名，为什么？他受古典的束缚很少而创造出新颖的风格。再看曹雪芹，曹无疑是原来从关内流寓到关外的，他的祖父给康熙上的奏折，康熙批语有满文，这个奏折是不许别人看的，只能皇帝和写奏折的人看。康熙用满文批，肯定曹雪芹的祖父是懂满文的。而曹雪芹呢？接受了满文化，用汉文写出来的《红楼梦》，成为古今很有名的著作。《三国演义》《水浒传》《西游记》等都是了不起的古小说，自从《红楼梦》出来，你看看，它的手法，它的成果，艺术水平是古代少见的。所以现在《红楼梦》在中国文学史上地位特别突出。为什么曹雪芹没有受到那个框框的限制，因为他有他自己独特的发明创造。《红楼梦》这个伟大的作品是多数民族创作的还是少数民族创作的？我在内蒙古见过蒙文的翻译本，大家对这很有兴趣。那么这个财富是哪一个民族独有的财富呢？肯定是公有的财富。

上述是在文学史上，我们在历算天文上就不说了，那更多。元代有一个撰《万年历》的札马鲁丁，就是回族人。元朝以后，明、清两朝有钦天监，钦天监里算历法有西洋科的。用西洋算法的是南怀仁啊！还有回族科，用算回历的办法算历法。明、清的钦天监就是用各种算天文历算的办法来求得日月运行的准确性，那么在历法上就有我们少数民族的贡献，这是大家都知道的。

最后我举个例子，大家都知道北京城，许多人都问北京城是谁修的？大家都传说刘伯温修建了北京城，到底刘伯温修了北京城没有？我也不知道。可是我知道，北京城这个城圈现在是这样，而在元代也是这个城圈，北边向北推了五里，现在北京北边有个"土城"，那是元代的旧城。元朝的城南到长安街，北到土城，明朝往南展了一里多，到宣武门、崇文门，北边缩了三里到安定门和德胜门。元朝管建筑的，设一个叫查的尔局，蒙古语，管查的尔局的人，叫乙黑的尔丁，又写作叶黑的尔丁。这个人是回族，不但他管查的尔局，而且他子孙四代都管查的尔局，元朝北京城的规划建造全出自叶黑的尔丁四代。大家只知道北京城是刘伯温造的，诸位大约却不知道出自叶黑的尔丁。这个城明朝基本上用了它，就是把墙皮加了砖。我们一提城墙，都觉得是用砖砌的。在古代城墙没有砖皮，只有到了城楼那儿，才有砖，剩下全是巷口，有人说土城是把砖除去了，不对，就是那样子，因为它厚，没有风化，没有经人损伤，于是保留下来。

我有这些想法，今天有机会在这里向诸位请教，这是我的一个好机会，希望得到批评指教。

（白应东根据 1983 年 6 月 4 日在新疆人民
政府礼堂演讲的录音整理，柴剑虹校订）

# 六、《壬寅消夏录》与尉迟乙僧画

1929 年至 1930 年间，杨钟羲（1865—1940 年，原名钟广，字子勤、嵰盦，号留垞、雪桥、圣遗居士等，满洲正黄旗人）在西单太仆寺街开雪桥讲舍，讲经史、词章之学。真正入讲舍请教的，却只有当时留学在京的两位日本学者仓石武四郎（1897—1975 年）和吉川幸次郎（1904—1980 年），后来他们回国，成为日本中国语教学和中国文学研究方面的大师。仓石武四郎在中国两年多的留学时期，留下了最后八月的生活实录——《述学斋日记》。这一日记反映了他与那个年代的中国学者之间的交往，具有重要的史料价值。其中几处提及《壬寅消夏录》（"消"或作"销"，前者是）这样一本书：

> 二十九日。晴。
>
> 阅《会典》。汇文堂回信，要《敦煌县志》（十五元）。杨鉴资先生来谈《壬寅消夏录》。徐森玉先生来送《秦淮海词》十八本。是日为黄花岗纪念日，放暇（假）。
>
> 四月初一日。晴。
>
> 赴雪桥讲舍课。拜观《壬寅消夏录》，凡四十卷，二十四本。三看封书，一无可用。到俞宅。过一二三馆，见原田助教。时莅春节，校课放三天。
>
> 初十日。
>
> 杨、吴、孙三先生课。吴先生以伦、王、傅三公为反革命，课上一趣话也。抄《壬寅消夏录》"凡例"。阅首都萃文书局目录，有王翼凤《舍是集》、夏燮《述均》、周济《求志堂汇稿（存编）》。校《雪屐寻碑录》第一本。德友堂扬送《历代题画诗类》（一百廿元）。
>
> 十一日。阴。
>
> 蜀丞先生告暇（假）。拜雪桥老师，奉还《壬寅消夏录》《雪屐寻碑录》各一本。……

初三日。晴。

早起访哲如先生于东莞会馆，又不值。即赴通学斋，托还《王宽甫集》三本，并嘱订《自课文》。过直隶书局，获海源阁仿宋《唐求诗集》（有"宋存书室"朱记）、姚文田《四声易知录》（一元）、《墨秋堂稿》（青浦陈琮，二元），并《北平图书馆杂志丛书（四集）拟目》，尤快人意。来薰阁送扬州、苏州府志，并《百衲本廿四史》样本。收三兄信并家信。杨鉴资先生来，赠《陈石闲诗》三部，其二部即转赠君山、湖南两师之物也。《壬寅消夏录》索价贰千，恐无法售出。点书……

上面提及的《雪屐寻碑录》，也有一个重要的典籍流传掌故：《雪屐寻碑录》十六卷，清宗室盛昱（1850—1900 年，字伯熙、伯羲、伯兮，号意园等，满洲镶白旗人）著，十六卷，收录北京郊县清代碑文八百八十方，是研究满族人关前后的第一手资料，但该书在当时并未印行传世。据仓石武四郎《雪屐寻碑录の跋に代へて》（《支那学》7 卷 3 号，1934.8，《辽海丛书》中有金毓黻汉译）记载：日本的中国学家内藤虎次郎（1866—1934 年，字炳卿，号湖南，秋田县鹿角郡人）从《雪桥诗话》卷一二中得知杨钟羲藏有《雪屐寻碑录》的副本，便于 1929 年 5 月致信仓石武四郎，托其在京打听，并希望得到过录本。岁末，杨钟羲遣其子懿涑（字鉴资）携该书至仓石武四郎寓所，同意由内藤虎次郎转抄并印行传世。1930 年 1 月 23 日，仓石接到内藤复信，希望尽快得到转录本。因仓石居处不便，该书遂由寓居东城的吉川幸次郎请人誊录为数册，由两人先后校正，并经杨钟羲校阅，历半年而藏事。吉川幸次郎也因此于 1930 年将内藤虎次郎撰写的《盛伯羲祭酒》《盛伯羲遗事》译成中文，以《意园怀旧录》为题，发表在《中和月刊》1 卷 7 期（1940 年）上，今收入《吉川幸次郎全集》第 16 卷（东京筑摩书房 1970 年 7 月版）中。《雪屐寻碑录》的正本和杨钟羲副本后来在国内均未见流传，因此，金毓黻（1887—1962 年，字静庵，辽宁辽阳人）在编辑《辽海丛书》（1936 年）时，又据内藤本抄回刊印，方得行世。

仓石武四郎与吉川幸次郎在中国留学期间，还担负了帮助日本京都帝国大学文学部和东方文化学院京都研究所（今京都大学人文科学研究所）购买汉籍的任务，像陶湘（1870—1939 年，字兰皋，号涉园，江苏武进人）所藏的丛书类善本，即由二人介绍，为东方文化学院京都研究所购去。但是《壬寅消夏录》这样一部书，根据《述学斋日记》的记载，似乎因为开价太高，当时并未流失东瀛。而在国内所出的各种清人著述书目中，又并未有该书的一点记载。（郑伟章《文献家通考》〈北京：中华书局 1999.6〉"端方"条称"缪荃孙为其撰《消夏录》稿本四十册，今在故宫博物院"；尚小明《学人游幕与清代学术》〈北京：社会科学文献出版社 1999.10〉据李葆恂的《有益无益斋读画诗自序》著录为《壬寅消夏记》，均似未见原书）

非常巧合的是，该书在新中国成立初期，曾经我手，由收藏家苏厚如先生处售归国家文物局，《述学斋日记》的整理者持以相询，因将与该书相关的故实记述如下。

1.《壬寅消夏录》及其递藏

《壬寅消夏录》是清末端方收藏的书画目录。端方（1861—1911 年），字午桥，号陶斋等，满洲正白旗人，亦署浭阳（今河北丰润）人，光绪八年（1882年）中举，历官陕西按察、湖北巡抚、湖广总督、江苏巡抚、两江总督、湖南巡抚等。宣统元年（1909 年）夏，调任直隶总督。同年底，因在东陵拍摄慈禧葬礼，被劾免官。1911 年起用为川汉、粤汉铁路督办大臣。同年，四川保路运动起，由湖北率新军赴川镇压，行至资州，为起义军所杀。在今人的评述中，端方被称为清政府干练的官员，并认为其在地方致力于近代化事业，如设立学堂、创建图书馆、资助青年出洋留学等。

端方在公余，好事收藏，因其官职所在和踪迹所至，成为清代有数的收藏大家之一。举凡甲骨青铜、碑拓钱币、印章玉器、典籍字画，无不在其收罗之列。他的收藏主要通过其幕府中的文士代为鉴别，并由他们撰辑成书。这样就有了《陶斋藏石目》《陶斋吉金录》《陶斋吉金续录》《泰西各国金币拓本》《陶斋藏石记》等书的刊印。因此当其收藏在身后散佚之后，这些著录书籍便成为后世研究的重要资料。

《壬寅消夏录》与以上收藏著作不同的是，它在端方生前并未印行流传，因此也不像以上著作那样经见。而它著录的又是端方收藏品中数量最多的名家字画，所以受到其后诸多书画研究者的关注。据李葆恂《有益无益斋读画诗自序》的记载，该书画目录是由樊增祥、缪荃孙、李葆恂、程志和等代撰，凡四十卷、二十四册。端方被杀之后，其遗物由端四太太抵押，至赎取日，未能取回，遂为当铺散出。其中藏品多为恒永、景贤所有，景贤的《三虞堂书画目》（景贤撰、苏宗仁编，1933 年，排印本二卷）中，许多收藏品即为《壬寅消夏录》中物。但《壬寅消夏录》稿本，却不在此流失范围内。该书在端方生前，就为杨钟羲借观，1911年端方不测后，遂为杨氏所有。从《述学斋日记》中可知，1930年杨氏曾拟售与日本而未果。但此后，该书抵押给了苏厚如。苏宗仁，字厚如，安徽太平县人，曾任职于浙江兴业银行，亦好收藏。新中国成立初期，书画鉴定家张珩（1915—1963年，字葱玉，浙江鄞县人）前辈颇疑《壬寅消夏录》中有重要的资料线索，遂由国家文物局从苏氏处购得该书稿本，今则归中国文物研究所收藏。其书在当时夹有大量出自缪荃孙等人之手的笺条，但归诸文物局时，许多笺条已不存。今《续修四库全书》"子部·艺术类"（上海古籍出版社2000年）第1089册255—679页、1090册1—296页影印出版了该书，题作"端方撰"。

2.《壬寅消夏录》与尉迟乙僧画

《壬寅消夏录》中著录了大量珍贵历代名人字画，后世评述多有归功其幕僚之精鉴者。但应该说，正是由于端方过分相信了这些幕士的文化水平，而忽视了他们在字画鉴别方面的专业能力，反而使其收藏鱼目混珠，赝品充斥其中。今就其最为得意的压首作尉迟乙僧画论之。

《壬寅消夏录》中的"壬寅"当为光绪二十八年（1902年），系端方编定该书的年代。在他编就《壬寅消夏录》之前，一直以未能有一幅稀世珍藏作为开卷而遗憾。有蒯若木者，为蒯光典（1857—1910年，字理卿，亦作礼卿，号季述，室名金粟斋，安徽合肥人）侄，光典无嗣，故遗产均归之。一日，光典携尉迟乙僧《天王像》往访。尉迟乙僧为唐于阗国画家，贞观初入唐，授宿卫官，封郡公，与父尉迟跋质那均以画驰名中原，号大、小尉迟。乙僧善画外国事物与佛像，其画尤以重于设色的表现方法而迥异于中朝画风。流传下来的所谓尉迟乙僧画亦仅数幅，故弥足珍贵。所以当端方见到这幅《天王像》时，觉得《壬寅消夏录》的压首之作就在眼前，因而对蒯若木说：室内的藏品凭君所选，唯独此《天王像》必不再出其间。传云蒯若木亦有备而来，假作推诿之后，便取走了一幅赵孟頫的《双松平远图》。端方获得尉迟乙僧画的这一经过，闻诸张玮，玮曾娶白俄女子为妻，而任俄罗斯领事职，"文化大革命"时以里通外国罪被系，瘐死狱中。现在看到的《壬寅消夏录》。因为按作品年代排列的缘故，《天王像》题作《唐尉迟乙僧刷色天王像卷》，在第一卷中，但不是第一篇，而第一篇《出师颂》也非真迹。《双松平远图》题作《元赵文敏双松平远图卷》，在第八卷中。

但无论是尉迟乙僧的《天王像》，还是赵孟頫的《双松平远图》，经过民国以来的辗转递藏之后，现在都流传到了海外。尉迟乙僧画实际上是一幅赝品，现在美国华盛顿弗利尔美术馆（Freer Gallery of the Fine Arts），推篷装，有项子京、张丑跋，1999 年曾亲去目验之。赵孟頫的《双松平远图》却是一幅真迹，现在美国大都会博物馆。原有乾隆题词，后被刮去，致留下白色斑点。但现在经过重裱之后，弥补了白斑，颇见裱工手段。

（朱玉麒根据 2001 年 4 月 12 日及 25 日的谈话录音整理）

# 七、书法二讲

## （一）入门与须知

不管从事什么工作，都须先对它有一个正确的认识，学习书法、欣赏书法当然也如此，这似乎是一个无须多言的话题。但问题是：这里面有许多看似简单的问题实际并不简单，看似不成为问题，实则大有问题。特别是有些"理论""观点"是自古传下来的，有很多还是出于权威的书法家、书法理论家之口，看似金科玉律，颇能唬人，其实大谬不然，必须正名。否则必将被这些貌似权威的理论所欺，走入歧途。

### 1. 书法的特点和特殊功能

这里所说的书法指汉字书法。字是记录语言的，而汉字又是由象形等的方块字组成的，较之其他文字最具有图画性，因而它才能形成所谓书法这一门艺术。作为文字，它有它基本的功能，即以书面的符号形式把语言词汇记录下来给人看。这时文字就代表了语言，书面的功能就代表了口头的功能。比如在古代，你要与远方的朋友交流，就不能靠语言，因为他听不到，所以只能通过写信靠文字传达。又比如古人要与后人交流，也不能靠语言，因为它不能保留，所以也只能把它们转变为能长期保留的文字符号。这是文字的一般功能和普通功能。

但文字，特别是汉字还有它的特殊功能，即它能非常鲜明地反映书写者的个性。比如某甲所写的字就代表了某甲的个性、具备某甲的特点，而某乙所写的字就代表了某乙的个性、具备某乙的特点。二者绝不会混同，即使互相仿效也绝不会完全相同。比如某乙学某甲的签名，虽然写的同是一个"甲"字，但写出来的效果总与某甲写的"甲"字不同。这是为什么呢？因为文字只要是由人拿起笔写出来的，而不是由统一的机器印出来的，它就必然带有人的个性。人与人手上的习惯、特点总不会完全相同。比如结字、笔画，以至用笔的力度等都会有所不同，再刻意地模仿也总会露出破绽，不会完全一样。正像哲学家所说的，世界上没有绝对相同的两片树叶；刑侦学家所说的，世界上没有绝对相同的两个指纹。所以用文字来签字、签押、押属才会有法律效用。文字如果没有这种功能，银行绝不会凭签字让你领钱。否则，那岂不是乱了套吗？当然，不认真判别，有时确能蒙蔽某些人，但这不是文字本身所具有的不可混淆的个性出了问题，而是辨别文字时出了问题，其实只要认真辨别总会发现它们之间的差别。五十年代有人妄图冒充某领导人的签名到银行支取巨额现金，最终还是没能得逞，就是一个很好的例证。同样，契约、合同也都需签字后才会在法律上生效，也是基于书写的这种特殊功能。更有趣的是，对不会写字的文盲，照样可以让他们签字画押，名字不会写，就让他们画"十"字，比如连当事人、经办人、保人一共有好几个，但最后画出的那些"十"字没有一个相同。"十"字尚且如此，何况较之更复杂的文字了？所以从这个意义上说，汉字所具有的这种独特的个性尤为鲜明。

明乎此，就可以明白临帖时可能出现的一系列问题，临帖的人如此，教人临帖的亦如此。其主要表现有三：

一是常有人失望地问我："我临帖为什么总临不像？"我总这样回答他："这就对了。不但现在像不了，再练一辈子也像不了。不像才是正常的；全像了，不但不可能，而且就不正常了，银行该不答应了。你大可不必为临得不像而失去临帖的信心。"这绝不是安慰之语，更不是搪塞之语。试想，为什么自古以来书法流派那么多？字的不同写法那么多？同一个"天"字能写出那么多样？为什么一看便知这是这个书法家所写，那是那个书法家所写？为什么不会把某乙有意师法某甲的作品就误作为某甲的作品？其根本的原因就在于每个书法家手下都有自己独特的习惯和个性。这些个性是永远不能划一的，正所谓"性相近，习相远"也，这样的例子非常多。

如苏东坡的弟弟苏辙苏子由，及东坡的儿子都有几件书法作品流传下来，我们看他们的作品，虽与东坡的有若干相近之处，但总是有明显的不同。又如米友仁，不但是著名的书法家，而且是著名的鉴定家，宋高宗特意让他来鉴定秘阁所藏的法书，鉴定后都要在作品的后面留下正式的评语，足见其有极高的鉴赏能力，对书法流派烂熟于胸。但他写字也未完全继承其父米元章的风格，明眼人一看便知米元章就是米元章，米友仁就是米友仁。这正应了曹丕《典论·论文》中的那句话："虽在父兄，不能以移子弟。"因为每个人写文章的观点和构思都不一样，兄弟父子之间都很难完全传授。写字尤其如此。文章有时还可以偷偷地抄袭一番，但字却无法抄袭，因为抄也抄不像。既然高明的古人想"移"都移不了，我们就大可不必为临得不像而苦恼了。当然对老师责怪你临得不像，你也大可不必放在心上。

二是有人常懊悔地对我说："我写字没有幼功。"这就涉及如何对待教小孩子学习书法的问题了。有的人索性认为小孩子根本不必临帖。说这种话的人都是自己已经临过帖了，他已经知道帖上的笔画是如何安排的了，所以他才觉得再没必要了。但对小孩子却不然。比如你告诉他"人"字是一撇一捺，但他不看帖就可能写成同是一撇一捺组成的"八"字、"入"字、"乂"字。所以必须让他看看字样，这就是临帖。临帖的目的并不是让他从此一辈子练那些永远模仿不像的前人的字形字体，也不是让他通过这种办法将来当书法家，而是让他熟悉字的基本结构、笔顺等。如写"三"要先写上面一横，再写中间一横，最后写下面一横；写"川"先写左面的一撇，再写中间的一竖，最后写右面的一竖。让他养成正确的习惯，写得顺手，写得容易。这对刚刚接触汉字的小孩子是必要的。我小时常遇到因写字不对而遭到老师惩罚的时候，惩罚的办法就是每字罚写几十遍，其实老师的目的不在这几十遍，而是让你通过反复的练习去记住它应该怎样写。

于是又有些人认为习字必须从小时开始，进而认为必须天天苦练，打下"幼功"才行，这又是一种极端的认识。写字不同于练杂技和练武术。杂技与武术确实需要有"幼功"，因为有些动作只能从小练起，大了现学根本做不出来。但书法不是这么回事，什么时候开始拿起笔练字都可以，不会因为你没有"幼功"，到大了手腕僵得连笔都拿不起来。不但不需"幼功"，我认为小孩子没有必要花过多的时间去临帖、练字。因为一来如前所云，帖是一辈子也临不像的，在这上面花死功夫，非要求像是没必要的。二来书法既然是艺术，就要对它的艺术美有所体悟才行，而这种体悟是需要随年龄的增加、随见识的增广来培养的。小孩子连字还认不全，基本结构还弄不太清，他是很难体会诸如风格特点这些更深层次的内涵的。如果再赶上教小孩子"幼功"的是一位庸师，那就更麻烦了，那还不如没有"幼功"。

三是随之而来的问题是应该用什么帖。这里面又有很多误解需要辨明澄清。有人说临帖必须先临谁，后临谁，比如先临柳公权，再临颜真卿，对这种说法我实在不敢苟同。因为所谓"帖"，不过就是写得准确、好看的字样子而已。只要它能达到这样的效果即可，不在于笔画的姿势、特点。尤其是对小孩子更是如此，只要求其大致准确即可。相反，如果非执著学某一家，反而容易学偏。有人学柳公权，非要在笔画的拐弯处带出一个疙瘩，学颜真卿非要在捺脚处带出虚尖。出不来这样的效果怎么办？就只好在拐弯处使劲地按、使劲地揉，写出来好像是"拐棒儿骨"；在捺脚处后添上虚尖，好像是"三尾蛐蛐"。殊不知柳公权、颜真卿这样的效果是和他们当时用的笔有关系，后人不知，强求其似，岂不可笑？

还有人认为要按照字体产生的次序练字，先学篆书，篆书学好后再学隶书，隶书学好后再学楷书（实际应叫真书，所谓"楷"本指工整，后来习惯用来代指真书），楷书学好了再学行书，行书学好了再学草书。这更是谬说。照这样说，古人在文字产生以前靠结绳记事，难道我们在练字之前先要练好结绳才行吗？再说什么叫学好了？标准是什么？这和一年级上完了再上二年级是两码事。以篆书为例，它又分大篆、小篆、古篆等，有人写一辈子篆书，如清代的邓石如，更何况有些人写一辈子也未见能写好一种字体，照这样推算，什么时候才能写上隶书和楷书？其实，在隶书之后，唐代的颜、柳那类楷书之前，已经有了草书。汉代与隶书并行的就有草书（章草），后来在真书、行书的基础上才有了今草。古人并没有这样教条，可现在有些人却如此教条，岂不愚蠢？总而言之，字体的发展次序与我们练字的次序没有必然的联系。

198　　　　还有人更绝对地认为临帖只能临某一派，并说某派是创新，某派是保守，只能学这一派而不能学那一派，学那一派就会把手学坏了。难道不学那一派就能把手学好了吗？这样只能增加无谓的门户观。须知，临帖只是一种入门的路径，无须为它成为某派的信徒。你的风格喜好接近哪一派，你就可以临摹学习哪一派，如此而已，岂有他哉？千万不要受这些所谓"理论"的摆布。

2. 关于写字时用笔的方法

其实写字的"方法"并没什么一定之规，没什么神秘可言，不过就是用手拿住笔在纸上写而已。其实往什么上写都可以，比如移树，人们习惯在树干朝南的方向写一个"南"字，以便确定它移栽后的朝向；又比如盖房，人们习惯在房桁上写上"左""右"，以便确定它上梁后的位置。不用"毛笔"写也可以，只要用一个工具把字写在一个东西上都叫写字。所以一定不要把写字看得太神秘。当然要把字写好也要有一定的技巧。元代大书法家赵孟頫曾说："书法以用笔为上，而结字亦须用功。"玩其口气，他虽然二者并提，但是把用笔的技巧放在第一位，而把结字的艺术放在第二位。这种排列是否恰当，这里暂且不谈，先谈一谈所谓的"用笔"，因为有些人一把用笔看得太高，就产生种种误解，种种猜测，以此教人就会谬种流传，贻害无穷。

第一，关于握笔的手势。

现在我们用毛笔写字的握笔方法一般是食指、中指在外，拇指在里，无名指在里，用它的外侧轻轻托住笔管。但要注意这种握笔方法是以坐在高桌前、将纸铺在水平桌面之上为前提的。古人，特别是宋以前，在没有高桌、席地而坐（跪）写字时，他们采用的是"三指握管法"。何谓"三指握管法"？古人虽没有为我们特意留下清晰的图例，但我们还是可以根据一些图画资料推测出来：原来"三指握管法"是特指席地而坐时书写的方法。古人席地而坐时，左手执卷，右手执笔，卷是朝斜上方倾斜的，笔也向斜上方倾斜，这样卷与笔恰好成垂直状态。此时握笔最省事、最自然，也是最实用的方法就是用拇指和食指从里外分别握住笔管，再用中指托住笔管，无名指和小指则仅向掌心弯曲而已，并不起握管的作用，这就是所谓的"三指握管法"，与今日我们握钢笔、铅笔的方法一样。这样的图画资料可见于宋人画的《北齐校书图》（现藏美国波士顿博物馆），画面上有校书者执笔的形象，即如此。另外，敦煌壁画上也有类似的形象。日本学者根据敦煌壁画所著的《敦煌画之研究》就影印出敦煌画上一只手握笔的形象。现在有些日本人坐（跪）在席上写字仍如此，我亲眼看到著名的书法家伊藤东海就是这样握笔，与唐宋古画上一样。

但有些人不知道这种握笔方法的前提是席地而坐，左手执卷。在宋初高桌出现以后，在高桌上书写时，纸和笔本身已经成为垂直的角度，所以这时握笔最自然的方法就是本节一开始所说的方法。如果仍坚持这种"三指握管法"，反而不利于保持这种垂直的角度，这只要看一看现在拿钢笔和铅笔的姿势都是与纸面成斜角就能明白。为了使这种握笔的姿势与纸保持垂直，就只好凭想象、凭推测，把中指也放在外面，死板地用拇指、食指、中指的三个指尖握笔。并巧立名目地把三指往掌心收，使其与掌心形成圆形称为"龙睛法"，把三指伸开，使其与掌心成扁形称为"凤眼法"，十分荒唐可笑。最可笑的是包世臣《艺舟双楫》所记的刘墉写字的情景：刘墉为了在外人面前表示自己有古法，故意用"龙睛法"唬人，还要不断地转动笔管。以致把笔头都转掉了。刘墉的书法看起来非常拘谨，大概"龙睛法"握笔在其中作祟是重要的原因之一吧。

第二，关于握笔的力量。

由握笔的姿势又引出一个相应的问题，即握笔需要多大的力量。这里又有误解。有人以为越用力越好，还有根有据地引用这样的故事：说王羲之看儿子（王献之）在写字，便在后面突然抽他的笔，结果没抽下来，便大大称赞之。孙过庭的《书谱》就有这样的记载。包世臣据此还在《艺舟双楫》中提出"指实掌虚"的说法。这种说法本不错，但也要正确理解，指不实怎么握笔呢？特别是这个"掌虚"，本指无名指和小指不要太往掌心扣，否则字的右下部分写起来很容易局促，比如宋高宗赵构的字就是如此，他的字右下角都往里缩，就是因为这造成的。但因此又造成误解，有人说掌应虚到什么程度才算够呢？要能放下一个鸡蛋。"指"要"实"到什么程度呢？包世臣说要恨不得"握碎此管"才行。这又无异于笑谈。其实王献之的笔没被抽出，是小孩子伶俐和专心的结果，有的人就误认为要用力，而且力量越大越好。对此，苏东坡有一段妙谈，他说："献之少时学书，逸少（王羲之）从后取其笔而不可，知其长大必能名世。仆以为不然。知书不在于笔牢，浩然听笔之所之而不失法度，乃为得之。然逸少重其不可取者，独以其小儿子用意精至，猝然掩之，而意未始不在笔，不然，则是天下有力者莫不能书也。"苏轼的见解可谓精辟之至。

第三，关于悬腕。

有些古人的字，尽管笔画看起来不太稳，但并不影响它的匀称灵活，其原因就是笔尖和纸是保持垂直的，不管是古人席地而坐的"三指握管法"，还是后来有如现在的握笔法。否则，把笔尖侧躺向纸，写出的笔画必定是一面光而齐，一面麻而毛，或者一面湿润，一面干燥，不会匀称。古人有"屋漏痕""折钗股"（有人称"股钗脚"）之说，"屋漏痕"说的是笔画要如屋漏时留在墙上的痕迹那样自然圆润，"折钗股"虽不知具体所指（大约指钗用得时间长了，钗脚的虚尖被磨得圆滑了），但意思也是如此。为了达到这个目的，于是有人就特意强调写字要悬腕，并认为此也是古法。殊不知，在没有高桌之前，古人席地而坐，直接用右手往左手所持的卷上书写，右手本无桌面可倚，当然要悬腕，想不悬腕也不行。但在有了高桌之后，情形就不同了。不可否认，悬腕运起笔来当然活，但也带来相应的问题，就是不稳、易颤，因此要区别对待。在写小一点字的时候，本可以轻轻地用腕子倚着桌面，只要不死贴在上面即可。写大字时自然要把腕子离开桌面，不离开笔画就延伸不了那么远，特别是字的右下角部分简直就无法写，所以死贴在桌上当然不行。但也无须刻意地去悬腕，这样只能使肩臂发僵，更没必要想着这可是"古法"，必须遵从。一切以自然舒服为准则，能将笔随意方便地运用开即可，即使用枕腕法——将左手轻轻地垫在右腕之下也无不可。

还有人在悬腕的同时特别讲究"提按"。这也是由不理解古人是席地书写而产生的误解。古人席地书写，用笔自然有提按，但改为高桌书写之后情况又有所不同。很多人不把提按当成是一种自然的力量，而当成有意为之的手法，这就错了，反正我个人有这样的体会：如果想我这回要"提按"了，这字写得一定不自然。

所以顺其自然是根本原则，古代的大书法家并没有我们今天这么多的清规戒律，并不像我们今天这样机械死板地非要悬腕，非要提按，都是根据个人的习惯而来。比如苏东坡就明确地说过自己写字并不悬腕，所以他的字显得非常凝重稳健，字形比较扁；而黄庭坚就喜欢悬腕，所以他的字显得很奔放，撇、捺都很长。苏黄二人曾互相谐讽，黄讥苏书为"石压蛤蟆"，苏讥黄书为"枯梢挂蛇"，但这都不妨碍他们成为大书法家。

与此相关，宋人还有这样一种说法，叫"题壁"，比如大书法家米元章就主张练字要采取题写墙壁的方法，认为这样可以练习悬腕的功夫。其实，古人席地执卷书写就类似题壁。只不过题壁的"壁"是垂直的，古人左手所执之卷是斜的，右手所执之笔也是斜的，而斜笔与斜卷之间又恰成垂直的，这种垂直是很自然的，便于书写，即使写很长的竖亦便于掌握；而题壁时，笔要与墙垂直，腕子就要翘起，难免僵直。特别是写长竖时，笔就有要离开墙壁的感觉。所以这种练习方法也有问题，它带给人的感觉与古人席地而坐的悬腕终究不太一样。看来到了米元章时代，已经对唐和唐以前人如何写字不甚了了，甚至有些误解了。米元章的字有时给人以上边重、下边轻的感觉，如竖钩在写到钩时就变细了，这可能与他平日的这种练习方法有关。

总之，千万不要像包世臣在《艺舟双楫》中所记的王鸿绪那样，为了悬腕，特意从房梁上系下一个绳套，把腕子伸到套里边吊起，腕子倒是悬起来了，但又被绳子限制在另一个平面上，不能随意上下提按了，这岂不等于不悬？这种对古人习惯的误解，只能徒为笑谈。

我在《论书札记》中有一小段文，可作这一观点的总结：

> 古人席地而坐，左执纸卷，右操笔管，肘与腕俱无着处。故笔在空中，可作六面行动，即前后左右，以及提按也。逮宋世既有高桌椅，肘腕贴案，不复空灵，乃有悬肘悬腕之说。肘腕平悬，则肩臂俱僵矣。如知此理，纵自贴案，而指腕不死，亦足得佳书。

第四，关于"回腕"和"平腕"。

由悬腕又引出"回腕"和"平腕"。有些人不但强调悬腕，还强调"回腕"，且又错误地理解回腕。其实回腕是为了强调腕子的回转灵活，古人在席地而坐书写时，由于自然悬腕，所以腕子可以自然回转，有如我们现在炒菜，手都是自然离开锅台，所以手可以随意来回扒拉，这就是回腕。但坐在高桌椅上之后，有些人不理解回腕的真正含义，就望文生义地把"回"理解为尽量把手指往里收，笔往怀里卷，腕子往外拱。何绍基在他的书中还特意画出这样一幅示意图。试想，这样死板拘谨地握笔还能写出好字吗？如果和所谓的"龙睛法""凤眼法"并列，我可以给它起一个雅号，叫"猪蹄法"。

还有人强调要"平腕"。古人席地而坐书写，当然只能悬腕，而谈不到"平腕"，改在高桌椅上书写后，有人不但坚持要悬腕，而且还要把腕子悬平。这显然是违反常态的。按现在正确的握笔方法，腕子是不可能平的，要想平，只能把肩臂生硬地端起来。有人教人写字，要用手摸人的腕子平不平，更有甚者，训练学生要在腕子上放一杯水，真是迂腐得可笑。试想，让人手作"龙睛法"或"凤眼法"，掌中还要握一个鸡蛋；腕作"猪蹄法"，还要翻平，上放一杯水，这是写字乎？还是练杂技乎？

随之而来的是如何正确理解所谓的"八面玲珑"和"笔笔中锋"。古人席地而坐时书写都是自然地悬腕，写出的字不会出现一面光溜，一面干的现象，自然是八面玲珑。到了后来米元章仍强调写字要"八面玲珑"。古人所说的"八面"本指东、西、南、北、东南、东北、西南、西北，米元章这里是借以形容要笔笔流转。米元章的字也确实有这一特点，如他的《秋深帖》"秋深不审气力复何如也"十字，一气呵成，真可谓"八面玲珑"。他还曾临过王羲之的七种帖，宋高宗曾让米元章的儿子米友仁为此作跋。米友仁跋中称赞的"此字有云烟卷舒翔动之气"，亦是从这种观点立论，而他的这些临本确实比一般的刻本自然流畅。能达到这种效果是因为他能把笔悬起来灵活自如地使用，如果腕子死贴在桌面上自然不会有这样的效果。要只注意悬腕，写起来灵活倒是灵活了，但掌握不好字体的美观也不行。

还有人认为要想达到"八面玲珑"的效果，就要"笔笔中锋"，这又是一种误解。只要笔画有肥有瘦，就绝不可能是纯中锋，瘦处是将笔提起来，只将笔的主毫着纸，这才叫"中锋"；但只要有肥处，就说明在按笔时，主毫旁边的副毫落在纸上了。如果要笔笔中锋，就只能画细道，打乌丝格，就不成为字了。这和刻字一样，如果只拿刀刃正面刻，就只能刻细道，要想刻出粗道，只能用双刀法。我曾看过齐白石刻字，他就是斜着一刀下去，结果是一面平，一面麻，但他名气大，可以不管这一套。因此，对中锋的正确理解是笔拿得正，不要让它侧躺，出现一面光、一面麻的现象，而不是只用笔尖。但由此又生出误解。当年唐穆宗问柳公权怎样才能笔正，柳公权说"心正才能笔正"，这其实只是对唐穆宗心不要邪的一种变相劝告，有人拿它大做文章就未免迂腐了。文天祥心最正，字未见有多好；严嵩心最不正，字不是写得也很好吗？

3. 关于书写的工具

书写的主要工具不外乎笔、墨、纸、砚，即所谓的文房四宝。这其中最主要的当然是笔。

从出土文物中可知，笔产生的年代相当久远。笔一般都用动物毫（毛）制成，诸如兔毫，白居易有《紫毫笔》诗，描写的就是兔子毛制成的毛笔，因此这种笔又称紫毫笔；还有狼毫，这里所说的狼毫指的是黄鼠狼（学名黄鼬）尾上的毛；还有鼠须及鸡毫；最常见的是羊毫。还有兼毫，如七紫三羊、五紫五羊、三紫七羊等，书写者可以根据自己的喜欢来选择。另外还有用特殊材料制成的笔，如茅草和麻等。也有在羊毫中加麻（檾麻）的，称"笔衬"，可以使笔更加挺括。总之，这里面的讲究很多，但好的笔工往往秘而不宣。如果写特别大的字，大到用现在的抓笔都写不了，那也不妨用布团蘸墨写，写完之后再用笔描一描即可。对笔的选择完全要看个人的喜好和需要，什么顺手就用什么。苏东坡有一句名言，使人不觉得手中有笔，就是最好的笔。比如我写小字喜欢用硬一点的狼毫，写大字喜欢用软一点的羊毫。我有一段时间喜欢用衡水出产的麻制笔，才七分钱一支，也很好使。用什么笔和学习书法的过程没什么关系，与书法造诣的水平更没什么关系。对此也有误会，比如褚遂良曾说"善书者不择笔"，于是有人就说不能挑笔，一挑笔就是水平低。这毫无道理，不同的习惯，不同的手感当然可以选择不同的笔。又说某某能写纯羊毫，就好像多了不起；又说苏东坡的《寒食帖》是用鸡毫写的，所以本事大，这是没有任何根据的。

现在我们可以根据有关的记载得知唐朝人制笔的方法：先选择几根最长的主毫，放在正中，然后选择几根稍短一点的做第一层副毫，扎在主毫周围，再选一些稍短的做第二层副毫，再扎在周围。在层与层之间还可以裹上一层纸。依此类推就制成了半枣核状的笔，日本有《槿笔谱》一书，就记载了这一过程。笔的这种制造工艺直接影响到字的书写效果。有人特意学颜真卿写捺时的"三尾蛐蛐"式的虚尖，其实他的这种虚尖是与他所用之笔的主毫比较长有关，有的人不明白这个道理，故意地去添虚尖，很可笑。有人对泡笔时，是否全发开也定下讲究，认为哪种就算高级的，哪种就算低级的。这也毫无根据，完全由个人习惯而定。

203

古代没有现成的墨汁，所以很讲究用墨。现在有了墨汁还有人非要坚持磨墨，这似乎没必要。但墨汁的好坏直接影响到装裱时是否洇纸，所以要有所选择。现在北京出的一得阁墨汁，安徽出的曹素功墨汁都很好用。

纸的种类当然很多，难以一一列举。用什么纸与书法水平也没有关系。我是得什么纸用什么纸，有时觉得在包装纸上写似乎更顺手，因为没负担；越用好纸越紧张。我这种感觉和很多古人一样，当年很多人都不敢在名贵的印有乌丝格的蜀缣上写，只有米元章照写不误，看来还是他的本领大。

至于砚就更无所谓了，如果用墨汁，它简直就可有可无。砚对现在书法而言大约工艺价值远远超过使用价值。

总而言之，这讲讲的问题虽多，但中心思想却是一个，即不要被那些穿凿附会、貌似神秘的说法所蒙蔽，不管这些说法是古人所说，还是权威所说。这些说法很多都是不了解古代的实际情况而想当然，然后又以讹传讹，谬种流传。不破除这些迷信，就会被它们蒙住而无法学好书法。

（二）碑帖样本

上讲说过写字不见得都需有幼功，临帖也不必都求其全似，因为本来就不可能全似，但对学习书法的人来说，临帖是非常必要的。它是一种最基本的方法的练习。正像练钢琴，没有一个不是从基本曲目开始的，总是随手乱弹，一辈子也成不了钢琴家；写字也一样，总是随手写来，即使号称这是"创新"，也成不了书法家。书法中的横、竖、点、撇、捺、挑、折，就相当于西洋音乐中的1、2、3、4、5、6、7，中国音乐中的合、四、一、上、尺、工、凡、六、五，只有把每个音节都唱得很准了，音节与音节之间的组合变化掌握得都很熟练了，才能唱出优美的乐章；同样，只有把基本笔画的基本形状及其组合掌握得都十分准确、十分自如，才能写出好字。这就需要临帖，因为帖就是好的字样子。小孩子临帖，并不是让他三天成为王羲之，也不能奢求他对书法艺术有多高的理解，而是让他熟悉笔画的基本形状、方向，以及字的结构布局，从而打好基本功。大人也需要时时临帖，即使达到了相当的水平也如此，正像钢琴演奏家在演出之前也需练习一样，它可以使你越练越熟。更何况它是一项很好的文化娱乐活动，是一项很好的审美创作练习，当你把写出的字挂起来欣赏的时候，你会从中发现很多乐趣。

那么临帖需先搞清哪些问题呢？大概有以下几点：

1. 先要认清碑帖上的字相对原来的墨迹有失真之处

因为碑帖上的字是我们模仿的字样子，所以很多人就认为它是最准确的了，认为当时书法家写到石碑或木版上的就是那样，因而对碑帖上呈现出的每一细微处都觉得是必须效法的。其实并非如此。刻出来的字与手写的字不但有误差、有失真，而且有好几层误差与失真。这只需搞清碑帖的制作过程就能明了。

第一道工序是用笔蘸朱砂写在石头上，称"书丹"。因为朱砂比墨在石头上更显眼，便于雕刻。

第二道工序是刻。刻的时候就以红道为据。我曾在河南的"关林"看到很多出土的碑，因为"书丹"时有的笔道很肥，刻完之后，刀口的外面还残留着朱砂的颜色。可见刀刻的痕迹与第一道工序——"书丹"的痕迹已不完全相符了，有的可能没到位，有的可能过头了，这是第一次失真。再好的刻工也不能与"书丹"时完全一样。在流传下来的碑刻中，刻得最好的是唐太宗的《温泉铭》，现在见到的敦煌的《温泉铭》，笔锋及其转折简直就和用笔写的一样，我在《论书绝句》中曾这样称赞它："细处入于毫芒，肥处弥见浓郁，展观之际，但觉一方黑漆版上用白粉书写而水迹未干也。"但这样的精品终究是极少数，从道理上讲，刀刻的效果总不能把笔写的效果全部表现出来，比如不管是蘸墨也好，蘸朱砂也好，色泽的浓淡、笔画的干湿，以至笔势的顿挫淋漓就是刀工所不能表现的。用笔写的时候可能会出现"燥锋"和"飞白"，即墨色比较干时，笔道会随运笔的方向出现空白，这就不好刻了。没办法，所以定武本的《兰亭序》就只好在这地方刻两条细道，表明此处是由"燥锋"所出现的飞白，其实原字的飞白并不止两道。我曾拿唐人写经中的精品来和唐碑加以比较，明显感到写经的笔毫使转，墨痕浓淡，一一可按，但碑经刻拓，则锋颖无存。两相比较，才悟出古人笔法、墨法的奥妙。又曾看到智永的《千字文》真迹，其墨迹的光亮至今还非常鲜明，这是碑帖无论如何也表现不出的。

第三道工序是拓碑。拓时先用湿纸铺在碑上，然后垫上毡子往下按，这样，碑上凹下的笔画就在纸背上被按成凸出的笔画了，再在上面刷上墨，凹下的地方因沾不上墨，所以就成为黑纸白字了。但按的时候力量不会绝对均匀，力量不到、按得不瓷实的地方就会使拓出来的笔道变细，这是第二次失真。刷墨的时候也不会绝对的均匀，再加上墨如果比较湿，或者纸比较湿，就会洇到凹下去的部分，这样笔画的粗细与形状也会与原字不同，这是第三次失真。

第四道工序是把纸揭下来装裱。裱时要将纸抻平，这样一来笔道又会被抻开，这是第四次失真。碑帖流传的时间过长会破旧损坏，需要重裱，这是第五次失真。

而更糟糕的是有的碑也会损坏，如毁于战火、毁于雷电，或者被拓的次数过多而将碑面损坏，于是只好根据现有的拓片重新翻刻。拓片已经失真，根据失真的东西翻刻岂能不再次失真？这是第六次失真。当然，好的翻刻本也有。如乾隆年间无锡秦家，根据宋拓本翻刻《九成宫》，在当时可以卖到一百两银子一本。因为当时的科举考试非常重视书法，当时书法的标准为"黑大光圆"，于是人们就不惜重金来买好碑帖。

试想，轮到你手中的碑帖不知已失真多少次。最好刻的真书尚且如此，不用说更富于使转变化的行书与草书了。如果你还认为古人最初写的真书、行书、草书本来就如此，甚至把走形失真之处也揣测成是古人力求毫锋饱满、中画坚实，于是一味地亦步亦趋、死板模仿，以致有意求拙，以充古趣，岂不过于胶柱鼓瑟？

碑如此，帖亦如此。好的帖讲究用枣木版，硬，不易走形损坏。帖刻的工艺也有好有坏。如著名的宋代的淳化阁帖，本身刻得很粗糙，但宋徽宗的以淳化阁帖为底本的大观帖却刻得十分精致，几乎和写的一样。但它们的制作工艺与碑大致相同，故而再好也无法表现墨色的浓淡、干湿，并存在多次失真的情况。总而言之，不管碑也好，帖也好，我们千万别以为古人最初的墨迹即如此，否则就会把失真与差误的地方也当成真谛与优长加以学习了。其结果只能像我在《论书绝句》中所云："传习但凭石刻，学人模拟，如为桃梗土偶写照，举动毫无，何论神态？"

这里需顺便指出的是，有人对碑与帖的关系又产生了一些无意或有意的误解，如认为碑上的字是高级的，帖上的字是低级的；写碑是根底，写帖是补充。比如康有为就特别提倡"尊碑"。他所著的《广艺舟双楫》中就专有一章谈这方面的内容。他写字也专学《石门铭》。还有人从而又生发出所谓的"碑学"与"帖学"，好像加上一个"学"字，就成为一种专门的学问了。这是无稽之谈。对于初学写字的人来说，碑由于字比较大而清楚，且楷书居多，学起来容易掌握；帖行草居多，经常有连笔和干笔带来的空白，对连字的基本形状结构都还不很分明的人来说，自然更难掌握。就这层关系而言，临碑确实是根底，但有了一定的基础后，二者就无所谓谁高谁低了。究竟是临碑还是临帖，全看自己的爱好了。再说，碑里面因刻工技术的高低、拓工水平的好坏也有优劣之分。如柳公权的《神策军碑》刻得非常好，虽然干湿浓淡无法表现，但笔画字形刻得极其精致周到；但同是柳公权的《玄秘塔碑》就刻得相对粗糙。又如颜真卿，楷书大字首推

《告身帖》，所谓"告身"就相当于今日的委任状，按情理说，颜真卿不可能为自己写委任状，故此帖肯定是学他书法且学得极其神似的人所写，但此帖的风格与颜真卿的《颜家庙碑》《郭家庙碑》等都属一类，但我们随便拿一本宋拓的碑，远远不如《告身帖》看得这样分明真切。所以真假暂且不论，但从学习写法来看，《告身帖》要优于一般的碑。又如古代有所谓的"嚮（向）拓本"，所谓"嚮（向）拓"是指用透明的油纸或蜡纸蒙在原迹上向着光亮处，将它用双勾法将原迹的字勾出来，再填上墨。唐人已有这种方法，宋人也用这种方法，但不如唐摹得精细。有的唐摹本相当的好，如《万岁通天帖》和神龙本的《兰亭序》，连碑中不能表现的墨色的浓淡干湿都能有所表现。但这都属于"帖"类，谁又能说它比碑低级呢？

我虽然始终强调"师笔不师刀"——强调临摹墨迹比临摹碑帖要好，并在上文列举了碑帖的那么多问题，但并不是一概地反对临摹碑帖。因为一来好的墨迹原件终究不是所有人都能见到的，当年乾隆皇帝曾拿出过一次秘藏的王羲之的《快雪时晴帖》给大臣看，大臣无不感到受宠若惊。大臣尚且如此，何况一般的平民百姓？二来即使有了好的墨本真迹，谁又舍得成天的摩挲把玩？三来好的刻本终究能表现出原迹的基本面貌，尤其是字样的美观，结构的美观，终不可被某些局部的失真所掩。但我们一定先要明白碑帖与原迹的区别。正如我在《论书绝句》中所云："余非谓石刻必不可临，唯心目能辨刀与毫者，始足以言临刻本。否则见口技演员学百禽之语，遂谓其人之语言本来如此，不亦堪发大噱乎？"如果你看过一些好的墨迹本，并能在临碑帖时发挥想象，"透过刀锋看笔锋"——透过碑板上的刀锋依稀想见那使转淋漓的笔锋，那就更好了。那就如我在《论书绝句》中所说："如现灯影中之李夫人，竟可破帏而出矣"——当年汉武帝非常思念死去的李夫人，方士云能将李夫人的魂魄招来，届时汉武帝果然在帏帐的灯影中见到李夫人——只要我们能将本来死板的碑帖借助感性的想象，把它看活了，将它尽量变成一幅活的墨迹就成了。

以上所说都是以现代影印术尚未出现为前提的。古时人们得不到真迹做范本，怎么办呢？最好的办法是找勾摹的拓本。但这也很难得，所以对一般人来说只好凭借好的刻本，再等而下之，就只好凭借翻刻本了。有的人称好的刻本为"下真迹一等"，这已是夸奖的话了，陶祖光甚至更夸张地说好的拓本可"上真迹一等"，因为真迹已死无对证，无从查找了。但在现代精良的影印术发明之后，好的影印本确实可"上真迹一等"，因为一来它确和原迹一模一样，包括墨色的浓淡干湿、枯笔的飞白效果与原件毫无二致，这一点是"響（向）拓本"无法比拟的。二来便于使用，你可以将它置于案头随时把玩，不必担心它的损坏，因此它的收藏价值虽不如真迹，但实用价值确实大于真迹。我家长年挂着影印的米元章和王铎的作品，要是真迹我舍得随便挂吗？因此现代影印术的发明，真是书法爱好者的一大福音，它为我们轻而易举地提供了最理想的范本，这可是古人梦寐难求的啊。

2. 何谓碑、何谓帖

"碑"字从"石"、从"卑"，原指坟前的矮石桩，最初上面还有一个窟窿，原用于下葬时系棺椁用，也可以用来系葬礼时的牺牲品，如猪羊之类。后来在上面刻上墓主的名字，碑石也变得越来越大，碑文也变得越来越多，内容也越来越丰富，不但可以用来记载死者的有关情况，而且凡纪念功德的纪念性文字都可以书碑。汉代就有著名的《石门颂》，北魏时有《石门铭》，记载褒斜一带的有关情况。到唐代，开始多求名人书写，甚至皇帝自己写。唐太宗就写过两个碑，一为《温泉铭》，歌颂他洗澡的温泉如何好，如何有利于健康，此碑早已不存，现有敦煌的孤本残帖；一为《晋祠铭》，纪念周成王分封其幼弟叔虞于唐之事，晋祠即指叔虞的庙。后来李唐王朝之所以称"唐"，是因为他们自视为叔虞的后代，所以《晋祠铭》兼有歌颂大唐王朝立国之意。唐高宗效法其父，写过《李勣碑》；武则天则为其面首张昌宗写过《升仙太子碑》，硬说他是仙人王乔王子晋的后身，立于河南缑山。此碑现在还有，碑旁已砌上砖墙加以保护。

碑的歌颂纪念性质决定它多以郑重的字体来书写，这样也便于读碑的人都看得清。汉时多用隶书，唐时多用楷书。我们今天见到的虞世南、欧阳询、柳公权、颜真卿的碑无一例外，全是用楷书来写，字又大，又清楚，所以便于成为后来学习楷书的范本。只有皇帝例外，他们至高无上的地位可以不受这一限制，爱怎么写就怎么写，所以唐太宗、唐高宗就用行书写，武则天甚至用草书写，草得有些字都很难辨认。

帖，最初指古人随手写的"字帖子"，也称"帖子"，实际上就相当于今天所说的便条、字条、条子，所以写起来比较随便，字往往很少，有的就一两行，如著名的《快雪时晴帖》就三行。淳化阁帖中有很多这样的作品。用于拜见主人时，称"名帖""投名帖"。最初是折起来的，因而也称"折子"，里面就写一行字，说明自己的姓名、身份，后来变成单片的，称"单帖"。我见过清朝人的单帖，官越大、头衔越多的，字反而越小，官越小的字反而越大。外边还可以用一个皮夹子装着，称"护书"，由跟班的拿着。到了被拜访人的家，由跟班的拿出来，交给门房，门房收下后，举着到二门，朝上房喊"某大人（或某老爷）到"，主人听到后说声"请"，然后门房回来也向客人说声"请"，便可以领着他去见主人了。如果是下级呈递上级的公文，则称"手本"，按一定宽度折成一小本。还有信，其实也属于帖，比如现在流传的王羲之的几种帖，大部分都是他当时写的信，《快雪时晴帖》实际上也是信。有时写给大官的信，大官可能在信后随手批几句批语，有如皇帝在大臣的奏折上批上"知道了"云云，那也属于帖。《书谱》曾记载，王献之曾郑重其事地给谢安写过一封信，并自认谢安"想必存录"，但没想到谢安只是于原信上"批尾答之"，令王献之大为失望。在古人看来，这些都属于帖。《兰亭序》虽然比较长，但它仍属帖，因为它是文稿子，上面还有改动涂抹的痕迹。因此我们可以给帖下一个广泛的定义：凡碑之外的、随手写的都可称帖。后来这些帖不管用勾摹的办法，还是刻版的办法保留、流传下来，人们仍然称它为"帖"。有人说竖石叫碑，横石叫帖，这并不准确，其实，墓前的横石也叫碑。

既然是便条的性质，所以写起来就比较随便，文辞既很简单，所用的字体也大多属行书或草书。当然，帖中也有用较正规的字体的，如王羲之的《快雪时晴帖》，正像碑中也偶尔有用行草的。因此碑与帖的区别主要是当初用途的不同与由此而来的所选用的字体的不同。碑是树立在醒目的地方供人看的，它唯恐别人看不清，所以字往往选用又大又清楚的楷书、隶书；帖多数是一个人写给另一个人的，只要两人之间能看懂即可，所以字体可以随便。在秘而不宣时（这种情况是很多的，如有人在信中附上一句"阅后付丙"——阅后请烧掉，就是明证），恨不得写出的字除对方外，谁也看不懂，像密码一样才好。

现在有人从碑中和帖中字体的不同引出"碑学""帖学"这一概念，这其实并不准确。如果我们把研究碑和帖是怎样来的，又是怎样发展变化的，里面有多少种类，汉碑是怎么回事，魏碑是怎么回事，称为"碑学""帖学"尚可，但如果把研究碑上的字称为"碑学"，把研究帖上的字称为"帖学"，就不准确了。还有人把研究"写经"上的字称为"经学""经体"，这就更不准确了，经学哪里是指这个。不管是研究碑上的字，还是研究帖上的字，或是研究写经上的字，都是书法学。我们不能把碑上的字与帖上的字，或写经上的字截然分开，然后一个称"碑学"，一个称"帖学"，一个称"经学"，这容易引起歧义。

3. 对碑帖及临写碑帖时的一些误解

在第一讲中我已指出由握笔等书写方法的误解而造成的书写时的一些错误，

这里我想再着重谈谈由对碑帖的误解而造成的错误。这些错误大致又分两类。

第一类是由于不知道碑帖的失真而造成的对碑帖死板机械的临摹。

比如，你如果不知道墨迹本来是很圆润的笔画，只是经刀刻以后才变成方笔，于是不加分辨地机械模仿，把笔画都写成"方头体"，甚至把它当成古意和高雅来刻意追求，这就错了。有人还因此把没拓秃的魏碑称为"方笔派"，把拓秃了的魏碑称"圆笔派"，这就更属无稽之谈了，他们不知道像龙门造像中的那些方笔其实都是刀刻的结果。龙门那里的石头很硬，不好刻，比如要刻一横，只能两头各一刀，上下各一刀，它自然成为方的了，古人用毛锥笔是写不出来那么方的笔画的。清末的陶濬宣（心耘）就专写这种方笔字。还有张裕钊（廉卿）写横折时，都让它成为外方内圆的，真难为他怎么转的笔，我把它戏称为"烟灰缸体"。碑帖中确实有这样的字体，但外边的方是刀刻所致，里边的圆可能是刀口旁剥落所致。他不知道这一点而去机械地模仿就很无谓了。更令人遗憾的是，有些人还专门学张裕钊的这种写法，他的很多学生，有中国的，也有日本的，专跟他学这种写法，至今已流传两三代了。我还曾遇到过这样一件事。一天，一位自称老书法爱好者的人驾临寒舍，称他收藏有最好的欧帖，并终生临摹不已。边说边打开一摞什袭包裹的碑帖，我一看真为惋惜，他自认为最好的这些碑帖，实际不过是专出《三字经》《百家姓》《千字文》（合称"三百千"）之类的"打磨厂"（北京的一个地名，内有一些印制碑帖、年画、红模子的小作坊）一级的东西，粗糙得很，笔道都是明显的刀刻方头，字形都已明显变形。试想，以此为范本用功一生，还自谓得到了欧体的精华，岂不可惜？

又比如有的碑上的字，字口旁有缺损剥落，于是拓下来的字便会在字口旁出现一些多余的部分。有的人不明白这是怎么回事，便在临摹时在笔道旁故意出一些刺状的虚道，我戏称它为"海参体"。又如碑上的细笔道在拓时因用力不匀或用墨过浓，都容易拓断，有人认为古人在写时原本如此，在临摹时也跟着故意断。这种断笔、残笔在小楷的碑帖中更易出现。因为原本字刻得就小，笔道就浅，拓多了自然更易模糊。如宋人刻过很多附会为王羲之的小楷帖，像《黄庭经》《乐毅论》《东方（朔）画赞》等。这些帖中，"人"字一捺的上尖往往拓不上，于是变成了"八"字，"十"字一横的左半部分拓不上，于是变成了"卜"字。我小时曾看到兄弟俩一起面对面地坐在桌子的两旁认真临帖，都用我前边说过的自认为颇具古意的"猪蹄法"握笔，而且每写到碑上出现拓残的断笔时，哥儿俩就互相提醒，嘴里还念念有词："断，断"，显然是把它当成一种古人有意为之的特殊笔法加以模仿。当时我还小，不知怎么回事，只觉得很奇怪，后来弄清楚怎么回事后，觉得这兄弟俩真可笑。其实，不用说一般人了，就连很多书法家亦如此，比如明代的祝允明、王宠等就有意这样写，因此他们的字往往有这样的断笔。

第二类是概念上的错误。有些人因看到碑上的字多是方笔，为了刻意仿效它，就制造出一些莫名其妙的书写理论和书写方法，以期达到这样的效果。还有人因看到碑上的字多是方笔，便误认为所有的字都应如此，不如此就连是否是真的都值得怀疑了。

如清朝的包世臣在其所著的《艺舟双楫》中记载他曾从黄小仲（黄景仁之子）那里听说过一个关于用笔的很高深的理论，叫"始艮终乾"，当他想进一步向他请教何谓"始艮终乾"时，他则笑而不答，以示高深。其实这是一种想把笔画写成方笔的用笔方法。如果我们把一横看成是三间坐北朝南的大北房（古人的地图是上南下北），那么按照八卦的排列它的西北角叫乾，正北叫坎，东北角叫艮，正东叫震，东南角叫巽，正南叫离，西南角叫坤，正西叫兑。所谓"始艮终乾"指从东北角艮位下笔，往上一提，然后描到东南角的巽位，然后平着从中间拉到西边，把笔提到西南角的坤位，最后将笔落到西北角的乾位，这样一来就能把笔画描成方的了。这不叫写字，这叫描方块儿，比"海参体"更等而下之了。总之想要硬用毛锥笔写方笔字，必定会出现很多怪现象。

又如清朝还有一个叫李文田的人，专门学写碑。他曾在浙江做考官，在回来路过扬州时，为汪中所藏的《兰亭序》作了一大段跋。其中心观点是，《兰亭序》不是王羲之所写，理由是晋朝人的碑中没有这样的字。他不知道晋朝的碑本来就不可能有这样的行书字，因为那时碑上的字都是工工整整的，一直到唐朝欧、柳等人莫不如此，只有皇帝老儿的碑才偶尔有行书字。不用说古人的碑了，就是现在人在门口上贴一个"闲人免进"的条，也要写得工工整整的才行，才能达到让人看清从而不进的目的，否则，写得太潦草，岂不是还要在旁边加上释文？换言之，他们不懂得书写的形状和书写的用途是有密切关系的。我们知道汉朝郑重的字都用隶书，而现在看到的出土的汉代永元年间的兵器簿全是草书，敦煌发现的汉简中，有关军事的也全是草书。为什么？因为军中讲究快，为了这个目的，所以就要选用与之相适应的字体。直到今天亦如此，比如报头为了美观醒目，可以用各种字体，但到了里面的正文，必定还用最易辨认的宋体或楷体。《兰亭序》本来是书稿，它当然会选用行书字，而不用当时工工整整的正体。正像我们今天随便写一个便条，谁会把它描成通行于书报上的宋体字呢？因而岂能因碑中没有这样的字就说《兰亭序》是假的呢？他还用《世说新语》所引的注与《兰亭序》有出入为据，来论证《兰亭序》为假，殊不知古人以引文作注本来可以撮其原文之大意，他不说所引简略，而反过来怀疑原文，更是无知。

这种观点后来又得到某些人的发挥，他们看到南京出土的晋朝的《王兴之墓志》等都是方块笔，认为《兰亭序》也应该是这样的才对。还说如果真有《兰亭序》，其笔法必定带有"隶意"才对。如果没有"隶意"必定是假的。殊不知这些碑的方笔画都是刀刻出来的效果，当然会是刀斩斧齐，但拿毛锥笔去写，无论如何是写不出这样的效果的。再说唐人管楷书就叫"今体隶书"，《唐六典》中就有这样的记载。唐朝的《舍利函铭》的跋中就有"赵超越隶书"之语，而所用之字，全是标准的楷书。虽然都叫隶书，但汉隶和唐楷是名同实异的，李文田要求晋朝的行书要有汉碑的隶书的笔意，这也是一种误解。我们不能死板地理解这些名词，应该根据具体情况去正确理解。比如张芝曾写过这样的话："草草不及草书"，这里的"草书"实际应是起草的意思，如果把它理解为草体书，说我来不及了，不能写草书了，只能一笔一画给你工整地写楷书，这合逻辑吗？又比如某人小时挺胖，大家都管他叫"胖子"，但到大了，他不胖了，我们能说他不是那个人了吗？同样的道理，如果还把这里"隶"理解为蚕头燕尾式的笔画，硬要从《九成宫》，甚至《兰亭序》中去找这种隶意，找不到就瞎附会，看到那一笔比较平，就说那就是隶意，岂不可笑？

（赵仁珪根据 2001 年 8 月的录音整理）

# 八、破除迷信

## ——和学习书法的青年朋友谈心

书法一向有论著，包括从古以来的，到了近代包世臣的《艺舟双楫》，还有康有为的《广艺舟双楫》。这些看来都比较神秘，比较文雅，用的词都比较古奥。按照那些词句来实际用笔，练习写字，就会产生许多的问题，感到词不达意，表现不出真实情况来。我现在讲的，是我平常的一些理解，现在就分十几个方面来谈一谈。我的总题目叫做"破除迷信"。书法书上有许多的词，有修养的人，读过许多古书的人，对于所用的词汇，所用的解释都可以体会得出来，但到了实践中未必能表现出来。那么就有人将其穿凿附会，就走上了岔路，就得越来越神秘，那么操作也越来越神秘。因此，我所谓要破除的迷信，就是指古代人解释书法上重要问题时产生出的误解。事实上人家原来的话都是比较明白的，只是被后人误解了。我这里有个副标题即小标题，是我想与学习书法的朋友谈谈心，就是谈我的体会、我的理解是什么。这是我要讲的目的和内容。

（一）迷信由于误解

第一点，文字是语言的符号，写字是要把语言记录下来。但是由于种种的缘故，写成了书面的语言，写成书面语言组成的文章，它的作用是表达语言。那我们写书法，学习写书法所写的字就要人们共同都认识。我写完长篇大论，读的人全不认识，那就失去了文字沟通语言的作用了，文字总要和语言相结合，总要让读的人懂得你写的是什么，写完之后人都不认识，那么水平再高也只能是一种"天书"，人们不懂。

第二点，就是书法是艺术又是技术。讲起艺术两个字来，又很玄妙。但是它总需要有书写的方法，怎么样写出来既在字义上让人们认识理解，写法上也很美观。在这种情况下，书法的技术是不能不讲的。当然技术并不等于艺术，技术表现不出书法特点的时候，那也就提不到艺术了。但是我觉得书法的技术，还是很重要的。尽管理论家认为技术是艺术里头的低层次，是入门的东西。不过我觉得由低到高，上多少层楼，你也得从第一层迈起。

第三点，文字本来就是语言的符号。中国古代第一部纯粹讲文字的书《说文解字》，说的是哪个"文"，解的是哪个"字"？但是它有一个目的，一个原则，那就是为了讲经学，不用管他是孔孟还是谁，反正是古代圣人留下的经书。《说文解字》这本书，就是为人读经书、解释经书服务的。《说文解字》我们说应该就是解释人间日常用的语言的那个符号，可是它给解释成全是讲经学所用的词和所用的字了。这就一下子把文字提高得非常之高。文字本来是记录我们发出的声音的符号。一提至经书，那就不得了了，被认为是日常用语不足以表达、不够资格表达的理论。这样，文字以至于写字的技术就是书法，就与经学拉上了关系，于是文字与书法的地位一下子就提高了，这是第一步。汉朝那个时候，写字都得提到文字是表达圣人的思想意识的高度来认识的。这样文字的价值就不是记载普通语言的，而是解释经学的了。

第四点，除了讲经学之外，后来又把书写文字跟科举结合起来了。科举是什么呢？"科"，说这个人有什么特殊的学问，有什么特殊的品德，给他定出一个名目来，这叫"科"；"举"，是由地方上荐举出来，提出来，某某人、某某学者够这个资格，然后朝廷再考试，定出来这个人够做什么官的资格。古代我们就不说了，到明代、清朝就是这样的。从小时候进学当秀才，再高一层当举人，再高一层当进士，都要考试。进士里头又分两类：一类专入翰林，一类分到各部各县去做官。这种科举制度，原本应该是皇帝出了题目（当然也是文臣出题目），让这些人做，看这些人对政治解释得清楚不清楚。后来就要看他写的字整齐不整齐。所以科举的卷面要有四个字：黑，大，光，圆。墨色要黑，字要饱满，要撑满了格，笔画要光溜圆满，这个圆又讲笔道的效果。这样，书法又抬高了一步，几乎与经学，与政治思想、政治才能都不相干了，就看成一种敲门的技术。我到那儿打打门，人家出来了，我能进去了，就是这么个手段。这种影响一直到了今天，还有许多家长对孩子提出不切实际的要求。孩子怎么有出息，怎么叫他们将来成为社会有用的人才不去多考虑，不让小孩去学德、智、体、美，很多应该打基础的东西。他让小孩子干吗呢？许多家长让孩子写字。我不反对让小孩子去写字，小孩写字可以巩固对文字的认识，拿笔写一写印象会更牢固，让小孩学写字并没有错处。但是要孩子写出来与某某科的翰林、某个文人写的字一个样，我觉得这个距离就差得比较远了。甚至于许多小孩得过一次奖，就给小孩加上一个包袱，说我的书法得了一个头等奖。他那个奖在他那个年龄里头，是在那个年龄程度里头选拔出来的，他算第一等奖。过了几年小孩大了，由小学到初中，由高中到大学，他那个标准就不够了。大学生要是写出小学生的字来，甭说得头等奖了，我看应该罚他了。有的家长就是要把这个包袱给小孩加上。我在一个地方遇到一个人，这个人让小孩下学回来得写十篇大字，短一篇不给饭吃。我拍着桌子跟他嚷起来，我说："孩子是你的不是我的，你让他饿死我也不管。那你一天要孩子写十篇大字，你的目的是要干什么呢？"我现在跟朋友谈心，谈书法，但是我首先要破除这个做家长的错误认识。从前科举时代，从小时候就练字，写得了之后，科举那些卷折写的那个字都跟印刷体一个样。某个字，哪一撇儿长一点儿都不行，哪一笔应该断开没断开也不行。这种苛求的弊病就不言而喻了。所以我觉得这第四点是说明书法被无限地抬到了非常高的档次，这个不太适宜。书法是艺术，这与它是不是经学，与它够不够翰林是两回事，跟得不得大奖赛的头等奖也是两回事。明白了这一点，家长对书法的认识，对小孩学书法的目的，就不一样了。

第五点，是说艺术理论家把书法和其他艺术相结合，因而书法的境界也就高起来。我不懂这个书法怎么是艺术。我就知道书法同是一个人写，这篇写得挂起来很好看，那篇写得挂起来不好看，说它怎么就好看了，我觉得并不是没有方法解剖的。但是要提高到艺术理论上解释，还有待后人研究吧。

第六点，封建士大夫把书法的地位抬高，拿来对别的艺术贬低，或者轻视，说书法是最高的艺术。这句话要是作为艺术理论家来看，那我不知道对不对；要是作为书法家来看，说我这个就比你那个高，我觉得首先说这句话的人，他这个想法就有问题。孔子说："如有周公之才之美，使骄且吝，其余不足观也已。"（《论语·泰伯》）说是像周公那样高明的圣人，假如他做人方面，思想方面又骄傲又吝啬，这样其余再有什么本事也不足观了。如果说一个书法家，自称我的书法是最高的艺术，我觉得这样对他自己并没有什么抬高的作用，而使人觉得这个人太浅了。

第七点，是说最近书法有一种思潮，就是革新派，想超越习惯。我认为一切事情你不革新它也革新。今天是几月几号，到了明天就不是这号了。一切事情都是往前进的，都是改变的。我这个人今年多大岁数，到明年我长了一岁了，这也是个记号，不过是拿年龄来记录罢了。事实上我们每一个人，过了一天，我们这个身体的机能、健康各方面，都有变化。小孩是日见成长，老年人是日见衰退，这是自然的规律。书法自古至今变化了多少种形式，所以书法的革新是毫不待言的，你不革它也新。问题是现在国外有这么几派思想，最近也影响到我们国内来，是什么呢？有一种少字派，写字不多写，就写一个字，最多写两个字，这叫少字派。他的目的是什么？怎么来的呢？他是说书法总跟诗文联系着，我要写篇《兰亭序》，写首唐诗，这总跟诗文联着。我想把书法跟诗文脱离关系，怎么办呢？我就写一个"天"，写个"地"，写个"山"，写个"树"，这不就脱离文句了吗？不是一首诗了，也不是一篇文章了。这个人的想法是对的，是脱离长篇大论的文章了。但是一个字也仍然有一个意思，我写个"山"，说这个你在书里找不着，也不知这"山"说的是什么？我想没那事，只要一写底下一横上头三根岔，谁都知道像个山。那么人的脑子里就立刻联想起山的形象，所以这还是白费劲。这是一个。还有一派呢想摆脱字形，又是一个变化了。这个变化是什么呢？就干脆不要字形了，有的人写这个"字"呀，他就拿颜色什么的在一张不干的纸上画出一个圆圈来，或画出一个直道来，然后把水汪在这个纸上，水不渗下去，把颜色往里灌，一个笔道里灌一段红，灌一段绿，灌一段黄，灌一段白，灌一段什么。这样一个圈里有各种颜色，变成这么一个花环，这样就摆脱了字形了。我见过一本这样的著作，这样的作品，是印刷品。还有把这个笔画一排，很匀的一排，全是道儿，不管横道还是竖道，它也是各种颜色都有，还说这东西古代也有，就是所谓"折钗股""屋漏痕"。雨水从房顶上流下来，在墙上形成黄颜色的那么一道痕迹，这本来是古代人所用的一种比喻，是说写字不要把笔毛起止的痕迹都给人看得那么清楚，你下笔怎么描怎么圈，怎么转折，让人看着很自然就那么一道下来，仿佛你都看不见开始那笔道是怎么写的，收笔的时候是怎么收，就是自然的那么一道，像旧房子漏了雨，在墙上留下水的痕迹一样。这古代的"屋漏痕"只不过是个比喻，说写字的笔画要纯出自然，没有描摹的痕迹。满墙泼下来那水也不一定有那么听话，一道道的都是直流下来的。摆脱字的形体而成为另一种的笔画，这就与字形脱离，脱离倒是脱离了，你这是干什么呢？那有什么用处呢？在纸上横七竖八画了许多道儿，反正我绝不在墙上挂那么一张画，我也不知道是什么。我最近头晕，我要看这个呢，那会增加我的头晕，有什么好处呢？所以我觉得创新、革新是有它的自然规律的。革新尽管革新，革新是人有意去"革"，是一种自然的进步改革，这又是一种。有意的总不如无意的，有意的里头总有使人觉得是有意造作的地方。这是第一章讲的这些个小点，就是我认为写字首先要破除迷信。破除迷信这个想法将贯穿在我这十几章里头。

（二）字形构造应该尊重习惯

字形是大家公认的，不是哪一个人创造出来的。古代传说，仓颉造字，仓颉一个人闭门造车，让天下人都认得，这都是哪儿的事情呢？并且说"仓颉四目"，拿眼睛四下看，看天下山川草木、人物鸟兽，看见什么东西然后就创作出什么文字来。事实上是没有一个人能创作出大家公认的东西来的，必定是经过多少年的考验，经过多少人共同的认识、共同的理解才成为一个定论。说仓颉拿眼睛四处看，可见仓颉也不只是只看一点儿就成为仓颉，他必定把社会各方面都看到了，他才能造出、编出初步的字形。那么后来画仓颉像也罢，塑造仓颉的泥像也罢，都长着四只眼，这实在是挖苦仓颉。古书上说仓颉四下里看变成了四只眼看，你就知道人们对仓颉理解到了什么程度，又把仓颉挖苦到什么程度。所以我觉得文字不可能是一个人关门造出来的。这是第一点。

字形从古到今有几大类，最古是像大汶口等这些地方出土的瓦器上那些个刻画的符号，有人说这就是文字最早的初期的符号，那我们就不管了。后来到了甲骨文，还有手写的。殷也罢，商也罢，只是称谓那个时代的代号吧。甲骨上刻那些个字，现在我们考证出来前期、中期、后期，它的风格也有所不同，但是毕竟是一个总的殷商时期的文字。那么殷商这个时代，后来和周又有搭上的部分，就是金文（铜器上的文字），跟兽骨龟甲上的不一样。在今天看来，甲骨、金文，都缺一个统一的写法，它有极其近似的各种写法，可没有像后来的各类楷书、草书那样一定要怎么写，还缺少那么一个绝对的规定。但是现在研究甲骨金文的人，也考证出来，它在这种不稳定的范围里头，还有一个相对稳定的"例谱"可以寻找，这个是我们请教那些古文字学家，他们都可以说得清楚的，这个东西是有共同之处的。甲骨文是先用笔写在甲骨上，然后拿刀子刻，有的刻完了还填上朱砂，为好看好认识；还有拿朱笔拿墨写出来的字没刻的。这些你问古文字学家，他们也都能找出在不稳定的范围里头所存在的共同的相对稳定的部分。为什么呢？要是一点儿都不稳定，那后人就没法子认识这些个文字到底是什么字了，甲骨文现在有许许多多的考证，有许多认识了的字，还有许多字好多专家还在"存疑"，还有争论，可绝大部分现在都考证出来了。又比如金文，像容庚先生的《金文编》，那也是个很大的工程，金文里头绝大多数的字基本上认识得了。至于说他那里头一点儿失误、一点儿讨论的余地都没有了吗？那谁也不敢说，可总算是在不稳定的范围里头还仍然有它使人共同认识的地方。这些共同可认识的地方缘何而来呢？就是由于习惯而来。所以我说字形构造，它有一个几千年传下来的习惯。那么我们现在要写字，人家都用那么几笔代表这个意思，代表这个内容，代表这个物体，我偏不那么写，那是自己找麻烦。你写出来人家都不认识，你要干什么呢？我在门口贴个条儿，请人干个什么事情或者说我不在家，我出门了，请你下午来，我写的字人家一个也不认识。我约人下午来，人家下午没来。我写个条让人家办个什么事情，人家都不认得，那又有什么必要写这个条呢？我讲这中心的用意，就是说字形构造应该尊重习惯。不管你写哪一种字形，写篆书你可以找《说文解字》，后来的《说文古籀补》《续补》，三补几补，后来还有篆书大字典、隶书大字典等，现在越编，印刷技术越高明，编辑体例也越完备，都可以查找。草书、真书、行书这些个印刷的东西很多。你不能认为我们遵从了这些习惯的写法，我们就是"书奴"，写的就是"奴书"，说这就是奴隶性质的，盲从的，跟着人家后头走的，恐怕不然。为什么呢？因为我们都穿衣裳，上面穿衣裳，下面穿裤子。你说偏要倒过来，裤腿当袖筒，那脑袋从哪出来呢？这个事就麻烦了。无论如何你得裤子当裤子穿，衣服当衣服穿，帽子当帽子戴，鞋当鞋来穿。所以我觉得这个不是什么书奴不书奴的问题。从前有人说写得不好是书奴，是只做古人的奴隶，其实应用文字不存在这个问题。我写字就让你们不认得，那好了，你一个人孤家寡人，你爱怎么写就怎么写，与我没关系。那你就永远不用想跟别人沟通意识了，沟通思想了。所以我觉得写出字来要使看者认识，这是第二点。

第三点，长期以来，在不少人的头脑中有一种根深蒂固的想法，就是古的篆书一定高于隶书，真书一定低于隶书，草书章草古，今草狂草就低、就今、就近，这就又形成一个高的古的就雅，近的晚的就俗的观念。这个观念如不破除，你永远也写不好字。为什么有人把同是汉碑，就因为甲碑比乙碑晚，就说你要先学乙碑，写完了才能够得上去学甲碑呢？那甲碑比乙碑晚，他的意思到底是先学那个晚的呢，还是先学早的呢？他的意思是由浅入深，由低到高，先写浅近的，写那个俗的，再写那个高雅的。我先问他同是汉碑，谁给定出高或低的呢？谁给定出雅的俗的呢？这个思想是说王羲之是爸爸，王献之是儿子，你要学王献之就不如学王羲之，因为他是爸爸。我爱学谁学谁，你管得着吗？王羲之要是复活了，他也没法来讨伐我，说你怎么先学我的儿子呀？真是莫名其妙。从前有一个朋友会画马，他说他和他的学生一块开一个展览，说是学生只能画赵孟頫，再高一点的学生只能画李公麟，他只能画韩幹、曹霸。韩幹的画还留下来几个摹本，那个曹霸一个也没有了。那他说，我应该学曹霸，你查不出那个曹霸什么样来，那我就是最高的了。如果有个学生说，我要学韩幹，这个师傅就说你不能学韩幹，我配学韩幹，你只配学任仁发、赵孟頫。真是莫名其妙。那个曹霸他学得究竟像不像，谁也不知道。如果说你是初中的学生，不能念高中的课本，这我知道，因为你没到那个文化程度、教育的程度。但是这不一样，艺术你爱学谁学谁，爱临谁临谁，我就临那个王献之，你管得着吗，是不是？所以这种事情，这种思想，一直到了今天，我不敢说一点都没有了。我开头所说的破除迷信，这也是一条。

第四点，还有一个文字书，就是古代的字书，比如说《说文解字》，里头有哪个字是古文，哪个字是籀文，哪个字是小篆，哪个字是小篆的别体，哪个字是新附新加上去的，这本书里有很多。到了唐朝有一个人叫颜玄孙的，他写了一部书，叫《干禄字书》，干禄就是求俸禄，做官去写字要按那个书的标准，哪个字是正体，哪个字是通用，哪个字是俗体，它每一个字都给列出这么几个等级来。颜玄孙是颜真卿的长一辈的人，拿颜真卿的一个个字跟他上辈的书来对照，可以看出颜真卿写的那些碑，并不完全按他那个规范的雅的写，一点没有通用字，也没有那个俗字，并不然。可见他家的人，他的子侄辈也没有完全按照他那个写法。像六朝人，有许多别字，比方像造像，造像一躯的"躯"，后来身子没了，只作"区"。六朝别字里真奇怪，这个区字的写法就有十几种，有的写成"匪"，有的写成"区"。那么这区字到底是什么呢？不过它还是有个大概轮廓，人一看见这区字，或许会说这个写字的人大概眼睛迷糊了，花了。多写了一个口字，少写两个口字，还可以蒙出来，猜出来，仍然是区。这种字有人单编成书叫《碑别字》，在清朝后期有赵之谦的《六朝别字记》，现在有秦公同志写的两本书叫《增补碑别字》，他就看古代石刻碑上的别字，但是他怎么还认得它是那个字写法呢？可见在不一样的写法里头，还可以使人理解、猜想，认识它是什么字，可见最脱离标准写法的时候，它还有一个遵守习惯范围的写法。还有篆书，有人说篆书一定要查《说文解字》，有本书叫《六书通》，它把许多汉印上的字都收进来了。有人说《六书通》里的字不能信，因为许多字不合《说文》，他没想到《说文解字》序里头就有一条叫缪篆这样一种字体，"缪篆所以摹印也"，缪篆是不合规范的小篆，拿它干什么呢，是为了摹印的。可见摹印又是一体，就是许可它有变化的。你拿《说文解字》里的字都刻到印里头来，未必都好看。说《六书通》的字不合说文，那是没有读懂这句话。还有后来《草字汇》，草字的许多写法，比如说"天"是三笔，"之"也是三笔，"与"也是，不过稍微有点不同，可是那点不同它就说明问题。"之"字上头那一点，写时可以不完全离开，上头一点，下面两个转弯，有的人也带一点儿牵丝连贯下来。你说它一定不是之，你从语言环境可以看出来，所谓呼出来，蒙出来，猜出来，你不用管怎么出来，它也是语言环境里应该用的字。既然这样，可见那个语言环境也证明是习惯。现在写字不管这个，说"我这是艺术"，那不行！别的艺术，比如我画个人他总得有鼻子有眼睛。如果你画一只眼，画几只眼，那是神是鬼我不管，问题你要画人像总得画两只眼，即使是侧面你也是眼睛是眼睛的位置，不能眼睛在嘴底下。字还是得遵从书写的习惯，那么别人也会有个共同的认识，这样才能通行。要不然你一个人闭门造车，那我们就管不了。这是第二章。

（三）碑和帖

这两个字需要解释一下。什么叫碑？碑本来是一个矮的石头，在什么上用呢？是坟墓前面立这么一块石头，原来是为拴绳索好把棺材放到坑里去，这个用途先不管它了。这块石头桩子上刻上字，说明这是谁的坟，就是这么一个意思。后来又扩大了，这人活着给他立个碑，因为他在这儿做过官，拍这个官的马屁，歌颂他这个官怎么怎么有德政，然后是又怎么样，这么一个纪念性质的碑，这上面刻着的字就是碑文。为什么在这上刻字，就是为让过路的人看明白，这是为谁立的碑。这样碑上的字尽力要写得让大家都认得，都是当时通行的大家公认的字。在最初写这碑的人并不一定是什么名家，什么书法家，什么学者，什么官，把它写清楚了，就行了。如果写出来人都不认识，那就麻烦了，就会发生误会，所以碑上的字呢，都是当时正规的字体。到了唐朝初年，唐太宗爱写字，学王羲之，他就写行书字，他可能不大会写楷书字，或者他写楷书字不是他的拿手好戏。他写了两个碑，一个叫做《温泉铭》，一个叫《晋祠铭》，就用行书字书写。他的儿子李治也用他这个字体给许多大臣写碑，也都是行书字体。唐朝初年，李世民父子都用行书写碑，这是用行书入碑的一个开始。武则天为她的面首（什么叫面首呢？就是她的情人吧）张昌宗立碑，说张昌宗是王子晋的灵魂托生的，就在缑山这地方把传说是王子晋的坟给挖出来了，挖出来一瞧，也不能证明是王子晋，就在那儿立了个碑，叫《升仙太子碑》，是完全用草书写的，被称为草书写碑的开端。从这以后，抄写书，抄写文章，抄写佛经的论，都用草书来写。孙过庭的《书谱》是草书写的，慈恩宗的那些个论都是草书。虽然有这么一个时代，有这么一个风气，就影响一段时间里的字体。但是，碑还是以楷书为主要的。为什么？他要写了行书草书，就失去了广大读者认识的作用。后来赵孟頫写楷书总带点行书味道，他不是一笔一画死猫瞪眼的那种楷书字，就是六朝的造像那种方头方脑的字。再后来特别是清朝末年，就特别提倡写碑，这个碑就是方头方脑的字。把写碑的叫碑学。打阮元起，就是道光年间，就有这种提法了。后来像叶昌炽，像杨守敬，一直到康有为，都是讲碑字好，是至高无上的，完美无缺的。其实碑字本身的历史也有变化。原来是楷书字，后来有行书字，有草书字，那碑字并不能纯代表六朝的那些字体。可是他们这些讲碑的，难道碑上字都是标准的吗？那么武则天的《升仙太子碑》他怎么看？《温泉铭》《晋祠铭》又怎么看呢？所以他叫碑学，这种说法本身就不完备，逻辑就不周密。

我们现在讲帖，什么叫帖？帖本来是一个"字条"，北京话叫便条，随便写的小纸条。我给某人写一个简单的小便条，说我什么时候有工夫，咱们什么时候见个面，就这么几句话，这种东西的名称叫"帖儿"，原是给朋友看的，不是郑重其事的，是很随便的。六朝时，流传下来许多王羲之的字条，三行两行，甚至一行也有。有的"帖儿"甚至是给某人写一封信送去了，他要是个大官呢，就在那信的尾上给你批回话，比如人家说请你来一趟，他批"即刻去"三个字，也就是答复那个意见。这种东西叫"字帖儿"。这种东西本来和碑不是一回事，碑本来是让人认识，起告诉别人作用的。字帖呢，无所谓。咱俩你写给我，我写给你，两个人心里明白，心照不宣。多草的字，只要这两人认识不就完了吗？那么帖流传下来就一张纸片，很容易丢失。唐太宗喜欢王羲之的字，就搜集王羲之的字。其实打梁武帝那儿已经就喜欢搜集了。零七八碎的条给他裱成这么一个卷儿。由于有这么一个帖，一丈多长，是王羲之写给四川一个地方官叫周甫的信，开篇有"十七日"，写的是日子，今儿个几号，后来管它叫《十七帖》，这就不通了。不是十七张字帖，而是十七日写的帖儿，起头一个名就叫做"十七帖"。这东西是许多小字条儿，两行也有，三行也有，就打那儿起就有好些帖了。到宋朝有《淳化阁帖》，就是把许多的六朝人的字，汉朝人的字，还有仓颉的字编在一起。有的是假的，胡给你凑上的。这个东西原来是淳化年间刻在阁（皇帝秘密藏书的书馆）里的，叫《淳化阁法帖》，后来简称为《阁帖》。这里摹刻了许许多多连真带假的古代人的字迹。《淳化阁帖》刻得既潦草，翻刻的又很多，越来越多，后来就说它没有一个刻得好的、逼真的、表现很美的那种字，都是大路货。所以这个碑和帖的问题，并不是说帖就是低的，碑就是高的；也并不是说王羲之那个时候一定都得写成那个方头方脑的字才是王羲之。说《兰亭序》是假的，前一段时间不是有过辩论吗？有人说它是假的，就是因为它的字不是方头方脑的。这个咱就不谈了。

碑和帖的作用就是这样的。并不一定写碑就是高尚的，就是正统的。有人把碑上字拿来写信，写便条，那非常可笑，一笔一画地写，写了半天，人说你怎么这么费劲呀？还有清朝有个人叫江声，他干脆给人写信都用篆书。给他的一个听差写个条，让听差的买东西去，他用隶书来写，让大师傅去买菜，开个菜单，大师傅说你这是什么菜呀，我不认识。他说隶书呀，就是给你们奴隶们看的字，你们连隶书都不认得，那你不配给我做奴隶、做大师傅。江声就有这样一个笑话。你说我写个便条"请你来一趟"，这五个字都要写得跟六朝造像碑一个样，那算干什么呢？帖本来就是两个人认识，朋友之间，熟人之间互相写，我写得再草，写成密码，只要他认识不就完了吗？当然，写这种帖的草书便条也还有一个共同认识的标准、习惯。所以碑和帖没有谁低谁高的不同，只有用途上的不同。说是我要喝汤，拿着调羹拿着勺。我要夹个菜，我拿着两根筷子夹。那不能说汤勺是高，筷子就低，问题是你吃饭时，是勺和筷子都要用的。这种事情多了。服装上，用具上，下雨我打伞，不下雨我就不打伞，那么说打伞就是高明的，不打伞就是俗人，没有这个道理。这里只是一个工具、符号、用途的不同，比如说，记音乐的谱子，有简谱，1、2、3、4，还有五线谱，那么后来有留声盘，再后有录音带，再后有光盘，有光碟，你说这谁古？可以说最早的是工尺谱，一个字旁边注明唱工尺……就代表这个字唱的时候是这个音。那么工尺谱、简谱、五线谱、留声盘、录音带、光盘，你说谁古谁雅？工尺谱最古，是不是最雅？那么现在唱古调，已经有光盘了，你非得回过去，用工尺谱给它记下来，就雅了吗？我认为这个高雅与低俗完全不能这样往上套。

艺术风格是随人的爱好而定的。我不反对已有的艺术风格，比如说，我们现在住在一个砖瓦房的四合院，上边有瓦，底下有门窗，有柱子，跟洋楼不一样。你说让我住洋楼我也没意见。让我住四合院，我也没意见。或者有人偏重爱好某种建筑物，那也可以。说我穿个中式的小褂，中式的裤子，跟穿着西装也没有什么不同。看什么时候用什么服装，没有什么高低之分，没有什么雅俗之分。有人喜欢看造像石刻，看那武梁祠，那很笨、很原始的刻法。有人特别喜欢木版画，这本来无所谓。还有人喜欢戏剧人物的服装、脸谱，我觉得还是平常人的脸好看一点，化妆自然可以美观一点儿，可在脸上画得花里胡哨的，画得乱七八糟的，红的绿的一道道的，包公脸上还画个太极图，画上许多图案，是什么意思呢？可有人对这特别喜欢，那我也不反对，他爱喜欢就喜欢，反正我不能画个花脸上街。今儿个开个会，我画出个逗哏的脸，《白水滩》那个花脸包公，你涂上满脸墨，那人家不准你进来了，说这人干吗呢？问题是你喜欢我不反对，你有自由，但是我没法按那个办。实用跟个人爱好，跟个人偏好，那是两回事。比如字，我们现在说写美术字，写招牌，我写美术字，那更有自由了，你爱什么写什么，但是写美术字我得先拿尺子、铅笔画出道道来，哪一笔怎样，得画出美术字体的效果。反正我给别人写个信，写个便条，我不能用美术字，用美术字太费时间了。我不反对个人对艺术风格的爱好，我也不反对对于某个古代的某种不成熟的，或者在成熟过程中所经过的某种字体的偏爱，但是我们不能拿我所爱好的一种东西强加于人，说你必须这样才高级，那样就低级。

（四）文房四宝

只要一提书法，就必定连上文房四宝。这种连法也不知是谁规定的。这四宝是什么东西呢？这是纸、笔、墨、砚。

先说这头一个纸。练字根本不存在一定要用什么样的纸的问题。我们现在拿报纸、包装纸，或者硬纸壳都可以练字。有人还在练字也买成刀的宣纸来练，我说你好阔呀，练字还使那好讲究的宣纸，那是不是太高级了。有人说练字一定要用元书纸，这也有点教条，什么纸不能练呀！报纸已经看过了，如果没有存留的必要，那你就拿来写，一个已经过时的刊物，你拿来作练习不也一样吗？我的意思就是说，纸不一定要什么样的纸，才算是练书法的纸。

笔，说是书法一定要用毛笔。现在又提出硬笔书法。硬笔指的是什么呢？指的是钢笔、圆珠笔之类的笔。硬笔书法这是一个流派，好像是很新。其实呢，古代少数民族用的写字的工具，就是一个竹子签，竹子棍，拿刀削成一个斜坡，成为鸭嘴形，中间拿刀劈开一个缝儿，它就吸取墨，然后再用人的头发捆成那么一撮，给它剪齐了，搁在一个罐里头，把竹笔往里头那么一插，然后提出来就写，跟现在西方用的鹅翎管是一个样的办法。现在的钢笔头也是用这个办法演变过来的。这是一种。欧阳修的母亲拿一个荻子棍，在土上画字，教给欧阳修认字，那也是硬笔书法。我并不是"古已有之论"，而是说我们现在有也不必大惊小怪。说你们使毛笔，我就使硬笔，那也不一定，中国地方大，民族多，用什么笔都有。钢笔、圆珠笔、铅笔都是硬笔；毛笔里头有紫毫、狼毫、羊毫，还有麻（把麻捆上）。还有一种叫做茅龙的笔，就是茅草梗子扎成的，明朝人陈白沙（献章）就是爱使这种茅龙笔。所以这笔也不一定要什么样才算书法专用笔。

墨，古代是拿制成的固体墨块搁在石头砚上研。与其现写现研，不如现在的墨汁，现在有许多墨汁，一得阁的墨汁、曹素功墨汁都已很平常。把墨汁倒在砚台里，往里头加点儿水，让浓度适当，就行了。写钢笔字还有钢笔墨水，蓝黑墨水、黑墨水等。

砚，砚台更不用说了。当然什么石头都可以。古人讲究，是因为拿它当个玩赏的工具，一边研墨一边观赏，像一块古玉似的，摸着又很光溜，上头又刻着什么字，比如什么铭，是哪年买的，谁送的。砚台也有各种砚材，端石、歙石、古瓦古砖也行。容庚先生有块大砚台，他会刻印，在砚台背面刻字，他作一部书，就刻上一行字：某年月日，某部书编成了，又某年月日这部书又修改了。打开那一尺多大的大砚台，背后一行行字纵横交错。可惜当时没拓下来。那个东西很有意思，那是记功碑，曾经编过什么什么书，怎么怎么样，这等于一个很有意思的纪念品。

纸笔墨砚在今天，不是说没有用，是用处远远不够了。比如说纸，必定得使宣纸，如果有人给我个金笺，上面压着金子，或是某种有名的花笺，我准写不好，我说你拿回去吧，还不如我这白纸，写坏了我还可以另换一张，要拿一张好纸我准写不好。他说你试试。我说试试，你的纸写坏了你负责，我负不起这个责，我不写。有人把整刀的宣纸拿来练字，我说实在是太浪费了。古人有几种办法，有把砖拿来，用湿笔蘸上香灰，或把香灰用水和好，用笔蘸上往砖上面写，等干了你看好不好，或者擦上再写，或者都写上，等于有灰的那一面，把笔蘸白水在上写，也可以练习，这是一种。还有呢，古代怀素院子里种的有芭蕉，他把芭蕉叶子拉下来，当纸在上面写字。这些足以说明什么样的纸都可以用。笔呢，也不一定是什么毫，狼毫、紫毫、羊毫都可以。当然笔呀，有点关系，笔要是写得不合手，还是不好受。苏东坡说过，好受的笔，写着让人手里拿着不觉着有笔，说明这笔很适合自己的习惯。纸也有这个问题，墨也有这个问题，墨稠了稀了，纸是生了是熟了，有的纸拿湿笔往上一搁，欻那么一洇，这样写着也会使人兴趣败坏。怎么样写适合自己的习惯，这只有个人的习惯问题，没有绝对的标准，一定得用什么样的纸，什么样的笔，什么样的墨，砚台更不用说了。所以我觉得所谓四宝，没有一个绝对的好坏标准，只要你使得习惯，写起来特别有精神的那一种，就是最好的。

（五）入门练习

学写字有次序，怎样入门，从前有许多的说法。有些个说法，我觉得是最耽误事情的。首先说是笔得怎么拿，怎么拿就对了，怎么拿就错了；腕子和肘又怎么安放，又怎么悬起来。再说是临什么帖，学什么体，用什么纸，用什么格等的说法都是非常的束缚人。写字为什么？我把字写出来，我写的字我认得，给人看人家认得，让旁人看说写得好看，这不就得了吗！你还要怎么样才算合"法"呢？关于用笔的说法，我们下一章再解剖、再分析。现在我们先从入门得用什么纸说起。从前有一种粗纸，竹料多，叫元书纸，又叫金羔纸。小时候用这种纸写字非常毁笔。写了没几天，那笔就秃了、坏了。是纸上的渣子磨坏的。还有一种，是会写字的人，把字写在木板上，书店的人按照这字样子，把它刻成版，用红颜色印出来，让小孩子按着红颜色的笔道描成墨字，这样小孩子就可以容易记住这个字都是什么笔画，什么偏旁，都用几笔几画。这种东西打从宋朝就有。这些字样大都是"上大人、孔乙己、化三千……"我小时候还描过这种红模子。还有的写着"一去二三里，烟村四五家"这类的词语。都是用红颜色印在白纸上，让孩子用墨笔描。词儿是先选那些个笔画少的，再逐渐笔画加多。这除了让小孩子练习写字之外，还帮助小孩熟记这些字都共有哪些个笔画，这是一种。再大一点的小孩就用黑颜色印出来的白底墨字，把它搁在一种薄纸底下，也就是用薄纸蒙在上头，拓着写。这是比描红高一点的范本。这种办法无可非议，因为小孩不但要练习笔画，练习书写的方法，还要帮助他认识这个字，巩固对这个字的记忆。

再进一步就是给他一个字帖，有有名的人写的，或者是老师写的，或者家长写的，或者是当代某些个名人写出的字样子，也有木版刻印出来的，也有从古代的碑上拓下来的。比方说欧阳询《九成宫碑》、褚遂良《雁塔圣教序碑》，又比如像颜真卿《颜家庙碑》《多宝塔碑》，柳公权《玄秘塔碑》等，这种字多半不能仿影，因为比较高级、珍贵，如果用纸蒙着描，容易把墨漏下去，把帖弄脏了，多半是对着帖看着它描，仿着它的字样子来写。这办法人人都用。我们现在随便来练字，也都离不开临帖。比如我们得到一本好帖，或某一个人写的我很喜欢，不妨把它摆在旁边，仿效他的笔法来写，可以提高我们的书法水平。但是这种办法有一个毛病，总不能写得太像，因为眼睛看的时候，感觉上觉得是这样，比如"天"两横，我觉得这两横的距离是多宽，头一笔短一点儿，第二笔横长一点儿，第三笔这个撇儿撇出去从哪儿到哪个地方才拐弯，这个捺的捺脚又怎么样了，摆在什么地方，这都是看起来容易，写起来难。赶到都写完了，拿起来一比，甚至于把我写的这个字与帖上那个字摆起来，对着光亮一照，那毛病就露出来了，相差太多了，几乎完全不一样了。这样就有些人越写越灰心，没有兴趣了。说我怎么写得老不像呢？它总是不能够那么逼真的。因此就有许多的说法。清朝有一个人特别主张读帖，他说"临帖不如读帖"。临帖是用眼睛看着效仿它的样子来学，读帖是拿眼睛看这个帖，理解这个帖，心里想着这个帖，然后拿笔不一定照这个帖就能够写出来。也许说这个话的人出这个招的人他能做到，但是他做到的时候是多大岁数，是他到什么程度的时候才做到这样的，这个谁也不知道。也许已经写了多少年，自己成熟了，然后就说我就是这么看一看就理解了这个字，那就是程度不同了。我们也有这个时候，比如说，我是在街上看到某一个牌匾，某个名人写的一个牌匾，看着很好看，自己心里也很想仿效他用笔的那个意味来写，可是他那个匾挂在铺子上头，我不能说给人家摘下来，那个时候照相又不那么方便，像现在拿个小照相机，老远你都可以把它照下来，那时候不容易。那么这个时候仿效，就等于读帖之后背着来临这个帖。这是不得已的事情，还要看什么程度。你想小学生你就让他去读那个帖，这话都是不实际的。说这个话的人叫梁同书，是清朝乾隆时候的人。他写的字你看不出来是有意临哪一家哪一派，他就那么写，他有一个论书的文章，有两句话，说"帖是让你看的，不是让你临的"。这句话我给他改一个字，这个帖是让"他"看的。他要看我管不了，他已经死了，他爱看不看我管不着，但是我只凭着看脑子记不住，我不拿手实践一下，没法子印证这帖是怎么回事情。

还有一个临碑临帖存在的问题。在从前印刷术还没有现在这么普及的时候，不管多大的名家的笔迹，都仗着把它刻在木板或石头上，然后捶拓下来，这就变成了黑底白笔画的字，这时不管刻工刻得多么逼真，一丝都不走、一丝都不损失、不差样子，但是多高明的刻工、多讲究的拓本，它也只有那个字的外部轮廓，里边墨色的浓淡，也就是用笔的轻重，墨的干湿就无法看到了。拿笔一写，拉下来之后笔就破开了。开始墨还多的时候，笔毛还拢在一起，到了笔画末端笔头就散开了，这种地方特有名称管它叫"飞白"，因为它不全是黑颜色了。干笔破锋所谓"飞白"的地方是最容易表现出（被学的人看出）写字的人用力的轻重、墨蘸的多少（这一笔蘸的墨写到什么地方墨就没有了、少了）。这种地方是很有关系的。你要是照相制版，看起来就明白得多了。这一笔所用的力，是哪一点最重、哪一点轻，可以看得清清楚楚，但是在刻本上，你多大本领的人，你也没法子看出这些过程来。

不同的碑、帖，笔画有刻得精致，有刻得粗糙的。我们看唐朝刻的碑，就非常的仔细，后来石头磨光了、笔画磨浅了，这样的不在少数。看唐朝的碑最早的拓本，刻出不久时候的拓本那是比较精致的。魏碑，北魏的碑特别像龙门造像，那些造像记，在墙上在石洞里头刻的时候，是用力气在上锤、凿，这样就费事很大。结果刻出来的笔道，现在我们看龙门造像，每一笔都是方方整整的，两头齐，都是很方很方的，一个一个笔画都是方槽。这样写字的人就糊涂了，怎么回事呢？他不知这个下笔究竟怎么就能那么方呢？我们用的笔都是毛锥（笔有个别名叫毛锥子，像个锥形，是毛做的），用毛锥写不管怎样，总不同于用板刷。用排笔、板刷写字下笔之后就是齐的，打前到后这一横，打上到下这一竖，全是方的。但是写小字，一寸大的字，他不可能用那么点儿的板刷，像画油画的那种小的油画笔来写，若都用那种笔来写，也太累得慌，太费事。所以就有人瞎猜，于是用圆锥写方笔字又有说了，说是笔必须练得非常的方。我已经见过好几个人，他们认为这些个字必须写得方了又方，像刀子刻得那么齐。我心里说，你爱那么方着写我也管不了，与我也没关系。别人每分钟可以写五个字，他是三分钟也写不了一个字，因为他每一笔都得描多少次。这种事情我觉得都是误解。碑上的字，给人几种误解，以为墨色会一个样，完全都是一般黑，没有干湿浓淡，也没有轻重，笔画从头到尾都是那么写的。还有一种就要求方，追求刀刻的痕迹。清朝有个叫包世臣的，他就创造出一种说法来，说是看古代的碑帖，你把笔画的两端（一个横画下笔的地方与收笔的地方）都摁上，就看它中间那一段，都"中画坚实"，笔画走到中间那一段，都是坚硬而实在。没有人这样用笔。凡是写字，下笔重一点，收笔重一点，中间走得总要快一点，总要轻一点，比两头要轻得多，两头比中间重一些。在这个中段你要让它又坚又实怎么办呢？就得平均用力，下笔时候是多大劲儿，压力多大，一直到末尾，特别走到中间，你一点不能够轻，一直给它拉到头，"中画坚实"这东西呀，我有时开玩笑跟人谈，我说火车的铁轨，我们的门槛，我们的板凳，我们的门框，长条木头棍子，没有一个不是中间坚实的，不坚实中间就折了。这样子要求写字，就完全跟说梦话一个样。我说这是用笔的问题，而为什么会出现这样胡造出来的一种谬论、不切实际的说法呢？都是因为看见那刀刻出来的碑帖上的字，拓的石刻上的字，由于这个缘故发生一种误解。这种误解就使学写字的人有无穷的流弊，也就是说所临的那个帖它本身就不完备，这不完备是什么呢，就是它不能告诉人们点画是怎么写成的，只给人看见刀刻出来的效果，没有笔写出来的效果，或者说笔写出来的效果被用刀刻出来的效果所掩盖。碑和帖是入门学习的必经之路，必定的范本，但是碑帖给人的误解也在这里。现在有了影印的方法就好多了。古代的碑帖是不可不参考的，但是我们要有批判的、有分析的去看这个碑帖。入门的时候不能不临碑帖，而临碑帖不至于被碑帖所误，这是很重要的。

（六）学书"循序"说

学习书法应该有次序，由浅入深，由近及远，不管什么学问都是这样的。这个特别值得说一说。学写字应该有个循序渐进的次序。这没问题。但是什么是次序？什么是浅，到什么程度是提高、是深？说法就很不一样了。许多人看见古代的字是先有篆，到汉朝有隶，魏晋以后有楷、有草、有行，于是有两种误说：一种认为凡是古代的字的风格、形体就是高的，就是雅的。后来发展的那个字就是低的、俗的，就是近的，甚至不高的、不雅的、没价值的。有人就说学写字你必须先有根底，先学篆，篆字好看了再学隶，隶学好了再学楷。我这一辈子总共才活几十年，有人一辈子写篆也还没写好，那这个人一辈子到了临死也还没有写隶书的资格，为什么？篆书还没写好。按这种胡说八道的说法那只能是说，没有文字之前是结绳记事（今天我办了个什么事就在绳子上结个扣，明儿又一个什么事再结一个扣，这是还没有文字之前的初民用的办法），那么我们请问，什么时候有的篆？比篆还早的时候是结绳记事，那你学篆还得先学结扣，结成一个疙瘩一个疙瘩的然后你才能写篆？说疙瘩都结好了才能学篆学隶。我请问他一句话：就是"好"，怎么样才算好？恐怕说这话的人也没法回答。因此篆和隶就难说有什么高低、古今、雅俗等差别了。

同是篆这一种字体，又有人给它定出来差别了，说你要学篆书，得先学某一个铜器。周朝的铜器，比如毛公鼎、散氏盘。其实在铜器里头，那个散氏盘的字是最不规范、最不规则的。那个毛公鼎字数最多，是周朝铜器里头很有价值的，问题是价值并不在字的样子，而在于它记录了许多古代的历史。散氏盘更是某一个部落（部族）记载它的事情的，那个字并不是周朝正规的那种字样。我小时候有一位老先生，他专写篆隶，写得好。他自己发愤宣布，说我要临一百遍毛公鼎、散氏盘。因为它是铸出来的，这样子再写二百遍它也像不了。他为什么要写一百遍毛公鼎、散氏盘呢？他认为这是基础，熟悉了毛公鼎再写其他篆书就都可以通了。这个事情，我看见同是这位老先生，让他写秦朝的秦刻石就不如他临毛公鼎的好。可见认为临某一个帖、某一个碑作基础，就可以提高到写一切碑、一切的字，这是不正确的说法。比如古代篆书的石刻石鼓文，确实是很正规，也很整齐，笔道都很匀实。但是你写石鼓文，石鼓文里的字是很有限的，石鼓文之前的字，比如《说文解字》里的九千多字，那绝不是石鼓文所包括得了的。并且

《说文解字》是小篆，石鼓文与《说文》中的籀书很相似，所以也不能是写了石鼓文别的就都懂得了。

篆书是这样，隶书呢，也这样。说你写汉碑，你必须先写《张迁碑》，《张迁碑》写好了，再写其他的碑就行了。据我知道，有人写《张迁碑》，像清朝后期的何绍基，就专临《张迁碑》。他临《张迁碑》就为凑数，他自己临过多少本《张迁碑》，我看是越到后来的，比如他记录第五十遍，那越写越不好，为什么呢？他自己也腻了，他是自己给自己交差事。我有一个老同学，跟一个老师念书，这个人他已经工作了好几年，他父亲有钱，三十多岁了回头再跟老师来学，我也跟那个老师学。他在家每天要临《张迁碑》几张字，我到他屋里去看，他写的字用绳子捆了在屋角摞起来，跟书架子一般高，两大摞，都临的是《张迁碑》，每次用纸写完之后拿绳子捆一下摞起来。我是熟人了，我把上头的拿下来看，是最近临的，我越往下翻越比上头的好，越新的越坏，因为他已经厌倦了。他自己给自己交差事：今天我可点了多少卷的书。也不用问他那个字点得对不对，我也不知道，也没法细看。这样写只是为给自己交差事，并不是去研究这个碑书法的高低呀，笔法呀，结体呀，与这些个毫不相干了。我看过商务印书馆印的何绍基临的十种汉碑，那真有好的，临的《史晨碑》《礼器碑》，为什么那样便宜呢？已经没有卖了，一大摞一大摞的。我还看过翁同龢临的《张迁碑》，梁启超临的《张迁碑》，就是在琉璃厂那些字画铺里看见的。都是他们自己用功的窗课，当时都很便宜。当时有一度我也想，这总算是名人用的功，为什么不买一本？后来回想我当时为什么没买，我瞧实在是一点意思也没有，所以我没买。后来追想，幸亏没买，买了也是废物，搁那白搁着。

现在想来，有人说你临某一个碑，把这个碑写好了，打下基础，然后再临别的碑。我想这个人临这个碑还没临好呢，他脑子里已经厌烦写字了，一点儿兴趣也没有了，你让他再写别的，他永远也写不好。比如说，何绍基后来晚年写的字，那真叫不知是什么，哆里哆嗦的全都是画圈，那个时候他已经手也胀了，肿了，也没有精力再往好里写了。所以他那些个《张迁碑》的基础究竟起了正面作用还是起了反面作用，我真是很怀疑。可见说哪一个碑、哪一个帖作基础，你这个基础会了别的都会了，这是不可能的。

这一章里我还有一点儿补充。就是有人对于这个字体也有说法，说是欧阳询在唐初，虞世南更早一些，颜真卿和柳公权晚一些，说你应该先学欧，再学褚，再学颜，再学柳。这个次序是他们这几人（欧阳询、褚遂良、颜真卿、柳公权）

生存时间的先后，但是我们学他们，没有法子按他们生活年代、生活年龄来学。因为我们毕竟比他们差一千多年。也不可能按这个次序去学。从前还有人说，柳字出于欧，"出于"两个字实在可怕得很。说欧阳通出于欧阳询这我信，欧阳通是欧阳询的儿子，他儿子出于父亲那是真的；说颜真卿的字、柳公权的字就出于欧阳询，他出不来，他离欧阳询远得很哪！欧阳询想要生出柳公权来，他够不着，中间差着很多年，不能欧阳询先生一个欧阳通，过了近二百年又生出一个柳公权来，没有这个事情。所以凡是这种说法，谁在先，谁在后，谁出于谁，你要先学会谁然后你才能再学谁，这种理论我觉得都是胡说八道！

（七）"用笔"说

本来笔是一种工具，就是画道的棍，你拿这个棍前头绑一撮毛，拿这蘸上墨或别的颜色往纸上画道就完了，这有什么神秘的讲法呢？后来许多的书把用笔这个事情说得非常神秘，并且说只要是你会用笔呀什么都解决了，用不着提字怎么写，什么体，全都是说你只要会用笔就行了。你甭说用笔，你给我个树枝，在地上画不也可成字吗？我写的你也认得，那么这有什么可神秘的呢？这样的议论，在许多古代讲书法的书里都可以见到。越往后这个问题讲得越神秘。你比如像我前边刚说过的包世臣，讲用笔怎么讲，康有为又怎么讲。还有奇怪的，像包世臣这类的书法理论家，他就讲王羲之为什么爱鹅。说这鹅脖子是长的，脑袋上头还有一个包儿，说王羲之手里拿着笔呀，这个食指往上拱着，食指往上拱着很像鹅的脑袋那个包儿，王羲之写字为什么爱鹅呀，就是爱鹅头上那个包儿。到这分上他就不是讲写字了，那就是造谣了。王羲之爱鹅就是爱那个包儿，我爱鸭子没包儿，怎么办呢？这完全是越说越神。还有说王羲之爱鹅，他给人家写《道德经》，写完就把道士养的一群鹅用筐子拿回去了。拿回去王羲之究竟是吃了呢，还是养着下蛋呢？这历史上也没交代。可是这个东西打这儿就越说越多了。说王羲之什么都与写字有关系，我看讲这些事情的书是越看越生气，恨不得把那些书都撕了。这些说法完全是造谣生事，完全是穿凿附会。

我们就知道元朝赵孟頫写字写得真漂亮，写得真讲究，他也学王羲之，特别是学王羲之的《兰亭序》。他得到一本刻本的《兰亭》，后头呢，作过十三段的跋，这里头提到过："书法以用笔为上，而结字亦需用功"这句话。我就说，书法以用笔为上，当然你笔是要会用的，运用得好，笔毛听话，当然写出来效果是好。可是这个不是什么神秘的事。你把笔蘸上墨，在砚台上片得不出纰叉，写起来这个笔画就是圆的。这不很自然吗？他认为书法以用笔为上，而加一个转语，结字亦需用功，就把用笔放在第一位，把结字放在第二位。那么我们稍微冷静想一下就可以知道，比如说，我写一个"三"字，写一个"土"、写一个"王"、写一个"土"，这样的字笔画最简单，"三"和"王"的笔画有三横，我们普通写法至少三横让它匀，距离差不多，事实上前两横靠近一点儿，后一横稍远一点儿，这样它就好看。如果你故意把前两横拉得宽，后一横跟第二横离得窄，你这样写出来就不大好看。为什么不好看？它就是从来有这么个习惯，大家就都这么写。这个"王"字，中间这一横要短一点儿，上下两横要长一点儿，这样这个字就好看了。你假定我偏把中间这个横写长了，两边宽出了头，这个就不是"王"，而是"壬"字了。"土"字和"士"字，"土"字底下这横长，"士"字底下这横短，那我故意把底下这横写长了呢，它就不是"士"而是"土"字了。诸如此类。这个结字呢我觉得关系到这个字念什么，代表什么意思。甲音字跟乙音字的差别，在这点儿上至关重要。我光把点画写得非常好，而点画的位置长短高矮全错了，那我写得再好，用笔十分的好，也不是那个字。这个道理是非常明白的。我们把王羲之的帖拿过来，拿剪刀把它铰下来，每一个笔画铰成一个纸条，我把它搁在手里，比如这个王字四笔，我把这四笔描出来，把它拿剪刀剪下来，剪成一笔一笔的单个笔画，放在手里头摇一摇让它乱了，往纸上那么一扔。你再看这个字，这笔画全是王羲之帖上的，用笔形状一点儿都没有错，都是王羲之的原样，可是我这一扔在纸上，你再看绝对不是王羲之写的"王"字了，甚至这字念什么我们也不认识了，因为已经完全变了。这个道理浅近极了。那么究竟用笔为主呢，还是结字为主呢？这是不待言的了。可是你看许多讲书法理论的书，没有不是把"用笔"两字说得那么神秘，那么了不起，那么难办的，甚至这人写了一辈子，你也不会用笔，如果你写的字给人家专家看，他就说，你的字写得还凑合，就是用笔不对。这样的事我碰见过很多了。我把笔给他，说你就给我写一个，用笔怎么才对呢？结果他写出来比我还不对。现在我就把这个道理在这里交代一下，想学字的朋友首先要破除迷信就是所谓用笔论。把这个用笔说得神秘得不得了，别人都不会，就是他一人会。王羲之死了，就他是唯一的会用笔的。至于结字的重要，随后我们再说。

　　现在专说工具——笔。我们看到出土的，古代有三类的笔，到我们现在制造的笔，已经是第四阶段了。可以说从殷商甲骨文一直到了战国时期竹木简、盟书，那时用的笔都比较简单，一撮小细毛，绑在一个小细的竹棍上，然后蘸着墨往上写很小的字。那时候大概做笔的工艺、办法还比较简单。汉朝又是一段。居延出土的文物中有一支笔，这支笔是一个竹棍的一端劈成四瓣，把一撮毛拴成一个毛锥子，然后把毛锥子嵌在四瓣的中间，拿一根细线把它捆起来。这种笔头是灵活的，很像现在可以换笔头的蘸水钢笔。这样笔尖写秃了，可以把笔毛揪下来，再换一撮毛。居延出土的这种笔，后来还有人仿做过一个模型。我们知道汉朝的隶书，它有顿、挫，所谓蚕头燕尾，开头下笔时重一些，末尾像一个燕子的尾巴，像是后来写楷书的捺脚一样。汉朝碑里、木简里头出现这种笔画的姿态，就因为它的工具有了进步。六朝到唐又是一阶段。我们现在看见唐人的笔，日本人在唐代带回国去藏在他们的正仓院有这样的笔。那个笔头呢肚子大，笔尖尖长，看起来像一个枣核那样，可是半个枣核。枣核不是两头尖吗？它是套在笔管里边的那头尖看不见了，就是笔管底下的这头。肚子大笔头尖，所以写出来就有六朝、唐人写字的那种风格。这种笔在日本也有仿制的模型。这种样子的笔，比汉朝人的笔又进了一步。到了宋元明以后这一段就不再费这么大事了。这时的笔多半是跟现代的一样，就是笔根里头衬上一点儿短毛，是做的时候衬在里头的，前边的毛一般是齐的。这种笔叫做"散卓笔"。这种笔你蘸了墨水前头就拢起来了，也算有一点儿尖儿，可是笔根上很有力量。这种笔制作起来费事。现在买的笔特别好使的、带有这样讲究做法的，也就不太多了。现在都讲长锋，那是误解，从前讲笔锋长，锋呀是指笔尖儿的部分，那个地方长一点儿，为什么呢？下笔的时候好有尖度。现在把这锋呀理解为从笔毛塞在笔管里的那地方起始到笔尖这一段，都要很长很长，这越长它越没有力量。那么蘸上水呀，这个笔就像一个拖地板的墩布，一个大木头棍儿前头拴着一堆布条子，你蘸上水之后，它完全垂着来回晃，只能拖地，不能写字。现在新做的笔，往往只在笔杆上下很大工夫，或者给它画上花刻上花，笔毛就是越来越长，全都是那么一个细长条的笔毛，没有根，拿起笔来东倒西歪。这样的笔就是会写字的人恐怕也难写出好字来。从前人有这么一句俗话，善书者不择笔，就是说会写字的人拿起什么笔都能写。这话用在鼓励人，说这人本事大，那也可以。比如拿刀切菜，有人善于切菜，不讲究刀，也可以这么讲。但是你给他刀没有刃，就是一个铁片，我看他也切不出什么菜的样子来，更不用说切这个肉片了。这完全是一种鼓励的话，善书者不择笔，这是一个有目的的、有策略的鼓励人的话，而事实上，你给他没毛的笔，他不也不会写字吗？看来笔这工具还是很重要的。苏东坡说过一句话，说好的笔是什么？好的笔是在你写字时，手里不觉得有笔，这种笔就是最好的，就是他选笔要合他的手，合他的习惯，合他手的力量，不管是什么毛的笔。从前有人喜欢使紫毫（兔子毛），或者是狼毫（黄鼠狼毛），或者是羊毫。其实呢，没有里头不掺麻的。有这么一句话"无麻不成笔"。笔里头总要垫上衬，衬这个笔毛，从笔头中间里头的芯一层层往外裹。所裹的是各种毛，里头总要衬垫一点儿麻，它就挺脱。关于笔工的做法有很多说法，我们只能够懂得一点儿大意，自己没有去实际做过笔，我在这里只是说一个大概。所以说用笔，你要看是什么样子的笔，什么材料的笔，就刚才我说的拖地板的墩布形状的笔，你给多么善于用笔的人，他也写不了字。你给他一个大墩布，说你给我写个《黄庭经》小楷，你要写不上来，那你就不善于用笔。你这样说：如果你写不来我就惩罚你。恐怕就是王羲之来了，他也只得认罚，没办法。这是我第七章特别要讲的道理。我特别强调这个道理，也就是想和想学书法的朋友们谈一谈，千万别被用笔万能论、用笔至上论、用笔决定论这些个说法所迷惑。若是非要这样，你干脆放弃，我不写了。要是听这样的话你永远写不成。

（八）真书结字的黄金律

楷书又叫真书。结字有个规律，规律就是合乎黄金分割即黄金律，这是我偶然发现的。我曾经看唐人和北朝著名碑版上的楷书字，我拿一个画画放大用的塑胶片（这种塑胶片现在街上有卖的，是为画画放大用的，它分成两部分，一部分是比较小的方格，一部分是长方片），我用那部分比较小的方格，就把这种坐标格罩在字帖上。比如一个字，我把它每一个笔画都给延伸了，延长了。好比说左边是个三点水，江、河、湖、海之类的字，头一笔从左上往右下来点儿，我把它当做一个歪斜的道儿，第二笔又延长，第三笔从下往上去又延长，它们交叉的地方有一个交叉点。右半的字，比如"海"字每一笔都延长，又有几个交叉点（这些个交叉点，我们在这里没法说了，只有在纸上画出来才明白，这里不妨简单地口头说一下），我发现这些个交叉点中主要的有四个。或许有的字没有这些个笔画，并不全都占有每个交叉点，可如果占有的话，总是这四个交叉点最要紧。这四个交叉点在哪儿呢？假定是一尺三寸这么大的一个正方形，我每隔一寸就给它画一条直线，横竖都一样，就成了 169 个小方格。这样在中心的部分，左边的空格是五个，中间的空格是三个，右边的空格又是五个，这是横着的；上下也是，上头五个空格，中间三个空格，底下五个空格。这样那个从左往右数第五个空格的右下角，那是一个交叉点，从这再往右数第三个空格的相同犄角又是一个交叉点。从上往下也是这样。结果中间部分是九个小空格。于是上边横着数是五、三、五，竖着往下数也是五、三、五。要是左上边的交叉点我们管它叫 A 点，右上边的交叉点我们管它叫 B 点，左下边这点叫 C 点，右下边这点叫 D 点，那么这四个交叉点就是古代字的结构所注重的地方。有的字不完全那么准确，不那么机械，但是它重要的结构以这四个点为重点，是最要紧的地方。在从前有米字格，有九宫格，还特别说写字要讲中宫，中间那一宫，那结果呢，把米字格都给画出来了，斜着对角两道线，横着竖着两道线，中心最多的交叉点把那当做中心。把这个中心当做字的重心来写，那么写完之后，每一个字的末尾准侵占到下一格的头上来，总要往下推。假定这一片纸是三行九个格，那么我写三个字，第三个字的下半拉，准到那格子底下外边来。我以前不知这是怎么回事，自从我发现了这结字的黄金律，在下笔开始写的时候，起首时注意左上角的 A 点，收尾时注意右下角的 D 点。这样就绝不会出这个格了，它准都在格子里头。写行书也是这样。你对楷书字结体的重点要是理解了，写行书也容易做到行气贯通。行书字常常有左右摇摆的情形，写出来龙飞凤舞的，为什么有行气？细看，它那个 A 点都在一行里头。这一行不管多少字，你把每个字中 A 的交叉点都给它画出来，它基本上是一条垂直线，虽然摇摆，也差不了太多。所以这一行行字叫气贯。这气在哪儿，你也摸不着，也感觉不出来，事实上就是这字的连贯性。那么我们就看出来了，这一行字，它的 A 交叉点都在一条线上。这个字不管左右摇摆到多厉害的程度，它的气还是连贯的。

关于这个问题，还有些个笔画的"副作用"的问题，就是说左紧右松，上紧下松。比如写"川"字，三笔。第一笔第二笔靠得近。第三笔跟第二笔离开可以远一点儿。刚才说"三"字，第一横跟第二横挨得要紧。第二横跟第三横距离可以松一点儿，这样就好看。总之，凡是紧的密的要靠左边靠上边，可以松一点儿、可以宽一点儿的要靠在下边，靠在右边。这样子写出来就好看。

还有一种，是横笔，一定要写起来自然向右上微微的斜一点儿。最害人的一句话叫"横平竖直"。你要写字真正按这个横平竖直去写是怎么看怎么难看。我小时候写字，大人在旁边拿个棍儿，拿个笔杆瞧着，我的笔往上歪一点儿，就啪地给我手指头打一棍儿："你横不平！"于是我就注意横平，结果怎么写怎么不好看。其实这个横所谓的"平"是有条件的。我们若是把现在的报纸拿过来，头版头条大字，我们拿起来对着灯光反过来照，它的横画还是有往右上走的一种趋势。你正面感觉不到，再仔细瞧，每个横画右边总有一个小三角。你是不是想过那个三角为什么不画在底下，为什么画在横的上边？它与毛笔写字有什么关系呢？平时我们写字，停笔的时候总要驻一下，上头就冒出一个尖来。给这个冒出的尖绝对化图案化，就是这个横上边画着的三角。这个横画，原本就微微向右往上抬一点儿，再加上一个三角，这样子，这笔画自然就形成了从左往右往上去的趋势。再说竖，现在所谓宋体字。一个竖本来就是一个竖方条，上边右上角斜着去一点儿，右下角斜着又去一点儿，上边右半缺个角，底下右半缺个角。这使人感觉这种竖不是直的，它是弯的，微微的有一点儿弯。两端右边去个角，就让人感觉像有一个弧度。这个弧度冲左，鼓的那部分向右。我问过人，你们制这个字模的时候为什么要这么做，他也说不上来。我觉得这正是我们要打破横平竖直这个谬论的一个证明。以上说明我们在写字时，第一，不要注意中宫，而要注意四个五比八的交叉点；第二，就是不要真正的横平竖直。凡是注意中宫这个观念和一定要横平竖直观念的，他再写一辈子也写不好。我敢下这个断语。我郑重地劝告想练字的朋友，要特别注意这个问题。我这个说法曾发表在香港一个叫《书谱》的杂志上。我们学校的秦永龙同志他编的一本书，叫《楷书指要》，他这书里头有一章，就完全引录了我的这些说法。我跟他提出来，请他就把我这一段我自己的一得之见，纳入他讲楷书的这本专著里。现在我不晓得还有哪位注意过这问题，大概还有别位的著作里头也引用过这些话。刚才我又说了这个事情，我在这里是强调它的重要性，并不是因为这是我说的它才重要，是经过实践证明它是重要的，所以"实践是检验真理的唯一标准"。我现在引用这句话，是想说明我的这些个说法，是经过实践，受过检验的。

（九）如何选临碑帖

现在谈一谈如何选临碑帖的问题。我常常遇到人说，你给我讲讲，我学哪个碑、哪个帖好啊。这使我很为难。我说你手边有哪个，你喜欢哪个就学哪个。往大里说，好比我要找对象，我问人：你看我找胖子好，还是瘦子好？我找一个多大年纪、找哪一个省份的、找学什么的好？你想要问人家这个，就是多么有经验的人也没法子给你解决这个问题。写字也一样，你看我学什么好？我就碰见很多的人这样说：啊，你要先写篆书，篆书写好了再写隶书，隶书学好了再学楷书。我以前已经苦口婆心地说了若干回这个问题。我实在对这种说法深恶痛绝。我就问，我什么时候才算学好了篆书？我又什么时候才算写好了隶书呢？我篆书得完全写好了，老师判分及格、过关了，然后我再写隶书，谁给我判分呢？有人写了一辈子，也不算写得多么好。那这个人永远一辈子也不能学第二种碑帖，这可怎么办呢？我认为没有一定标准。那你要学写字，先学结绳技术，学结扣，扣结好了，然后再学写字。还有一种，有人拿着画板不管是到哪去写生，就比如说到公园里去画牡丹、画芍药。他问你过路的人，你看我是画牡丹好，还是画芍药好？那碰到的回答一定是你爱画什么画什么，我管得着吗？还有人到饭馆去问服务员：你说我今天吃什么？这服务员一定没法回答你。你想吃鸡、吃鱼、吃牛肉、吃猪肉、吃羊肉，你自己想好再要菜。我只能告诉你我这儿有什么菜，我不能管你想吃什么，就是这个道理。诸位是不是在听了我这句话之后，你也回想一下，是不是咱们也曾拿这话问过别人，说：先生您看我临什么帖好啊？现在有一个最方便的条件。比如说我们到书店看，开架摆在上头有各种各样的碑帖，各种各样的教人入门的东西。在各种字体的各种名家的碑帖中，欧体的也有好几种，柳体的也有好几种，我们可以去翻，去选择。

人哪，苦于不自信，特别对于写字，我遇到些人，多半不自信。为什么不自信？就因为他觉得神秘。为什么他觉得神秘？是被某些个特别讲得神秘的人，打开始就把他唬下去了，给他一个吹得绝对神秘的印象，说这可了不得，你可不能随便写，必须问人怎么怎么样，说了许多神秘的话，使你根本就不敢下笔，也不敢自信。我说那么你自己喜欢什么呢？"依我看那个好。"我说你觉得好就是对了，为什么还要问别人呢？就如同说吃饭要菜，你觉得好吃的你就要。搞对象你觉得哪个好，觉得这人好，就可以跟他搞。那么这也是很平常的。你到这时你偏不自信，为什么？就因为许多讲书法的，特别是著名的人，特别是他讲要用什么方法来学来写，把你唬住了。实在说这些人有功劳（指导人当然算是功劳），当然他的罪过也不小。

我还碰见这样的人，比如说不管年轻的，多大岁数的，他一进门对我毕恭毕敬，恨不得给我跪下，说是你得接受我这诚恳的要求，请你指点我怎么写。怎么指点呢？这不像神仙，说有一个神仙拿手这么一指，拿手一摸他脑袋，打这儿这人就完全顿悟了，这完全行了。有人点石成金，就拿手指一指，石头就变成金块了。他就是这样想法。我只好说你太可怜了，你让这样的谬论给迷惑住了，以为写字简直是神秘得不得了。你得先把这些个全给摆脱了。你到书店去看，桌上摆的，书架上陈列的，你拿过来，你够不着，就让售货员拿过来看看。不合我的胃口的我还给人家：劳您驾，再拿一本我看看。有什么不可以呢？现在的碑帖比古代那个翻刻了多少遍的碑帖保持原样太多了，它是照相制版印的，连这黑色，干笔湿笔都看得出来，看起来和写的原迹一样，看上去心明眼亮，写起来也有趣味。过一阵子觉得不满意，再买一本，价钱都不贵。你与其花很多钱买很多宣纸来练习，你不如拿那个钱买两本帖，在手边常常看，常常临，常常写，比看那些理论书要强得多，收到的效果快得多。我认为选择碑帖，哪个好、你最喜欢哪个就选哪个。也允许趣味变，我昨天喜欢这个，写一段时间觉得不对路，那我再换一个，有什么不可以呢。这是一种。可有的人说，你不要见异思迁，即便非常不愿意写，你也得硬着头皮往下写。如果我换一个帖，那岂不是见异思迁了吗？有人就跟我说这话，我就拍桌子：我就见异思迁又怎样呢？又有什么原则、有什么了不起呢？只不过是换一本帖，换一本书，有什么不可以换着瞧呢？这是一种，帖可以由自己来选择，可以换。

选帖来临，又有一个新的问题出现。我临了半天它怎么老不像？我回答他，你永远也像不了。我学我父亲写的字，怎么也学不了；学我哥哥弟弟写的字，也学不了；学我老师的字，我也学不了。可能有点儿像，旁人看了觉得有点儿像他老师的字，或者真有点儿像他父亲的字，可你细分析起来，它毕竟还有点儿不同，为什么？因为签字画押在法律上生效。就是张三签的字，在契约上，在公文上，在什么上签的字，这个到法律上生效。有人仿造他的签字，也会被法律专家辨认出来。你冒充别人签字绝对不行，为什么？就是因为某甲的字某乙学不像，学不了。也正因为如此，对于古代的书画，这是真迹，那是仿本，那是临摹的，还可以看出来。为什么？因为它有它的特殊规律。那我学不像，我干吗还学呢？这是又一问题。你学的是那种方法，照他那样写，我们看着就好看；违反那样的规律来写，我们看着就别扭。这是写某一名家、某一流派是这样的，换一流派呢，又有第二流派的特点。我们要明白，每个流派不同，每个古代书法家的特点不同，他们的书写方法也有他们的规律。我们学的是他们的方法，怎么样写就好看。不过是这样罢了，并不是说要一定写得完全和他们一样。

从前的人得不到好的碑帖。赵孟頫在《兰亭序跋》后头有两句，说："昔人得古刻数行，专心学之，便可名世。"从前人得到古的石刻，他没有影印本呀，只有摹刻下来的碑或帖，就剩下那么几行字。"专心学之"，一字一字都得细细地理解，要紧的是专心学之。"便可名世"，就可以得到社会的称赞，社会承认他好。这两句话呀，实在很重要。可见古人得到好的碑帖的困难。得到几行字，专心学习，也可以出名，我们姑且甭管，说我几儿出名也先甭管。我们现在容易买到的绝不是古刻数行，就是古人亲自写的墨迹，那个照片，那个影印本，与原样一丝不差的，我们现在就可以完全拿到手。那写得好写不好，就看我们专心不专心了。

我现在要说的选临帖，还有最后一条，有人拿来碑帖，把它搁在前边或左边，拿眼睛瞧一眼，这是"天"，拿笔就写一个"天"，又一个"人"，拿笔写一个"人"，有个"地"就写个"地"。写完了一瞧，一点也不像，那么就很灰心，甚至于很恼火：我为什么写不像？我觉得你缺乏一个调查研究。你可以拿透明的纸，或者塑料薄膜（笔蘸上墨，它不粘那薄膜，稍微刷一点儿肥皂，墨在薄膜上就粘了），你把帖放在底下，拿薄膜给它描一下，这有什么好处呢？你就调查研究，看这个的"天"，两横距离是多长多宽；这一撇下去，从两横哪个位置到哪个地方往左往下，到哪个地方拐；然后这捺又到哪儿拐。这样子你就调查明白了，原来这个"天"写的时候是要这样。我们为什么必须描着它那样子呢？那我反过来问你，你为什么要临这本帖呢？你拿笔爱怎么写怎么写，那就错在你先要临帖了。你不会不临帖吗？我就永远自个儿闯，随便这么写。我的"天"这两横差一尺，左右一撇一捺差一寸，我偏这么写，你管得着吗？那你爱怎么写怎么写，咱不抬杠。你既承认要学这个碑帖，那咱就说要过临帖这头一关。你拿眼睛看了就觉得印象准对，那不一定。你拿笔在纸上写出来跟那帖不一样。我曾经说最好你把帖搁在左边。拿笔仿效它写一回，第二回拿薄膜描一回，调查研究它这几笔，究竟那一笔在什么位置？这两笔这四笔，它们是什么关系，距离多宽，拉着多长，这样实际调查。经过第二次调查，第三次再拿眼睛看一回这字再写。第一次写跟第三次写是一样的办法，中间经过一个确确实实的调查研究，经过这样一个阶段，这样子你每一个字都经过这三遍，假定限定一百字，你每一个字都这样写三回。你再写第二遍，就截然不一样了。所以我觉得你要临碑帖就要明白：第一我为什么老临不像？第二我又干吗要临它？我觉得选碑帖临碑帖可以有自己的创造性，也可以按照古代已有的方法去做，吸取其中最有效的成分，为我们所用，为我们创作做借鉴。

（十）执笔法

刚才不是说，你不会用笔等，先拿"用笔"的大帽子一砍，这人就闷了。底下就全不会，我不会执笔，我不会用笔。打这就心灰意冷，那干脆就退出这学习班，退出这练习班。我们就甭写了，就放弃了，就完了。要知道执笔拿笔的办法并不难。古代人拿笔跟现代人拿笔不同在哪儿？古代，就是打五代往上，唐朝还这样子。唐以前，都是席地而坐，跟现在日本人的生活一样。席地的"席"是什么呢？为什么吃饭又叫摆席？这个席，就是地下铺的凉席的席。一大块席，几个人坐，一小块席一人坐。那么这古人写字席地而坐，笔砚也搁在席上。左手拿一纸卷，或者一竹简（汉朝人用竹简、木简），右手拿毛笔，就这么写。随写左手就往下放这个纸卷，越写越往后，所以中国的手卷是从右边往左一行行写的。这纸卷原来是卷紧的，写完头一行就松一点。一行垂下去就再写第二行，再写第三行，再写第四行。这样子写，拿笔就像现在拿铅笔、钢笔一样，用三个手指就这么拿这个笔。这三个手指只能这样拿，笔是斜着的，左手拿着纸卷或是木头片，也是斜着的，笔对着纸卷是垂直的。就这么写下来，很灵活，要练熟了，笔画灵活而不呆板。这是没有高桌子以前，拿笔写字的情况。

到宋初以后有了高桌子、高椅子，人就坐在高椅子上趴在桌上来写字。这样就不可能也用不着左手拿纸卷了，这纸铺在桌儿上。这笔也不能用三个手指斜着拿了，那不行了，这笔得立起来，才能跟纸垂直，怎么办呢？就得变为前四个指头拿笔，食指中指在管外头，无名指贴在管里头，拇指在管里头，这样就拿住这个笔了。笔与纸面（桌面）垂直，这么写。这样高桌把腕子托起来了，腕子在桌面上，纸也是平放着。这样就出现一个问题，看古代人写的字为什么笔画那么灵，那么活动，而现在我们平铺在桌上写，这笔画爬在纸上很呆板，于是有人就想到像古代那样把手腕子、胳膊都悬空起来。可他这是有意的悬，胳膊也不自然，不能像真正的席地而坐的那么灵活地写。这时，就有人拿根绳子拴在房梁上，把右胳膊吊起来。把胳膊吊起来，这腕子、胳膊悬倒是悬起来了，可古代人悬呢可以上下左右四面动，他这个悬呢是平面的，他要有上下活动，就跟绳套脱离了。虽然这个"悬"字用对了，可是提按却没有了，因为他已经不是那么灵活的用法了。所谓的悬腕是宋朝人才给它想出来的说法，而古代没有悬不悬的说法。他们无所谓悬，他就是全空着。腕没处搁，肘也没处搁。他不想悬，手也得在半空中，在半空中操作。比如说，我们现在切菜，我们熬汤，拿一个勺子在锅里和弄，这个腕，你说这还用悬吗？大师傅早已练会了。这胳膊没处搁，腕肘没处搁，悬是很自然的。切菜，右手攥着刀把切，这肘也没处搁，这腕子也没有东西托起来，那只有悬腕悬肘切。这时我要偏这菜是横着走，切这菜是竖着走，我再想给它挖一个窟窿，还转着走，这刀的走向是随便的，那还要说得拿个绳子把肘和腕子悬起来吗？自从有了高桌，才有了悬腕的说法。有了悬腕的说法，这个右臂完全僵涩，并没有真正发挥臂力自然地行使的力量。自从有悬腕说，这字就没有了自然的艺术效果。这是我的感觉。又比如说回腕，回腕就是这腕子来回转，熬汤熬粥，拿勺子在锅里和弄，人人都会回腕。清朝有个何绍基，他的书前头还刻着一个图，这手拿起笔来呀，腕子回过来往怀里这么钩着，像个猪蹄。三个指尖捏笔管。拇指与食指中间形成一个圆洞，这叫龙睛法，像龙眼睛。若是捏扁了一点，中间并不是一个圆洞，这样又叫凤眼法。看何绍基那个图，拿起笔来向怀里拳起来，转这么一个圈，然后对着胸口。这样一看就是猪蹄。在广东，猪的前蹄叫猪手，猪的后蹄叫猪脚。这完全是猪手法。这些都是由于不明白大众生活方式、用笔方法、书写工具等的变化，而产生的误解，跟着误解又造出许多不切实际的说法。这样只能使人越发迷惑，并不能指导人真正地去探讨这门艺术是怎么形成的，所以我觉得这些说法都是故神其说，故作惊人之笔，故作惊人之说。

（十一）求人指教

《论语》有句话："就有道而正焉"，找到一个有道之士，这个人对事情的研究有修养。找这些个人给指正，这本来是一个很好的办法，也是求学人应该办的事情。可是学写字呀，我可是碰了许多的钉子。我也想求，人家因为岁数比我大，名气也很大，我总是毕恭毕敬地请人指教，请教人家我想入门应该学什么帖，怎么学等问题，向人说明我的希望，而得到的结果是各种样子都有。有人他爱写篆书，他就说，你要学写字，你必须好好的先学篆书。他说了一套，什么什么碑，什么什么帖，应该怎么学。又碰上一个人，他是学隶书的，他告诉你隶书应该怎么怎么写。还有人专讲究执笔的，说你的手长得都不合适，这手必须怎么怎么拿这个笔。还有说你这腕子悬不起来。怎么办呢，拿手摸摸我的腕子，究竟离开桌子没有，悬得多高了，诸如此类，真是什么样情况都有，我听起来就很难一一照办了。比如我请教过五个人，这五个人我拼凑起来，他们结论并不一样，有的说你应该先往东，再往西，有人说你先往北，后往南，各种各样的说法。我写得了字请人看，又一个样了，说你这一笔呀应该粗一点，那一笔应该细一点儿，那一笔应该长一点，那一笔应该短一点儿。那我赶紧就记呀，用脑子记。当时他也没拿笔给我画在纸上。我听了之后，回家再写的时候，有时，我也忘了哪点儿粗，哪点儿细。还有呢，说了许多虚无缥缈的话，比如说你的字呀得其形，没得其神。哎呀，怎么才得神呢？我真是没法子知道这神怎么就得。我觉得形还好办，它写得肥一点儿，写得瘦一点儿，形还有办法，神呢，没有形，光有神。这样说得我就十分渺茫了，一点办法没有了。后来我就因为得到的指教全不一样，我也没办法了。我听多了有一个好处，我发现多少名家，他们都没有共同的一个标准，是都要怎么样。我觉得每个人有每个人的爱好，每个人有每个人的习惯。他都是以他的习惯来指导我，并且说得非常玄妙。那我就更迷糊了。

后来，我得到一个办法，我把我写的字贴在墙上。当时贴的时候，我总找，今天写十张字，里头有一两张自己得意的自己满意的把它贴在墙上。过了几天再瞧就很惭愧了，我这笔写得非常难看、不得劲。我假定这笔往下或者抬一点，粗一点或者细一点，我就觉得满意了。我就拿笔在墙上把这字纠正了，描粗了或改细了，这样子自己就明白了。后来，我就一篇一篇地看，这一篇假定有十个字，我觉得不好，这里头可取的只有一两个字，我就把这一篇上我认为满意的那一两个字剪下来贴墙上。看了看，过了几天，就偷偷地把这两字撤下来了。过些天，又有满意地又贴上。再过些天又偷偷地撤下来。这个办法比问谁都强。假定王羲之复活了，颜真卿也没死，我比问他们还强呢。那怎么讲呢？他们按照他们的标准要求我，不如我按照我的眼光来看，我满意或者我不满意。从前有这么两句话："文章千古事，得失寸心知。"做文章是千古的事情。有得有失，别人不知道，我自己心里明白。那我套用这两句话，写字也是千古事，好坏自家知。这个东西呀，你问人家是没有用的，不如自己，求人不如求己。临帖也是一样，我临完这个帖，我写的这个字是临帖出来的，我就把我这临的这本帖，跟墙上我写的那个字对着看，可以看出来许许多多的毛病。那么，我再按照在墙上改正字的毛病的经验，哪儿好哪儿坏，重新写一遍。这个时候，我所收获的要比多少老师对面指导所得到益处多得多。这个事情是我自己得到的一个经验，我也很有把握，经过实践是有益处的、有效果的。

想学习书法，想练习书法，不管你是多大年纪都可以。有的人说你没有幼功，这个写字呀不是要杂技，不是练习科班，练武戏，踢腿弯腰，不是这个东西。要练武功，那你非得从小时练不可，写字没有那一套。因为什么？小时有小时的好处，他脑子记忆强，说一遍记一遍，写了之后进步快。但是老年学写字，他又有比小孩高明的地方。为什么？他理解力强，他虽然没有临过帖，但是他写了一辈子字呀。他年老了，虽然没用过写毛笔字的功，但他写过，"人"字是一撇一捺，"王"字是三横一竖，他总写过。那么这样，老年人学写字有老年人的长处。他认字多，写字多，小孩写字有记忆力强的长处，但是究竟小孩写字算总数，他没有岁数大的、年长年老的每天写的那么多。比如这人是写文章的人，这人是坐办公室的人，是给人做秘书起草文稿的人，甚至于是大夫整天要给人开药方的人，全一样。他写的字总数比小孩要多。他手拿笔写这个字在纸上怎么处理，让它好看，这个经验比小孩多。所以我觉得，第一，不要自卑，说我没有幼功。你要踢腿弯腰，那非幼功不可，你老年人勉强弯腰，弯完之后进医院了。为什么呢，腰椎错位了。练字这个事情呢跟那个不一样，跟练武功不一样。我们现在说的是实际的，有实际用处的，也方便的这个事情。这是我的不算经验有得之谈，但至少是我经过（不是经验，而是经过）、用过这番工夫，也吃过这番苦头，上过这些个当，然后现在得出这结论。第二，不要乱问人。你问多了反倒迷糊了。我不是说，名家或者高明的教师他所说的经验一点没有可取，我刚才说的不是这个意思。可取，但是我们应该怎样理解他的可取。你要是盲目、教条地照抄，不但没有好处，而且会有毛病。向人请教，求人指导，这东西不是不应该，而是很应该，但是应该有所选择，十个人说的话，我们不能每个人的都听，听了之后你就没法办了。

（十二）参考书

关于参考书，有人问我说：我学写字，看什么参考书好？求学看参考书，这是天经地义的，毫无问题。但是学书法，看参考书，从我的经验来说，多半文不对题。我们看参考书，他告诉你拿笔该怎样，甚至给你画出图来。我的手跟他画的图不一回事。按他画的图那样拿笔能拿住了，但是我动弹不了，我在纸上写，手就不听话了。还有许多书，他都是文章写得很高明，写得文言的，辞藻很漂亮，这是古代的书。瞧了半天，姑且不管懂不懂这个古代汉语确切的讲法，就算是我懂，他的比拟也非常玄妙。再看现代的，讲书法美学的，这我也看过些，有许多新的理论、新的见解，可是实际拿来，在我们写字的时候，我看的那些个理论一句也用不上。我是个笨人。有人说：你没看懂那些个高妙的哲学理论，我就能看懂。那你就请他表演，看他怎么写。反正要让我把书法美学的理论，一样一样落实在我的手写在纸上的字上，我是很困难的。我不晓得诸位朋友是不是也曾做过这种试验。看古书，讲书法理论，古代的像六朝、隋唐的关于书法理论的文章，我看他们都是很好的文学作品，更直接说是美文的作品，写得漂亮，文采非常丰富。怎样就能够实用到我手上，在纸上发挥直接的作用，我现在还没发现，没写出来。就比如说"折钗股""屋漏痕"，这里说法多得很。"折钗股"是把这个钗（银钗、金钗）给掰折了，它那个劈茬的地方很硬，很脆。可是这句话呢，有的本子有的书上变成"古钗脚"，就跟"折钗股"不是一个概念。"古钗脚"就是磨秃的金簪银簪子，它磨得那个尖都不尖了，这个跟那个折了的劈茬儿的概念不一样。那么究竟应该是"古钗脚"对呀，还是"折钗股"对呀？字还不一样，写出来，一是折了的"折钗股"，一是磨秃了的"古钗脚"，我到底应该写成什么样呢？我反问他，恐怕他也没法回答。"屋漏痕"，我们前边已说过一些个。房顶上漏了雨，墙上留下漏雨的痕迹，是说写字看不见起笔驻笔的痕迹，就是很圆的这么一个道，这个意思我们可以理解。可有人说"屋漏痕"就是写字这笔画呀，就是没头没尾这么一个圆棍。若这样子，我可以把墨滴在纸上，把纸提起来往下一斜，这墨点上的墨它就流下来了。这不就是"屋漏痕"吗？但是我拿笔去写这"屋漏痕"，我写不出来。

六朝、隋唐的论文都是比较典雅的美文。唐朝孙过庭的《书谱》讲得比较接近实际，说"带燥方润，将浓遂枯"，这话很辩证，很有用。有意要全都是浓墨、都是汪着水写，这样写出来是死的。但是笔蘸饱了，注意笔画全是匀的，有水分，没有任何一个字平均的都有那么多水，那么饱满，"带燥方润"也有轻有重，先有浓墨，再有淡墨，甚至笔的末尾还带着枯笔、干笔。这样它很自然。出于自然，它就比较润泽。这个话，拿我们理解的来解释并不难懂。可是他又说"古不乖时，今不同弊"，这就难了，写古代字、学古代字体的风格，又不乖于现实时代，我写出来又是当今的时代，这就让我为难了。我们今天已经不用篆书了，我写篆书，写完了，就像今天人的篆书。这我先要问问孙过庭"不乖时"的古字什么样呢？"今不同弊"，现在要写现在风格的字，跟同时的人不同一个弊病。我现在要是写的字不好，我写的跟同班同学写的你看都差不多，我要写歪了，那些同班的同学写得也不正。那么还要"不同弊"，我写的又合乎现在，可又跟现代的不同一个弊病。这话只有孙过庭说得出来。你让孙过庭给我们表演一个，怎么就"古不乖时"，怎么就"今不同弊"，恐怕他也没办法。诸如此类。"观夫悬针垂露之异，奔雷坠石之奇，鸿飞兽骇之姿，鸾舞蛇惊之态，绝岸颓峰之势，临危据槁之形"。这些话比拟得都很有意思。但是，写字奔雷坠石，我写字在纸上，人听像轰隆轰隆打雷一样，又像一块石头掉下来。我真要拽一块石头在纸上，纸都破了，怎么还能有字？所以像这种事情都是比喻。你善于理解，你可以理解他所要说的是比喻什么，不然的话，他说得天花乱坠，等于废纸一篇。我们要是用六朝骈体文做一篇《飞机赋》，然后我把这《飞机赋》拿来给学开飞机的人。"夫飞机者"如何如何，让他背得烂熟，然后说你拿着我这篇《飞机赋》去开飞机去吧，那是要连他一块坠机身亡的。这东西没用呀，它不解决问题。我们说的是一个开飞机的教科书，使用一个机器的说明书，不要用六朝骈体的赋的形式，更不要用像长篇翻译的文章。翻译美学的文章（我不是说他内容不对），要是翻译得不好，我还是看不懂。现在有许多翻译的文章是懂外文的人看着很理解，要是不懂外文的人，就跟看用中国的笔画写的外文差不多。宋朝以来，论书的文章有比较接近现时的实用的片语只词。不过总不免与深入浅出的指导作用有一定距离。

苏东坡有篇文章说到王献之小时几岁，他在那儿写字，他父亲从背后抽他的笔，没抽掉。这个事情苏东坡就解释说，没抽掉不过是说这个小孩警惕性高，专心致志，他忽然抬头看，你为什么揪我的笔呀？并不是说拿笔捏得很紧，让人抽不掉。苏东坡用这段话来解释，我觉得他不愧为一个文豪，是一个通达事理的人。这个话到现在还仍然有人迷信，说要写字先学执笔，先学执笔看你拿得怎么样。你拿得好了，老师从后边一个个去抽，没揪出去的你算及格，揪出去的就算不及格。包世臣是清朝中期的人，他就说我们拿这个笔呀，要有意地想"握碎此管"，使劲捏碎笔杆。这笔杆跟他有什么仇哇，他非把笔杆捏碎了，捏碎了还写什么字呀！想必包世臣小时一定想逃学，老师让写字，他上来一捏，"我要握碎此管"！他把笔管捏碎了，老师说你捏碎了，就甭写了。除了这，还有一个故事，说小孩拿一本蒙书《三字经》上学来了，瞧着旁边一个驴，驴叫张着嘴，他把他这本《三字经》塞在驴嘴里了，到时候老师说："你的书呢？"他说："让驴给嚼了。"驴嚼《三字经》，这是小时候听的故事，感到非常有趣。老师怎么说呢？"你那本让驴嚼了，我这还有一本，你再去念去。"听到这儿非常扫兴。好容易让驴把《三字经》嚼了，今儿个可以不念了，老师又拿出一本来，你还得给我念。包世臣捏碎笔管，老师可以说，你那管捏碎了，我这儿还有一管呢，你再捏。诸如此类，连包世臣都有这样的荒谬的言论，那么你说他那《艺舟双楫》的书还值得参考吗？还有参考价值没有？我觉得苏东坡说这个话是很有道理的。而现在这句话的流毒，还仍然流传于教书法的老师的头脑里，他还要小孩捏住了笔管不要被人拔了去。总而言之，古代讲书法的文章，不是没有有用的议论，但是你看越写得华丽的文章，越写得多的成篇大套的，你越要留神。他是为了表示我的文章好，不是为了让你怎么写。

我们写字是一种用手操作的技术。理论是口头或纸上说的道理。多么高明的辞赋也不能指导开飞机。我现在说的这句话，就算我强词夺理，恐怕也不会被人随便就给我驳倒。清代有几本论书法的书，清朝前期，在康熙年间，有一个冯班，一家人做了一本书，叫《书法正传》，这本书也较为踏实一点，但终究是写出来的文章，跟实际来操作毕竟隔着一层。到了中期，流行一时的是《艺舟双楫》。《艺舟双楫》本来是分成两部分，一部分讲做文章，一部分讲的是写字，所以叫双楫，两个划船的桨。后来到了光绪年间，康有为写了一部书叫《广艺舟双楫》。《艺舟双楫》说双楫是两个拨船的工具，"双"是指一个文一个字。《广艺舟双楫》光扩大了书法部分，他没论到文章，这样子应叫《艺舟单橹》，这个橹就是船尾巴上摇的橹，就是一个。所以有人说，《广艺舟双楫》就该改成《艺舟单橹》。后来康有为知道书的题目有语病，就改为《书镜》，书法的一面镜子。他的文辞流畅得很，离实用却远得很。他随便指，一看这个碑写的字有点像那个，他就说这个出于那个，太可笑了。比如说，他说赵孟頫是学《景教碑》。《景教碑》在唐朝刻得之后，也不知怎么，大概是宗教教派不同，就给埋在地下了，根本没有人拓，到了明朝中期才出土。出土时一个字不坏，这说明是刚刻得就埋起来了。赵孟頫是元朝人，这碑是唐朝刻完就埋起来，到明朝才出土。说赵孟頫学它。赵孟頫什么时候学它？是赵孟頫活到明朝中时，《景教碑》出土以后才学写字的话，那赵孟頫得活三百多岁。如果说，赵孟頫学那个碑，唐朝刻得了就学，那唐朝刻得了就埋起来了，怎知道赵孟頫学过呢？他就是这样，随便看哪个像哪个，就瞎给它搭配。清朝有个阮元也有这毛病，他有个"南北书派论"，也是随便说这是学那个，那个是那一派。我有一段文章，我就写这阮元的"南北书派论"，好像一个人坐在路边上，看见过往的人：一个胖子，说这人姓赵，那个瘦子就姓钱，一个高个的就姓孙，一个矮个的就姓李。他也不管人家真姓这个不姓这个，他就随便一指，你看那胖子就姓赵，赵钱孙李，周吴郑王往下排，人在路上走，他都能叫上姓什么来。这不是很可笑吗？实际这个毛病见于南朝的钟嵘《诗品》。《诗品》也是张三出于从前哪一家，李四出于哪一家，他怎么知道，也毫无理由，毫无证据。整个钟嵘的《诗品》里全是这一套。第一抄《诗品》办法的是阮元，第二抄阮元办法的是康有为。这样我就劝诸位，你要是想学写字，就是少看这些书，看这些书，就是越看越迷糊。那么有人说我应该看什么参考书呢？我曾经说，你有钱可以买帖。现在的书多啦，到书店，琉璃厂好几家书店他摆出摊开了，在桌上、柜上，许许多多的成本成本的帖。你拿过来翻，我喜欢哪个（我前边已经说过了），我喜欢这一家笔法，喜欢那一家流派的，我就买来瞧。有钱就买帖，有兴趣就临帖，再有富馀时间就看帖，那么再看看人家介绍这个帖的特点，也可以从旁得一点启发。可是成本大套的，特别是古代书法理论的书，现在我不知道哪个好，我看得很少。古代书法理论的书，头一个，他的文辞美妙，但是翻成口语，很难找出恰当的词句来表达。

那么我什么时候看那参考书呢？当你要写书的时候，你再看参考书。那不就晚了吗？我说不晚。为什么？你写参考书，你不能凭空就这么写呀，总得抄点呀，你好拿古书东摘一句，西抄两句。现在很多的书，你给他找一找，都有来源。从前说"无一字无来历"，这是讲韩文杜诗无一字无来历。现在有许多讲书法的书，我细看，这句话怎么很眼熟呀，大概总是古代某些名家的议论，就更不用说抄现代人的了。这样子，你如果要是写文章、写书，你不妨借鉴旁人作的书，丰富自己的著作。我这不是奚落，不是挖苦，不是告诉人你要抄袭，更不是这样子。你总要有的可说，有的可比较，有一点趣味，有点儿引经据典（有点根据）吧。这个时候你再看古代的书，也增加自己对他句子的理解，也可以丰富自己的著作。

你要拿笔写字时，你的脑子千万别想那个"握碎此管"，或者说回腕法。要是那样子，瞧何绍基书前头那个插图，我管他叫猪蹄法，我觉得那自己也太欺骗自己了，自己拿古人的东西欺骗自己了。昨天有一个人来问我，说这个书上教人写字，画许多箭头，这一笔画画许多箭头，打后边绕到前边绕一个圆球，再往后写，你说是不是应该这样？我就拿过古代墨迹的照片给他看，我说你看他揉的球在哪儿呢？"没有揉的球，那为什么画出那样揉球的形状呢？"我说："谁让你相信揉球的办法呢？"这样子，就可见真正的拿笔写出来的圆的墨迹，不是后人给你画出那许多箭头，绕了八个弯，再拉出去那种所谓的藏锋。藏锋者是那个锋不能露出很尖很尖的东西，有很长一个虚尖，那个不行。但是不是让你把笔的尖都揉在笔块里头，要那样写，这人也累坏了。所以我觉得参考书值得看，是要看在什么时候看，怎么去看。要是自己拿出笔来在纸上写字时，脑子里有参考书上画的箭头，照它去写，我保证你这个字一定写不好。

（十三）如何才能写好字

有人说：你说了半天应该怎么写字，破除那些个迷信的说法，不切实际的说法，那么你说怎么才算写好了呢？我认为这个"好"的标准又有又没有。有人看，说那个笔画是方的，刀斩斧齐的那就是好；有人说，揉了多少球然后描出来的圆疙瘩这就是好。那都是误解，是碑帖上刻出来的效果，误解为那些个现象。怎么叫好，你写的这篇字挂在墙上，你自己先看得过去，不至于自己先看着不敢给人家看，人家拿眼睛看，我自己捂着眼睛躲在一边，这个就行了。尤其是要人家认得，我也认得，这样子就是好。

宋朝有个人叫张商英。他做到丞相的官（这官很大了），他起草写了文稿，让家里的子、侄去抄或者让秘书帮他抄写誊清。谁知抄写的人第二天拿来问他，说这个字念什么？他瞧了半天，一拍桌子："早不来问，你要早来问我，我还没忘，我写完了，交给你们抄去了，我也忘了是什么字了。""早来问我，我还没忘"。这样的情况现在也不是没有。有一位老前辈，我也不提是谁了，写出字来就是不大好认。他的稿子有人就怕认。他写一条幅给人，我们看了不认得是什么，据说有时候他也不大认得。这样的事情也有。总而言之，我们写出字来，第一先要自己能认识，让抄写的人过一天再来问你也不算太晚，自己也还认得，别人也还认得，这是最好的、最起码的条件。第二如果再加上有特殊的美感，使人看起来，说怎么那么好看呀，这个就是好。

这好比我们看见一个人，不管是男的是女的，是老的是少的，老年人也有很美的，比如说，胡子头发都白了，挺长的白胡子，可很精神。那你会说这老头儿很漂亮。说一个妇女年轻的时候怎么怎么样，就是老太太了她精神十足，不管是多大岁数，你看这老太太慈眉善目的，也让人尊敬，让人觉得可亲近。你要问，说这个人美观，他美观在哪点上，恐怕不大好说。

我们看梅兰芳演戏，演旦角，大家都说他演得好。你说他这人长相好不好看？你说他眼睛好，我就专门画他这两只眼睛，与他的鼻子嘴全不配合，你说这眼睛好不好看？那也不好看。说这个鼻子好，就单画他的鼻子，说这鼻子怎么好法，我得照这样找别人的鼻子去。要是这样，不就成了笑谈吗？那么好在哪，某一个人的美观、好看，不管这人是雄伟的好看，还是柔媚的好看，他总有他相配合的整体，有一个好看的整体。绝不能挖出个局部来，说这眼睛好，这鼻子好，那嘴好看。说梅兰芳好看，据说，他两个耳朵比较冲前（我见过梅兰芳，可我没注意）。耳朵比较往前扇，俗称扇风耳，我也没注意。那么梅兰芳什么都好，就是耳朵不太好，往前扇着，这可怎么看？先看鼻子眼睛，注意到耳朵的还是很少。所以我觉得美不美、好不好，是在整体。我把每一个帖上的字，一笔一笔地挖下来。这是一个"天"，我从王羲之那儿拉下一横，从颜真卿那儿拉下第二横，从褚遂良那儿挖下一撇，然后从柳公权那儿挖下一个捺。这四笔我都给它贴在一起，组合个天字，你看这个字还像个什么样？好看不好看就不言而喻了。你要是明白这个道理，就可以理解我所认为写字的好，它是整体的，尤其是要让人认识的。不管写草书、写行书，草书有草书的法度、规则。有个《草字汇》，还有编草书的许多书；你看合乎那个大家公认的标准的写法，那就是大家公认的好的。如果偏写那随便造出来的字，也不管《草字汇》还是《草韵辨体》，是怎么讲草书的书，说我跟他们完全不一样，那你也甭想让人认得。

还有一个问题，是没有百分之百的好作品。王羲之写的字，我们要给他对比起来看，也有这个帖上这个字，比那个帖上那个字（同是那个字）写得好看。那么可见甲帖王羲之写的这一个字就不如他乙帖上写的那个同一个字好。所以名家、书圣，他也有写糟了的时候。米元章写过一个帖，他在夹缝里，自己批上"三四次写，间有一两字好，信书亦一难事"。这是米元章亲自写的一个帖。这个帖呢，写了三四次，是一首七言绝句，四七二十八个字。就算他写四次，二十八个字乘以四，一百一十二个字，米元章总算是高手，你写一百一十二个字之后自己看起来，间或有一两字好，可信写字也是一件难事。那么你就知道，我们不是说自卑，不如米元章，但是我也不相信自己准比米元章写得好。你也写三四次，看你有没有惭愧的心哪。所以说，自己写的字好不好，还是用这个办法，你把它贴在墙上对比一下，就可以看出来了。

曹丕说过："虽在父兄，不能以移子弟。"可见在魏（汉朝末年），曹操的儿子，他都说过，有许多事，写文章父兄写得好，儿子不一定能够都跟父兄写得一样的好。我们也不能太着急，说我几儿就超过我的父亲，超过我的哥哥，超过我的老师。志向不可没有，可我今天拿起笔来一写就可以比老师比父兄写得都好吗？恐怕没有功夫不行。从前说铁杵磨成针，功到自然成。你功夫不到，如何就想一写就好？我听过一个青年说，说起来谁谁谁写得好，那算什么！我写三天就比他好。那好，这话我觉得他有志向。这个志向是好，只这个性子太急了。他三天，咱们一块写完三天，我看你好在哪儿，你写得之后怎么样子就高于那一个人。这是说急性子，想我一句话就超过某个高明的人，这是不容易的。

有这么一个故事，说这鸟呀，在乌鸦喜鹊的窝里头都有一根草。它有这根草，别人就看不见它窝里有鸟没有鸟了。说在树上人看不见，也掏不着它。这都是哄小孩的。因为小孩他想爬到树上够那鸟，到窝里掏那鸟。大人告诉说不成，你看不见鸟，鸟都有一根隐身的草，所以你爬上去看不见窝里有鸟没鸟。有这么一个傻子，他就拆了许多鸟窝，拿着一根根草挨个让家里人看，说你看得见我看不见我？人人都说看得见。这个人呢，挺有耐心换着个试。有一天这个人问他的妻子，你看见我没有？他的妻子真腻烦了，就说看不见了。这人以为真看不见了，就拿着这根草，以为街上人也看不见他，走到街上铺子里、摊子上抢东西，拿东西，结果就让人给捉住了，送到衙门里去治罪了。他说你们都看不见我。看不见你怎么逮着你呢？这种东西，要是自己骗自己，说我写的这个一学就像，那你就等于是拿着那个隐身草。想学谁的字，其实谁也写不像，张三写不了李四的字。

在旧社会，不会写字的人他怎么办呢？他画个十字。你瞧那些个旧的契约，多少人作保，每个人都画个十字。这是一般农民、市民不认字，就画个十字。这画个十字也有区别。说我跟人订个契约，请你担保，人人都得画上。在公堂上办案，办完找来证人签字。那不容他一人画，每个人都得画。所以我们一看就知道不是一个人画的十字。仔细看，用笔的轻重长短，这一竖搭在横上是偏左，是偏右，这竖是上头长，还是底下长，不一样；有的下笔轻，驻笔重，有的下笔驻笔都轻；有的斜度不一样；细看总是不一样。所以我就说不要自欺。自己说大志可以，大志不能没有，可也别自己真信：说我三天就出精品，比那人好多了。那就跟拿一根隐身草到街上去拿东西一个样，自己骗自己。

还有一种，写得老不像怎么办。不一定要像，要学的是他的方法。他的办法，我们吸取了没有，借鉴了没有？我们要借鉴要按他的办法，就省事；我们不按他的办法，就费事。就是这么点东西。写出来不就是自己看着比较满意，然后再请别人来看，自己把好的贴在墙上，然后有客人来了，请你看我这怎么样。从前我有一个同学，他自己爱画画。画得之后给人看："你看总有一点进步吧？"我告诉他："你没有一点进步。"他说："为什么？"我说："你自己觉得进步了，这个想法就是退步。"

有一回我住医院，有一个年轻人到医院看望我，他拿一张字让我看，问写得好不好。我说"不好"。为什么我要这样说，你要告诉他好了，他就特别骄傲，所以我就给他泼冷水。这是成全他，我说不好，你还得努力。他挺不服气地说："某某老先生说自愧不如。"我说："我看这位老先生是恭维你呢，还是说反话呢？什么叫反话，你明白不？他都不如你写得好，这不是挖苦你吗？你连人家说反话都听不出来，你还问什么叫好坏呢。"这个人走了，同病房的人说："哪有你这样说话的？"我说："我们教书的人哪，职业病，对学生就得负责。你恭维他，对他没好处。"所以我现在郑重其事地奉告诸位，要学就有四个字："破除迷信。"别把那些个玄妙的、神奇的、造谣的、胡说八道的、捏造的、故神其说的话拿来当做教条、当做圣人的指导，否则那就真的上当了。

我这次所谈的这些题目还没有想得很好。我的意思，是想敬告想学书法的朋友不要听那些故神其说的话，我是和想学书法的朋友谈谈心，谈我个人的看法、个人的理解，也可以说个人的经验吧。我已经被那些故神其说的话迷惑了多半辈子。我今年已经八十四周岁了，就算再活也是一与九之比了，今天让那些个迷惑的神奇说法蒙了大半辈子的我说些良心话。现在说完了，就是这一共十三章。

（秦永龙根据 1996 年 7 月 1 日的录音资料整理）

# 九、秦书八体与书法

　　我什么都想摸索摸索，结果哪样也没摸索透。幸好孔子说过"吾少也贱，故多能鄙事"（《论语·子罕》）。我们可以借着这句话来遮丑，就是说，什么都得摸索摸索。你没有切实深入地研究过，表面的也应该知道一些。例如，我天天接到信，这信很有意思。比如说"敬启者"是我，恭恭敬敬地向你禀告，这个启是我要说我的意思。那么，人家收信的是台启，家信说安启。台启就是人家尊敬对方，对方在台上，我们请台上的对方来打开这封信。这个启不是禀告的意思，而是打开信的意思。我现在接到十分之几的信，都是写"启功先生敬启"，这跟

250 "敬启者"就不一样了，意思是让我恭恭敬敬地打开这封信。我教过的一个研究生，现在正在国外讲课。有一次和他说起台启、敬启这件事。他说："敬启我瞧过，日本人写信，头一条就写敬启者。"我说："不是日本人写敬启者，这是跟中国人学的。"中国人头一条就是敬启者，敬，恭敬的敬，还有写直接的那个"径"，什么意思呢？就是我不说客气话了，我直接告诉你吧。熟人用那个"径"，意思是我直接说。我这个学生成绩很好，但对于这种常识性的知识他却不知道。

　　我觉得猪跑学实在是有必要，有人能夸夸其谈，讲很多的大道理，却不知道对联是怎么回事，不知道平仄是怎么回事……比如，从六朝碑别字到后来有一种很平常的俗语说叫帖写，碑帖上常有的别体字，写得之后是新的帖写，不是规范字，也不是现在规定的简体字。那到底是什么呢？是他自造的俗体字。有一个同学拿一本讲《红楼梦》的稿子给我看，我一看全篇都不认识，我说"你认识吗？"他说"认识。"教过他的一个老师跟他说："这个字不行，你拿到出版单位，别人不认得，只有自己认得，那成密码了。"像这样的自造简体字，自造密码，是很麻烦的。所以我觉得至少要能够分辨出来，哪个是正体，哪个是俗体，哪个是规范体，哪个是民间的简体。这些都得了解，尤其避讳字。清朝，咸丰帝名字叫奕詝。后来作了皇帝后，"詝"字右边"宁"的丁的钩去掉了。没想到现在我们的

启功全集　第八卷

规范字，钩也没了，变成"贮藏"的"贮"。这个也不要紧，我们事在人为，像玄字，宋朝宋真宗说他的祖先叫赵玄囊，把玄字就改为元字，天地元黄。清朝也是把玄黄改为了元黄，因为康熙叫玄烨。我记得，规范字有一段时间"玄"字也缺一点的，现在好像不缺那一点了，这不缺一点是对的。不能因为凡是缺笔的就是规范的。"玄"字两次被避讳，"许"字那个钩是为了避讳咸丰皇帝。你看现在有必要吗？替咸丰皇帝，替康熙皇帝避讳吗？我遇到的学员有过这种情况，所以我说猪跑还真得看一看，没吃过猪肉，还真得看看猪跑。

我写了一个题目叫做"我对秦书八体的认识"，这也印出来了，但现在觉得这题目太不妥，我对秦书八体不认识。因为什么呢？现在人家拿出一个大篆的字，不用说大篆，就是小篆我也认不全啊。小篆的偏僻字，我也要猜。写成大篆，长篇大论的隶古定我就不认识了。秦朝末年，有一段时间，大家都愿意写隶古定。有人给他的祖先刻了一本文章，里面有一篇八股文，八股文是很晚很晚的，结果用隶古定写，这个隶古定写八股文太特别了。实际上拿一个隶古定的字我就不认识，"我对秦书八体的认识"这话糟透了。若一位先生拿一个字，说："你认识不认识，这是秦书八体之一。"我一个字不认识。所以应该说是"我对秦书八体的看法"。

为什么提秦书八体。大汶口的符号，有的人说是字，有的人说是符号。要知道文字就是符号，还有什么非符号性的字吗？问题就是像大汶口出土的那些东西，还有《周易》经文里头有四个爻的就是卦画，上经、下经这都去掉就中间四爻来回翻成两个卦，这现在也破译了。张正烺先生讲这个东西讲得很好，但是也没有名称，秦书八体以前没有文字的名称。到秦书八体才有大篆、小篆等八种名称。所以从秦书八体来了解一下文字的发展。秦书八体是基础，是一个开始，第二步就是王莽，建国号新，这新莽有六体。东汉以来，沿袭新莽的办法，开始是考学童的六种，看来这都有名称，这名称都是从秦书八体开始的。

秦书八体提出来许多名称，大家由名称推想字体是什么样子，因为字体形状后世流传很少。现在，尤其是近几十年来出土的东西实在是太丰富了，让我们看到了古人写的字是什么形状。可是出土的东西并没有一个写有字体名字的，说这个叫小篆，那个叫什么书。秦法是焚烧诗书，与秦法和秦的政治无关的书都烧了。都烧的话，大家要学文字，现在说是学文化，要想念书，要想知道记录当时什么事情，是以吏为书，以秦朝的掌管法律的法官为书。还有人说隶书，就是现在我们所说的隶，我们没看过，就以为汉碑那样子的是隶书，现在我们直接看到秦朝时期一个官吏，一个狱隶，在他的棺材里有秦律，还有一些记事的文字，这些东西才真正是秦朝的隶书，是以官吏为书。其实以前一个机关的中下级的小官员也叫吏。所以说以吏为书，就是以程邈作隶。

说某一种字体都是某一个人发明的，是很不科学的说法。天下事没有一个人能够独立发明的，说是某一个人创造一个字体，立刻天下都通用了，这是不可能的。根据廖季平的说法，他认为是古文字都是刘歆造的。《左传》也是刘歆造的，这本事太大了。刘歆关着门造一部《左传》还可以，但是他到天下各处帮助人们制造铜器，在鼎上面铸造铭文，那都是刘歆一个人造的？某种文字是某某个人创造的，这个说法说明从前人科学观点不够，研究资料不够。没法子。我们现在就觉得，有了名称，字的名称叫篆，或者叫籀。找到一个古字，说这就是籀，不对。说《诗经》里头有好多个写出来的籀文，说秦朝的石鼓文，那么真正的秦朝石鼓文是什么呢？石鼓文里头有的字跟《诗经》里的籀文对不上，到底是不是籀文呢，这先不管。许多都是名称跟形状对不起来。其实，这个名称只是一个涵盖或者代表了很多样式。比如说现在的简体字，一些字的简体是很复杂的，有各种各样的写法。那么，怎么能够拿这两个字的名称概括许许多多的现象？这是很不科学的。

还有籀文，《说文》里头有很多的籀文，注上说这是籀文，可是我们看起来，许许多多的出土的文献，甲骨文、金文上的，还有图章上奇形怪状的字，不认得，查都没处查。许多古铜印上的字不认得，刚入门的学生不认识，就是专家也有不认识的。在古文字方面有一个老前辈，那是深有研究。可是，问他那个玉玺上的古字，他也不认得。所以这种情况不是怨今天某一个人，古代的人手写是有差别的，张三写跟李四写有差别，地区也有差别。

由于地区的差别、个人的书写习惯，形体跟已有的名称对不上。比如说，我们知道古鼎文上许多的注，先有个模子，再浇铸出来，那是很费事的，那么它是铸出来的。但是甲骨上的某些个字是刻出来的。像秦诏版，那都是刻出来的字，秦朝时统一文字，书同文，行同伦。秦文有些字还是不一样的。书同文是没法同的。它的面积太大了，不可能全同。所以秦很严格地来推行书同文，可结果还是有不同的在。当时是不可能这样子。每一个人书写风格不一样，每一个地方的习惯也不一样。还有比如说《史籀篇》，我很怀疑它是不是真就如此，周朝的太史叫籀，史籀作的这个书，《史籀篇》上的字，代表一种字体，这种说法，是很危险的。有人以为《仓颉篇》里的字就是仓颉造的。现在真正它的原文，我们在汉木简里也看到了，头四个字是"仓颉作书"，仓颉造字是把历史述说一下，这个书绝不是仓颉作的。《史籀篇》也不是周朝的籀造的。这书名成为字体名，人名也成了字体名。

对这种情况我们要有一个总的认识，即古代的字体秦书八体的名称是使我们方便了解古代字体。但是，它有的名称跟形状亦有对不上的地方。就说"蝌蚪文"，用现在我们的语言讲，就是手写体。拿笔一画，这个东西像什么呢？蝌蚪。其实，《三体石经》的头一个字是籀文，说是孔子家的墙内出的籀文，其实是古代手写字样子。像一个虫子，又像一个蝌蚪，又像鸟的脑袋，种种的说法，都是后人随便给它起的名字。字的名称不一样，都是由于方法不一样。由名称不一样就看见不同的材料，不同的形状，不同的形体，就给它瞎猜。另外还有楚书、隶书，楚书就是个儿大。有一个和尚叫道一，他写佛经，应该写某个人书这个经。但是他写署经。为什么？因为署经就是特别大的字，《泰山金刚经》就是这种。

山东有四座山，都有摩崖，现在的资料又详细了很多。这个书的样子跟别的书的样子不一样。他写署书就是字大，可见秦朝的署书是专门写大匾额的。底下有殳书，殳书就是手写体的书。殳书是兵器上写的字，还有叫摹印，也是用这种。汉印铸得方方正正的，秦玺边宽、字细，样子很特殊。字也有许多简化了。那个简化不是我们现在缺笔的简化，它就是减少。"赵"就写"肖"，那个走之就省略了。这种赵字只写一半，这叫什么体啊？其实，秦书里头，赵字只写一半，它好写。所以，秦书八体，相较大篆我们就给它叫个小篆，其实它本身叫篆。篆以前的东西叫大篆，然后刻符，然后是摹印、署书、殳书。殳书也是手写体，然后是隶书。现在说到隶书，这个含义很有关系。因为我们知道，汉碑都是东汉的，西汉的很少。出土一两个西汉的，就被大家认成是假的。西汉年代有年号的金石刻碑都受过攻击，都被认为是假的。其实，那是少见多怪。这个汉隶，比如像《礼器碑》《曹全碑》。这种字都叫汉隶，是汉朝的隶。秦隶是什么样？不知道。《淳化阁帖》说是程邈写的，那是完全不懂。现在出来的才真正是秦朝狱吏用的字体。又像篆，又像隶，是偷工减料的篆，又不是像汉隶那样清楚，直来直去的笔画。为什么？隶是下级官吏所用的，不登大雅之堂，这种东西叫隶。这些隶，是一个俗书，就是俗体，是世俗上常用的，而不是官用的。所以像《泰山刻石》，像福山的《琅邪台》，这些刻石是郑重其事的。

字体体现出来不容易，《石门颂》就是硬凿，直去直来，每一个笔画跟直棍子一样，没有头没有尾。后来宋朝管楷书叫隶，管真书叫今隶，今体隶书。唐朝

253

也管楷书叫隶书。不过，有的为明确一点，加个"今体"两字，就是今天字体的隶书，那么隶书者，俗书也。就是普通的不是官方的，不是郑重的、高文典册里用的，是民间通行的，就改隶。汉朝的字写得比秦朝的字稍微郑重一点，更规范，更清楚，写得更清晰了。这种叫汉隶。后来的俗字，也就叫今隶，由于有今隶这一说，隶就混了。隶到底是汉碑样子呢，还是隋唐楷书的样子呢？隋唐人管楷书字也叫隶，汉碑的字被挤得没处待了。它再叫隶，跟唐朝的楷书怎么分呢？就改为叫八分。什么叫八分呢？我的推测，八分者，就是八成。打折扣的汉隶，打折扣的秦隶。为什么呢？它不够完全，比起篆书来，它打折扣，比起秦书来，也打折扣，就因为它是八成隶。这个说法，就有很多了。说八分字，不是真正的打八折，八成，不是这个东西。有人坚持说八分就是八字分开。我说那么五字怎么讲？还能是交叉线吗？"五"本来就交织、交叉，你八分书，是左右分开，可八分书也有竖道啊，那川字怎么办啊？都冲下，它一点儿也不分开。八分其实就是八成。给古隶、秦隶、小篆打八折。不够那么标准的通俗体，篆也是这样的。篆的笔是"引而上行之为进，引而下行之为退"，就是匀圆的道，就是很匀实的道。有人说吏就是俗，比吏高点，篆书就是高级官、中级官写的字，隶就是低级官写的字。

篆书到后来出现了新的字体草隶，草字写的隶，说王羲之善草隶，有人说，这是隶书的写法，却是草书的结构。急字，这些东西都是隶字的点画，而是草字的结构，这种就叫章草。六朝人管行书字叫草隶，行书字就是潦草写的真书，隶书，潦草写的隶书就是草隶。那么，真正的草书呢，又加上一个字，隶书点画的叫做章草，楷书点画的叫今草。其实这个说得很明白，什么样子的是章草，什么样的是今草。后来字的形状跟被用的名称混乱得厉害，由于这种混乱，造成很多分歧，这就有了汉隶跟楷书的矛盾，章草和草隶的矛盾，草书和章草的矛盾，汉兴有草书，分明就还是用隶书的点画写的草书。像汉木简里有许多的字是草书。

用在诏令上的都是楷书，用在政事上的都是规范的正写的汉隶。我们看到河北出土的一大部分，都成黑炭了，闪着光才见有墨写的笔画，那个字真跟汉碑那样的字一样，非常规矩。可惜太黑了，不知道印出来没有。有一位朋友，从四川博物馆调来的，他就天天照着太阳，映着日光来释文。这是一篇诏令，所以说诏令都是很规矩的字样，军书都是很潦草的，都说"草草不及草书"。这话是有矛盾的，你草草，怎么会不及草书呢？其实，它不是指的字体的草书，它是指草稿，说远一点，到了宋朝还这样。后来到了元朝，记事顿首，就说我这是备忘录，写个条，怕你忘了，正事前后有名帖。现在呢，更省事了。我要干什么。就像草草不及草书，匆匆不及草书，因为时间匆促了，我来不及打草稿了，我就直接给你写去了。所以篆书、隶书、草书，同是这个东西，纠缠很多，像蝌蚪文、鸟虫书，都是这个东西。手写体，我们现在在插图里头有。第二个是小篆体，第三个是汉隶。真正的打甲骨就开始有，甲骨上没刻的就有笔写的，有朱笔写的，有瓦片上写一个祀，这点残了。其实这都有，这个是祀，到底是怎么回事呢？全文是什么不知道，可是这是商朝的，跟甲骨一块儿出土的。证明商朝已经有毛笔字写在骨头和龟甲上了。

这些东西最容易使我们在思想上和认识上混乱，名称跟实际混乱，现在看来，各方面的混乱都有，最大的混乱就是书体名和实际的形状怎么分呢？我们现在要有一个总的看法就比较好办了，一种是写法上的变化，个人的习惯不同、个人手法不同，写法轻重不同，比如同是鸟虫书，象形又叫蝌蚪文，《侯马盟书》全上头齐的钉头书尾，全撅齐了下来，这是那种用途上大概表示郑重，表示郑重只能是头齐不能是尾齐，它没法子，笔是尖的，《侯马盟书》是上头齐下边尖，就是说书体的名称是一种情形，写法是一种情形，写法里又有不同的用途，用途不同。盟书这种东西它相当郑重，和写得潦草的相比，就比较整齐了，还有个人的手法习惯，比如那个肚，像蝌蚪的肚有的肥、有的瘦，有的很尖，很细，那肥的地方不太明显，可是铜器上也有，那《智君子鉴》里头就有，智君子之弄器，它是玩具，自己玩的这么一个东西，一个鉴，一个水盆，拿来洗手或者拿来照镜子，其实说是古人没有以水为镜子，没有铜镜这是不对的，可以由水盆当镜子使，一个富豪墓里就出了一个铜镜子，水银的，富豪墓已经有铜镜子，那么可以用水盆照，铜镜子一般人不能人人都有，所以智君子还有弄鉴，那上面字的笔画也两头尖，是柱子，这个字体形状、用途，用途里头又分。比如不太主要的，不太郑重的地方就可以用手写，郑重的地方就写得比较规矩一点，这个差别很多。还有一种叫做用某一个书上写着什么样的字体，比如说周太史籀做史籀，这话就说得不太对，史籀什么样子？没看见过，真正的太史籀做的这个书，不一定是那种字体全是太史籀一个人造的。

某种用途、某个人的手法、某个人的习惯、某个地区的不同、某个刻的、浇铸的或雕刻的，这些个制造方法的不同，用途的不同等，都可以造成许多的差别，因为这样子就造成许多的混乱。后来汉朝就把古代的字当做正宗，当时通用体都当做次要的，比如汉碑，汉碑的碑额上都是郑重的，不管它写得合不合撰法，比如《张迁碑》，碑头意思是要写篆字，可是写得很不像篆字，有人就专学这个，写字的人专学汉碑额。为什么？清朝写篆隶的邓石如，他就专门写这个汉碑额，他觉得这样是一般人所没有参考的。《韩仁铭》的碑头是两头尖的碑头，当时觉得两头尖的比汉隶不郑重了吗？他说两头尖的笔汉朝就不大用了，完全把他看作是古体了，所以在《韩仁铭》的上头那个碑额还是两头尖的字。从前人有一种信古的思想，觉得古的都是正宗的，今的都不是正宗的，所以碑额用早于当时字体做碑额，当时字体不做碑额。到后来，唐朝一直到明朝，墓志是某人撰文某人撰额、某人书丹。为什么撰额没有立额呢？有人专写墓志铭，书丹是用朱墨在石头上写，某人是撰文，先有撰文后有书丹，有人撰盖，撰盖或撰额，要是碑写撰额，墓志铭写撰盖。清朝一直到乾隆年。我收到过有刘墉写的墓志铭，撰额署董诰，董诰当然是宰相了，看字不是董诰，也不知道是谁，董诰不可写示郑重的篆书，这种是某个大官给题上的。后来到民国，抗战之前都还有。人死了有铭旌，一个大的东西，这样一个座，上头有一个盖，那彩绸编的东西，中间一层纱，走起路来是透风的，不阻碍它往前走，出殡的时候，把这个东西放到前头，这个死人，什么官，什么名字，什么号，在棺材前头头一个抬的是这个，这个东西底下找一下名人，某某人蹲守外体，那个就是章学诚说的"同里铭旌"，总得拉上大名头的人做他铭旌的招牌，就这样，这个字都写哪个官大，写哪个，根本就不认识都写上了，结果字什么样，就想棺材头上写颂辞，哪个大官也不可能去给人写那个字，可是都找一个大官题名表示好看、体面。

我们现在是研究字体的源流，必然要涉及古代字体，要涉及古代字体，必然要将名称跟实际现象相印证，要相印证了就会遇到许多纠缠。这就费劲了，会有许多分歧，这个人说这个，那个人说那个。我觉得这些我们现在最方便，现在出土的材料相当丰富，我们要自己真正独立思考，拿来看看，别听那一套。特别像清朝人，比如说孙星衍自写小篆，他先搜集一本《仓颉篇》，现在出土的目前四字一句，就跟《千字文》一样仓颉作书开始，他找了一本。王静安先生算是近代很通达的了，有科学头脑的，那绝不是迂腐的，谨守家法的乾嘉学派，可是他有一个问题，他说《急就章》都是仓颉正字，所以即《急就章》的字，都是《仓颉篇》里的字，细想《仓颉篇》不可能是仓颉自己的，因为头几个字叫仓颉作书。《千字文》的头一句叫天地玄黄，那么不能管《千字文》叫天地篇。其实汉朝人，管《急就章》"急就奇觚与众异，罗列诸物名姓字"。《仓颉篇》呢，就是因为头两个字是仓颉，并不是说明《仓颉篇》就是仓颉造的。那么，孙星衍把这单个的字，凑了一本，说这就是《仓颉篇》里的字。《仓颉篇》就没有那些字，就是有也不说明《仓颉篇》的作用，《仓颉篇》是串起文字，串起词句来教导学童，不是单纯地教导学哪个字。王静安把《急就章》打碎了，认为这都是咱《仓颉篇》里的字，这都是被古代的书名，字体名，写法，裹在一起，就造成许多失误。

前面所谈是书体的名称和实际的形状。形状，字体的样子，这是属于体的问题，下面谈一点用的问题。怎么叫体和用呢？清朝末年，张之洞提出来，"中学为体，西学为用"，我也说"体"和"用"。形体跟名称，比如叫大篆，叫小篆、隶书，七书八体。这是体，名称和主要形状纠缠了很久。

现在我想谈谈用。文字是表达记录语言的记录语词的工具。那么，什么名称，什么词汇，用哪个字来表现。要说文字就纯粹记忆语言还不行，语言它有语音的问题，还有词组的问题，关于这个文字只能代表一个词，这个问题我们现在不讨论。

今天就谈谈有关这个字的写法。字的写法大家一想就一定联系到书法，什么软笔书法，硬笔书法，什么体，什么派。书法好像一提就是这个，那是艺术的书法。我们另外再谈。

现在先谈谈文字的本身它是怎么构成的，怎么样设想的。还有，它附带的，跟着它并行的标点符号，注音等问题，今天谈不了，我也不会谈全面。

陆宗达先生是黄侃先生的高足，最得黄侃先生之学的老先生。他说黄先生说过，这个造字笔画、点画，有代表笔势的，有代表笔意的。什么叫笔意呢？比方说"马"，这么几笔下来，那个代表腿，一笔弯着，是代表尾巴，马现在的楷书是横平竖直，横着写，篆书的马的三大横，都是形容马的鬃往下斜着。比如说"犬"，一个大字，一个点，这是楷书字，真正的篆书，总是弯着，连着一个横，像一个狗的尾巴翘起来。狼很阴险，它的尾巴不翘，而狗的尾巴常常是翘起来，越高兴，尾巴越翘，越是摇，所以这个"犬"，代表笔意。写这个字、造这个字是什么意思。还有笔势，比如"彪"，三个撇，就是代表风力。像马、虎跑起来，像有风带着来，这个东西是笔的势，形势的势。"雨"，许多点往下点，形容雨点往下落的样子，这种都是笔的势。

还有一点就是句逗、点画。字的点画是字的组成部分，语言要写出文字来，是代表语言的、表现语言的。这个句逗要是不清楚的话，是很妨碍语言明了的。甲骨里头没有句逗，竹木简牍里头有句逗，这个句逗不是点在句子旁边，它用一个像我们现在画对钩，说这个字对了，就用一个对钩在这个字的旁边。这个在竹简里头有符号，是最早句逗的开始。后来呢，就有许多的形式了。一种是扁点，就是现在的顿号，一种是圈，表示句号。咱们现在的标点符号，是引进西洋的。引进西方的就是顿号、逗号、句号，还有分号、冒号、问号、叹号。这些个都是引进西方的。问题在这个句逗不是说，碰见一句都要用这么样固定的符号。这样也不行，它这个语言短句，有断语意，有断语气的，这是很重要的。断语意，是这句话说完了，就断开了。还有断语气，这个语气又断又连，语气到这儿一口气念不断，在中间顿一顿。"子曰，学而时习之，不亦说乎。"你说这句话，而字以上必须断开。粘连呢，必须是粘连，而又得分开，应该用相反的两个，还是两句"学而时习之"，学了又时常去习，那不是喜事吗？到了这个之字断不断，还有这个而字的作用很微妙，又有连接，又有隔开。它又黏在一块儿，可以说，学了又时常习，然后又"学而不思则罔，思而不学则殆"，这又是相反的。它这个而是中间的黏合剂，又是中间的分解剂。连和分都是这个字，你说这个字，应该是怎么个标点法呢？我们现在规定的新式标点，而字叫连接词，但也有问题。"学而不思"这个而，倒是更不是连着的，是相反的分开。学应该学，而不思，学跟不思，是相反的。然后中间有一个"而"，你说这个"而"，是连着呢，是分着呢？

从前，有一个人考八股，"而"字用错了，考官就批了："当而而不而，不当而而而，而今而后，已而已而。"说你应该用"而"的时候，你没有用"而"，不该用"而"的时候，你用了"而"，而今而后，从今以后，已而已而，你完了，完了，就不及格，完了。

这么多的"而"，有当连接的，有当分开的，有当专指那个字的，有当"完了"的。作用很多。现在的标点就是，而是连词，遇到"而"字以上，必须断开，这是标点的规则。必须按这个断，所以苦了编辑先生。有人点了逗号，把逗号去了。因为这是连词，不能断开。我就问，比如说，陶渊明的诗"结庐在人境，而无车马喧"，虽然我盖了房子，在人的环境里头，但是这个环境很安静，没有车马的声音，这个"而"呢，又是粘连的意思。但是"而无车马喧"的"而"，又得分开，是相反的两个，相反的两个就应该断，是粘连的又应该粘连。这个东西呢，编辑要看，"而"是连词，竟是看粘连的一面，没有看它相反的一面，"结庐在人境，而无车马喧"，是相反的两方。所以陶渊明，十个字，中间不断开，成什么了？成十言诗了。这陶渊明的五言诗，成了十个字的诗了。这不是没办法了吗？那么，不能单纯把"而"字看成粘连的，还有相反的、隔离开的作用，到这个时候，是语意相反的时候，它可是又有粘连，又有分割的意思，所以有点语意的，还有点语气的。这个都是很精辟的，对于文字跟它密切相结合的标点、断句的作用是不能忽视的，值得探讨。

所以《礼记》说，念书要先懂得离经辨志。离开了古书的句，辨句是看他的意思，这个句子是什么意思，是怎么点法，可见离经跟辨别志向。这个志，可以说是学的人脑子的想法，也可以说是古书的原来的意思是什么。辨别哪个志，离哪个经，当然未必是那个经了。小孩儿先念经书了，所以离经辨志。

那么，如果两个名词搁在一块儿，一定要用一个顿号顿开，这个就麻烦了。比如我买个东西，说你上哪儿，我上大街上买个东西。这个东和西，是两个，那么我是买东，一个顿号，我买东、西。这个不行，东西是一个词。那么，《千字文》"天地玄黄"，这四个字是一个词，天、地、玄、黄，三个顿号，一个逗号，那么这还成《千字文》吗？你念"天地玄黄"，我绝不能念"天、地、玄、黄"。然后"寒来暑往"，那就又一个了，寒来一个顿号，暑往又一个逗号。这样子，不但不能使人了解明白词句，反而增加了许多的糊涂。所以我总想，现在的标点符号，对于现代的口语，完全可以用。但是，说我买东西，就不可以用。我们现在说整理古籍，标点古籍，这个逗号就不够用，不是不能用，而是不完全够用，例如"天地玄黄"，例如"而无车马喧"怎么办呢？这些都值得进一步研究，这些都是文字附属的，跟文字紧密相关联的。而现在讨论文字，讨论语言，还讨论注音，这个东西也是一个很大的问题。现在我们看到很多的文章，很少有人讨论这个标点符号。一方面是不应该随便讨论，因为这是国家的法令，要这么定，我没有任何意见。但是这个够不够，有没有补充的必要，这是另一个问题，补充还是应该的。

还有注音的问题。古代注音有许多种，直音，反切，有不够的地方，现在用国际音标。可是这注音也有一个商量的余地，究竟怎么注。汉语拼音先是预备改为拼音文字，后来改了，说明汉语拼音符号，只作拼音用，只做注音用，帮助念这个音，而不是把拼音做字用。

那么这个拼音，现在推行我也用。即一个音，实在是用拼音方便。可是有一样，拼音是要拼汉语，汉语有一个特点，有四声，汉语要是没有四声，就像外国人刚学中国话，没有调号不行。有一位我们的专家，就说，他发明了编码办法，然后他也创造许多的软件，然后我说，为什么没有调号，他说有调号不就穿靴戴帽了吗？我说你戴帽不戴帽，天冷你也光头出去吗？你穿靴不穿靴啊？他也得穿靴。我说，那么用拉丁字母说，i 上面有点没点，j 上面有点没点，连 h、k 都有一个套，甩出一个套去，j、g 底下也都有一个套，这不是靴跟帽吗？这个靴子还很长，帽子还很小。不穿靴戴帽了，念起来都得念音平声。我对这个不理解。现在我不是说批评现代标点注音符号不好或者不对，我是觉得不够，还值得补充。拾遗补缺，是不是？这个拾遗，是群众贡献意见的一个意思。不是批评现在这个政策不对，法令不对。

这是关于文字形状之外，还跟它紧密附带的一个注音，一个标点。下面再说一说关于再进一步的书写之法，这就由语言文字这个角度走向了艺术的范围，走入艺术的一部分了，这就是书法问题。

书法，我们中国人叫它书法，这个话也不是很标准。古代正确的写得好的，值得够人取法的叫法书，表示够人效法。其次也有称它为书道的。什么道？比如说研究什么方法的，叫什么道，这也可以叫书道。也可以叫书法，书写的方法就是书法。而现在日本人用了一个词，叫书道，它的书道就是指的我们现在的书法。说书法也不太准确。为什么呢？书的方法。那么，我们已经写得了，我写了一张纸挂在那儿，说这是某某人的书法，不是，这是某某人的笔迹，书迹，笔的痕迹。不能说笔的方法。笔的方法，我真在那儿写，可以算书写的方法，在操作这个工程时叫做什么法，他已经做得了，恐怕就不能叫法了。宋朝有一个官署（将作监），叫李诚（将作监少监），（编撰了）《营造法式》，有法还有式。营造这个房子，怎么盖，用多少材，怎么做法，都有一定的规矩，这种叫法和式，方法和式样。我觉得写的字，写的一张，在那儿摆着，只能算字的痕迹，字迹，不能说笔迹。看看笔迹是不是这个人写的，不也叫笔迹吗？已经写成了，管它叫书法，这已经约定俗成，大家都习惯这么用，但是细想，这个也不太周密，也不太完全合理。

我就遇到这样的情形，比如说，用毛笔写字。古代人用三指握管，大家不明白，后来就讲出许多说法来。说三指握管，就是三个指头尖，捏这个笔。他不知道，古代人拿三只手指头握管跟现在拿钢笔一个样，还给它起个名，这样叫龙睛法，龙的眼睛似的，圆的。这样的三指握笔，叫凤眼法。这叫胡说八道法。拿笔，说要怎么样，人家是回环，要灵活，回转，有一个人叫何绍基，清朝后期的人，他有书，他前头刻着一个画的图，手腕子拿着笔这样写字，那还能写吗？这叫龙睛法，这叫凤眼法，我说他这叫猪蹄法。这是谁这么拿笔写啊。《东洲草堂集》都有记载这种东西。包括的就更新鲜了。要人拿起笔来，要想握碎此管，跟这笔管有什么仇啊？他要一捏就碎，你还写什么字啊？真凭实据不是我造谣，书里写着呢。所以有几个朋友来问我，说是我想写字，看什么书？我说你要写字，你就写字，你要临帖，就临帖，你要自己随便写，你自己随便写，你不要看书。他说那我什么时候看书，我说等到你要著书立说的时候，你再看书，他说怎么讲，我说你好抄。自己纯粹的心得有多少？还不是左抄右抄。嘉庆时候的包世臣做《艺舟双楫》。到康有为做《广艺舟双楫》。这种书是越说越悬，越说越迷糊，真要按这个做去就没法办了。所以我说要想研究，不用说学，就是我要探讨探讨。这个书法，是写字的一个部分。由实用到艺术，在这个之间就是书法。

所以我现在说，首先要把这些个胡说八道的，这些个玄妙的，故弄玄虚的说法一扫而光，我们直接去写去就完了。

从前人没法子，没有现在的照相、印刷这些个技术，只有把它刻出来，拿刀刻在石头上、木板上，刻出个字样子，照它来写。这个是没法子。但是有的人，看古代的笔画，两边剥落的痕迹，他写字就哆嗦。在笔道的旁边都成锯齿了。我说这是怎么回事啊？他就学古代碑刻剥落的样子。

还有刻图章。我们看秦印、汉印都是光光光溜溜的一笔。古代的铜埋在土里头，年代久了，脱落了。所以某派的刻印就在刻完之后，边上故意让他剥落，成了许多锯齿。他错误的理解了。

看墨迹。没有法看墨迹，没有好的办法看墨迹，没有好的表达墨迹的印刷版，那也没法子。现在我们有，不但这个字的笔画清楚，连纸的印色，花章的颜色，都印上，那太方便了。我们要多学看诗迹、墨迹，这还不够。我们看诗迹、墨迹的行书、草书居多，楷书比较少。真正楷书字，还得参考碑版。这也是不得已。但是碑版我们心里要明白，哪个是刀刻的，哪个是笔写的。心中有数就比较好办了。

元朝的赵孟頫说过一句话，说"书法以用笔为上"，它要加一个"而"，而皆自依序用功。次要的才是结字的问题。

所以说，文字的名称跟形状，与写的方法，跟到艺术范围里头怎么才叫写得好？有人说："你看，你评论评论，我这字够多少分？"我说没法评分。那真的没法评论。还有人说过，为什么我学得老不像，我说你不但不像，谁也像不了，要是一写就像，那签字在法律上就不能生效了。为什么呢？签字代表他个人。那么，我学张三，我学李四，他怎么老不像，我说，不但你不像，就是让张三李四再写一次，可以表现他的规律、写的手法，可是要他写出跟原来完全一样的字，也是不可能的。大家可以作个实验，自己写一篇字，挖去一个字，自己再写上那个字。人家一看就知道这个字是后来补上的。因为它不是一气写成的。如果诸位要是愿意可拿它消遣消遣，拿它做业余文娱活动。下棋还得俩人，这写字一个人就可以练习了，就可以在那儿写了。毛笔可以练笔法，铅笔、钢笔都一样，挺有意思，写完了自己挂那儿欣赏欣赏也挺好的。

我觉得要是想研究，想拿它做文娱活动，我们姑且不说这个东西多神秘，多高尚，多么的重要，就是说随便拿它做自己的文娱活动也是很好的一个活动，但是呢，自己不要被那些个神秘的理论给套进玄虚的境界里去。我今天只谈到这里。

（章正根据 1995 年在铁道部党校的录音整理）

# 十、四声和文言文

以北方话为基础，以北京音为标准的普通话，从前叫北方官话或者说叫北京官话，我们不能把官话改为民话，是不是？就叫普通话，北方的普通话为基础，以北京发音为标准的普通话，这样一来，就是古代平、上、去、入这个四声，就变为没有入声了，入声字变为了平声、上声、去声。这样一来，前面阴平、阳平、上、去变为四声，第一声阴平，第二声阳平，第三声上，第四声去，入声没有了。比如拿耳朵"听"这是阴平，停留的"停"这是阳平，挺拔的"挺"这是上声，"听"（tīng）不常用，这个土话里头说打就说"听"（tìng），其实这个字很土，就是打字，是一个提手旁，那半是个"丁"字，这个字在元朝以前的宋朝人还念"听"（tìng），说我"听"（tìng）他，就是我打他，这个"听"（tìng）就是这么一个字。

入声字在北方没有了，比如说国家的"国"，北方音普通话读"guó"，有人读"guǒ"或"guò"，某些地区把"国"读成"guǐ"。姓氏的"郭"，有人读"guō"，有人读作"guò"，不管怎么样，这个"国"跟"郭"都是入声字，入声字尾音都有一个 b、d、k 或 p、t、k、b、d、g，都有一个尾音，后来有人就问：北方音怎么会把入声都丢了呢？据研究语音的专家说，原来入声字都有 b、t、k，这个音到后来丢了，所以北方就没入声了。

入声在什么地方有呢？在广东、福建还有，比如说以一个尾音 m，北方说麦子，就是磨面的那个麦子 m，它有一个尾音叫 k，k 他不说出来，所以广东人对英文字，比如符号叫 mark，这个字就 m，就写一个麦子的麦，为什么呢？它就有入声了，有那个 mark 的音；穿的这个衬衫 shirt，那个 t 就没了，就念"恤"，就写流血的血，有的左边搁一个竖心旁，有的右边搁一个耳旁，都是一个"恤"，读起这个入声字来，自然那个尾音就有了。比如孙中山先生叫孙逸仙，"逸"那个兔子的兔，加一个"走之儿"，就是"逸"，孙逸仙，"逸"就是"yet"，它那个 t 没有了，就写孙逸仙，在广东话念起来，"逸"这个字有尾音 t，可是有人读这个字，就没有尾音，说是北方人没有入声字是为什么呢？是那尾巴丢了，丢了尾巴所以前头也没了，这个是倒果为因，它因为前头没了，后头也不能有了。

入声短而急促，立刻就缩回来，后头要拉长了就不是入声了，所以这个声音一拉长了，入声就该没了。例如"果"（guǒ），声音一拉长了，这个入声的特点——急促就没了。这是我的一个谬见，为什么入声北方人就没有了，大概是要跟前四音都拉平了，拉一般长它就没了，北方音就什么都说得慢、说得长，这是北方音没有入声的缘故。可是有一点，入声都变为平声了，还有读书音和非读书音，读书音比如说国家的"国"（guó），它还可以在诗里、歌谣里头把这个音读成去声。入声字都变为上、去声没关系，变为平声就麻烦了，比如"红豆生南……"什么？这个红豆生南国，我念成它读书音，念成"红豆生南国（guó），春来发几枝，劝君休采撷，此物最相思。"后来一般本子都印成"劝君多采撷"，应该是劝你少采撷，因为它相思。你要说劝君多采撷，你专门拆散两个人，专门拆散两颗豆，这个是很残忍的。"劝君休采撷"就合情合理。"红豆生南国，春来发几枝。劝君多采撷，此物最相思"，我不晓得别人听着怎么样，我听着不太对劲儿，是不是？

现在，对于四声有许多的猜测，有人猜说这个四声哪儿来的？古代记录都是用"宫、商、角、徵、羽"，后来就变"平、上、去、入"，大伙儿想，说中国都讲"宫、商、角、徵、羽"，那么这个"平、上、去、入"一定是印度来的，是外国来的。多少人考证这个东西都说这绝不是国产物，"宫、商、角、徵、羽"是五个，"平、上、去、入"是四个，中国古代只有"宫、商、角、徵、羽"，没有"平、上、去、入"，所以一定是外来的。

《世说新语》里有两段故事，一个说一个人叫王仲宣，说他就爱听驴叫，他死了之后，人家去给他吊丧，对着棺材说什么呢？哭他也听不见，就学了一回驴叫，死人当然听不到了。活的人觉得很可笑，对着棺材学驴叫。还有一条也是《世说新语》里的，卷数记不得了，说王武子平生就爱听驴叫，有人去吊丧也对着棺材学了一回驴叫，这个特别就把他记在《世说新语》里头，为什么那人那么爱听驴叫呢？这就很奇怪了，原来我感觉到驴有四声，驴有平、上、去、入。

"四声是外来的"？持个说法的人你不要理他。我请问他，他听过驴叫没有，那驴难道都是外国的吗？我也不是国粹主义，我也不是说什么都是中国的好，这是事实，驴是哪国来的，驴要是印度来的？也许是从希腊来的，希腊亚历山大带到印度，然后再来中国，驴是那样来的吗？我不知道，也没有记载，所以要考四声是外来的，最好先考考驴是哪儿来的。大家留点儿神听听，驴叫的声音确实有这四个高低不同的，一个是平的，一个是低而高的，一个是全低的，一个是短促的。

比如，我们现在说"暂（zhǎn）时"，字典上一定念"暂（zàn）时"，使着力。北京话我说得也不地道，小时候会说北京话，可是不许说那些土话，在北京住的人也未必全听到过。所以北京话里头要是说些个市面上、行帮语，或者是许多年老的老太太们说的话，我们就很不容易懂。可是播音员有时候念出那个字，"暂（zàn）时"很费力，我听着很奇怪，其实呢，暂（zhǎn）就是暂，暂时，暂且，临时的暂时的，必得憋足了气念"暂（zàn）时"，听着也很别扭。

第二个问题，谈谈"之乎者也"。为什么谈"之乎者也"？"之乎者也"是个什么东西呢？"之"就是"的"，"乎"就是"吗"，"者"就是"这"，"也"就是"呀"。北京师范大学就是北京的师范大学，如果用文言写就是"师大者"，师大这个名词就是"北京之师范大学"，那么这个"之"用口语一念就是"的"，后来这个"之"变为念为 zhi 了，这个"的"的音没有了，就用一个"的"代替。"乎"就是"吗"或者"嘛"。"者"就是"这"，古代人说阿堵，阿堵是阿者，"者个"就是"这个"，"者"就是"这"。"也"就是"呀"，"呀"用在问话也可以，用在答话也可以，所以要知道一点，古代语言用词这个词汇，那么要知道它现代的意思就容易了，可是有的人，一看"之乎者也"这就是文言，一看"呀吗呢的"，就是白话，这个就有点太专门固执，一定按照文言白话来区分，就未免有的时候自己也找麻烦，我不是劝中文系的同志，都要一定念文言文，但一定要懂得文言文，懂得一点至少少出麻烦。

有一个教授看这个翻译的古典书、古典文章，有一个句子叫"罪不容诛"说这人罪恶太大了，不能等着用法律判决把他杀掉，那立刻就得杀，罪不容得诛，用不着等到按照手续把他杀了。这个翻译的人翻译成什么了呢？说是这个罪没做大，用不着诛。这就相反的，差到哪儿去了。还有人做《通鉴》的标点，有人给他挑了若干条标点错误给中华书局，现在新版的都改了。我正在那标点《二十四史·清史稿》的时候，有人拿这么一摞纸，给管标点工作的这个人，当然标点有很多人在做，他说，原文是说"在打仗，杀掉了某个人，然后杀掉了甲，乙丙丁戊就跑了"，应该杀掉甲，那儿断句，乙丙丁戊跑了，他一瞧，杀掉甲乙丙丁戊，一"点"，那么谁跑了？没有。这坏了，所以纠正这个错误的人，他写得有点挖苦了，他说这一个点一错，使多少人无辜的，没死的就人头落地了，这个结果弄得很不好，赶紧就改，还不一定有什么错误呢，这么厚一本呢，太多太多了。

这是为什么呢？由于对于语法、习惯，他不理解，我们中国这个文章讲究，比如说，甲和乙丙丁戊，可是外国习惯是甲乙丙丁和戊是这样，现在我们也这样子，那么，古代叫甲和乙丙丁戊都改成甲乙丙丁和戊，就这样，这个叫什么呢？语言的结构习惯，这还不是语法的结构问题，是习惯问题。

现在还流行如"这是最好的一种植物"。最好的一种植物，现在讲究是"最好的植物之一"。

最好的什么什么之一，那么这个最好就不只是一个了，最好也许是千个百个，不过我举出这是那最好的一个。可见这甲等绝不是多数人，一定就不是一个人，甲等的一定是多少人。可是我们现在知道，金牌不是一大串的，在体育评奖的时候，三个高台，最中间的是最高的，第二是次高，第三个是最低，一、二、三都这样是不是？那么要是最，就是中间一个，中间一个一大片，底下就剩一两个，没有这个道理。

现在的语言里头有许多这样的矛盾，就是刚才我所说，"罪不容诛"就是罪用不着诛，这就未免有点儿把意思全弄颠倒了。既然这样，所以我原来想跟中文系说，多看一看，就是成语词典，成语词典里头有许多，既然已经固定成一个成语了，它就不完全都是那个翻成白话的意思，比如说"刻舟求剑"，刻那个船刻出痕迹来找掉在水里的那把宝剑，这个要翻成白话，就是刻船帮，找沉水的剑，四个字就不称为成语了，就是一串了。

怎么样读文言文呢？多看看成语词典，看明白它为什么把那么些字压缩在四个字里头，这里头必定有古今的字义用法不同的。其次，劝大家多看看《三国演义》，《三国演义》里是半文言、半白话。胡适先生专门分析如果人家要有文有诗，不用说旧体诗，新体诗，他也说这些你做得不好，这里头含有文言的句子，文言的词汇，纯白话才及格。那我不晓得胡适先生是不是也读《三国演义》。《三国演义》算一本好作品，还是不算好作品？他也考过《红楼梦》，《红楼梦》里头什么芙蓉诔，这些东西都是整套的文言的诗，那么他考证不考证？后来据说，他到晚年是完全否定了《红楼梦》，他说《红楼梦》没有什么文学价值。这《三国演义》的作者为什么那几句文言文，他不都把它变成白话？我有一个想法，我觉得就是他没有把它细致翻成白话的，那部分就使人可以读懂，可以不必给它一个字一个字翻成白话他也懂的。

好比一锅粥，煮的豆子，煮的米，豆子不容易烂，它有一个皮，有人把豆子的皮摁破了，再煮，但是煮粥的人，实际知道这个粥已经烂了，那个豆子也可以嚼动了，可以就不再把它压碎了，大概这个罗贯中是懂得这个粥里的豆子已经烂了，可以不一定给它碾碎了，所以他也就可以那么写下去了，就那么抄下去了。

所以多看看《三国演义》，多看看成语词典，也有好处，不是为我们现在还做文言文，就是理解至少不再出"罪不容诛"的笑柄，就比较好办一点了吗？

（章正根据 1998 年在北京师范大学的讲课录音整理）

267

# 十一、碑帖研究

关于这个题目，我准备分五个部分来讲。

（一）墨迹、碑志和拓帖

先讲头一段，就是前言，从总的角度来谈一谈碑帖研究。我之前谈中国书法，主要讲怎么样写字。现在谈一谈写字所用的范本或样本。所谓的碑帖，就是我们临学的、模仿的字的样本。我们首先就要了解碑帖里边存在什么问题，都有哪些大致的重要流派。

古代的名人、名书家所留下的优秀的作品，往往存于现在传世的碑帖里头，因为墨迹，一张纸或一张卷常常是不容易保存下来，许多好的字都保存于古代的碑或帖里边。那么，现在我就介绍这些文物上流传下来的古代优秀书法作品。保存这些书法作品的材料，就是古代的碑、墓志这些石刻以及相关的拓本。碑和墓志上的文字都是经过刀刻的。刀刻有精，有粗，我们研究、探讨和临摹学习这些碑刻时，如果对它了解得不够全面，就会把假象当作真实的现象。因此，我首先要重点谈一谈刀刻出的效果和笔写的效果的不同，知道哪些是可以用刀表现出来的，哪些是刀表现不出来的。也就是辨别石刻和墨迹的异同。以此为一个中心的问题，再横着看一些各家的作品，也就是探讨各家流派。

墨迹是什么呢？墨迹就是白纸上写的字，不管朱笔墨笔，凡是纸上写的字，都叫墨迹，这个大家都知道。碑指的是什么？就指的立在古迹名胜和某人坟前的石头。还有一种墓志，通常是方形的石头，有的时候是两块合起来扣上一个盖，其中一个是墓志的本文，一个是墓志的盖。最有趣味的是墓志盖，常常是飞白书。飞白书在唐初很盛行，像《升仙太子碑额》《尉迟敬德碑额》，还有许多的别的碑也是飞白书。《尉迟敬德碑》的墓志本文，修改了许多字，挖改了许多字，都是当时挖的。我们看它的局部就可以看到。

帖，本来指的是字帖。在纸条上随便写上几行字，这些字写得也比较随便，偶然流传下来，被后人摹刻在石头上。古代没有现代先进的影印技术，只好凭摹写，勾摹下来刻在石头上。碑和墓志在宋元以前，多半是直接把字写在石头上，拿红笔直接写在石头上就刻。这样做的好处就是直接把字的形状不失真地保留下来，但缺点是刻写完了，这一片墨迹的字也不存在了，红笔写在石头上的字被刻没了。那么，究竟刻得精或刻得不精，是否表现了原作的样子或者是失真了多少，就很难说了。到宋元以后，就逐渐地用勾摹的办法，勾下来把它摁在石头上再刻，这张原纸还可以保留。帖尤其是宋朝以后刻帖，多半用后一种手法。

我们看一看西安碑林保存的一个横的石头帖，叫做《争座位帖》，是颜真卿写给郭英乂的一封信。宋朝人把这封信的底稿、墨迹刻在石头上。这块石头是一个碑的背面，所以刻的时候，就立起来，横着，因此有人管竖的石头叫碑，方的石头叫墓志，横的石头叫帖，这其实并不全面、不准确。有许多的帖，它刻在一个竖石头上，横段分段来刻，你光看石头是竖着的或横着的，不足以说明问题。有人看见石刻上的字因为年久风化或者拓久了，字口有了剥落，就觉着有种古朴的感觉，因此觉得写字也得写出那种迷迷糊糊的感觉。其实，这都是当初字被刻走了样，又由于年久，石面受到损伤。后人被这些假象所迷惑，误认为当时写的就是这样子。

还有人非常推崇碑，觉得碑是直接写在石头上的，应该是字的原形真相。帖是经过摹刻的，所以就失真。这种说法，也不全面。碑也有刻得不精的，帖也有刻得精的。清朝人把研究碑的、临学碑那种风格的叫碑学，把临写行书、写草书、写帖上字样的，叫帖学，其实这也都是很片面的。我觉得，我们必须明白，凡是石刻，必定有石刻的局限，为什么？因为它是经过刀来摹刻的，和直接写在纸上的墨迹毕竟有所不同。因此，需要分析碑刻的材料。

（二）刻石和拓法

现在就谈一谈刻石和拓法。刻石，我前面已经说了，古代的碑和志是直接拿朱笔写在石头上刻，至于刻得像与不像，我们没法知道了。我们这里主要说把纸上的字转移到石头上再经过拓这个过程。我在纸上写两个字"启功"，这是一张宣纸，墨在上面有洇的痕迹，洇出来一些小边纹，我们怎么把它转移在石头上？怎么把它刻在这个砚背上？我们把纸上的字拿一个薄纸给它勾出来，双勾，按照每个笔画的周围勾出一个圈来。在背后按照双勾的笔迹，拿银珠，红色的笔，把它勾出来，这是反的字。然后把反的字摁在石头上，压在石头上，再拿下来，石头上就有红细道，出现了双勾的"启功"两个字。根据石面上的细线，再拿刀子去刻。那么，刀刻在这个石头上必然出现、起码出现一个现象：墨写在纸上它有一种墨洇出来的痕迹，或者是浓淡的痕迹，或者是枯笔、干笔的痕迹，而石刻、刀刻，在石头面上就不容易表现出洇的地方或出现浓淡。然后，把一张白纸蘸过水，贴在石面上，再拿一个软的包贴在纸上使劲往下摁。也许还有别的种种办法，总之是把纸捶到笔道凹进去的沟里去，然后在上面加墨，墨铺完了，再拓出，就成了黑底白字的拓本。拿黑底白字的拓本和墨迹对照，可以清楚地看得出来，原来有洇的地方比较自然的样子，经过刀刻就感觉到死板，不论多么精致的刻手，总有它不能表现的地方。这还是说比较精致的拓本。

如果拓的时候墨加得比较湿，墨的分量加得很重，结果就出现了这种现象：拓的字看起来瘦得多，字的笔画比较窄。

有时候，为了保存，在拓本背面刷上水，刷上浆糊，加上一张纸，把它裱起来。可是，那些字的背面本来是鼓的，正面的笔画本来是凹进去的，经过这一裱，它就撑开了，笔画就撑开了，就成了这种比较肥大的样子。

我们来比较一下：拓得最精致的那个，可以说比较多地保留或表达了石刻上的字最真实的样子，笔画粗细均匀；粗拓的，墨比较重，笔画就显得潦草一些，笔画非常瘦；经过裱的，笔画就显得特别肥。同一个石头上的三个拓本，笔画的宽窄、肥瘦各不相同，我们能够说它们就是三块石头上刻的字吗？绝对不是。同是一块石头上刻的，拓出来的效果就有这样的不同。

再拿这三个拓本和墨迹来比呢，就更不同了。

我们懂得了拓本的程序，就可以知道，古代的名家的作品经过石刻，它比起原样要发生几次走样，再从石头上经过多次传拓，失真的可能性就更增加了。这个事如果不明了，我们就没法子研究碑和帖的关系。而且，这里说的还是精心细刻的，要是粗刻的呢。比如字的每一个笔道本来是圆的，我们的笔没有刷子样的，像圆锥形的刷子，不可能出现偏方的或很方很正的笔迹，那么刻的人呢，为快，为省事，一个横道就给它刻四面，上下左右各来一刀，就成了一个方条。（有"太守护军"等字）我们现在看到的那些方条的笔道，就这是这么来的。我们还以为是拿一个方刀子来刻的。另一种呢，也是一个粗刻的，拿刀子在石头上就这么粗粗地一划，笔画很歪斜，旁边还剥剥落落的，这分明就是当初粗刀子划出来的，我们不相信当初笔写的就是那样子。

这是一个梁代的碑，由于掉在水里了，年代很久，被水冲刷，字迹变得非常模糊，拓来就这样子。有人就觉得这古朴得很。可是你要临摹，怎么样下手呢？这笔画究竟从哪儿到哪儿呢？没有法子捉摸确切的笔画痕迹。

这是一个勾摹的小楷帖（有"事江浙行省左"等字），墨很浓，洇过了字口，看起来模模糊糊的，有浑朴的感觉。清代的翁方纲，是一个大臣，也是著名的书家，他有一个观点，就是看见模模糊糊的字，就认为是古代的浑朴的作品，表现了浑朴的风格。他曾给一个帖题了一首诗，最末一句说："浑朴常居用笔先。"还没有用笔，就先得浑朴！这个错觉，这个错误的理论，就是由于他们看到而且只看到那些字迹剥落的拓本，是不得真相。

（三）例说汉魏南北朝碑刻

关于唐以前的碑刻，我们举几个例子来看看。

中国保存下来最早的石刻，要推石鼓文了。这是十个圆形的像墩子样的石头。上头刻的都是古代的诗，这在中国碑刻里头要算留传下来最早的。

这是西汉五凤年间的刻石。以前，西汉的石刻流传下来很少，有人得到一个五凤年刻石的拓本，就觉得很难得了。现在有大量出土的，而且是笔写的，墨迹直接写在竹片、木片上，这种竹木简上的字，多得很。因此，五凤刻石也就不算什么最稀罕的东西了。

东汉末年，熹平年间，有人把经书刻在石头上，这可以说是中国最早的刻板印刷，最早的书。虽不是印刷，但刻在石头上，就可以拓出来了。这些字传说是蔡邕写的，也靠不住。可能是很多人一起写的。用的是东汉末年标准的隶书。

汉碑里刻得比较精致的不亚于《熹平石经》的，有《史晨碑》。东汉时候的《曹全碑》，刻得最精致，非常精致，保存得也很好，没有那些剥落的痕迹，在汉碑里艺术效果算最秀美的。《张迁碑》在汉碑里也算很有名的一块。它看起来好像是气魄雄伟，而事实上再细看，刀刻的方槽很多，笔画是一个方条的很多，就是说，刻工是比较粗的，才有这种效果。这种效果往往是毛笔描摹不出来的。汉代的竹简、木简，这是（有"奉护从军"等字）木简里头最精致的，写的。我们要把它放大了，放到和碑上的字一般大的话，那就可以比出来笔写的效果和经过刀刻的效果差别之大。

汉碑、汉木简是拿什么笔写的呢？在西北居延所出的汉简、木简里夹着一支汉笔。这支汉笔，是把一个木头棍劈成四瓣，中间插锥形的笔头，然后拿一个东西给他箍上。笔头可以换。这个就是居延笔。这种笔做法虽然已经比较细致了，毕竟和后来的有所不同，还有它粗糙的一面。所以啊，我们从汉朝人拿毛笔写在竹木片上那些字可以看得出来，他们用笔时是怎样的费劲，做了多少努力。古代人其实常常把用笔当作一件很难的事情，如果笔做得非常精细，就省写字人许多的力气。笔做得粗，写的人就不能不考虑如何使用。

《受禅表》，讲曹丕所谓接受汉朝的禅让，其实就是取代了汉朝政权。这个时候写的这个字，从用笔可以看出来，很像是用一个扁的片来写的，笔的做法和汉笔又不同。这是晋朝的《爨宝子碑》。拿晋代出土的墨迹来对照，明显有按笔和收笔。但是，在石刻上是表达不出来的。南朝宋，给一个叫爨龙颜立的碑，叫《爨龙颜碑》。它的字是方的，笔更是方的。什么缘故呢，就是刀刻的效果比笔写的效果比重要占得多。

南朝梁代的《南康王碑》，刻得比较粗糙，我们现在只能看见字形，笔画的顿挫就看不出来了。南朝也有刻得比较精致的碑，比如《始兴王碑》。书写的人叫贝义渊，吴兴人。他的字就写得很精，能够看得出用笔的动作，起笔收笔都可以看得很清楚。

北魏《张猛龙碑》，是很有名的。我们看它的字的风格是很挺拔的，笔画也是方的居多，偶然可以看到刀刻的痕迹，因为年久了，磨得比较秃。越早的拓本，就越可以看出来刀刻的痕迹。北魏的墓志中，很有一些刻得很精的。比如《魏轻车将军太尉中兵参军元斑妻穆夫人墓志铭》，是北魏人元斑和他的妻子穆玉容的墓志。这个墓志就刻得很精。精致的程度从拓本上就可以看得出来。两个墓志的写手很相似，不过，元斑夫人的这个志刻得比元斑的还要精。

在高昌地区出土了比北魏稍微晚一些的一些石头，字写好了但还没有刻。就是用朱笔写在石头上，写在一块砖上，因为西北地区气候干燥，写的墨迹在石头上还没有掉，很清楚地保存了下来。可以看出来笔的痕迹，甚至连笔画的弹性都可以表现出来（如"延和九年庚壬"砖志）。这可以叫做写本石刻或石刻的写本。

北魏齐郡王妃的墓志，写得很精致，刻得也很精致。其中还有一个很有趣的事情。大约是由于葬埋的日子非常迫近，一个人刻不下来，就另找一个刻手帮他刻。于是，全碑的字体就不一致，风格也不一样。其中一个圆润秀美，而另一个就显得很粗的，笔画的效果不如另一个那么好。其中"如实可已"等字就是一个粗手刻的，可以看出那个刀痕在拐弯的地方，笔转折地方都很粗糙的，那么可以知道，同是这一块石刻，两个刻手来刻，它的效果就不一样。我们就不能说某一个碑的风格就完全是一个样子。还比如龙门造像里头最精的、很有名的一块造像记，它的字就鼓起来了。碑常常是凹下的笔画，这个却被雕得鼓起来了，像浮雕的样子。

《始平公碑》，刻得很精，拓得也很早。当时石工凿字的时候，搭起很高的架子，凿得非常辛苦，能刻出这么精致的字，很不容易。可是其中也有刻得比较粗糙的字，比如说"勒像一躯"等字，就是拿刀子从上下左右这么一铲，就成了一个一个地方条子。这个也难免，要在那么高的地方，拿锤子在石壁上凿，还要刻得那么精，那是很难了。还有比这刻得更粗的，是什么呢？是要刻的字更小，连四面捉刀都不容易了，那就一凿下去就是一笔。

龙门石窟里有许多石刻精华，很多优秀的造像都在里头。尤其是古阳洞，就更是龙门造像、石刻精华荟萃的一个洞。它从北魏开始开凿，一直延续到唐代。北魏《始平公造像》就在云阳洞的最高处。大家共选出龙门石窟造像精华有二十品，差不多也都在这个洞里。其实全龙门的造像远不止这二十品。包括这个《始平公造像》，还有魏林臧等，很多很多。人们从书法的角度，针对造像的题字，进行了选择。开始选出了四品，十品，最后才选到二十品。其中，真正记载下来的选十品的就是德林，号砚香，是同治年间的人。

（四）唐朝碑刻

唐碑也有各种字体，绝大部分是楷书，又叫真书。碑刻碑板主要是要告诉人某人有什么事迹，因此用正规的正楷字，就可以使人看得清楚。这种正楷字，基本到了唐朝才可以说有了定型，楷书的美化在唐朝也算是一个高峰了。楷书最早始于三国的吴，留存下来的叫做《古朗碑》。晋朝南渡东晋永嘉时的字，还略微有一些隶书的成分，但已经进入了楷书的阶段。我们说唐前面这一段，就是为了证明唐朝的楷书才算是非常成熟了，并且也非常美化了。

唐朝最早的楷书的碑，是虞世南写的《孔子庙堂碑》。这个碑的原石，早已不在了。留存下来的石头，都是五代和宋摹刻的。我们看到的这块是一块残石。虞世南的字体和他的先生的字体非常像。他的老师是一个和尚，名叫智永。智永的《千字文》墨迹现在还有保存。另一个墨迹本被宋朝人得到后，把它刻在石头上，就是现在保存西安碑林里的这个石头，拓得已经模糊了。摹刻的比起墨迹，已经差远了：石刻的拓本比较瘦，比较模糊；墨迹本则比较饱满丰厚。

唐代初年第二个大书法家叫欧阳询。他写的《化度寺碑》，在敦煌出土了残缺的石头。《温大雅碑》也是欧阳询写的，这块碑又称《虞恭公碑》，碑石保存在西安碑林。欧阳询还写过《皇甫碑》，这个比起前面两个，风格又有不同，刻得比较瘦。一个人写不同的碑的时候，他会出现不同的风格。后人专门说学某一家，学某一体，这个话说得又对又不对，因为体可以模拟，但是不可能完完全全跟哪一个书法家风格完全一样，这是不可能的。还有，一个书法家自己前后所写的也不一样。这是欧阳询的儿子欧阳通写的《道因碑》，这个碑也在西安碑林，很完整。他们父子俩的风格有相同的部分，也有不同的部分。有一种说法，学某一个人要学得逼真，一点儿都不差，这是不可能的。

唐初还有一个著名的书家叫褚遂良，他写了《圣教序碑》。原碑石就在现在西安大雁塔底下，这个碑是褚遂良精心用意写的，笔道比较细，弹力比较多，这是他个人的风格，是一种很优美的风格。大雁塔里嵌着的褚遂良写的两块碑，是唐太宗和唐高宗做的《圣教序碑》和《圣教记碑》。两块碑完完整整地在这里保存着。其中《圣教序碑》的字是从右往左一行写的。唐高宗做太子时候撰的褚遂良书写的《圣教记碑》，是从左到右一行行写的。这两块碑，是褚遂良的代表作品。褚遂良写的另一块碑，叫《伊阙佛龛记》。这个碑现在还在龙门石窟的外边，随着山岩的磨平的一块石头刻的字很大，褚遂良他习惯于写比较柔和的字，要写一寸以外那么大的字，还要表现出很方整的姿态，就很不自然，很吃力了。

跟褚遂良齐名的，是薛曜。他写的《石淙河摩崖题记》很有名。石淙河在洛阳郊外，风景很好。石淙河口处有几块大石头，其中两块最有名的横沿的碑上头，刻的都是唐人的一些诗。还有诗序。书写的人是薛曜。薛曜、薛稷这都是唐初著名的书法家。薛曜写的这两块碑特别有名。由于这个地方底下有水，不好拓。所以，从前要想得到它的拓本是非常的难得。他的字和褚遂良的相比有相近的地方，但也有不一样的地方，更挺拔，有顿挫，有节奏，比那个《三一佛龛记》又叫《三龛记》的字要挺拔而美观，也不感觉到如何的吃力。这是唐朝初期褚派里头很著名的一个作品。

接着看颜真卿。在西安碑林里同时陈列了好几块颜真卿写的碑。颜真卿写的碑，按他的年龄，比较早的一个就是《多宝塔碑》，年龄比较晚一些的是《颜勤礼碑》。《颜勤礼碑》里的人都是他们颜家的，是颜真卿为他的上代刻的石碑。这是颜真卿书写的碑里很好的一块，自宋朝就埋在地里，一直到 20 世纪 80 年代才出土。虽然已经有些残缺，但是，写的字却是颜碑里头是很好的一块。

请看这种碑（中有"司马参军允南工诗"等句），它的笔画里有些个圆的地方，趯出来呢，就有些细的笔，许多人不了解为什么这个捺角会出一个小尖，像一个疙瘩似的，然后拖出了一个尖，为什么呢？不了解情况的人，就用普通的笔，先顿一下再拉出一个细尖来，这是很不自然的。我们看流传的墨迹（"天下之……之教将……"），这号称是颜真卿写的，其实是唐朝人学颜真卿的风格写的。墨迹里的字，看起来也有那个尖的地方，为什么？大家都觉得颜字有这个特点。这个是颜真卿写的《颜氏家庙碑》，是他父亲的碑，上头那个碑额"颜氏家庙之碑"几个字，为当时最有名的篆字大书法家李阳冰撰写。《颜氏家庙碑》是颜真卿很用力写的，可事实上，我们看客观上的效果还不及《颜勤礼碑》那么好。《争座位帖》，是颜真卿写给郭英义的一封信。宋朝人把信的稿子即墨迹刻在了石头上。这石头是借用了一个碑的背面，立起来就像是横着的。

柳公权写的字，也有这样一个圆的疙瘩，再拉出去一个尖。很多写柳体的人也多一半在那儿要揉些个疙瘩，然后再拉出一个尖来。柳字的一个很旧的拓本，叫《玄秘塔碑》，是柳公权写得极其有名的一块碑，内容是关于一个名字叫端甫的和尚的事迹。和颜真卿的那个字很相近，比它还要瘦。柳公权这个字大，刻得深，到现在还完完整整的。除了石头表面秃了一些，碑上的字可以说到现在一个都没有变化。有些旧拓本看起来效果比原石要好一点，但是整个的碑文是没有差别的。

凡是模仿柳公权的人，都把那个特点摆得很突出，要写一个疙瘩带一个尖。这里面其实有一个书写工具的问题，我们看一看唐朝人的笔是什么样子的，就知道他为什么写出那样的效果来。

这是唐朝的笔的仿品，原笔保存在日本正仓院。日本人细井广泽做了一个笔谱，其中记录了制笔的方法。这个笔谱很重要，可以证明笔是怎么做成的。我们由此就知道了唐笔的做法。从它的剖面看，中间是一个细柱，一个尖，旁边的毛一层一层地裹起来。这样，细柱的头部就露出了一个细尖，中部和尾部则成了一个大肚子。用这种笔来写字，只要笔停住了，就是一个圆疙瘩，笔往起一抬，就出现一个细尖。如果用一种齐头的笔来写，用再大的力也不可能出来这个效果。所以，我们要研究古代的书法的特征，必须要知道他用什么样的书写工具，如果这两者的关系不了解，拿一种工具去要求另一种工具写的字，是绝对不可能的。我有一支仿唐法做的日本笔，小笔，我曾经把它发开了写字，写出来很像唐朝人那个笔法风格。工具相合，效果也就相近。

我们上面举到的这些人，官都比较大。官大，名气高，他写出来的字就被人认为好，出名很容易。唐朝写佛经的人，多半是些没有名气的人。但是这些无名的一个个抄手写的佛经也是非常精美的，如果把它这个东西刻在碑上，那也是很了不起的艺术品。不过，这些东西却不如虞世南等人的作品那么受人重视。我这里有一小块敦煌出的唐人写经，纸很结实，黄麻纸、字、墨都泛出亮光。这种字，你要放大了刻在碑上，就和那些有名的碑板没有什么差别。我曾经把一块写经上的字拿到照相馆放大，再跟碑板上的字对看，发现它比碑上的字精彩得多，因为它的笔毫、墨彩、浓淡等，全是非常自然的。这个纸光滑得很，上头墨的浓淡的痕迹完全可以看得出。

碑以楷书为主就是正书，因为它要明白告诉人这是什么东西，什么内容。可是，也有一种变例，是唐太宗李世民学习王羲之束帖上的字写的行书字，并且还把这种的行书字刻在碑上，就是《温泉铭》。这是因为他是皇帝，他就愣这么写，别人不敢说他，也不敢说他不对。可自从他用行书写，唐朝人也陆续有人用行书写字了。我们看唐朝人刻在碑上的行书字，就知道当时的石工是很有特殊技能的。比如西安碑林里《孔颖达碑》的座子，这完全是刻工在上头练功夫，练刀子。这里刻的有楷书，有草书，有行书，我们就看随便的一刻，刻出来也很有笔的意味，有笔写的意味。这说明到了唐朝，不但写碑的人的书法艺术高明了，就刻碑人刻石的技术也达到了一个很高的水平了。自从唐太宗用行书写碑以后，唐朝陆续出现用行书写碑。《孔颖达碑》是其中最有名的一块。碑上的字，风格很特殊。唐初碑，学各个流派的都有，但是，学虞世南流派的却很少。《孔颖达碑》就是虞世南那一风格的人写的，但没有留款，有人说就是虞世南写的，不一定。另外一个变态的、变体的例子，就是武则天的《升仙太子碑》。《升仙太子碑》在洛阳附近的缑山上边。传说缑山有一个古代神仙叫王子晋，他在山上修炼，后来就成了神仙，后人便在这里修了一个庙，立了一个碑。武则天就是根据这个传说写这个《升仙太子碑》。这个碑文更特别了，用草书写，更难辨认，比行书还要难认，她就愣用草书写，因为她的势力大，谁也不敢说她写得不应该。但是因为草书写的碑实在无法认，所以自从武则天用草书写碑以后，再也没有人用草书写碑。但是，还有用草书写的佛经，它的字小，如果我们把这种草书写的字放大，和武则天写的这个《升仙太子碑》来对照，就完全了然《升仙太子碑》的笔法。

唐朝的碑里也有刻得很潦草、很不精致的。比如诗人王之涣的墓志，从笔画看，就很像拿一刀刻下去就是一笔，完全没有写字时那个笔画的动作和意味。大概他请不起什么高手来刻碑，所以就潦草得很。还有比更这潦草的。

所以，唐朝的碑刻不管是碑林，是墓志，好的、达到很高水平的很多，潦草的、非常潦草的也有。因此，不能说唐碑一律都好，也不是说唐碑都不好。清朝末年康有为的《广艺舟双楫》就贬低唐朝人的字，里面单立一章叫《卑唐》，把唐朝的都贬下去，这是不公道的，也是不正确的。

（五）帖和墨迹

前边已经说过，碑是直接写在石头上的居多，而帖则是先写在纸上，再摹刻。因为中间至少经过了两层工序，因此说帖刻的字一点没有损失、一点没有失真地方，那是很不然的。说帖上的字形都不可信，那也是不对的。我们必须从两方面来辩证地看。现在就再着重讲讲墨迹和刻本的对照，尤其要看看帖和墨迹的差别。因为帖一翻再翻，翻后再重刻，翻版太多了，就更容易失真。

在东晋王羲之之前，最有名的书法家算是曹魏时候的钟繇了，历史上钟王并称。行书字体到王羲之，达到了一个最高的美好的境地。在他之前，钟繇写的行书字如《魏太傅贺捷表》就是这个样子。这种字已经摹刻得走样很多，我们拿楼兰出土的残文书来印证、来比较，就可以理解这种字是怎么写出来的。楼兰的残纸文书大部分是在东西晋之间的。《七月廿六日》是索靖的帖，很有名的章草体的帖，被刻在《淳化阁帖》里。它的墨迹应该是什么样子呢，原件早已没有了，我们只好拿它跟相近的字来比较。楼兰出土的残纸第一行"五月二日讫……"等字特别大，后头逐渐收小。这种习惯都一样。我们看这两个类似不类似呢？这是王羲之的《十七帖》，我们之所以叫"十七帖"，并不是十七段帖或十七章帖，而是文章的开始有"十七日"几个字。有人说它是唐朝刻的。其实，也是宋朝另外刻的。我们看它的墨迹，看它的用笔，就好像拿一支秃笔愣这么在纸上戳。这完全可以证明写"十七帖"的时候并没有石刻所体现的这种风格。后来，唐朝人临摹"十七帖"，旁边还注上释文，左边一行草书，右边注上一行楷书。这是唐朝人临摹的《讲堂帖》（"知有汉时讲堂在"），原文是王羲之给人写的信。王羲之最有名的一篇文章是《兰亭序》，宋朝人刻在石头上，刻在定武郡中的一块石头上，所以就称为《定武兰亭》。但《定武兰亭》有刻得和拓得比较瘦的，有拓得比较肥的，再经过装裱，字口完全肥出来了，全成模糊的了。还有《神龙兰亭》，因为上面有唐朝神龙年的半印。它是唐朝人用蜡纸给它描下来的，不是刻的，是描下来填墨的一个本子。这个本子就叫唐摹本。唐摹本的《兰亭序》很多，这个算是摹得最精致的一个。我们要把它们对照起来看，就完全可以知道它们已经失真到什么程度了。

《兰亭序》帖由于传下来的本子太少了，偶然有一个，还烧残了，还拓裱得样子很模糊，样子很潦草，有人就说《兰亭序》根本是假的。前些年有人写过文章，提出这样一个论点，认为王羲之的字根本不应该是《兰亭序》那样子的，可是也没有正面的根据，都是想象的。我们且看王羲之的下一辈人他的侄子王徽之的字，跟《兰亭》也相似。你能说这不是王羲之写的，而是他的侄子王徽之写的，能有这个道理吗？王羲之儿子王献之写的字如《廿九日帖》中"廿九日所之白"也和《兰亭》那种字有相似之处。唐朝有一个王羲之的后代，家里藏了许多王家遗留下来的墨迹，有人把它勾摹下来的，这是其中的一个。这个人比较晚，可是也是他们王家的人，摹也是同时摹在一个卷子里头的。

唐朝有一个和尚怀仁，把王羲之的字一个一个地集出来，按照唐太宗写的《圣教序》的原文一个字一个字地集出来，就叫集王字的《圣教序》。按照集字，刻成一个大碑，就叫《圣教序碑》。这个碑在书法艺术上有很高的位置，有很大的价值。历代都很珍重这个碑，有很多的人来保存它，考证它，临学它。这个碑现在在西安碑林，还很完整。上面的字比宋朝拓本上的字还要清楚。这虽然是个碑，但它的摹刻的办法也是属于从纸上勾下来，再把它印在石头上，然后再刻，要经过几层手续，很费事。刻出来的虽然是碑的形状，但是是帖的作用。另一个集王字的碑，剩了半截，被称为《半截碑》。保存在兴福寺，又叫做《兴福寺碑》。《兴福寺碑》明朝出土时候就剩半截了，所以就俗称《半截碑》。因为这是集王羲之的字刻的，所以特别有名。

《淳化阁帖》是北宋宋太宗淳化年间，把许多内府所藏的古代的法书刻成帖，用木头板子，用枣木板刻的。这种帖刻得就粗。同一个帖，同样的内容，到了宋徽宗大观时候重新刻了一回，刻得要比淳化时的细致得多，更要真。怎么知道是真还是不真，我们只有看它的用笔，看它的笔画像是笔写出来的样子，所以就说它是合乎情理的。大观年的题头是蔡京写的。淳化阁里头刻的王羲之的帖，单看还不错。但要拿大观帖一比，就知道大观的精细得多，它上面的字就像拿白粉在黑纸上写出来的，而淳化阁上的字，连转折不自然的地方都表现出来了，所以就是一个很粗，一个很精。我们看有"四月廿三"这几个字的部分，尤其能够看出来大观刻得很精，淳化刻得较粗。

从前墨迹没发现，这个勾摹的唐摹本没发现的时候，得到一个大观帖就觉得是很精致了，后来终于发现它的墨迹还存在。这个墨迹是在一张蜡纸上勾下来的，唐朝人从王羲之的原帖上用蜡纸勾下来填上墨，看起来像笔写的，这是最精致的王羲之的字的摹本，看起来跟笔写的一样的效果。

这两个草书的帖，也是唐朝人摹本。它们的底本现在在辽宁省博物馆。这是唐朝时传到日本去的一个王羲之的帖。本来它的后头还有两段，不知道在什么时候分散了，一段在这一处，另一段在另一处。这个帖叫《丧乱帖》，就是"丧乱之极，先墓再离荼毒"。还有两个，一个叫《哀祸帖》，一个叫《孔侍中帖》，这都是唐朝人精致摹刻的，都是流传下来的王羲之的最有名摹本。摹本虽然没有原笔那么真实，相对于碑刻来说，最没有矜持，是最能够表现王羲之的笔墨的精彩的东西。

后来出土的两晋人的墨迹比如西域长史李柏给人的信稿子等，虽然写的方法和艺术水平不如王羲之的，但由于它是直接写的，拿起笔很痛痛快快写，没有多少矜持和拘谨的地方，显得气魄雄厚、理直气壮，所以要看晋人的真实的风度，应该是看这种东西。比这再次一级的，就是唐朝人的摹写。它们的笔画，我们想象也是很豪放的。

这是王献之写的《十二月帖》，从笔迹看，就是米芾元章临的，后人误以为它就是真正的王献之写的字，可是它并没有临全，末尾"庆等大军"以下"十二月"几个字就没写。这两个互有短长，一个文全，字样子应该是表现了原样。米芾临的这个呢，有他自己的意思在里头，而且给我们许多的启发，用笔的顿挫地方，比看这个容易明白，比看刻本就更容易了然。这是传说的王献之写的《鸭头丸》，墨迹现在上海博物馆，就这么两行，有的宋帖把它也列入王羲之的字里头，究竟是谁的说不清楚，不过可以肯定地说是唐朝人摹的晋朝人的墨迹。这是颜真卿的行书《祭侄文稿》，他侄子被敌人杀害了，他来祭奠。这一个是颜真卿的《争座位帖》，也是涂涂改改的。这种涂改的字，颜真卿留传下来的还不止一件。这个是宋朝人刻的石头，也在西安碑林。拿墨迹来和这个拓本刻本互相印证，我们就得到很多的启发。墨迹里有干墨，笔已经很干时写的，这个在石刻里无论如何也表现不出来，怎么费事也不能把那干笔一点点都表现出来。所以说要看帖，应当尽可能拿墨迹来对照。

到唐朝中期，出现了一种狂草。狂草据说是从张旭开始的，或者以张旭为代表。他的《肚痛帖》虽然狂，绕的弯子比较多了，但是字的基本形状还没有变。到了怀素，就有了几种情况。一种是小草的《千字文》，虽然笔画比较懒散，不太精练，但还是很有规矩的。和它接近的是《苦笋帖》，是怀素现存的最可信的真迹，也在上海博物馆。这两条字是写在给人的一封信上。《自序帖》，就是狂草了，完全画大圈了。不过，尽管是画大圈，笔还是很能够收敛得住，他用的笔大概笔尖短，笔根子近，能够较为得心应手，所以即使画这么大圈，还很挺拔。

到了晚唐五代，就出现了一种完全乱写的草书。写的字恐怕就只有写者自己认得，别人碰着这人写的几个字，就要拿有这几个字的诗来回推测，才可以判定到底写的是什么。到了这个程度的草书，就完全到了一个颓唐的地步了，已经没有精彩了，完全就是随意来摹了。然而这几个狂草的帖的刻石，从北宋年以来刻的，都保存在碑林里头。它的特点是有些细的枯笔的细丝，也都还有保存。论刻功，刻得很好；论写的，实在太潦草了。这个是五代时一个和尚叫彦休写的草书。他写的这种狂草，很像张旭那一派。在它的背面，还有千字文的残本。传说中曾经把它算作张旭写的，其实都是彦休写的。

关于帖，我想强调说明的是，我们在看帖的刻本时，必须理解古人他随便写的时候，他那种自然的精神在什么上可以体会得出来，如果以为石刻上的字样子就是古人当时写字的样子，那就很吃亏了。必须拿出土的墨迹或者唐朝的摹本来对照印证，才可以得到古代人随便写个信札写个说帖那种字的真正精神原貌。

（张廷银根据 1983 年在北京师范大学的讲课录像整理）

# 十二、文化与美术史

咱们亚洲的文化，据我所知道，印度中国最早。

夏我们不知道，夏朝的文化现在在河南那里挖，不知道怎么样。商就是甲骨文字和青铜铸的鼎彝。传说周朝有九鼎，后来说没在水里了，那说是政权的标志，事实上周朝在平王东迁之后已经没戏了。现在讲古代文化就是周鼎商彝，再往上是甲骨文字。广东容庚有《商周彝器通考》，他为研究商代文字，就研究商周彝器，很有成绩。现在竹简帛书越挖越多，对于古代文化弄得比较清楚点。

现在让咱们最为难的是四川的三星堆，铜像比人还高，金脸。盖了个博物馆全陈列在那里。那是巴蜀的文化。李白《蜀道难》说："蚕丛及鱼凫，开国何茫然。尔来四万八千岁，不与秦塞通人烟。"可见早在李白的时代，对于巴蜀的文化也都只是估计之辞了。

汉代初年窦太后开始讲黄老之学。然后就是董仲舒那套公羊学。这些东西与其说是学，不如说是文化，讲什么尊王攘夷，什么大一统这一套。这是它的思想基础。汉代有了五经。后来又有七经九经，到了后世的十三经就没有什么意思了。《尔雅》是一本字典，却列入经，这不是笑话吗？汉代让人念《孝经》。《孝经》就是让人孝父母。这个不用人教，谁不知道父母是养育自己的人？这是人为的念儒家的东西。到了汉末熹平，那已经不行了，它就立石刻的儒家经典。到了曹魏的正始，又立三体石经，古文小篆隶书三种字体。

中国的文化，商周以下，我们现在说构成美术条件的一套东西。文化到哪里，随着文化表象的外在装饰性的东西就是美术。礼乐那些虚荣的表象我们就不知道了，表现出来就是铜器或者其他东西。比如说马王堆轪侯夫人的服装被褥，都是绣的，很讲究。还有帛画也非常好，是出殡时用的幡，那是它的艺术品，都在坟里。这种东西汉墓出土的还有，但是很多都腐烂了。过去研究汉代文化，有形象可看的，就是石头上刻的一些字，文人比如洪适的《隶释》《隶续》所研究的，就是那些隶书的字，大伙觉得了不起了。立《西岳华山庙碑》已经是东汉末年，现在有华阴本藏在故宫。王宏撰（华阴本原藏者——整理者注）对他儿子说，非得我的允许，不得请朋友来题字。宝贝得不得了。其实这不过是东汉末年祭西岳华山的碑，能算什么呢？大多数真正算美术的东西在颠颠倒倒的革命和战争中全完了。后来熹平石经也只剩点碎块，有人搜集这些碎块，也凑不起整碑来。正始石经也就是残块。真正汉朝人的服装生活制度不知道。书上说那时威仪什么样子，车什么样子，朝廷的宗庙礼节什么样子的，谁也说不出来。到了六朝唐代，才能知道一些人的生活。《历代帝王图》（藏美国波士顿美术馆——整理者注）画得好极了。《世说新语》里说一个人出来能掩映多少人，我觉得人怎么能掩映别人？《历代帝王图》里皇帝出来，好几个人驾着胳膊，那当然挡了好些人，那就是"掩映"。

现在我们讲东亚文化和美术，离不开佛教。这是个大轮廓我们心里要有个数。东亚和东南亚全被佛教掌握。朝鲜让唐朝打了一回，打败了，他们信的程朱这套，因为与中国离得太近了，但是也有佛教。日本传了由印度来的唐密，空海传到日本，叫东密，也称真言宗。还有一个是最澄传的智𫖮天台宗。那些个仪规太难记，念阿弥陀佛最简单，后来就有了日本的净土宗。日本的美术很大一部分是佛教美术。研究佛教美术史还要掌握东南亚的部分。东南亚的艺术全是佛教。现在我们要研究东南亚，只能参考外国的美术史。东南亚传去的都是小乘上座部，讲阿含经。东南亚以前全用汉字，现在都消灭了。但是有汉字也不见得是汉文化，是汉字写的佛教文化。泰国仍然是小乘佛教统治。柬埔寨有吴哥窟，纯粹就是拈花微笑之类的佛教故事，就跟敦煌墙上的一样，但是是南方热带人的服装。研究东亚的美术，离不开佛教的流传这把钥匙。要抓住佛教的发展。佛教走到哪，一片文化生活美术作品全有。

中国到了汉末，佛教传进来，本国的文化就让佛教占去一大半。最厉害就是梁武帝时期，自己舍身同泰寺。北魏崔浩则用道教这套东西把佛教举出来。老子就没有这套东西，这套全整抄佛教来的。佛教的这套办法让道教人用来装饰，摇身一变就成了道教。从前只有道家，没有道教。道教是打北魏才开始树立的。

研究中国的美术，六朝以后就离不开佛教。传说后汉摩腾和竺法兰带来《四十二章经》，到了洛阳，在白马寺住下（现在有人说不是那时的东西，是后人编造）。后来玄奘取经回来，在长安轰动民众。唐太宗征高丽，走到洛阳，玄奘去见他。皇帝说你跟我去，不放心他。他要在都城里有那么多信众。玄奘推辞说年岁大了，就在这庙里翻译佛经，请皇帝派人看着门，不让人进来干扰我。于是皇帝很高兴，派人来把守着白马寺。玄奘最早就在这里译佛经，后来才移到其他地方。这里头所出现的情形就是中国文化跟佛教文化的交战。

这个时期出现的现象就有许多值得研究的东西。许敬宗修《晋书》，唐太宗给四个人的传写赞：司马懿、司马炎、王羲之、陆机。这四个传后面都是"制曰"，说明是皇帝亲自写的。司马懿、司马炎是影射李渊和他自己。他喜欢王羲之字，有《温泉铭》。他的文章学陆机。这就是唐朝初年的文化。所以要讲书法，要把书法列入中国美术的重要组成部分，打唐初开始。自唐初唐太宗起就厉害了。唐初的书法很精很美。到了武则天的时候则全是草书。写《升仙太子碑》，全是草字，不认得。孙过庭《书谱》也是草书写的。武则天还改了文字，改了十几个字。人家越改越简单，她越改越复杂，弄不清。酷吏是她用的，可是文化她也用。

美术离不开文化，文化离不开政治。我们要讲美术史不追溯到政治的兴衰和统治者的意图，要弄不清这个，美术文化没法讲。宗教那一套东西也复杂得很，老百姓到那里磕头，保佑自己长生不老或者死了之后到极乐世界。这个的影响太大了，皇帝也没法办。五几年有个牙科医生，有朋友去世，他告诉人家孩子要传"幽冥戒"。这人都去世了，传这戒怎么遵守？大伙就乐。有人说，现在讲马列主义，你怎么传"幽冥戒"？他说马列主义能管活人，但是管不了死人，我这儿管死人。这两句话是非常可笑的，但却是统治者最怕的。宗教就捏着死后的。统治者只能管活着的时候。我觉得不管研究什么文化，什么时代的美术，也不管哪个国家或者部落的美术，离开这个框架没法下手。

刺绣、建筑、文字、图画。那些东西可以知道有些书可以查。建筑方面，傅熹年先生知道得透彻极了。挖出地基多少，高度一定多少，坡度都能知道。但是这不是外行所能知道的。我听过梁思成讲过中外建筑，不懂，只是看热闹，看图片。瓷器、玉器、纺织、铜器，到了文字就是甲骨、周鼎、商彝、碑版。书法文字也表现文化。我有一本碎块，唐朝人写的佛教。那看得清楚，越早越难瞧，越写越漂亮。文字和绘画是我比较熟悉的部分。其他的不懂就是不懂。我可以知道那东西有意思，但是说不出所以然。古文字我可以知道它怎么变迁来的，我有《古代字体论稿》讨论这个。但是怎么就变成那样，我说不出来。笔出现时就一撮小毛，精细得跟一根竹筷子一样，怎么写的？不知道。

（薛磊整理）

# 十三、宋儒学术

　　宋儒的那套东西他们口头说是孔子，事实上讲的理气性命都是华山道教那里来的，用的那套办法则全是佛教来的，程颐结果反而骂佛教是夷狄之学。邵康节（雍）老老实实挑着道家的旗号。周敦颐又给蒙上一层儒家的东西。程颢还是跟着周敦颐张载。濂洛关闽中的关就是张载，闽就是朱熹。佛教所以能在中国兴盛的缘故，实在是因为理学不行。可是程朱理学说我们是中国的宗教，四书中说，子程子曰："大学孔氏之遗书，而初学入德之门也。"子程子就是程颐。四书把《大学》《中庸》压在《论语》之上。《大学》《中庸》是孔子的孙子子思编的，孔子的孙子作的书压在孔子头上，这叫尊孔啊？《论语》和《孟子》说的内容很清楚，《大学》《中庸》绕了半天都是虚空的东西。

　　朱熹与张浚的儿子张栻关系很好，宋孝宗时就鼓吹这一套。朱熹到了庆元时期被禁了，等韩侂胄倒了之后又起来了。之后中国就让朱熹垄断了。金朝就挑出朱熹来。曲阜孔庙都是金朝盖的，"杏林"两字就是金朝的翰林承旨党怀英写的。中国的文化打金以后全是程朱的理气性命这套东西，用四书来麻醉人民。佛教不管在民间多盛，我这儿就用《四书》考试，考上了就有官做。就这么回事。元朝正式提出八股。科举考试拿《四书》作教科书，在《四书》里出题，作八股文。（金朝许衡刘英这些人投降元朝，说是帮着元朝来治理中国，大伙就骂，说你不是说尊王攘夷吗？怎么投降了。到现在国子监还有据说是许衡种的柏树。金朝许多遗民也称自己是理学家，元好问就是其中一位。崔立立功德碑，元好问也跟着敷敷衍衍。元好问提出李屏山是纯儒，其实就是迷信程朱这一派。）明代王阳明又抬陆九渊，完全就跟禅宗几派的争执一个样。

　　咱们说中国是儒家的思想文化，其实是程朱的文化。真正的孔子打金朝就变了。我们要把这个底子一明白，讲文化，中国在宋以前的文化是中国的文化，到金以后都是程朱的文化。所谓打倒孔家店，孔子倒霉透了，全是打倒程朱店。这个看法我很自信。宋儒先讲道学。明朝讲心学。清朝用程朱。康熙觉得心学不行，就用程朱，用李光地作的《性理精义》。（康熙曾派他去福建看耿精忠，回来后大家怀疑他投降三藩。后来李光地死了，康熙给他加了谥号文贞公，特别说明他没叛变，就是派他刺探敌情。）康熙是真正的政治家，做的事情全是为自己的政治服务，哪招合适用哪招。康熙一瞧光提倡四书不行，就去拜孔林，之后又拜明孝陵。给朱元璋磕头，统战政策特别好。这下汉文臣佩服得不得了，打那以后天下什么话都不说了。康熙四十年以后天下大定。

乾隆时期，清代学者用考证方法，戴震作《孟子字义疏证》，某一个字怎么讲，朱熹怎么讲，把朱熹驳倒。但是无论学者怎么研究，动不了科举制度。你还得念《四书》，这个厉害。一直到光绪末年先废八股，再废科举，也没用。清朝政府就是攥住了《四书》，你们都得念。我小时候就是念四书，但是那时已经不听这套了。先念《三字经》，再念《论语》。《大学》难念极了。我祖父给我讲几句《孟子》。这是文化的脊梁骨，跟几个爪子。乾隆三十七年修四库。他这边修四库，那边还考八股念《四书》。三十九年川楚白莲教就起来了。所以乾隆三十几年以后，文字狱的手段很厉害，就是怕民族矛盾起来，想要压制，但是已经无效了。控制舆论不行，它的煽动力大得很。到了嘉庆时期有刺客行刺。最核心的统治都统治不了了。清朝真正完不是宣统，到道光就完了。到了咸丰，英法联军打进北京，他逃到到热河，就衰微到极点。

（薛磊整理）

# 十四、常识及练习

（一）目录知识

目录是书籍的账簿，它的用处有两方面，一、是了解存书多少，什么名目。是为管书的人用的；二、是了解书的内容，是为读书的人用的。

藏书编定目录，起于汉代；把书的内容写出大略要点，供读者了解，也起于汉朝，编排分类，也自汉朝开始。

编排分类，随着历代的编目人的观点不同，而各有差异，这属于目录学的历史，现在不去管它。

现在我们要讲的，是为了我们应用方便，而需掌握的几个目录书，是我们的工具。（是怎样用目录书，不是"目录学"，更非"目录学史"）

（1）《书目答问补正》　丛书书目汇编　丛书子目索引

（2）《四库简明目录》　丛书综系

（3）《四库全书总目提要》（四库提要辨证）

至于专讲"目录学"的书，现在出版的有些种，大都从刘歆《七略》、刘向《别录》说起。为了了解图书分类史、编目史等，当然要谈。作为常识之一，学古典文学、整理古籍，连有一门目录学都不知道，当然不行，但如非专门研究这门学问，我觉得可以先分缓急。

四部、四库是指经史子集，今日分类已不够用，但了解古书，还须熟悉。按类寻找，较为方便，从前有人读书，按书目每种略看原书，可以知道各书的情况（即使仅看到外表大概，也是有用的），现在做不到，能随手查阅，即收到很大效果。

《书目答问》中时常注出一些评语，虽然简短，但很扼要。

《补正》部分，补注了一些版本，但今日已又过时，范希曾时常见的，今日已成难得的了。

《提要》有评价，有介绍，但更过时了，太老了，不合我们今日的要求和需要，但不得已，还得硬看。看些就发生趣味了。

目录学的书：

《目录学发微》（最重要）

张世禄

姚名达

来新夏

新出《目录学概论》

梁启超：一个最低限度的国学书目

要籍解题及其读法

前一书虽说最低限度，但今日看来，已是望洋兴叹，还有胡适同名一书，非常可笑。

次一种很好，也简便易读。

**工具书使用法**

现在也出了一些工具书，以吴小如的一种较好，字典、类书等，当然属于工具书，但其他书要看怎样利用，会用了，都成我们的工具书。

| 《佩文韵府》 | 《广韵》 | 字典辞典　　《大汉》和《中华》 |
|---|---|---|
| 《骈字类编》 | 《集韵》 | |
| 《渊鉴类函》 | 《玉篇》 | |

《图书集成》《子史精华》（绎史）《太平御览》《九通》《事类统编》
　　　　　　　　　　　　　　　　　上古

（各）会要　　尚友录

《一统志》《史姓韵编》《历代地理志韵编》

　　　《人名大辞典》（地名……）

　　　　人名索引

版本的用处。

书籍有版本的区别，早晚的时间，南北的地区，甲乙的店铺，张李的个人，刻出的书，便有多少的异同。

讲版本也是一门"学"，有人是玩古董，不管什么书，只要早、少、好。时代早、品种少见、书品（印刷、装订、纸质、题跋……）好看，真正好版本，不一定是宋元版，宋版错字也很多，重要的是比较，所以又有校勘学。又有"善本"问题。

## 校勘的问题

书籍从传抄到刻木板到今天的排印，都有错字漏字等问题，所以自古藏书读书都附带一个校勘问题，甚至出现校勘专家和"校勘学"。

自己写的手稿，似乎没有传抄的错字问题了，其实依然不可尽信。我自己手写的稿，影印出来，现在第四次印刷，虽附加过三次勘误表，这第三次勘误表上就还有两个错误。

影印书似乎不存在错误了，但四部丛刊、百衲本廿四史，原书中都有不同程度的模糊不清、残缺不全的部分。宋元明版原有的误字姑且不谈，那些模糊残缺处，都曾经"描润"，描的人现在还活着，八十岁了。他说张菊生如何优待他，怎样教他去描，根据什么描。结果这些影印古书，是一种半古半今的本子。

古本当然距离原书出现时比今天近些，但每见到一种古本，里边好的字、句，固然有比现在普通本子会多些，而同时不好的字、句，也不少。那么今本何以还有比古本好的地方，这不奇怪，因为今本也曾经许多校勘改正过。孟子说"尽信书不如无书"，我说念书校书是"尽信古本书，不如无古本书"。

张菊生校史随笔，校了西北出土的晋人写《三国志·吴志》的几篇传，其中最突出的一个字是"大构于丕"的丕字，今本都错写成"本"，晋人写本原作"𠀐"，是丕字的古写，后人不认识而错成"本"。又《北周书》中有一"挨"字，殿本的考证提出是疑字，但不识，其实是六朝俗字的"族"字，像这些就不仅是对校所能简单解决的了。

章式之校《资治通鉴》，最多的异文，是淝水之战苻坚败了，晋人获秦王坚所乘云母车及衣服、器、军资、畜产不可胜纪，比今本《通鉴》及《晋书》载记多十几个字。

陈垣先生校《元典章》，校完了，得出四条"例"（原则），一是对校，二是内校，三是外校，四是理校。对校是指两本对校，内校是本书内此处作甲，其他处或上下文如都作乙，则甲必为乙之误。外校也可称他校，本书作甲，他书引此文或说此事，却作乙，则须再作考查判断，理校是字虽如此，而于事理不通，《荀子》说蟹六跪二螯，世人皆知蟹八条腿，则六必为八之误。

补充：工具、指导之类

《輶轩语》《枝巢四述》

（二）文体知识

（1）何谓文体。

即文章（文学作品）的形式，不仅外形、又包括外形与内容及表达方法的辩证关系，或说综合关系。

（2）在中国古典文学领域中，可先分两大类：韵文，非韵文。

韵文中又分诗、赋，非韵文中又分散体、骈体。

（3）诗以诗三百篇为首，下至五言、七言、杂言。

赋从前有人说是"古诗之流"，这是诗的广义范围。

下至词、曲，外形虽与诗不同，如从广义来说，仍是诗的范畴。

外国有散文诗，中国没有，有人将饶有诗境的文章来补填，其实任何文学作品（甚至史学作品）如果毫无诗意，也就全无艺术性，便可开除文学之籍，更无论散不散了。

（4）赋实是中国的"文之诗"（中国没有真正的散文，下边讲），或说"骈文诗"。从离骚以下的赋，都是一种"活动句式的诗"。

两汉六朝至唐的赋，都是这种东西，又被称为古赋，这是对唐代律赋而言的。唐代考试，为了限制应考人，规定韵字，作者必按所定韵部来逐段用韵。

（5）形与体，所谓"体"，这里不是说形式，而是说前谈的综合义。

古代某形式流行之后；此一段时期都用此形，本不奇怪。但其时之生活、情调、语言……都有其特色。此特色并非此形所必具。但后人用此形，必求所写之生活情调，以及语言，都须与古代那个时期的作品一样，不一样时，即被说为不够那一体。

例如：同是作五言诗，有人拟汉魏，有人拟六朝，有人拟初唐、盛唐，又有唐派、宋派之分。（王闿运、何大复……）七言拟杜拟韩拟白拟苏……甚至留下笑柄。

骈文，唐宋时在作应用文使用时，被叫做"四六"，唐人四六多用典故堆砌。到了宋代进步了，巧妙地在辞藻典故中来说理。所用典故可以援据他们本朝代的事例，因此有唐四六、宋四六之称。

词、曲本是同类东西，词在唐朝叫做曲子词，过了一些时候，又不能适应通俗的要求，于是散曲、南北曲出来。后人填词，必按《花间》、北宋、南宋作家的风格来填，便叫正宗，稍为通俗，便说不是词而是曲。

（三）音韵常识

（1）大家都学过音韵学，这里不是重复讲那些基本知识。

（2）已知者学温习，未知者从新学。

①四声　平上去入

　　　　清浊，发声问题

　　　　阴阳，调式问题

　　　　四声各有阴阳，入有中入

　　　　入声尾音，何以失去，拖长，失尾

　　　　北入派进三声，何故，（南北不确，西北东南地势）

　　　　北浊上变去

　　　　北阴阳上去

②切音　何谓声，何谓韵

　　　　匀、均、韵

　　　　切韵非某一人创造，古人音缓，自然形成，字母（读法，类隔，查反切）

③韵书　《切韵》的形成

　　　　切韵音系问题（李荣　邵荣芬）

　　　　广韵（必备）

　　　　礼部、平水、佩文，中原音韵，十三辙

④韵部　六、七、十七、廿二、廿四……韵部由后向前

　　　　韵摄与辙

　　　　等韵（定音，练音）等由后向前

　　　　古韵通转（成韵图）

　　　　古韵部之考证（合韵）

⑤参考书　音学五书，古代汉语中音韵部分

⑥平仄（平仄大类为最基本之高矮）

⑦古典诗词用古韵，元曲用北韵，唐代北人诗或用入为平

　　今用何韵问题

⑧试画杜诗《秋兴》前几首的四声，再画两首平仄。

（章正根据 20 世纪 90 年代的讲课提纲手稿整理）

# 十五、南北朝文学概况

（一）今日不是讲文学史

（1）史从古为官修，私史是违禁的。文学的史亦须以论带（或代），观点稍不正确，必会发生大错。

（2）我既不懂史，也不懂文学的发展的什么规律，现在讲些作品，只是翻译一些古汉语，是一种技术性的东西。

（3）同志叫我讲讲南北朝的文学情况，我手边没有文学史课本，也不知讲的错不错，撞车与否？如果有不同点，以课本为准。

（4）我所讲的部分，都是参考品，不在里边出题。

（二）谈南北朝文学，必须先回顾两汉

（1）大家读过两汉部分，由于时代早、语言"古"（古是今人的感觉，当时愈说当时的话，后人愈不易懂），篇幅大，似大硬块。

（2）《史记》最富有文学味（性），它是故事，先具备一个优越条件，作者有意刻画人物，语言较易懂（易懂有两原因：一是多用共同标准语；二是后代人常读他，成为后人熟悉的语言）。（《陈涉世家》，即不全懂。）

（3）至于汉赋，汉人拿手戏，但今读不亲切。此如故宫太和殿不如养心殿，养心殿又不如招待所，招待所不如自己家。

（4）建安文学是稀释了的汉文学。

曹操的《短歌行》，信手拈来，杂引诗经句，满不在乎。

曹植的《洛神赋》，只是"美人赞"。与汉赋相比，即见其流畅轻松。

王粲《七哀》，咏叹中有余不尽之致。有言外之意，即有诗外之诗。

（5）建安文学所以重要，即是它有承前启后的作用。

（三）这才能说到南北朝

（1）南北朝的时间：自西晋东晋到隋

西晋统一，但极短暂，即此短时，南北文人聚于洛下，此从其有别到融合。如从另一面讲，人俱人，文俱文，所读之书俱书，表现于作品文风，又必有其同处。

（2）此时期背景：西晋统一不久，即有五胡之乱，以汉族为中心的中原地区，胡人来，必定影响政治经济，汉族地位，不平等待遇，种族歧视，种族压迫，阶级矛盾随之加深……

从文学上讲，发展受限制，是合乎逻辑的，是必然的。

但历史证明，凡非汉族人掌握中原地区政权的，无不汉化，也有汉化不深的，但不深不透的必然短暂即亡。化了的，又不成其为胡了，既然汉化，就与汉文学没有阻碍了。

"民族矛盾（问题）就是阶级矛盾（问题）"这一论点，经过证明，见于中央明文，见于杨静仁同志的报告，如甲族信佛教，乙族信伊斯兰教，丙族信基督教等等，乃至生活习惯，地理环境，所用语言，必有不同，也极易有矛盾，这些矛盾，并非全属阶级的，更不全属斗争的，归到阶级，即归到阶级斗争，就得对立对抗，那么我们多民族的统一的祖国中，各族人民就只有天天互相斗争了。

历史上少数民族掌握中原政权，与帝国主义侵略不同，帝国主义侵略，敲骨吸髓，奴役中国人，残杀无辜人民，消灭对方语言，不准读本国历史。

少数民族政权，是用中原制度、文化、衣服、语言，结果融合在大家庭中。反之，汉族的阶级敌人，残暴的统治阶级，难道就不杀无辜的人，不禁止读历史了吗？"知识越多越反动"的口号，交白卷的张铁生，是外族人提出的吗？

归根结底，南北朝有地区差别，生活风俗有某些差异，文风有某些特点，但绝非中美、中日、中德、中非之类的不同。

（四）（1）南朝文风，重华丽，有文笔之说，既叫"文"，必须装饰，所以《文选》中只收文，很少笔。不只不收《兰亭序》，也不收陶渊明《五柳先生传》等，并非南朝无好散文。

（2）就诗赋说：

南朝小赋早有创造性（像已读过的）

诗也有特点：举"二谢"、陶、鲍、沈为例

大谢多写山水，对偶造句多僵硬，小谢轻松灵活，陶直说己话，鲍写胸襟抑郁，沈开格律之先。

总之，这些诗，都是幼虫，到唐代才是成虫。

（五）北朝文学

（1）北朝诗少，不是没有，流传下来的少。

庾信自南到北，大部时间在北，有许多诗，北朝碑志的韵语铭文，也是诗，民族传的较多，并不比南朝差，南朝多写爱情，北朝也写爱情，南朝在水乡谈爱，北朝在马上谈爱。

（2）北朝有四部著名作品：①《水经注》；②《洛阳伽蓝记》；③《颜氏家训》；④《魏书》。

北朝碑志也有大量好文章，却很少人注意。

（章正根据 20 世纪 90 年代的讲课提纲手稿整理）

# 十六、用典

1. 什么是典故。

典故即书上的旧事（从字面讲法）

其作用：①辞藻的点缀（即语言的装饰）

②语句的调节

③语义的压缩

④唤起联想

杜诗为例：

千家山郭　群山万壑，荆门明妃村　紫台　青冢　黄昏　画图　琵琶

匡衡　刘向　五陵　衣马轻肥

今日语言中例：

①《松树的风格》

②距离十万八千里（远死了）牛郎织女

包括歇后语，《西望长安》

③女排的精神

④瘦成白骨精（"白骨精"有三项内容，美女、瘦骨、妖精，用者可重在一项至三项）

2. 查典故的书。

《辞源》等新书，清代的《渊鉴类函》《骈字类编》《佩文韵府》

图书集成

唐宋的《太平御览》《初学记》《永乐大典》最初的编法和目的。

《广韵》《玉篇》等。

古注　古经书的注疏，《文选》注。

3. 怎样理解典故。

最重要，亦最难。

须通古语言习惯

/归去来兮/　/不求甚解/ 须知作者环境

须知作者句中重点所在。（如前举白骨精）

颜回（德高、命短、最穷、不违如愚）

4. 古注有几类侧重点。

出处，找最先出处，典故事件，辞藻出处（拾人牙慧）

解释用意，主观去取（如经书中之典不注）

有串讲无串讲，语辞之解否

5. 古注于今用处多少。

举《演连珠》"禄放于宠"一条。

（章正根据 20 世纪 90 年代的讲课提纲手稿整理）